영 화 와
시 대 정 신

이 도서의 국립중앙도서관 출판예정도서목록(CIP)은 서지정보유통지원시스템
홈페이지(http://seoji.nl.go.kr)와 국가자료종합목록 구축시스템(http://kolis-
net.nl.go.kr)에서 이용하실 수 있습니다. (CIP제어번호 : CIP2019051355)

# 영화와 시대정신

2019년 12월 23일 1판 1쇄 인쇄
2020년 1월 3일 1판 1쇄 발행

지 은 이 | 김종원
펴 낸 이 | 孫貞順
펴 낸 곳 | 도서출판 작가
　　　　　03756 서울시 서대문구 북아현로 6길 50
　　　　　전화 | 02)365-8111~2　팩스 | 02)365-8110
　　　　　이메일 | morebook@naver.com
　　　　　홈페이지 | www.morebook.co.kr
　　　　　등록번호 | 제13-630호(2000. 2. 9.)
편　　　 집 | 이승철, 손희, 설재원
디 자 인 | 오경은, 박근영
영　　 업 | 손원대, 박영민
관　　 리 | 이용승

ISBN　978-89-94815-87-9 (03680)

잘못된 책은 구입하신 서점에서 바꾸어 드립니다.

값 20,000원

한국영화 100년, 나의 영화평론 60년

# 영화와 시대정신

김종원 지음

작가

올해로 한국영화 100년을 맞게 된다. 활동사진연쇄극 〈의리적 구토〉(1919
년)와 함께 상영된 실사영화 〈경성 전시의 경(景)〉 이후 한국영화는 이제
한 세기의 역사로 접어들게 된다. 내가 영화평론을 쓰기 시작한 것이 1959
년 월간 종합지 《자유공론》 11월호에 「한국 영화평론의 위기와 과제」라는
글을 발표하면서였으니, 어느새 60년에 이른다.

이 책의 제목 『영화와 시대정신』 외에 '한국영화 100년, 나의 영화평론
60년'이라는 부제를 달게 된 이유이기도 하다.

그동안 나는 시를 쓰면서 영화평론의 길에 뛰어드는 과욕을 부렸다. 처
음에는 마땅한 지면이 없어 자갈밭을 걷는 듯한 고초를 겪기도 했으나 선
배 평론가들이 갖지 못한 기회를 얻을 수 있었다. 특히 1980년대 이후 10
여 년간 신문, 잡지 등 활자매체와 방송, 텔레비전 등 전파매체를 통해 영
화리뷰를 쓰고 해설을 할 수 있었던 것은 참으로 행운이었다. 돌이켜 보니
그 시절이 저널리즘 비평의 황금기였다.

그런데 오늘날의 영화평단은 그때와는 전혀 다른 상황에 직면해 있다. 영화전문지가 없음은 물론, 일간신문에서 외부 평론가들의 리뷰가 사라진 지 오래다. 고작 인터넷에 올리거나 주간지에 두어 줄 남기는 별점 평 따위만 존재할 뿐이다. 이처럼 오늘날의 한국영화평단은 공교롭게도 60년 전 내가 이 길에 들어서면서 언급했던 것처럼 '위기'를 맞고 있다. 하지만 나는 아직도 현역이다.

여기에 실린 글들은 칠순 때 펴낸 두 번째 영화평론집『한국영화사와 비평의 접점』(1, 2권/ 2007년) 이후 12년 동안 여러 지면에 발표한 것을 추려 모은 것이다. 이 책의 출판을 기꺼이 맡아준 손정순 대표께 거듭 고마운 마음을 전한다.

2019년 12월
한국영화 100년을 맞아 김종원

머리말

# Ⅰ. 영화와 역사

# Ⅱ. 영화작가·배우론

# Ⅲ. 영화 일반론

I

영화와 역사

# 한국영화의 기점은 〈경성 전시의 경〉이다

― 연쇄극 〈의리적 구토〉에 가린 실사영화

## 들어가는 말

먼저 본론에 앞서 호칭문제부터 거론해야겠다. 흔히 일제강점기에 제작된 한국영화를 거론할 때 대다수가 '조선영화'라고 말한다. 최근의 경우만 해도 김수남의 『광복 이전 조선영화사』(월인, 2011), 한상언의 『조선영화의 탄생』(박이정, 2018) 등이 그 대표적인 예이다. 설령 큰 제목이 '한국영화'로 되어 있더라도 내용에 들어가면 '조선영화'로 병기(倂記)하는 경우가 많다. 이를테면 '조선배우', '식민지 조선'과 같은 경우이다. 필자도 이 지적에서 자유롭지 못하다.

이 문제는 국가의 정체성과 국권침탈이라는 역사적 상황을 분리하여 설명할 수가 없다. 1895년 12월 28일 루이 뤼미에르 형제의 시네마토그래프에 의해 탄생된 영화가 중국과 일본을 거쳐 우리나라에 소개된 1900년 전후의 시기는 대한제국시대였다. 그러나 1897년 10월 12일, 대한제국을 선포하고 황제의 자리에 오른 지 10년도 안 돼 고종이 일본에 의해 강제 퇴위(1907년 7월)된 후 1910년 8월 19일 한일합병과 함께 '조선'으로 국호가 바뀌었다. 그즈음 《대한민일신보》는 《미일신보》로 제호가 바뀌고 잡지, 단체 등 모든 매체에서 '대한'의 표기가 사라졌다. 대부분의 한국영화 역사 연구자들이 자료로 활용해온 일제 강점기의 신문과 잡지의 기사나 기고문에 쓰인 '조선'은 이와 같이 강요된 배경 아래서 나온 것이다. 이제부터라도 일제에 의해 사라진 '한국'을 제자리로 돌려놓아야 한다. 1919년 3월 1일 선조들이 거리로 뛰쳐나와 '조선독립만세'가 아니라 '대한독립만세'를 외치고, 상해 임시정부가 군이 대한민국을 국호로 삼았는지, 그 뜻을 깊이 헤아려야 한다.

필자는 이런 이유로 해방 전 우리의 영화역사를 기술함에 있어 인용문을 제외하고는 '조선영화'가 아니라 '한국영화'로 표기할 것이다. 그래야 질곡의 대한제국과 대한민국으로 이어지는 국가의 정통성과 독립성을 살리고 '일제강점기의 조선영화' '해방 후의 한국영화'로 나뉘게 되는 모순과 맥락의 단절을 지양, 일관성을 유지할 수 있기 때문이다.

## 연장 상영한 최초의 연쇄극 〈의리적 구토〉

올해 한국영화는 100주년을 맞이한다. 왜 백년인가? 1919년 10월 27일 신파극단 신극좌의 활동사진연쇄극(이하 연쇄극) 〈의리적 구토(義理的 仇討)〉가 서울 단성사에서 개연된 날에 맞춰 한국영화의 기점으로 삼았기 때문이다. 특히 이해 1월 21일 대한제국의 마지막 황제 고종이 승하하고 그 장례기간 중인 3월 1일 독립만세운동이 전국적으로 이어짐으로써 기미년(1919)은 민족사뿐만 아니라 한국영화사에서도 매우 중요한 의미를 갖게 되었다.

<의리적 구토>의 상영에 앞서 게재된 《매일신보》 1919년 10월 18일자 광고

신극좌의 대표 김도산(金陶山)이 연출과 주연을 맡고 이경환, 윤화, 양성현, 김영덕 등이 출연한 <의리적 구토>에는 '무대에서는 도저히 실연(實演)할 수 없는 야외 활극 장면을 극과 연접(連接)시킨' 필름 1 권 분량, 1천여 피트의 화면이 담겼다.[1] 8막 28장으로 구성된 연극 가운데 한강철교와 장춘단, 노량진공원 등을 배경으로 찍은 12분 가량의 토막필름이 그것이다.

### 여형배우 시대의 무대와 야외 촬영

'의리가 원수를 치다'라는 뜻을 지닌 <의리적 구토>는 당시 신파극이 즐겨 다룬 권선징악적 요소가 강한 작품이다. 안종화의 회고에 따르면[2] 부유한 가정에서 태어났으나 일찍이 모친을 여의고 계모(김영덕) 밑에서 자란 청년(송산)이 재산을 탐내는 계모 일당의 간계에 부딪쳐 신변까지 위협 받는 처지에 이르자 죽산(이경환)과 매초(윤화) 두 의형제의 도움을 받아 응징에 나선다는 내용으로 돼 있다. 그런데 김정혁은 안종화가 소개한 총론적인 개요와는 달리 각론적인 응징의 수단까지 언급하고 있어 주목할 만하다.[3]

"세 사람의 의형제가 있었다. 맛형되는 사람은 한 악당(梁承煥씨 扮, 10년 전까지 평양 '중앙관'에서 나까자역을 하고 있었다 한다)에게 살해를 당한다. 그 장형에겐 적은 애가 있었다. 이 애기를 맡어 길느며 원수를 찾는 끝 아우(李敬煥씨 扮)는 중형(金陶山씨 扮)과 더부러 함께 복수코자 하나 그 형은 모든 것을 잊은 듯 매일매일 주색으로 소일하고 있다. (그렇나 이것은 가장(假裝)이요 사실은 형의 복수에 대한 감정은 한결 끌코 있다.)

악당들은 드듸어 둘째 아우의 가장에 속아서 그는 문제시 않고 셋째를 장님을 맨들어 바린다. 비록 장님은 되었으나 끝 아우는 어데까지든지 어린 애기를 안고 악당을 찾어 헤맨다. 또한 중형의 변심을 원망하는 것은 물론이다. 여기에 이 각본의 신파적 비조(新派的悲調)가 있는 것이다. 몇 해 지난 어느날 중형은 드듸어 악당을 잡을 기회를 찾어 일어섰다. 악당을 때려눕히고 장님돼 아우의 품에 안겨있는 형의 아들을 이끌어다가 그 손에 칼을 집어주는 것이다." (※편집자 주: 발표 당시 표기임.)

김정혁은 이 글에서 〈의리적 구토〉가 아닌 〈의리의 복수〉라고 적고 있지만 김도산, 이경환 등 배역이 같고, 혁신단 출신의 신극좌의 작품으로 '조선영화사를 이루게 한 첫 실마리', 또는 '우리 조선 사람과 풍경이 필님에 현상되어 스크린에 비친 최초의 것'이라고 말한 점으로 보아 〈의리적 구토〉의 오기였음이 분명하다. 그런데 여기서 한 가지 관심을 끄는 것은 지금까지 언급되지 않았던 양승환(梁承煥)이라는 배우가 맛형을 살해한 악당으로 나온다는 점이다. 그는 10년 전 (어느 시점인지 분명치 않지만)까지 평양 중앙관(中央館)에서 '나카자'로 있었다는 것이다.[4]

이 시절에는 계모 역의 김영덕을 비롯한 남배우들이 여자 역할을 전담했다. '온나가다'로 불린 여형(女形)배우는 신극좌의 김영덕 외에 문예단의 이응수(李應洙), 취성좌의 최여환(崔汝煥), 혁신단의 임용구(林容九) 등이 꼽혔다. 그 가운데서도 으뜸격인 여형배우는 미남인 이응수였다. 화류계 여성들에게 특히 인기가 높아 염문이 끊이질 않았다.[5] 그러나 여형배우의 원조는 연쇄극 이전 〈장한몽〉(1914)의 여주인공 심순애 역으로 장안 관객의 눈물을 자아내게 한 고수철(高秀喆)이었다. 그 뒤 조선문예단의 연쇄극 〈장한몽〉(1920, 이기세)의 마호정(馬豪政)에 이어 민중극단의 이월화가 〈영겁(永劫)의 처〉(1922)로 등장하면서 여형배우 시대는 막을 내리게 된다. 그렇다면 〈의리적 구토〉의 촬영은 어떻게 이루어졌을까.

"장춘단에서 서빙고로 넘어가는 산 중턱에 어느 첫 여름날 흰옷 바람의 청중들이 마치 싸움이라도 구경하듯 빽빽이 들어차 있었다. 이들 군중의 시선은 저마다 포장을 젖힌 1915년식 포드 자동차에 쏠리고 있었는데, 그들이 유난히 눈여겨보는 것은 그 차에 타고 있는 세 명의 괴한이었다. 그들은 제각기 일본식 '합비'에 '당꼬 즈봉'을 입고 허리에는 번쩍거리는 장도(長刀)를 차고 있었다. 더욱 놀랍게도 백주에 가장행렬이라도 하는 듯 울긋불긋 분장을 하고 있었다. 괴한들이 산허리로 돌아가자 얼마 후 조금 떨어진 숲속에서 호각소리와 함께 청년 하나와 불란서제 목조촬영기를 멘 기사가 나타났다. 캡을 눌러쓴 사람은 일본인 카메라맨이었고, 얼굴이 거무잡잡하고 키가 작달막한 젊은 청년은 당시 단성사에서 명성을 떨치던 해설자의 원로 김덕경(金悳經)이었다. 덕경의 임무는 현장 지도와 통역이었다."[6]

이렇게 촬영된 필름은 관객들의 호기심을 자극했다.

"무대에서 연극이 벌어지다가 등장인물이 급히 퇴장한다. 함께 연극하던 배우가 뒤따라간다. 이때 호루라기 소리가 나며 무대 위에서 옥양목 스크린이 내려오고 거기에 활동사진(영화)이 비춰진다. '아!' 놀랄 새도 없이 방금 무대에서 본 배우들이 활동사진에서 연기를 한다. 쫓기는 자가 대기시켰던 자동차에 올라타고 질주한다. 쫓는 자도 어디서 구했는지 자동차를 타고 쫓는다. 추적, 또 추적. 자동차가 5리쯤 밖에서 달려온다. 카메라는 고정돼 있고 그 자동차가 스크린 전면까지 와서 비켜질 때까지 한 5분. 다음 장면은 추적하는 자동차가 보이기 시작해 그것도 스크린에서 사라지기까지 5분쯤. 이렇게 자동차와 자동차가 쫓기고 쫓고 하다가 마침내 뒤차가 앞차를 바짝 몰아 두 사람이 격투를 할 때 다시 호루라기 소리가 나며 옥양목 스크린이 위로 올라가면, 무대에 바로 영화 장면이 이어져 실제로 배우들이 격투를 한다. 희한하기란 이루 말할 수 없었다."[7]

다음은 박진의 회고담이다.

"영사 속에서 악한이 산으로 기어오르고 뒤 미쳐서 청년이 따라가며 막 뒤에서 말을 주고받고, 이렇게 한참 험한 산비탈에서 실갱이를 하다가 이윽고 악한이 잡힐 순간 당황한 그는 품에서 단도를 꺼내 청년을 찌르려고 한 순간 호각소리가 나고 순식간에 백포장이 올라갔다."[8]

앞에서 언급한 안종화와 박진, 조풍연의 글은 기억에 의존한 한계가 있으나 서사구조와 활극적인 요소, 상황 전개가 거의 같아 신빙성이 있고 서로 보완하는 구실을 해주고 있다.

아무튼 단성사의 경영주 박승필(朴承弼)이 제작한 〈의리적 구토〉는 1원 50전인 특석을 포함하여 1등 1원, 2등 60전, 3등 40전 등 네 등급의 입장료를 나눠 받았다. 군인과 학생들에게는 반액 할인의 혜택이 주어졌다. 쌀 소두 한 말에 80전 내외할 때였다. 가장 싼 3등급이 당시 설렁탕 네 그릇 값에 해당하는 요금임에도 불구하고 이 연쇄극은 첫날부터 '물밀 듯이 들어오는 관객들'로 하여 대성황을 이루었다. 입장객 가운데는 2백여 명이나 되는 권번(券番) 기생들도 보여 이채로웠다.[9]

그래서 10월 30일까지 예정됐던 이 연쇄극은 이미 예고된 차기작 〈형사의 고심〉의 개연까지 미루며[10] 연장 상연 끝에 지방흥행을 위해 20여 일(11월 17일)만에야 막을 내렸다.[11] 일반 공연이 통상적으로 3일 정도였던 시기에 일어난 이변이었다.

제럴딘 파라와 에디 포로가 출연한 〈명금(明金)〉(1915, 프란시스 포드 감독)[12] 유의 연속활극에 열광했던 애활가(愛活家)들이 아쉬운 대로 연쇄극의 영사막을 통해서나마 우리 배우들의 모습을 볼 수 있었던 것은 결코 예사스런 일이 아니었다. 이를 계기로 경쟁관계인 신파극단 조선문예단(대표 이기세)과 혁신단(대표 임성구)도 각기 〈지기(知己)〉(1920)와 〈학생절의(學生節義)〉(1920)를 앞세워 연쇄극의 제작에 뛰어든다.

### 부정적 평가에도 효시 예우 받은 연쇄극

그러나 일부 영화인들은 연쇄극에 대해 부정적으로 평가했다. 윤백남은 '속악한 공연 행위'라며 '연쇄극이란 결국 말을 타고 쫓고 자동차로 경주하며 위험을 무릅쓰게 하는 등속의 활동(사진)으로 갈채나 얻으려는 주객이 전도한 변태극'이라고 비판했다.[13] 임화도 "연쇄극 필름을 우리가 영화라고 부를 수 없는 것은 활동사진을 영화라고 부르지 못하는 것 이상이다. 그것은 활동사진만치도 독립된 작품이 아니오, 연극의 한 보조수단에 불과하기 때문이다."라고 했다.[14] 그 후 영화학계의 조희문[15]과 김수남[16] 역시 '연극의 변형된 양식'(255쪽), 또는 '영화가 아닌 확대된 연극'이라고 하여 윤백남과 임화의 견해에 동조했다.

그런데 1963년 윤봉춘 한국영화인협회 이사장을 비롯한 안종화, 이구영, 이규환 등 초창기의 원로 영화인들은 논의 끝에 〈의리적 구토〉가 상연된 날을 '영화의 날'로 지정하고 공보부의 승인을 받았다.[17] 이영일(『한국영화전사』, 1969, 한국영화인협회 간행, 58쪽)과 김종원(『우리영화100년』, 현암사, 2001, 52~53쪽)도 각기 '불안전한 대로 한국인의 자본과 연출, 출연으로 만들었고', 비록 '연극에 편승한 한계가 있으나 우리의 손으로 연기를 촬영기 필름에 담아낸 최초의 산물'이라는 점을 들어 '한국영화의 기점'으로 삼은데 대해 공감하였다. 이는 〈의리적 구토〉를 부정적으로 평가하면서도 "민족예술의 염원인 제작의 꿈을 우리 힘으로 이루어 냈다는 데에 그 나름의 의미가 있다"고 한 윤백남의 모순된 전제와 일치되는 결과였다.

〈의리적 구토〉의 감독 김도산(1891~1921)은 이 연쇄극(키노드라마)에 앞서 일본으로 건너가 2주일 동안 전기응용 기계 키네오라마(kineorama)의 작동방법을 익히고 돌아올 만큼 새로운 기재에 관심이 많았다. 키네오라마는 구름이나 비, 파도 등 파노라마에 여러 빛깔의 광선을 비쳐 경치를 변화시켜 보이는 효과장치[18]로 연쇄극에 대한

도전은 그 연장선상에 있었다고 할 수 있다. 서
울 충무로 초동 태생인 김도산은 미선계인 상
동(尙洞)학교를 졸업했다. 그가 연극계에 발을
내디딘 것은 1911년경, 네 살 위인 임성구가
이끄는 신파극단 혁신단에 입단하면서부터였
다. 이때까지 본명인 영근(永根)으로 활약했다.
원각사 계열의 예성좌가 해산되자 일부 단원을

김도산

포함한 이경환, 변기종, 김영덕 등 연극인 30여 명을 모아 대구의 부호
정인기(鄭麟基)의 후원 아래 신극좌를 창립하고 그 단장이 된다. 그때
가 26세였다. 이 무렵 그는 일본의 구극과 신극을 절충해 만든 〈의기남
아(意氣男兒)〉와 〈비파성(琵琶聲)〉, 〈천리마〉, 〈정을선전(鄭乙仙傳)〉
등을 무대에 올린다. 그가 연쇄극 〈의리적 구토〉를 내놓게 된 것은
1918년 황금좌의 창립 2주년 기념공연을 위해 한국에 온 일본 세토나
이카이극단(瀨戶內海劇團)의 〈선장의 처〉를 보고 자극을 받은 데서 비
롯된다. 이 연쇄극이 성공하자 잇따라 〈시우정(是友情)〉, 〈형사의 고
심〉(이상 1919), 〈의적(義賊)〉, 〈경은중보(經恩重報)〉(1920년), 〈천명(
天命)〉(이상 1920년) 등 10여 편의 연쇄극을 만들었다. 그러나 그는 한
강에서 연쇄극을 찍다가 입은 낙상 사고와 겹친 늑막염으로 말미암아
1921년 7월 26일 밤 11시, 서른한 살 나이로 유명을 달리하고 만다.[19]
세계영화사상 연쇄극이 영화의 기점(起點)이 된 나라는 없다. 한국이
유일하다. '식민지 조선'은 그럴 여력이 없었다. 모든 상권은 일본인들
이 지배했고 기술은 그들이 말하는 내지인들에게 의존해야만 했다. 연
쇄극을 부정적으로 평가한 임화 역시 '조선'에서 활동사진이 제작될 수
가 없었던 이유로 '자본의 결여'[20]를 들었을 정도였다.

단성사 경영주 박승필은 '조선인 배우'의 활동사진이 나오면 환영을 받을 줄 알면서도 투자할 여력이 없어 엄두를 내지 못하다가 '오천여 원의 거액'을 들여 연쇄극 형태로나마 활동사진을 선보인 것이다.[21] 말이 쉽지 이 투자액은 몇 년 후 무성영화가 자리 잡기 시작한 1927년 후반의 기준으로도 부담스러운 액수였다. '조선서 사진(영화) 한 가지 (6, 7권)에 5천 원 이상들인 작품이 없었기 때문이다. 인기배우의 출연료가 백 원 미만이던 시절이다.[22] 1920년대 중반까지만 해도 서울에 8, 9처의 프로덕션이 있었으나 2천 원 가까이 드는 촬영기는 조선 키네마와 단성사에 각 한 대씩 두 대밖에 갖추지 못했다. 그래서 임대해 쓰는 다른 영화사에서는 어쩔 수 없이 고장을 각오하고 쓸 수밖에 없었다. 그만큼 제작 환경이 열악했다.[23]

한국은 이런 상황 아래서 1900년 전후에 외국영화가 들어온 지 10여 년이 흐른 뒤에야 배우의 모습이 찍힌 필름을 겨우 연극을 통해서나마 볼 수 있었다. 그런데 여기에서 강조돼야 할 점은 〈의리적 구토〉에만 관심을 가진 나머지 이청기[24]를 제외하고는 어느 누구도 실사영화 〈경성 전시의 경〉의 중요성에 대해 언급한 적이 없다는 사실이다. 필자도 〈경성 전시의 경〉에 대해 '기록영화의 실상'이라는 별도의 항목(『우리영화 100년』, 60~61쪽)에서 〈의리적 구토〉와 같은 날 탄생하고 공생한 '일란성 쌍둥이' 같은 존재라고 의미를 부여하면서도 명시적으로 기점과 연결시키지 못했다.

## 바로잡아야 할 〈경성 전시의 경〉의 위상

앞에서 거론한 바와 같이 지금까지의 한국영화사는 실사영화 〈경성 전시(京城全市)의 경(景)〉을 도외시한 채 〈의리적 구토〉 위주로 기술(記述)돼 왔다. 연쇄극을 활동사진의 관점이 아니라 '변종 연극'으로 본 윤백남이나, 이와 반대로 한국영화의 효시라는 관점에서 접근한 《동아일보》[25]는 물론 그 뒤의 임화, 김정혁을 포함한 박누월(「조선영화발달사」, 『한국영화배우술』, 삼중당서점, 1939)과 후속 연구자들도 예외가 아니었다. 〈경성 전시의 경〉의 존재를 외면하기는 마찬가지였다. 다음에 인용하는 성아(星兒: 임화의 필명)의 견해는 실사영화에 대한 편견적 인식(괄호 부분)을 드러낸 한 예라고 할 수 있다.

> "조선에서 최초로 조선인의 인정풍물을 넣은 (실사물은 제외하고) 흥행 목적으로 박은 사진은 4, 5년 전 조선영화의 최초기라 할 만한 연쇄극의 전성시대에 삽입 목적으로 한 필름 제작이 그 효시일 것이다."
> ─「위기에 임한 조선영화계」, 성아, 《매일신보》, 1926. 6. 13

이처럼 애초부터 실사물을 제외하고 흥행 위주의 연쇄극에 가치를 두었다. 〈경성 전시의 경〉은 자연히 관심 밖으로 밀려날 수밖에 없었다. 연쇄극 중심의 기점 논란은 결국 실사영화에 대한 논의 자체를 무력하게 만드는 블랙홀로 작용했다. 엄연히 〈경성 전시의 경〉이라는 정답이 지척에 있음에도 불구하고 간과함으로써 망각되었다. 역으로 들어오는 〈열차의 도착〉이나 '공장에서 퇴근하는 노동자들'의 모습을 담은 고작 50초~2분 길이의 루이 뤼미에르 형제의 단편을 새삼 거론할 필요 없이 이를 도입한 영국이나 이탈리아, 미국은 물론, 동양권의 실사영화도 영화역사의 첫 페이지를 장식했다. 더욱이 한국에 앞서 연쇄극을 개발한 일본은 1898년 도쿄의 고다시(小西)사진관에 근무하는 아사노 시로(淺野四郎)가 찍은 단편 〈둔갑한 지상보살〉과 〈죽은 자의 소생〉을,[26] 중국은 북경의 펑타이사진관(豐泰照相館)이 촬영한 20여 분 분량의 경극 〈당쥔산(定軍山)〉(1909)을 각기 영화의 기원으로 삼았다.[27]

## 한국영화 기점으로서의 〈경성 전시의 경〉

여기서 분명히 해 두어야 할 것은 실사영화 〈경성 전시의 경〉은 연쇄극 〈의리적 구토〉보다 먼저 상영되었다는 사실이다. 당시의 보도는 이 사실을 객관적으로 입증하고 있다.

> "영사된 것이 시작ᄒᆞ눈디 위션 실사(實寫)로 남대문에셔 경셩 젼시(京城全市)의 모양을 빗치이미 관직은 노샹 갈치에 박수가 야단이엿고 그 뒤눈 졍말 신파 사진과 비우의 실연 등이 잇셔셔 처음 보눈 됴션 활동샤진임으로 모다 취한 듯이 흥미잇게 보아 젼에 업눈 셩황을 일우엇더라."
> –'단셩사의 초일 관직이 물미듯이 드러와'《매일신보》, 1919. 10. 28

실험 결과 '서양사진에 뒤지지 않을 만큼 선명하고 미려(美麗)한 사진'('조선활극 촬영 단성사에셔 영샤ᄒᆞᆫ다' 매일신보, 1919. 10. 26)으로 인정된 〈경성 전시의 경〉에는 앞의 기사에 나왔듯이 남대문 정거장과 한강 철교, 장충단, 청량리, 뚝섬(纛島), 홍릉, 살곶이다리(箭串橋) 등 경성 풍경(《매일신보》 10월 27일자 광고)이 담겼다. 이 같은 10여 분 내외의 화면을 보면서도 관객들이 줄곧 박수갈채를 보낼 만큼 반응이 좋았다.[28]

〈의리적 구토〉와 함께 게재된 〈경성 전시의 경〉의
광고. (《매일신보》, 1919. 10. 26)

1926년 1월 1일(금)자 《조선신문》에 게재된
미야카와 소우노스케의 '근하신년' 광고(오른쪽)

　단성사 경영주 박승필(朴承弼)이 연쇄극 〈의리적 구토〉와 함께 제
작한 〈경성 전시의 경〉은 일본 대판의 천연색활동사진회사(약칭 天
活)[29] 소속 촬영기사가 촬영했다. 지금까지 조선에 활동사진이 없어
유감으로 여긴 박승필이 오백 원을 들여 초청한 후 5, 6일 동안 내지
인의 연쇄극을 먼저 찍게 한 다음 10월 7일부터 명월관 지점과 홍릉
등의 촬영에 들어갔다.[30] 〈의리적 구토〉와 병행한 촬영이었다. 그 촬
영기사가 미야카와 소우노스케(宮川早之助)인 것으로 알려져 있다.
전범성 편저 한국영화진흥조합 발행『한국영화총서』(1972)와 김종욱
편저『한국영화실록』(국학자료원, 2007)이 미야카와 소우노스케로 명
시한 대표적인 예이다.[31] 다만 이를 뒷받침할 만한 근거 사료를 찾을
수 없어 확인이 필요한 대목이다.

　그러나 여기에서는 일단 미야카와 소우노스케를 〈경성 전시의 경〉
의 촬영자로 추정하고 언급하고자 한다. 미야카와는 일본 천활 소속
촬영기사로서 1920년을 전후로 한국에 들어와 활동했다. 그 예로 경
성 본정(지금의 충무로) 1정목 51번지에 선만활동사진상회(鮮滿活動
寫眞商會)를 차려 운영(근하신년 광고, 조선신문 1926년 1월 1일)한

점을 들 수 있다. 이 무렵에 극동키네마의 〈괴인의 정체〉(1927, 김수로)와 서울영화사의 〈고향〉(1928, 안종화)을 촬영한 것으로 보인다.《조선일보》가 제1회 영화제 개최에 앞서 조사 발표한 '조선영화제작연대보(朝鮮映畫製作年代譜)'(1938년 11월 28일)에는 이 영화의 촬영자로 미야카와(宮川)라는 성이 기재돼 있어 이 사람일 가능성이 높다.

이렇게 한국과 깊은 인연을 맺은 미야카와는 1930년대 중반까지 영화배급 사업을 했다. 이 시기에 〈세계 횡단〉(1931), 〈사이좋은 친구〉(1932), 〈생존의 투쟁〉(1932), 〈해저〉(1934) 등 일본과 미국 등지의 이른바 사회교화, 민중오락 등의 취지에 부합되는 해외영화를 보급하여 조선총독부에 의해 추천영화로 선정되기도 했다.[32]

〈경성 전시의 경〉과 〈의리적 구토〉의 로케이션 장면을 찍은 것으로 추정되는 미야카와 소우노스케는 1884년(明治 17년) 3월 18일 일본 돗토리현에서 태어났다. 1908년 유메야 아츠키치(梅屋 圧吉)를 우연히 만나 M 파테상회에 합류하면서 영화와 인연을 맺게 된다. 1914년경 천연색활동사진회사 촬영부에 입사한 해에 어머니와 동생을 잃고 오오타라는 사람의 주선으로 한국으로 건너가게 된다. 1921년 5월이다. 미야카와의 손녀인 아츠코(敦子)는 오오타를 〈월하의 맹서〉(1923년)의 촬영을 담당한 오오타 히토시(太田同)로 여기기고 있다.

그는 할아버지에 대해 "영화도 반도도 모두 사랑했던 듯 아름다운 경성의 풍경 등 기록 영화를 많이 촬영하고 있었던 것 같다는 말을 들어서 알고 있다."고 했다.

미야카와의 신상에 대해서는 안종화의 『한국영화측면비사』를 번역한 일본인 나가시마 마사하루(長沢雅春)가 이 책(『한국영화를 만든 사람들 - 1905~45년』을 번역하며)의 출간에 앞서 일본 사가현 발행 '사

24

가신문(佐賀新聞)'(2002년 9월 2일자)의 '논단 사가'에 초창기의 일본인 촬영기사 미야카와 소우노스케를 언급한 것을 계기로 그의 손녀에 의해 밝혀진 것이다.

그런데 여기서 한 가지 남는 의문은 미야카와가 한국에 온 것이 1921년 5월이 맞는다면 〈경성 전시의 경〉과 〈의리적 구토〉의 촬영 시기와 2년 이상의 차이가 난다는 점이다. 반면에 경성의 풍경 등 기록영화를 많이 촬영했다는 전언은 〈경성 전시의 경〉 외에 같은 해 〈경성 교외의 전경〉(11월 1일, 단성사) 등 실사영화를 찍은 기록과 부합돼 경청할 만하다. 다만 후손으로서 전해들은 얘기라면 1921년보다 '반도' 체류 연도가 앞당겨질 가능성을 배제할 수 없다. 그러나 김정혁은 〈의리적 구토〉의 촬영기사가 동경에서 온 다츠나미 겐죠(立波謙造)라고 했다.[33]

아무튼 여기서 제기될 수 있는 문제는 〈경성 전시의 경〉을 찍은 사람이 일본인이라는 점이다. 그렇다고 이 점이 결정적인 결함이 될 수 없음은 외국의 사례에서 찾아볼 수 있다. 스페인의 경우, 그들이 내세우는 최초의 영화 〈바르셀로나의 푸에르토광장〉(1896)을 찍은 사람도 자국인이 아닌 프랑스 리용 출신의 뤼미에르파 촬영기사 알렉상드르 프로미오였다.[34] 영화 자체가 외래문화의 산물이라는 점을 감안할 때 더욱 그러하다.

## 영화 불모지에 태동의 싹 틔운 박승필

중요한 것은 이 영화를 누가 찍었느냐가 아니라 어떤 사람이 만들었느냐에 달려있다. 제작자 박승필(朴承弼, 1875~1932년)을 평가해야 할 이유이기도 하다. 박승필은 이 나라에 활동사진을 새로운 대중매체로 전환시키고 뿌리내리는 데 크게 기여했다. 그는 최초의 극장

박승필

협률사에 이어 상설관 구실을 해온, 동대문전 기회사 활동사진부를 인수하고 이후 1908년 9월 6일, 광무대로 명칭을 바꾸면서 경영 수완을 발휘했다. 처음에는 창극, 연극, 재담, 마술 등의 공연으로 극장을 운영했으나, 1913년 9월부터 2년 전 일본인 다무라 미네(田村)에게 넘어간 단성사의 경영권을 인수하고 1915년 2월에는 화재로 소실된 본관을 신축, 3층 벽돌 건물로 확장하는 등 단성사를 궤도에 올려놓았다. 1918년 6월 중순부터 영화 상설관으로 면모를 갖추고 우미관 소속 서상호(徐相昊)를 비롯한 김덕경(金悳經), 이병조(李丙祚), 최병룡(崔炳龍) 등 인기 변사 6명을 유치하여 진용을 강화하면서 극장 흥행계의 대부로 자리를 잡았다. 이런 시기에 〈명금(名金)〉(1915, 프란시스 포드 감독)을 비롯한 〈채플린의 권투〉(1915, 찰리 채플린), 〈동도(東道)〉(1920, D. W 그리피스) 등 당대의 인기 명화들을 상영하여 경쟁력을 높였다.

이렇게 외국 영화만 편애한다는 세간의 비판을 받은 박승필이 연쇄극에 관심을 갖기 시작한 것은 이 무렵이었다. 신극좌의 대표 김도산(金陶山)에게 제작비를 제공하고 연쇄극 〈의리적 구토〉와 함께 실사영화 〈경성 전시의 경〉을 찍게 한 것이다. 그러나 이후 박승필은 이에 만족하지 않고 단성사에 촬영부를 신설하여 극영화의 제작에 들어간다. 그 결실이 바로 당시로서는 유일하게 감독(박정현)과 촬영(이필우) 등 스태프 전원을 한국인으로 기용한 최초의 한국영화 〈장화홍련전〉(1924)이다. 이 영화는 이에 앞서 일본인 하야카와 마스타로(早川增太郎, 1879년생)가 세운 동아문화협회의 〈춘향전〉(1923)을 능가하

26

는 흥행 성과를 올리게
된다.

경제의 주도권이 일
본인들에게 있었던 척박
한 제작 환경 아래서 '조
선인 배우의 활동사진은
아주 없어서 유감'으로
여기면서도 엄두를 내지
못했던 단성사주 박승필
이 그나마 많은 제작비
(5천 원)를 투자하여 '반

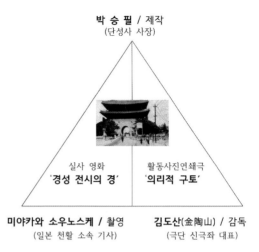

**박 승 필 / 제작**
(단성사 사장)

실사 영화       활동사진연쇄극
**'경성 전시의 경'**    **'의리적 구토'**

**미야카와 소우노스케 / 촬영**    **김도산(金陶山) / 감독**
(일본 천활 소속 기사)    (극단 신극좌 대표)

도표로 본 한국영화의 기점 (1919년 10월 27일 단성사 공개)

쪼가리' 연쇄극과 단편 기록영화나마 찍게 된 배경에는 시대를 앞서간
그의 안목과 탁월한 흥행감각, 이와 같은 도전정신이 있었다. 그가 '속
악한 상업적 계산'만으로 이 작품을 만든 것이 아님을 말해 준다.

한국영화의 기원은 '도표로 본 한국영화의 기점'에 나타나듯이, 제
작자 박승필을 중심축으로 실사영화 〈경성 전시의 경〉과 활동사진연
쇄극 〈의리적 구토〉라는 하드웨어를 미야카와 고우노스케와 김도산
이라는 두 소프트웨어가 받쳐주는 삼각형 구조를 이루고 있다. 〈경성
전시의 경〉은 정체성은 없으나 흥행성이 있는 〈의리적 구토〉에 힘입
어 관객동원에 도움을 받은 대신 〈의리적 구토〉는 정체성이 떨어지는
연쇄극의 약점을 〈경성 전시의 경〉을 통해 보완했다고 볼 수 있다. 이
렇게 두 작품은 같은 날 박승필이라는 한 모체서 태어난 특수한 관계
이다.

## 맺는 말

〈경성 전시의 경〉이 〈의리적 구토〉의 제작 과정에서 나온 부수적인 산물임은 부인할 수 없다. 그러나 앞에서 거론한 바와 같이 세상에 먼저 공개된 것은 〈경성 전시의 경〉이다. 뿐만 아니라 필름을 기본으로 하는 영화의 요건과 독자성을 갖추었다는 점에서 논란의 여지가 없다. 그동안 〈의리적 구토〉 위주로 기술돼 온 한국영화의 출발점이 〈경성 전시의 경〉으로 바뀌어야 한다는 뜻이다. 이제 실체는 없어도 〈경성 전시의 경〉은 변수가 아닌 상수, 한국영화의 원류(原流)로서 평가되어야 한다. 따라서 앞으로의 과제는 〈의리적 구토〉의 그늘에 가려 역사의 사각지대에 방치됐던 〈경성 전시의 경〉의 위치를 제자리로 돌려놓는 일이어야 한다.

그렇다고 〈의리적 구토〉를 과소평가할 수는 없다. 〈경성 전시의 경〉을 태어나게 만든 것이 바로 이 연쇄극이기 때문이다. 박승필과 김도산의 〈의리적 구토〉가 없었다면 이 실사영화는 아예 세상에 나올 수조차 없었다. 한국영화는 이처럼 태생기부터 상호보완적인 특성을 갖고 있다. 다행히도 이 실사영화로 하여 자칫 실종될 뻔한 1919년 10월 27일 한국영화의 기점은 분명해졌다. 두 작품을 함께 기려야 하는 이유이다.

한국영화 100년에 즈음하여 기대를 걸어보는 것은 시카고 태생의 미국 여행가 버튼 홈즈가 대한제국 시대에 서울을 방문하여 촬영한 기록영화 〈코리아〉(1900년 추정)를 영상자료원이 입수했듯이, 〈경성 전시의 경〉의 필름이 어디에선가 나올 수도 있지 않을까 하는 실낱같은 바람이다.

− 《공연과 리뷰》 2019년 봄호, 월간 《쿨투라》 2019년 10월호

# 한국영화 검열시대

## 검열에서 자유로울 수 없는 영화의 숙명 —1910년~1920년대

1990년대까지만 해도 일반인들은 '공륜'(한국공연윤리위원회의 약칭)을 검열기관으로 인식했다. 그래서 등급심의를 담당했던 공륜의 심의위원들을 '가위질하는 사람'으로 여겼다. 심지어 『키노』라는 월간 영화잡지에서는 심의위원들의 이름까지 공개하며 '검열위원들의 손목을 잘라라'는 극단적인 표현까지 쓸 정도였다. 심의위원들의 성향이 모두 같을 수 없고, 그 가운데는 소수나마 표현의 수위에 대해 너그러운 사람도 있었을 텐데 이를 무시하고 하나같이 매도한 것이다. 한국문화예술윤리위원회(1966~1975)에서 출발한 공륜(1975~1996)이 공연예술진흥협의회(1997~1999)를 거쳐 지금의 영상물등급위원회(1999년)로 정착하기까지는 30년이 넘는 세월이 흘렀다. 그러나 영화 검열의 역사는 이보다 훨씬 긴 연륜을 갖고 있다.

## 키스 신마저 포르노처럼 여긴 시절

영화는 산업화의 길로 들어서면서 검열에서 자유로울 수 없었다. 소설과 같이 상상력에 의존하는 문자예술과는 달리 실제로 보여주어야 하는 특성을 지닌 영화는 그만큼 파급효과가 컸기 때문이다. D.H 로렌스의 「채털리 부인의 사랑」(1928)과 같은 소설의 경우도 출간 당시에는 대담한 성행위 묘사를 이유로 판매가 금지됐었다. 실제로 필자도 28년 전에 『시네마 에로티시즘』(1983, 문학예술사)이라는 책을 냈다가 행정당국에 의해 판매금지를 당한 쓰라린 경험이 있다. 지금 보면 실소를 금치 못하게 하는 일이지만, 당시는 그랬다.

하물며 대중들의 취향에 맞추기 위해 자극적이고 선정적인 표현을 추구하는 영화라면 두 말할 필요가 없을 것이다. 영화심의는 시대상황과 수용자(국민)의 의식수준과 비례된다는 말이 있다. 이러한 예는 일찍이 기자생활을 모독했다는 이유로 신문기자들의 집단적인 항의에 부딪쳤던 김성민 감독의 〈인생역마차〉(1956, 세기상사 제작)나, 비구니를 흥미 위주로 다뤘다며 촬영 중단을 요구하는 불교계의 압력에 굴복하여 제작을 접어야 했던 태흥영화사의 〈비구니〉(1984, 임권택 감독) 파동에서 엿볼 수 있다. 이로 인해 창작의 자유를 둘러싼 논쟁이 벌어지기도 했지만 역부족이었다.

이는 작품의 내용이 아무리 '꾸며낸 허구'일지라도 당면한 시대 상황과 사회정서가 용납하지 않았을 때 어떤 결과를 초래하는가를 보여준 단적인 예가 된다. 이는 제도적인 검열에 앞서 사회가 이미 검열관이 되고 있음을 시사한다. 문제는 검열이 그 시대의 추이를 어떻게 맞추어 나가느냐에 달려 있다고 할 수 있다.

외국의 경우는 1930년대까지만 해도 전신노출 등 성 표현의 수위에 대해 민감한 반응을 보였다. 체코 출신 구스타프 마하디 감독의 〈봄의 노래〉(1934)는 전신 누드가 말썽이 되어 삭제를 당한 작품의 하나로 거론된다. 나이 많은 남편을 둔 젊은 여성이 육체적인 만족을 느끼지 못하자 옷을 홀랑 벗어던지고 말에 올라타 호숫가를 달리는 신이 문제가 된 것(『시네마 에로티시즘』, 김종원 지음. 19쪽)이다.

영화에 대한 모든 것을 담은 쥬세페 토르나토레 감독의 〈시네마천국〉(1988)에는 도입부부터 교회의 신부가 영화를 검열하는 모습이 나타난다. 그는 남녀 배우가 키스하는 장면만 나오면 여지없이 종을 흔들어 영사기사에게 알린다. 이렇게 잘려나간 필름이 장 가방 주연의 〈망향〉(1936)을 비롯하여 비비언 리의 〈바람과 함께 사라지다〉(1939), 잉그리드 버그만의 〈카사블랑카〉(1942) 등 10여 편을 헤아린다. 검열관역할을 한 신부의 대사처럼 키스 신마저 포르노처럼 여기던 시절이 있었다.

## 인정극 〈장님의 길〉로 시작된 조선의 검열

조선에서 활동사진 검열은 통감부시대를 거쳐 총독부 경무총감부 산하 보안경찰의 주관 아래 시행되었다. 경부총장 직할인 경성(서울)을 제외하고 지방은 각도의 경찰서장이 관장했다. 경찰서장은 흥행 허가의 조건으로 양식에 따라 검열을 시행하고 허가증을 설명대본에 표시하여 내주었다.

연극, 영화 등 흥행물에 대한 검열이 제도적으로 이루어진 것은 한일 합방 이후였다. 1911년 2월 25일 평안남도령 제2호로 제정된 흥행

취체규칙(전문 44조) 제20조에 따르면, 연극 및 활동사진 흥행에 사용하는 연극 각본 또는 필름과 필름 설명서는 관할 경찰서의 검열을 거치지 않으면 사용할 수 없도록 되어 있다. 이런 전제 아래 신청 내용이 공안에 해가 되거나, 풍속을 어지럽힐 염려가 있을 때에는 관할 경찰서장이 그 사용을 금지, 또는 제한할 수 있다고 명시하였다. 이는 지방에서도 이미 검열이 제도화되었음을 뜻한다.

경성(京城)과 같이 영사시설을 갖추지 못한 일부 지방에서는 실사 없이 대본 검열만으로 영화검열을 대신하였다. 그러다 보니 영화 화면과 설명 대본이 부합되지 않은 경우가 있게 마련이었다. 취체규칙은 이런 일에 대비하기 위해 흥행 장소에 경찰관을 배치하였다. 담당 경관의 재량에 맡기는 이 '임검 제도'는 때로 권한 남용이라는 부작용을 낳기도 하였다.

그 예의 하나가 임석 경관의 판단 미숙으로 상영 중이던 〈아리랑〉을 중단시킨 일이다. 광주 제국관에서 일어난 일인데, 알고 보니 상영 허가서에 '사진이 파손된 부분이 있어 뺀다'는 문구가 있어 그런 부분이 나오자 영화의 주인공인 나운규가 포박당하는 마지막 장면으로 잘못 알고 중단 소동(조선일보, 1930. 2. 13. 보도)을 벌였던 것이다.

우리나라에서 필름 검열이 본격적으로 시작된 것은 1922년 검열부서가 경기도 경찰부 보안과로 통합되면서부터였다. 이에 따라 7월 1일부터 신축된 경찰부 시사실(試映場)에서 관야(管野) 경부 등 검열관이 참석한 가운데 우미관(優美館, 관철동 소재) 상영 예정인 〈장님의 길〉이라는 인정극과 활극에 대한 검열이 처음으로 실시(동아일보, 1922. 7. 2)되었다. 이는 구체적으로 작품명까지 명기했다는 점에서 중요한 의미가 있다. 전문 39조로 된 흥행취체규칙은 1923년 다시 개정돼 6월 1일부터 발효되었는데, 종래 필름 설명서 제출로 가능하던 것이 각본 검열까지 받도록 강화된다.

영화 검열이 강화된 것은 국내뿐이 아니었다. 일본에서도 내무성령(內務省令) 제10호로 '활동사진 필름검열규칙'이 공표(1925년)되고 다음 해 7월 5일에는 이 모델에 맞춰 조선총독부령(제59호)으로 같은 제목의 검열 규칙이 제정된다.

총무국 경무국 도서과에서 검열 업무를 관장한 '활동사진 필름검열규칙'(1926년 8월 1일 시행)은 그 뒤 영화 표현의 한계를 긋는 족쇄로서 작용한다. 이와 함께 각도별로 실시되던 검열 업무가 폐지되고 지금까지 경기도 검찰부 보안과에서 실시하던 영화 검열이 총독부 도서과(과장 近膝)로 이관된다. 당시 검열관은 경찰관 강습소 교수인 고우야스히코(高安彦: 뒤에 조선총독부 경무국 도서과 사무관)였다.

당시 당국에서 발표한 이해(1926년) 2월 한 달 동안의 검열 필름 통계를 보면 서양영화가 2백 49권, 21만 5천 3백 7척(1尺은 30.3cm), 희극이 23권, 1만 6천9백척, 실사(기록영화) 28권, 1만 5천 60척. 일본 신파 및 구극(舊劇)이 1백 6권. 7만 7천 47척 등 모두 5백 28권. 36만 7천 51척이었다. 그중에서 공안 풍속 방해로 절단(가위질)당한 건수가 신파에 한 건, 구극에 두 건, 서양극 19권, 희극 한 건 등 23건으로 되어 있다.

서양영화 〈청춘의 꽃(花)〉(전5권)과 〈모험 탈마치〉(전6권)의 경우 남녀의 키스 장면이 네 자(尺)나 잘렸고, 〈대전화(大戰禍)〉(전5권)는 불을 지르며 미국기를 휘두르는 장면이 무려 1백 자(尺)나 가위질당했다. 당시의 신문(동아일보, 「객월 중 검열영화」, 1926년 3월 5일)은 이밖에도 일본영화 〈공작(孔雀)의 빛(光)〉(전7권) 가운데 여자에게 마취제를 사용하는 장면 열다섯 자, 남자가 머리에 불을 지르는 장면이 아홉 자, 그 설명자막이 열네 자 정도가 빛을 보지 못했다고 보도했다.

## 강화된 〈아리랑〉 전후의 광고와 변사 단속 – 1925년 이후

〈사랑을 찾아서〉로 바뀐 〈두만강을 건너서〉의 수난

제목이 문제가 되어 처음 개명 소동을 일으킨 영화는 백정과 처녀의 사랑을 그린 부산조선키네마(주) 제작의 〈암광(闇光)〉(1925년)이었다. 결국 〈신(神)의 장(粧)〉으로 바뀌었지만, 이 영화는 왕필렬이라는 한국식 예명을 가진 일본인 다카사 간조우(高佐貫長)가 연출하였다. 그는 조선키네마의 창설 주역으로, 절의 주지를 지낸 불교대학 출신이라고 한다.

이처럼 제목 때문에 제동이 걸린 일은 그 뒤에도 자주 있었다. 심훈 감독의 〈어둠에서 어둠으로〉가 '좋지 못한 암시'를 준다는 이유로 〈먼동이 틀 때〉(1927년)가 되고, 홍개명 감독의 〈혈마〉(1928년)가 〈재활〉로, 나운규의 〈두만강을 건너서〉가 〈사랑을 찾아서〉(1928)로, 그리고 김영환 감독의 〈삼걸인(三乞人)〉이 〈세 동무〉(1928)로 바뀌는 곡절을 겪었다.

더욱이 〈먼동이 틀 때〉의 경우는 대본에 '형무소'라 쓰지 않고 '감옥'으로 쓴 이유가 뭐냐며 2백50여자나 삭제(임화, 「조선영화가 가진 반동적 소시민성의 말살」, 1928. 7. 28~8. 4. 중외일보) 했고, 인과의 씨를 가진 채 부호에게 무참히 버려진 한 여자의 비애를 그린 〈혈마〉(전7권)는 전체 분량의 절반에 해당하는 3천 5백자나 잘려나갔다. 처음에 붙인 제명은 "설마 그럴 수 있느냐"는 뜻을 가진 〈설마〉였다. 대구 갑부 장씨 문중에서 일어난 실제 이야기를 바탕으로 꾸민 것이었으나 내용의 불건전성과 사건 당사자들의 항의에 부딪쳐 겨우 극장 간판을 올리는 것으로 만족해야만 했다. 영화의 주인공은 장안의 한량들에게 인기가 높았던 명월관 기생 안금향(安錦香)이었다.

그런데 나운규 감독은 〈사랑을 찾아서〉가 개봉된 뒤에도 경찰서로 불려가 취조를 받는 고초를 겪어야 했다. 얼음 덮인 두만강에서 마적 떼에 쫓기던 주인공이 고국을 향해 비장한 나팔을 부는 장면에 나오는 대사 "나는 죽더라도 조선에 묻어 달라."는 대목이 불온하다 (인기 배우 나운규를 고등과에서 호출취조 / 매일신보, 1928, 4, 10)는 것이다. 뿐만 아니라 나팔은 무엇을 의미하며, 장재촌의 집단 부락은 무엇을 뜻하느냐고 따지고 들었다. 이런 과정에서 거의 2권 가량의 필름이 잘려 나갔다. 이 영화에 출연한 윤봉춘의 회고(「나와 영화인생 반세기」, 『영화』, 1974년 11월호)이다.

이 모두가 공안풍속을 보호(활동사진 필름검열규칙)한다는 미명 아래 이루어진 검열권의 남용이었다.

이규설(李圭卨) 감독의 시대극 『불망곡(不忘曲)』은 잔인성이 문제가 되어 제재를 받은 첫 사례로 꼽힌다. 구식 결혼을 한 사나이(서월영)가 신여성을 알게 되면서 아내는 절로 떠나고 재산까지 탕진한 믿었던 여자로부터도 배신을 당하게 된다는 내용인데, 스토리와 배우들의 연기가 너무 잔인하고 자연 이치에 어긋난다는 이유로 총독부의 허가를 받지 못했다. (동아일보, 1927, 1, 9) 결국 개작과 보충 촬영을 끝내고서야 개봉(1927년 1월 22일, 서울 인사동 조선극장)을 할 수 있었다.

사라진 '문전옥답'의 비애 담긴 〈아리랑〉 광고 문안

이 같은 규제가 계속되는 가운데 영화 해설자인 변사와 전단 및 광고에 대한 규제도 강화되었다. 대구 만경관 활동사진 순회반이 진주에서 상영한 〈암흑시(暗黑市)〉는 해설이 문제가 된 경우이다. 김성두 변사는 영화의 주인공이 가난한 사람을 위해 일하다가 감옥에 들어가게되고, 판결을 맡은 판사의 아들 역시 법망에 걸리는 경로를 설명하는 가운데 현대 사회조직의 불합리함과 법률 없이도 이상적 사회를 건설할 수 있다고 언급한 것이 화근이 되었다. 이로 인해 임석 경찰관에 의해 상영이 중단되는 사고가 일어났다. 이 사실을 보도한 조선일보(활동사진 설명중 변사 돌연 검속/ 1926, 3, 13)는 '관람하던 5백여 군중이 이유를 설명하라고 고함을 치는 바람에 대소란이 일어났는데, 활동사진 설명까지 가혹히 취체함은 처음 있는 일'이라고 언급하고 있다.

지배자에 대한 저항. 억압된 민중의 분노를 우회적으로 표현하여 절찬을 받은 〈아리랑〉(1926, 나운규 각본·감독·주연)은 선전 단계에서부터 수난을 겪었다. 개봉 전날 돌린 전단 1만매가 '공안을 방해할 가사(아리랑)'가 들어있다는 이유로 압수되고, 조선일보 1926년 10월 1일자에 게재된 〈아리랑〉 광고 문안 역시 삭제되었다. 3일자 매일신보에 실린 같은 크기의 광고에는 '문전의 옥답은 다 어듸가고 동냥의 쪽박이 웬일인가'라는 '아리랑 한 대목이 사라진 대신 '만원사례'를 뜻하는 '근사(謹謝) 초일 대만원'이라는 문안이 들어가 있었다. 웬만큼 의식이 있는 사람이라면 '문전옥답'이 조선 땅을 암시하고 '동냥의 쪽박이 웬일인가'는 일본에 구걸하게 된 우리의 처지를 원망하는 한탄임을 모를 리 없을 것이다. 이 모두가 '활동사진 필름검열규칙' (전문 13조)에 따른 규제의 산물이었다.

〈아리랑〉은 사립전문학교를 다니다가 중도에 퇴학당하고 귀향한 뒤부터 머리에 이상이 생긴 영진이라는 청년의 이야기이다. 그 이유에 대해 어떤 사람은 철학을 공부하다가 미쳤다 하고, 다른 한 쪽에선 젊은 혈기 때문에 박해받다가 돌아버렸다고 추측하기도 한다. 영진은 마을 사람들의 놀림감이 되면서도 아버지의 빚을 빌미로 누이동생(영희: 신일선 분)에게 접근하는 지주의 앞잡이 오기호만은 원수처럼 여긴다. 이런 가운데 여름방학을 맞아 영진의 친구인 대학생 현구(남궁운)가 돌아온다. 현구는 어느새 처녀로 성장한 영희에게 끌리고 영희는 친구를 알아보지 못하는 오빠를 안타까이 여기며 그를 사랑하게 된다. 그런데 추수가 끝나고 마을에 풍년잔치가 벌어진 날, 영희에게 위험이 닥친다. 기회를 엿보던 오기호가 혼자 집을 지키는 영희에게 들이닥친 것이다. 맹수같이 달려드는 사나이에게 더 이상 버티지 못하고 무너지려 할 때 영진이 나타나 낫으로 기호의 가슴을 찌르고 만다. 순식간에 살인범이 된 영진은 가족과 현구, 마을 사람들이 지켜보는 가운데 순사에 이끌려 아리랑 고개를 넘어간다.

각본, 감독, 주연 등 1인 3역을 맡은 나운규는 검열을 의식하여 자신이 연기한 주인공(최영진)을 미치광이로 설정하고, 환상장면 등 우회적인 방법을 동원하여 항일색채를 탈색하는 한편, 감독 명의를 제작사(조선키네마푸로덕션) 간부인 일본인 스모리 슈이치(津守秀一, 한국명: 김창선)로 내세웠다.

"일제의 검열을 생각하지 않을 수 없었다. 결국 최영진(주인공)은 "네 몸도 망할 날이 있다." 대신에 오직 한마디 "진시황도 죽었다지!" 만을 외치게 하였으며 오기호는 지주인 것이 이니라 지주의 마름으로 바꾸면서 등장인물도 축소하였다. '아라비안나이트'와 유사하게 일종의 우화적인 것으로 만드는 것이 검열을 통과하는 좋은 방법이라고 우리들은 생각했다. 출연 인물에 있어서도 군중을 등장시키기보다 개인적인 복수로 끝나지 않을 수 없었다. 영화 〈아리랑〉은 나운규의 의도가 제대로 반영되지 못한 채 세상에 나오는 수밖에 달리는 방법이 없었다. 나운규는 이 사실을 두고두고 분해 했었다."

이는 〈아리랑〉에서 나운규(영진 역)의 아버지 역을 맡았던 이규설(『나운규와 그의 예술』, 1962년 5월 북한 조선문학예술총동맹 출판사 발행)의 증언이다. 이런 덕분인지 〈아리랑〉은 예상과는 달리 큰 손상을 입지 않았다.

일제의 영화검열은 〈아리랑〉 외에도 적지 않은 작품에 불이익을 안겼다. 나운규의 그 뒤 작품 〈들쥐〉(1927)는 '불온한 내용'이 문제가 되어 '검열불허' 판정을 받았다. 그러나 다행히 수정과 재편집으로 빛을 보게 되었다. 백년해로를 약속한 애인이 폭력배의 압력과 금전공세에 굴복하여 약혼하는 날 들쥐라 불리는 정의파 사내가 나타나 폭력배를 몰아내고 실의에 빠진 청년에게 신부를 돌려준다는 내용이다. 윤봉춘의 데뷔작이기도 하다. 나운규 감독은 이 영화의 첫 장면을 기발하게 찍기 위해 수십 마리의 쥐를 사들여 한 마리의 고양이와 함께 목욕탕에 가두어 놓았으나 다음날 뚜껑을 열어보니 서로 물어뜯고 뜯긴 채 죽어 있어 계획을 바꾸었다는 일화(『한국영화측면비사』,/ 안종화, 1962, 춘추각)를 남긴 작품이기도 하다.

## 〈임자 없는 나룻배〉와 〈아리랑 3편〉의 수난 −1930년대의 경우

### 상영 직전에 곤욕 치른 〈임자 없는 나룻배〉

1930년대 영화검열로 곤욕을 치른 대표적인 예를 든다면 이규환 감독의 무성영화 〈임자 없는 나룻배〉(1932년)와 나운규 감독의 발성영화 〈아리랑 3편〉(1936년)을 꼽지 않을 수 없다. 이 영화를 만든 두 감독은 해방 전 한국영화계를 대표하는 주요 인물들이다. 특히 〈임자 없는 나룻배〉(1시간 20분)는 사전에 각본 심의와 실사 검열을 마쳤음에도 마지막 상영 문턱에서 제동이 걸리는 시련을 겪었다. 항일영화라는 이유였다. 9월 18일의 일이다.

당시 극장은 낮 상영 없이 밤 상영만 있었다. 상영 시간이 일곱 시였는데, 여섯 시경부터 사람들이 몰려들어 단성사는 발 들여놓을 여지가 없을 정도로 만원을 이루었다. 이규환 감독은 주연인 나운규, 제작자인 강정원과 함께 입구에서 이 광경을 지켜보며 흥분을 감추지 못했다. 그런데 그들 앞에 한 직원이 헐레벌떡 달려오더니, 검열계에서 필름을 가져오란다고 다급히 말하는 것이었다.

이규환 감독은 그때의 급박했던 상황을 이렇게 회고(「영화 60년」, 중앙일보, 1979년 12월 17일~18일자)했다.

극장 영사기에 걸려있는 필름을 다시 가져오라니, 무엇인가 뒤틀리기 시작했구나 하는 생각이 얼핏 머리를 스쳤다. 그러나 저러나 시간이 없었다. 관객은 이미 극장을 메우고 상영을 기다리고 있지 않은가. 나는 부리나케 영사실로 뛰어올라가 필름을 꺼내 직원 한 명을 데리고 인력거를 타고 총독부 검열계로 달려갔다. 당시 검열은 총독부 경무국 도서과 활동사진검열계 소관이었고, 검열관들은 모두 현직 경찰관들이었다. 검열계로 뛰어드니 다른 직원들은 이미 퇴근한 뒤였고 오까(岡)린 검열 주임만이 덩그러니 빈 사무실에 꼿꼿이 앉아 있었다. 그자는 '호랑이'란 별명을 지닌 무섭고 냉철한 인물이었다. 들어서는 나를 한동안 노려보고 있더니만 그는 방금 배달된 석간신문 한 장을 툭 던져주면서 소리를 질렀다.

"고레미(이것 봐)!" 무언가 하고 슬쩍 넘겨다보니 「임자 없는 나룻배」를 보고'란 제목이 달린 기사였다.

그 신문기사는 당시 동아일보 학예부장이었으며, 「사랑방손님과 어머니」의 작가인 주요섭 씨가 쓴 시사평이었다. 그 기사는 농촌서정이 잘 표현되었다는 것과 활동사진의 영역을 벗어나 영화예술의 새 경지를 개척했다는 평과 함께 '조선민족의 혼이 죽지 않고 빛나고 있음을 암시해준 영화'라고 결론을 지었다.

오까 주임의 지적은 두 가지였다. 첫째 검열 이전에 시사회를 가졌다는 것과, 둘째 조선민족의 혼이 죽지 않고 살아 있다는 부분이었다.

오까 주임은 "너, 이 제목 〈임자 없는 나룻배〉란 조선민족을 암시한 것이지?" 하고 다그쳤다. 그러고는 불문곡절 제목을 갈라고 호통을 쳤다. 나는 오까의 말에 끓어오르는 분노를 가눌 수가 없었다. 그렇지만 당장 뾰쪽한 다른 방도가 없었다. 오까에게로 다가섰다. 그러고는 유창한 일본어로 "이 영화는 한 뱃사공의 애증을 그린 서정영화지 절대로 사상영화가 아니다."라고 설득을 시작했다.

오까 주임은 내가 일본에서 영화공부를 하고 온 영화인이라는 것을 알고 있어 개인적으로는 나에게 호감을 보이고 있던 인물이었다. 오까 주임은 나의 긴 설득에 조금씩 이해하는 눈치를 보였다. 한동안 침묵을 지키더니 "그러나 안 되겠어. 설사 제목은 좋다 하더라도 검열만은 한 번 더 해야겠어."라고 입을 떼었다. 상영시간은 눈앞에 다가왔는데, 1시간 20분 길이의 영화를 다시 한 번 보겠다니 무슨 소리인가. 함께 온 영화관 직원은 옆에서 발을 동동 구르고 있었다. 나는 다시 호소했다. "문제가 없다면 그 부분만 다시 봐도 되지 않으냐."고. 오까 주임은

"아무튼 가자."며 앞장을 섰다.

당시 총독부 검열실은 광화문 중앙청 맨 꼭대기 동그랗게 된 돔 안에 있었다. 오까 주임은 "좋아. 그렇다면 맨 끝 부분만 보지."하고 마지막 필름만을 돌리게 했다. 그 부분은 춘삼(나운규 분)이가 철로를 때려 부수는 장면이었다. 영화가 끝나자 오까 주임은 "이게 바로 반항이란 말이야. 이걸 잘라야 해."했다. 오까의 해석에 따르면 이것이 항일의 수준 높은 상징이란 것이었다. 결국 마지막 부분 1백50여자가 다시 잘려 나가고 검열은 끝난 셈이었다.

검열실을 나올 때 오까 주임은 "이봐 잠깐."하고 불러 세웠다. "참고로 알려두는 바이지만, 오늘자 동아일보는 발매금지야. 당신이 만든 영화의 기사 때문이지."

이런 곡절을 겪은 끝에 극장으로 달려가 상영은 가까스로 되었지만, 그때는 이미 상영시간을 40분이나 넘긴 뒤였다.

여기서 언급된 오까 주임은 오까다 준이치(岡田順一)를 가리킨다.

그런데 가까스로 위기를 넘겼으나 이번엔 영화 해설이 문제가 되었다. 그때 변사는 서상필(徐相弼)이었다. 그는 영화 후반부 주인공 춘삼이 달려오는 기차를 향해 도끼를 들고 덤벼드는 장면에 이르러 "저 다가오는 검은 그림자를 때려 부수려고 달려가는 춘삼이! 그러나 이를 어쩌랴." 고 표현한 것이 극장 임검 경찰관의 심기를 건드린 것이다. '검은 그림자'란 바로 일본순사를 상징한 것이고, 이것을 때려 부순다니, 바로 일본을 거역하는 암시가 아니냐는 이유였다. 이 일이 빌미가 되어 서 변사는 경찰에 붙들려가 문초를 받고야 풀려났다.

나운규의 〈아리랑〉(1926)에 버금하는 〈임자 없는 나룻배〉는 기계

문명에 밀려난 서민생활의 애환을 그렸지만 그 이면에는 사회모순과 일제 세력에 대한 항거의식이 깔려 있었다.

이 영화는 가뭄과 수해로 흉년을 만나 살 길이 막연해지자 임신한 아내(김연실 분)와 함께 고향을 떠난 젊은 농부 춘삼(나운규 분)이 서울에서 겪는 고난사이다. 그는 생계를 잇기 위해 인력거를 끌고, 나루터의 뱃사공 일까지 가리지 않으나, 문명의 이기인 자동차와 철교가 등장하면서 삶의 수단을 잃게 된다. 이런 절망감 속에서 아내와 뱃사공 일을 돕던 성장한 딸(문예봉 분)마저 잃게 되자 춘삼은 달려오는 열차 앞으로 다가선다.

당시 동아일보(허심, 「유신 키네마 2회작 '임자 없는 나룻배' 시사평」, 1932. 9. 14.)는 이 작품에 대해 '조선 영화계에서 일찍 보지 못했던 새로운 감독과 명쾌한 촬영'이라는 찬사와 함께 '나운규가 주연하는 춘삼이란 한 개 농부 노동자의 슬픈 이야기를 우리는 한 개인의 이야기로 보지 말고 조선 민족의 이야기로 볼 때 비로소 그 감격이 커진다.'고 평가하였다

1천 미터나 잘리고 재촬영한 〈아리랑 3편〉

〈아리랑 3편〉에 대한 검열의 피해는 〈임자 없는 나룻배〉만큼 자세히 밝혀지지는 않았다. 그러나 다음의 글에서 엿볼 수 있듯이, 검열을 피하기 위해 애쓴 흔적들이 여러 군데에 나타나고 있다. 나운규와 비슷한 시기에 활동한 임화(「나운규와 수난기의 영화」일화, 『네가 미쳤다!』 176쪽, 1999년 평양출판사)의 증언은 그 가운데 하나이다.

영화 〈아리랑 3편〉을 제작할 때의 일이다. 이 작품에서 나운규는 미

친 영진이가 일본 순사의 뺨을 치는 장면을 삽입하였다. 그런데 순사에게 '네가 미쳤다, 이놈!' 하고 정면에서 뺨을 후려친다는 것은 아무리 허구적인 예술적 상황이라고 해도 당시로서는 총독부의 검열에 도저히 통과할 수 없는 일이었다. 그러나 나운규는 이 통쾌한 장면을 관객들에게 반드시 보여주어야 하겠다. 나운규는 고심 끝에 하나의 계책을 꾸몄다. 그것은 일본 순사를 때리는 장면에 앞서 그와 비슷한 다른 화면들을 선정하는 것이었다.

피해 당사자인 나운규 감독은 《삼천리》 잡지의 기자와 가진 인터뷰(「당대 인기 스타 나운규씨의 대답은 이러합니다」, 1936년 2월호)에서 〈아리랑 3편〉을 비롯한 여러 편의 영화에 검열의 희생이 있었음을 토로했다.

문) 이때까지 10여 년간 30여 개의 영화에 출연한 가운데 커트 당하지 않은 영화가 몇 있나요?

답) 커트 안 당한 영화라고는 2, 3개가 될까 말까 합니다. 그 다음 전부는 대개 7, 8척 내지 1천척의 커트를 당하었어요.

문) 이번에 새로이 만든 〈아리랑〉(3편)은 커트를 얼마나 당하였나요?

답) 1천 미터 이상이 커트되었어요. 아마 영화를 만들던 중에 가장 많이 커트를 당한 셈입니다. 그래서 부득이 상영할 일자를 연기해서 약 1개월 동안 근 3,000여 원을 손해 보면서 다시 촬영하기로 하였어요.

이밖에 그가 각본과 주연을 맡은 〈종로〉(1933)의 경우도 무려 여섯 번에 걸쳐 검열에서 1천자나 되는 길이, 두 권에 이르는 필름이 잘리어 나갔다. (나운규, 「나는 왜 무대에 서는가」, 《삼천리》, 1933년 9월호) 이 영화는 해외에서 살다가 온 사상 운동가 청년의 이야기이다.

## 재검열 부른 밀수입영화와 국책 순응의 희생양 –1940~1950년대

### 조선영화도 번역 대본 요구한 1940년대

조선이 일제의 통치 아래서 벗어나 해방이 되긴 했으나 영화검열
은 여전히 존속되었다. 정부수립 전 미군이 관할하고 있던 군정청은
1946년 4월 12일부터 일제시대의 영화필름에 대한 기존법을 폐지하
고, 조선 내에서 상영되는 모든 영화는 공개 전에 공보부의 검열을 받
도록 새 법령(영화취체령 제68호)을 공포한다.

이에 따르면 경무국에서 실시하던 검열 사무를 공보국 영화과로 이
관하는 동시에 앞으로 상영하려는 영화는 신청서에 원어로 된 영화
원본 전문과 국어 또는 일어로 된 제목을 기입한 서면에 영어 번역문
을 첨부해야 하며, 군정청의 날인과 '공보부 검열제'라 표시한 국어 또
는 영어 제목을 필름에 표시하도록 되어 있다. 그중에도 특히 조선영
화는 대본 전문을 영어로 번역하여 제출하기를 요구했다.

그러나 조선문화단체총연맹과 영화동맹을 비롯한 13개 영화사 대
표들은 조선영화의 대본 전문을 영어로 번역해 제출하라는 당국의 요
구에 이의를 제기하고 나섰다. 이들은 수속방법을 간략하게 하여 조
선영화는 영화제목과 경개(梗槪)의 영역만으로 용인하여 달라, 현재
의 인쇄 능률로는 불가능에 가까울 뿐 아니라, 아직 영어의 보급이 미
약한 상황 아래서 회사가 무거운 부담을 지게 될 터이므로 이는 피폐
한 조선영화 재건에 막대한 지장을 일으키는 원인이 된다고 선처를
당부하였다. (자유신문, 1946, 5, 5)

이 무렵만 해도 검열을 받지 않은 채 영화를 상영했다가 필름을 압수당하는 일이 많았다. 1946년 4월 20일 화신영화관에서 상영 중이던 〈새벽의 비상선〉을 비롯하여 명동극장의 〈서유기〉, 장안극장의 〈다루마치의 모험〉, 성남극장의 〈그대여 나의 품으로〉, 우미관의 〈청춘의 십자로〉 등이 그런 예에 속한다. 이 때문에 대신할 프로를 찾지 못해 5~6일 동안 휴관하는 일까지 생겼다.

그런데 새 제도에 의한 검열 업무가 시작된 지 불과 4개월이 지나지 않아 일제시대 이상으로 가혹한 영화검열제도를 철폐하라는 문화계의 비판적인 여론에 부딪치게 된다. 연합군의 일원으로 인도 지나 작전에 참가하여 중요한 역할을 한 김원봉 장군 휘하의 항일 전투부대의 기록영화 〈조선의용대〉에 대해 상영불허 처분이 내린 것이 그 이유였다. 이 같은 조선영화동맹의 검열 철폐 성명에 대해 방한준 영화과장은 이번 영화는 공보부장 이하 관계자들이 보고나서 불허한 것이며 이유는 말할 수 없다고 설명하였다.

1948년 후반에 이르자 외국영화가 범람했다. 밀수입된 영화만도 수백 종에 이르렀다. 그 중에는 우리의 실정에 맞지 않는 '에로' 영화들이 적지 않았다. 이를 우려한 공보부에서는 국내외를 막론하고 구 군정청 및 과도정부 공보부에서 이미 검열을 받은 영화라도 재검열의 절차(1948년 10월 15일부터 11월 25일까지)를 밟아야 한다고 공고하였다. 다음과 같은 명분을 내세워 사실상 검열을 강화한 셈이었다.

가, 현하 대한민국의 실정에 비추어 구영화의 내용을 재검토하기 위한 것.
나, 장시간 사용으로 인해 필름 성능의 약화와 인화의 우려 유무를 재검토하기 위한 것.

다, 자연 소멸로 인한 척수의 부족과 영화예술성의 상실 여부를 재검토하기 위한 것

라, 밀수입 영화 방지와 이 영화의 불법상영 취체를 위한 것.

마, 단 구 과도정부 공보부에서 시행한 단기 4281년 2월 20일 이후의 재검열에 합격된 영화는 상영 허가증만을 교환 발부할 것으로 최초권과 최후권 만을 하여도 가함.

〈「내외영화 모두 재검열」, 자유신문, 1948, 10, 9)

### 다양한 이유 내세워 가위질한 1950년대의 풍경

1950년대의 한국영화는 다양한 이유로 표현의 자유가 위축되었다. 이 시기의 대표적인 희생양은 이강천 감독의 〈피아골〉(1955년)과 한형모 감독의 〈자유부인〉, 그리고 김성민 감독의 〈인생역마차〉(이상 1956년) 등이라고 할 수 있다.

〈피아골〉은 사상 표현이, 〈자유부인〉은 애정 신에 있어, 〈인생역마차〉의 경우는 특정 직업인에 대한 모독이 각기 제재의 이유가 되었다.

〈피아골〉은 반공정신을 앙양시키고자 하는 제작자의 취지에 따라 과거 공산 오열의 출몰하던 전남 구례군 지리산의 '피아골' 골짜기로부터 200여 리 떨어진 화엄사 부근에서 촬영한 것이다. 빨치산들의 내면생활과 그들의 '단말마적인 최후'를 그린다는 당초의 의도와는 달리 반공영화로서는 타당치 않다는 지적을 받았다.

대체로 문제가 된 것은 공산주의에 대한 회의와 비판성의 결여, 빨치산인 애란(노경희)의 귀순 동기가 애매하다는 점이었다. 이를 계기로 검열 당국인 문교부는 앞의 국방부 측의 의견을 감안, 2개월이나 소일하여 '빨치산을 영웅화' 시킨 것으로 간주되는 여섯 군데의 장면

을 삭감했다. 이번에는 내무부가 국방과 치안상 공개 상영은 좋지 않다는 이유를 들어 제동을 걸었다. 당초 예정이던 8월 24일 서울 국도극장 개봉이 이렇게 무산되고 말았다.

〈피아골〉은 이런 난관을 겪고 거의 한 달 만인 1955년 9월 23일에야 빛을 보게 된다. 제작자 측이 '국책에 순응하겠다.'며 상영허가를 취소하고, 최종 검열 과정에서 다시 '불온한 대사' 일부를 커트한 결과였다.

크레인을 이용해 카메라가 창문을 뚫고 들어가는 촬영기법을 시도하여 관심을 끈 〈자유부인〉은 화면의 군데군데에 나타나는 대학생 한태석(이민)과 대학교수 부인(오선영)의 키스, 오선영이 취직하고 있는 양품점의 주인(김동원)과 포옹하는 장면 등이 한국의 사회도덕 기준과는 어긋난다는 이유로 단축되거나 삭제되었다. 이 영화의 키스신에 대해 한 국회의원이 아직은 시기상조라며 비판하고 나설 만큼 사회인식이 매우 박약한 시절이었다.

당시 이 영화의 원작자인 정비석(「자유부인에 대해 대체로 만족」, 한국일보, 1955. 6. 14)은 "홍수처럼 쏟아져 들어오는 외국영화는 지독한 애욕의 장면도 허용하면서 국산영화에 한해서만은 키스조차 허용 안하는 것은 납득할 수 없는 일"이라고 비판하였다.

문교부 출입 기자단으로부터 상영 철회 압력을 받은 〈인생역마차〉는 취재 도중 갱의 총격을 받아 장님이 되면서 비참한 생활을 하게 되는 기자의 얘기로, 인간이 생활기능을 상실했을 때 절망과 자기혐오로 말미암아 자기분열을 일으키게 된다는 메시지를 담고 있다. 하지만 영화에 나오는 신문기자, 특히 경찰을 상대로 한 기자의 묘사가 현실과 부합되지 않을 뿐 아니라, 신문기자를 공적·사적으로 모욕했다는 이유로 항의에 부딪쳤다. 이에 제작사인 세기상사 측이 지적받은 몇 군데를 순화하는 선에서 상영허가를 받아내어 해결하였다.

영화표현의 자유를 억제하는 것은 '미풍양속'과 '사회윤리'를 강조하는 검열 당국만이 아니라 본능적으로 제 직업과 신분을 보호하려는 일반적인 경향, 허구인 영화를 사실처럼 받아들이려는 사회 인식의 일면을 말해 주는 하나의 사례라고 할 수 있다.

## 군사정부 시절엔 판잣집도 규제 대상 —1960년대~1980년대

### 자진 삭제 유도한 단명의 '영윤' 시대

4·19 학생의거를 계기로 1960년 8월 5일 영화윤리전국위원회(약칭 영윤)가 탄생된다. 사회의 여론에 힘입어 영화업자들의 자율적인 노력으로 만들어진 영화심의 기구이다. 이들이 발 벗고 나선 데는 그동안 영화검열이 사무관 정도밖에 안 되는 문교부의 하급 관리에 의해 휘둘리다시피 해왔기 때문이다. 이런 상황에서 영윤은 전문 37조의 윤리규정과 국산 및 외국영화를 상영코자 할 때는 신청서에 영윤의 심 의필증을 첨부해야 한다는 문교부의 영화 및 공연물 사무요강에 따라 심의를 하였다. 그러나 실권은 행정당국에 있었다.

그때 위촉된 영윤 위원은 이청기(시네마 팬클럽 회장)를 위원장으로 언론인 오종식(서울신문 사장), 학계의 윤태림(서울대 사범대학장), 김성태(서울대 음대학장), 오화섭(연세대 교수), 법조계의 권순영(판사), 이태영(변호사), 문단의 백철(평론가), 정비석(소설가), 종교계의 윤병희(가톨릭 신부) 등 25명과 이진섭(시나리오작가), 허백년(영화평론가), 최일수(문학평론가) 등 3인의 전문위원으로 구성되었다.

영윤은 이듬해 5·16군사 쿠데타로 폐지될 때까지 9개월 보름 남짓

만에 단명으로 끝났으나, 기대만큼 논란도 적지 않았다. 그 대표적인 예가 크리스찬 마르강 주연의 〈그 무덤에 침을 뱉어라〉(마이클 캐스트 감독)와 루이 말 감독의 〈연인들〉(잔느 모로 주연)이다. 두 작품 다 프랑스영화로서 전자가 '시체에 대한 이중가해'와 유방 노출이 문제가 되었다면, 후자는 외설적이라는 이유로 부분 삭제가 요구되었다.

미국 어느 소도시에서 백인 여자를 사랑했다는 이유로 비트족들에게 린치를 당한 흑인이 복수에 나서는 〈그 무덤에 침을 뱉어라〉는 사회질서를 문란케 하는 내용이라는 의견에 따라 부분 삭제를 조건으로 통과되었다. 이를테면 도입부에 린치를 당한 흑인의 시체에 휘발유를 끼얹고 불을 지르는 장면, 비트족들의 전기 고문과 강에서 수영하고 나오는 비트족 처녀들의 노출된 유방 등이 바로 그 대상이었다. 이때 유방의 정면 노출은 스트립걸이면 몰라도 지나친 성욕의 과장으로 불결하게 성적 자극을 주기 쉽다는 지적을 받았다.

〈연인들〉의 경우도 나체와 베드 신이 문제가 되었다. 유부녀(잔느 모로)가 불화중인 남편과 그의 손님이 자고 있는 한 지붕 아래서 젊은 고고학도를 침실로 끌어들여 갖는 5분가량의 정사 신이 쟁점이 된 것이다. 이중에 특히 논란이 된 것은 절정에 오른 여자가 침대의 시트를 휘어잡는 클로즈업 부분과 "당신이 내 아내"라는 대사였다. 각기 성적 자극을 유발한다는 점과 부도덕하다는 이유로 찬반 토론 끝에 삭제되었다.

영윤 심의가 종전의 영화검열에 비해 다소 완화되었다고 볼 수 있는 것은 자유당 정권 때 불륜영화라 해서 수입 추천조차 받지 못했던 〈연인들〉이 단 몇 군데의 삭제로나마 일반 공개가 가능했기 때문이다.

〈오발탄〉과 〈7인의 여포로〉로 본 표현의 한계 ·

유현목 감독의 〈오발탄〉(1961)은 5·16 군사쿠데타와 함께 상영 금지라는 직격탄을 맞은 첫 사례이다. 1950년대 분단된 한국 사회의 현실을 무력한 계리사(철호: 김진규 분)를 통해 표출한 이 영화는 합법적인 절차를 밟아 광화문 소재 국제극장에서 개봉이 되기는 했으나 5·16이 일어난 지 3일 만에 간판을 내려야 했다. 밝은 사회를 지향하는 '혁명공약 취지에 위배'되는 어두운 현실묘사가 원인이었다.

문제가 된 것은 (1)계리사인 주인공 철호(김진규 분)가 사는 해방촌 산동네의 빈민굴. (2)청계천 아래서 목 매달아 죽는 젊은 아낙네의 모습. (3)그 동생의 시위. (4)행인이 한국은행 앞에서 방뇨하는 장면 등이다. 지적받은 일부 장면을 잘라낸 것도 모자라 '이 영화는 이승만 정권하의 암울한 상황을 그린 것'이라는 자막까지 넣고서야 7개월 후 재상영(을지극장)이 허용되었다.

〈오발탄〉은 실성한 노모(노재신 분)와 만삭인 아내(문정숙), 강도죄로 붙들린 동생(최무룡), 양공주로 전락한 누이동생(서애자) 등 한결같이 어려운 식솔을 거느린 월남민 가장(김진규)의 고달픈 삶에 초점을 맞춘 문제작이다. 이따금씩 튀어 나오는 실성한 노모의 "가자!"라는 절규가 검열과정에서 '이북으로 가자'는 의미로 해석돼 용공혐의를 받기도 했다.

잇따라 〈7인의 여포로〉(1965)와 이승만 대통령의 전속 이발사를 통해 권력의 이면을 풍자한 〈잘 돼 갑니다〉(1969, 조긍하 감독) 등이 검열의 벽에 부딪쳐 표현의 제약과 상영이 보류되는 불이익을 받았다.

〈7인의 여포로〉(1965)는 〈오발탄〉과 함께 표현에 심각한 침해를 당한 1960년대의 대표적인 작품으로 꼽힌다. 이만희 감독의 〈7인의 여포로〉는 북한군 수색대원들의 포로가 된 국군 간호병 일행이 중공군에게 위협을 받게 되자 그들의 도움으로 위기에서 벗어나게 된다는 이야기인데, 이것이 반공법 제4조 1항을 위반했다는 것이다.

즉 "공산계열인 북괴와 중공은 공산주의 이념이 동일하고 대한민국을 침해함으로써 상호간 무력충돌을 몽상할 수 없음에도 불구하고 반국가 단체의 활동을 고무, 동조, 찬양했다."는 이유였다. 그 예로 중공군이 여군들을 겁탈하려드는 것을 인민군 수색대장으로 하여금 제지토록 한 대목을 들었다. 이로 인해 이만희 감독이 검찰에 기소되었다.

이 영화가 뒤에 공개되었을 때는 〈돌아온 여군〉으로 제목이 바뀌고 결말도 북한군 장교가 처벌이 두려운 나머지 부하 사병을 이끌고 귀순하는 것으로 되어 있다.

〈저 하늘에도 슬픔이〉(1965, 김수용 감독)는 비참한 산동네를 부각한 화면이 삭제되었다. 이런 선례에 따라 이후 무허가 판자촌을 원경에 담은 〈어둠의 자식들〉(1981, 이장호 감독)과 〈꼬방동네 사람들〉(1982, 배창호) 등의 유사 장면이 화면에서 사라졌다. 이렇게 되자 〈난장이가 쏘아올린 작은 공〉(1981, 이원세 감독), 〈그해 겨울은 따뜻했네〉(1984, 배창호 감독)의 경우는 검열의 부담을 덜기 위해 영화의 배경을 아예 염전으로 설정하기도 하였다.

권력(자유당 정권)의 비호 아래 시장 일대를 본거지로 테러를 일삼는 정치 폭력배들의 실상을 고발한 〈폭로〉(1967, 정진우 감독)는 20여 군데나 가위질 당했고 일본영화 〈백일몽〉을 번안한 〈춘몽〉(1967)의 유현목 감독은 음화 제조 혐의로 불구속 기소돼 1심에서 3만 원의 벌금 선고를 받았으나, 상고하여 집행유예로 마무리되었다. 여주인공(박수정: 24세)이 알몸으로 6초 동안 화면에 등장한 것이 음화 제조 혐의를 받게 된 셈인데, 이 장면은 전라의 뒷모습을 촬영한 것으로 실은 피부색깔의 스타킹 조각을 부착시켜 나체로 볼 수도 없는 것이었다.

이밖에 〈벽속의 여자〉(박종호 감독), 〈내시〉(신상옥 감독), 〈너의 이름은 여자〉(이상 1969) 등이 외설 혐의로 고초를 겪었다.

당시의 검열제도는 (1)각본 사전 심의(영화제작가협회 소관) (2)제작신고 (3)필름의 실사 검열 등 삼단계로 되어 있었다.


〈바보들의 행진〉 등 1970년대 이후의 현상

1970년대는 경부고속도로가 개통(1970년)되면서 전국이 일일 생활권으로 진입했으나 박정희 정권의 유신체제(1972~1979년)로 말미암아 민주화는 오히려 후퇴한 시기였다. 당연히 표현의 자유도 억압되었다.

강대선 감독의 〈여고생의 첫사랑〉(1971)이 학생 신분을 지칭하는 여고생이 아니라 보편적인 〈소녀의 첫사랑〉으로 제목이 바뀌고 내용의 개작과 함께 필름검열에서도 여러 군데 가위질당했다. 하길종 감독의 〈바보들의 행진〉(1975)의 경우는 더욱 표현의 한계를 절감해야 했다.

철학과에 재학 중인 대학생 병태를 중심으로 캠퍼스와 가정, 그리고 기존 사회의 벽과 부딪치면서 고뇌하는 젊은이들의 모습을 그린 이 영화는 개작, 순화, 단축, 삭제 등 여러 차례의 검열을 거쳐야 했다. 장발의 젊은이들이 단속하는 경찰관(그 역을 맡은 이철 역시 장발이었지만)을 피해 달아나는 장면과 대학생들의 집단행동이 '세대 간의 분리의식'을 야기시키고 '반사회적 표현'이라는 이유로 규제되고, 학생들의 데모와 농한기의 노름 묘사 또한 당시의 새마을운동 취지에 맞지 않는 '불건전 사유'라는 지적을 받아 우회하지 않으면 안 되었다.

이만희 감독의 유작인 〈삼포 가는 길〉(1975)의 라스트신 역시 이와 비슷한 이유로 보다 밝게 변질되었다.

전두환 군사정부 시절인 1980년대는 성애영화의 완화와 사회비판적 영화의 강화로 요약된다. 전자가 〈애마부인〉(1982, 정인엽 감독) 시리즈와 〈훔친 사과가 맛이 있다〉(1984, 김수형 감독) 유의 벗기기 영화로 대표된다면, 후자의 경우는 〈도시로 간 처녀〉(1981, 김수용 감독), 〈작은 악마 스물 두 살의 자서전〉(1983, 김효천 감독)과 〈티켓〉(1986, 임권택 감독), 〈구로 아리랑〉(1989, 박조원 감독) 등이 이 범주에 속한다.

〈애마부인〉은 남편이 복역 중에 옛 애인을 만나게 되면서 벌어지는 유부녀 애마(안소영)의 성애행각으로 에로티시즘 미학을 표방한 기획물이었다. 그러나 이 영화의 제명 애마(愛馬)가 너무 에로틱하다는 이유로 삼마(麻)자 애마부인으로 바뀌었다.

이런 일은 여기에서 끝나지 않았다. 내연관계인 여자를 말하는 〈정부(情婦)〉(1982)가 당초 의도와는 달리 정조가 곧은 아내라는 뜻인 〈정부(貞婦)〉로 변형되는가 하면, 소설에서는 허용된 이동철 작가의 「오 과부」와 김홍신 작가의 「인간시장」이 각기 〈과부 춤〉(1984, 이장호 감독)과 〈작은 악마 스물 두 살의 자서전〉으로 바뀌고, 〈서울 예수〉가 〈서울 황제〉(1986, 선우환, 장선우 감독)로 개명되는 해프닝이 벌어졌다. 원작의 제목이 영화에서 허용되지 않은 것은 사회를 부정적으로 표출했다는 이유였다.

이처럼 한국영화의 현실은 검열에 의해 변질되었다. 1980년대까지만 해도 한국영화는 제목마저 마음대로 쓰지 못하는 표현의 한계 속에서 일제가 지배한 무성영화시대나 다름없는 규제의 악몽에서 벗어나지 못했다.

# 전설이 된 수난기의 민족영화

## — 나운규의 ⟨아리랑⟩

 

 

 

춘사 나운규의 ⟨아리랑⟩(1926)은 필름이 보존되지 않았지만 민족영화의 상징으로 여겨지는 작품이다. 한때는 아베 요시시게(阿部善重)라는 일본인이 전체 8권 중 3권 분량의 필름을 소장하고 있는 것으로 알려져 기대를 모았으나 확인할 수 없었다. 1910년대부터 서울 충무로에서 요도야(淀屋)라는 모자점을 경영하고 있던 일본인 요도 도라조오(淀虎藏)가 설립한 조선키네마프로덕션이 ⟨농중조⟩(1926)에 이어 두 번째 제작한 ⟨아리랑⟩은 6·25전쟁 이후 1952년 9월에도 대구 만경관(萬鏡舘)에서 1주일간 재상영(영남일보)한 사실이 있으나 그 뒤 행방을 알 수가 없다.

이처럼 실체가 없음에도 ⟨아리랑⟩이 명화였음은 개봉 당시 신문의 평가와 영화인들의 증언을 통해 알 수 있다. 《동아일보》(김을한, 1926, 10.7)와 《매일신보》(포빙, 1926, 10.10)는 각기 '사막의 장면은 전 조선영화를 통하여 가장 우수'했고 '대체로 보아 이 일편은 별로 흠잡을 곳이 없는 가작'이라고 했으며, 영화감독 김유영(金幽影) 역시 '관중의 가슴에 폭풍우와 같은 고동과 감명을 준 명작'(「명배우 명감독이 모여 조선 영화를 말함」:《삼천리》, 1936년, 11월호)이라고 과찬했다. 이경손 또한 '구극조를 탈피한 첫 작품'으로 '마치 어느 의혈단원이 서울 한구석에 폭탄을 던진 듯한 설레임을 느끼게 했다'(「무성영화시대의 자전」, 《신동아》, 1964, 346쪽)고 높이 평가하였다. 1938년 11월《조선일보》가 영화제(부민관) 개최에 앞서 독자를 대상으로 실시한 한국영화의 선호도 조사 결과도 〈아리랑〉(4974표)이 〈임자 없는 나룻배〉(3783)를 제치고 무성영화 부문 1위였다. 이처럼 〈아리랑〉의 명성은 결코 과장된 것이 아니었다.

이 영화는 단성사의 개봉에 앞서 선전용으로 만든 전단 1만 매가 공안(公安)을 해칠 내용이 들어 있다는 이유로 압수당한데 이어 10월 1일 개봉 당일 '조선일보'에 게재된 광고 문안도 삭제되는 불운을 겪었다. "문전의 옥답은 다 어디가고/동냥의 쪽박이 웬일인가"라는 「아리랑」 가사 5절이 사라진 것이다.

## 주인공을 미치광이로 설정한 절묘한 구성

그렇다면 감독 명의를 일본인 스모리 슈이치(津守秀一)로 내세웠던 나운규의 감독 처녀작 〈아리랑〉은 어떤 내용과 형식으로 만들어졌을까. 당시 신문에 게재된 내용과 축음기 제작을 위해 집필한 문일의 『영화소설 아리랑』(박문서관, 1929, 11,15) 등을 종합하여 소개하기로 한다.

이 영화는 '개와 고양이'라는 자막에 이어 주인공인 최영진(나운규 분)과 악덕 마름인 오기호(주인규)가 서로 노려보는 클로즈업 장면으로 시작된다. 서울에서 가까운 농촌 마을, 그동안 멀쩡했으나 분명치 않은 이유로 실성한 후 마을 사람들의 놀림감이 된 영진은 아버지(이규설)의 빚을 빌미로 누이동생 영희(신일선)를 괴롭히 지주(홍명선)의 마름 오기호만은 유독 원수처럼 여긴다. 기호는 이런 영진에게 하인을 풀어 끌어다가 매질을 하고, 그의 아버지에게도 협박한다. 영진의 아버지는 원래 중농이었으나 아들을 공부시키기 위해 논밭을 처분하고 지주의 돈까지 빌려 쓰는 소작농 신세가 되었다.

영진은 어느 사립 전문학교를 다니다가 중도에 퇴학당하고 귀향한 뒤부터 정신이상이 생긴다. 그가 왜 미쳤는지, 그 이유에 대해 자세히 아는 사람이 없다. 철학을 공부하다가 미쳤다고 하는가 하면, 젊은 혈기 때문에 박해를 받다가 돌아버렸다고 다르게 말하기도 한다. 이런 가운데 여름방학을 맞아 전문학교 학생 윤현구(남궁운)가 돌아온다. 그는 막역한 고향 친구 영진이 정상이 아니라는 사실을 알게 되자 크게 당황한다. 현구는 영진의 누이동생 영희(신일선)를 사랑했다. 4년 전, 원대한 포부를 품고 함께 유학의 길을 떠났던 아들과 친구의 달라진 운명 앞에 영진의 아버지는 할 말을 잃는다.

어느새 추수가 끝나고 마을에 풍년축제가 벌어진 날, 영희 앞에 기호가 나타난다. 빚을 빌미로 아버지에게 딸과의 혼인을 요구했다가 거절당한 데에 앙심을 품고 있던 그가 기회를 엿보다가 혼자 집을 지키는 영희에게 들이닥친 것이다. 야욕을 채우기 위해 맹수같이 달려드는 사나이에게 더 이상 버티지 못하고 무너지려할 때 현구가 나타난다. 하지만 기호의 상대가 되지 못한다. 이때 두 사람이 싸우는 모습을 지켜보며 웃고만 있던 영진이 기호가 땅바닥에 깔린 현구를 향해 도끼를 내려치려는 순간 들고 있던 낫으로 그의 가슴을 찌르고 만다. 졸지에 살인범이 된 영진은 잠시 제정신으로 돌아왔으나 순사에게 체포돼 여동생과 현구, 청년회의 깃발을 든 마을 젊은이들이 뒤따르는 가운데 아리랑 고개를 넘어간다.

## 비유와 암시로 빚은 사막의 환상 장면

변사의 해설에 의존해야 하는 무성영화 〈아리랑〉은 당시의 한국영화 수준으로 볼 때 파격적인 작품이었다. 일반적인 영화에서는 찾아볼 수 없는 고유의 정서와 특유의 기법이 있었다. 곧 비유와 암시, 상징의 몽타주가 그것이다. 첫째, 비유의 예로 '개와 고양이'라는 자막을 들 수 있다. 서로 앙숙인 개와 고양이를 내세워 영진과 지주의 앞잡이 오기호를 대립 관계로 보여줌으로써, 지배자인 일본 제국주의와 피지배자인 한민족을 상기시키게 했다. 둘째는 미친 영진으로 하여금 반복하게 한 독백의 암시이다. 주인공은 누구에게인지 "아 배고파! 목이 말라 죽겠다. 물을 물…"을 하며 갈증을 호소하는가 하면 "진시황도 죽었다지." 하고 중얼거린다. 이는 갈증을 통해 빼앗긴 나라의 비애와 독립에 대한 열망을 시사하고 일제의 패망을 암시한 것이다. 셋째는 상징적인 사막 장면의 몽타주이다. 나운규는 화면의 편집과 구성뿐만 아니라 편집의 전환에서 뛰어난 솜씨를 발휘했다. 그가 설정한 사막과 물은 1920년대 '식민지 조선'의 현실을 표출한 것이라고 할 수 있다.

그 유명한 환상 장면은 영희를 범하려던 기호가 영진의 낫에 찔려 죽는 현실 상황과 절묘하게 연결된다. 멀리서부터 아라비아 상인 모습의 험상궂은 기호와 나그네인 영진이 걸어오고, 화면 앞에 다가선 나그네는 목을 쥐이며 물을 달라고 애원한다. 무정하게도 상인은 물을 주기는커녕 나그네를 발길로 걷어차 버린다. 이번에는 다른 방향에서 젊은 남녀가 나타나, 상인에게 역시 물 한 모금을 마시게 해 달라고 간청한다. 그들은 현구와 영희이다. 상인은 물병을 들어 모래 바닥에 쏟아 보이며, "저 사나이를 버리고 나를 따른다면 물을 주겠다"고 유혹한다. 갈증을 견디다 못한 영희가 상인의 요구를 들어주려고 하자, 분개한 현구가 상인에게 달려들면서 격투가 벌어진다. 먼저 상인에게 물을 간청했다가 발길에 채여 쓰러졌던 나그네(영진)도 일어나 공격을 가한다. 기세 좋게 대응하던 상인은 어느새 나그네가 휘두른 칼날에 맞아 목숨이 끊긴다.

이 사막 장면에서 탐욕스런 아라비아 상인은 일제의 경찰을 암시하는 검은 옷을 입었고, 나그네와 젊은 여인들에게는 각기 흰 옷을 입혀 백의민족인 조선 사람임을 상징케 했다. 나운규는 몽타주나 포토제니에 대해 그가 알 턱이 없고 정식으로 영화 수업 과정을 거친 것도 아니지만 영화적 센스는 천재적이었다. 〈아리랑〉만 보더라도 그는 벌써 여기에 '대조적 몽타주'를 구사한 것이다. 작품의 첫 머리에 '개와 고양이'를 그린 것은 그가 '유도 모티브'의 방법을 생각하고 있음을 말해 준다. (안종화, 「춘사 나운규」, 《사상계》, 271쪽, 1962년, 6월호.)

8백여 명의 엑스트라를 동원하여 3개월 만에 완성된 〈아리랑〉은 단성사에서 개봉되자 서울 장안의 화제를 모으며 그 주제가 '아리랑'도 전국적인 애창곡이 되었다. 민요 '아리랑'의 근원인 '정선아리랑'을 무색하게 만든 '본조 아리랑'은 어느새 남과 북이 애창하는 겨레의 노래가 되었다.

- 《국민일보》 2019년 1월22일

# 앞당긴 영화 역사의 실체
## — 최근 공개된 무성영화 <청춘의 십자로>

    최근 영화계가 주목할 만한 한 편의 영화가 공개되어 일반인들에게
도 비상한 관심을 끌었다. 지난 2008년 5월 9일부터 3주간 영상자료
원이 상암동 시대를 열며 개관기념 영화제의 개막작으로 선보인 〈청
춘의 십자로〉(1934년, 안종화 감독)가 바로 그것이다. 국내에 보유하
고 있는 영화 가운데서 가장 오래된 필름으로 기록될 이 무성영화의
발굴은 근년에 입수한 〈미몽(迷夢)〉(1936년, 양주남 감독)보다 2년이
나 앞서 제작된 것이다. 흔히 회자되는 나운규의 〈아리랑〉(1926년)은
물론, 초창기의 영화 한 편 남아있지 않는 우리나라의 실정으로는 눈
이 번쩍 뜨일 낭보라고 하지 않을 수 없다. 지난해 〈미몽〉과 함께 〈자
유만세〉(1946년, 최인규 감독), 〈검사와 여선생〉(1948년, 윤대룡 감
독), 〈마음의 고향〉(1949년, 윤용규 감독), 등 일곱 편의 영화가 사적
지, 건축물과 마찬가지로 처음 근대문화재로 등재된 이후 1년이 미처
안 돼 거둔 성과라는 점에서 더욱 그러하다.

## 영화사적 발굴의 의미

무성영화 〈청춘의 십자로〉의 발굴은 그동안 영상자료원이 의욕적으로 펴온 해방 전 우리영화 찾기 사업이 이룬 매우 괄목할 만한 업적이라고 할 수 있다. 근년에 이르러 중국 등지에서 찾아낸 일제 말기의 〈미몽(迷夢)〉(1936년, 양주남 감독)을 비롯한 〈군용열차〉(1938년, 서광제 감독), 〈어화(漁火)〉(1939년, 안철영 감독), 〈집 없는 천사〉(1941년, 최인규 감독), 〈반도의 봄〉(1941년, 이병일 감독), 〈지원병〉(1941년, 안석영 감독), 〈조선해협〉(1943년, 박기채 감독), 〈병정님〉(1944년, 방한준 감독) 등 일련의 발성영화와는 다른 특징을 갖고 있기 때문이다.

이 필름의 발굴은 첫째, 무성영화 말기 우리 영화의 형태와 수준을 엿볼 수 있는 계기를 가져 왔다. 이는 1935년 〈춘향전〉의 개봉과 함께 발성영화 시대를 여는 시점을 앞두고 제작된 완숙기의 무성영화라는 데에 의미가 있다. 둘째, 그동안 필름이 남아있지 않아 이름만 전해지는 〈아리랑〉(1926년)의 여주인공 신일선(申一仙)이나 〈낙화유수〉(1927년)의 이원용(李源鎔), 〈잘 있거라〉(1927년)의 김연실(金蓮實)과 같은 무성영화 초기의 이름난 배우들이 출연하여 처음으로 그 면모를 드러낸 점을 들 수 있다. 뿐만 아니라 김연실과 나운규를 기용하여 〈바다와 싸우는 사람들〉(1930년), 〈종로〉(1933년) 두 편을 연출한 양철(梁哲)이 '특별출연'이라는 형태로 등장했다. 셋째, 활기 넘치는 서울역은 물론, 여종업원이 일하는 급유소, 승강기를 타고 올라가는 고급 레스토랑, 담배를 꼬나무는 요염한 카페 여급의 자태며, 소년 케디를 대동하고 골프를 치는 세련된 도시 한량 등 여러 모습을 통해 당대의 서양문화의 영향과 한국의 건축, 의상, 유행 풍조 등 사회상을 엿볼 수 있다는 사실이다.

넷째, 데뷔작 〈꽃 장사〉(1930년) 이후 1960년 최종작인 〈견우직녀〉에 이르기까지 12편의 영화를 내놓았음에도 불구하고 단 한 편도 남기지 못한 안종화 감독의 초기 영화를 보게 되는 각별한 감회가 있다. 다섯째, 지금까지 해외의 아카이브 등 문화 보존 기관에서 우리의 필름을 찾아냈던 것과는 달리 이번에는 국내의 민간인에게서 입수했다는 사실이다. 그것도 일반인이 보존하기엔 까다로운 습도와 가연성이 높은 질산염 오리지널 필름이라는 것이 더욱 놀랍다. 14년 전 국내의 방송사와 영상자료원, 한민족아리랑연합회 등이 일본인 아베 요시게(安倍善重)가 소장하고 있다는 나운규의 〈아리랑〉 필름을 찾아 나섰다가 실체를 확인하지 못한 채 포기한 이후, 국내에서의 발굴은 기대조차하지 않는 터였다. 그런 만큼 〈청춘의 십자로〉의 입수는 '횡재'나 다름없는 뜻밖의 결실이라고 하지 않을 수 없다.

더욱이 〈청춘의 십자로〉는 앞의 프린트판과는 차원이 다른 오리지널 필름이다. 보존상태도 양호하다. 그래서인지 이 영화에는 미처 편집하지 못한 중복 화면이나 앞뒤가 엇갈리고 군더더기 같은 장면들이 더러 나온다. 이를 테면, 도입부의 농촌 장면에서 주인공(이원용)이 물지게를 지고 걸어올 때 동작이 어색할 정도로 늘어지거나, 중반부 '개솔린 걸'로 불리는 주유소 급유원인 김연실이 골프를 치고 승용차에서 내리는 네 명의 남녀와 마주치는 일부 대목이 반복되고, 그 뒤 사내(박연)가 이들 일행과 자리한 레스토랑에서 김연실에게 명함을 건네려는 순간 이와 상관없는 다른 인물(주인공)의 식사 장면이 엉뚱하게 끼어드는 따위가 그것이다. 이는 이 영화가 편집이 요구되는 원판임을 입증한다.

## 〈청춘의 십자로〉는 어떤 영화인가

열차가 플렛폼을 향해 숨차게 달려오는 화면으로 시작되는 이 영화는 도회지와 시골 장면이 번갈아 나온다. 성품이 우직한 영복(永福:이원용 분)은 일찍이 동네 집 데릴사위로 들어가 7년 동안 뼈가 으스러지도록 일한다. 아내가 될 봉선(鳳仙: 문경심 분)이 불량청년 주명구(朱命求: 양철 분)에게 몸을 빼앗기자 상심한 나머지 늙은 어머니와 여동생을 남겨둔 채 고향을 떠난다. 서울역에서 수하물 운반을 하는 일을 하며 자리 잡은 영복은 일터와 가까운 주유소에서 급유 일을 하는 계순(桂順: 김연실 분)과 사귀게 된다. 영희는 병든 아버지와 어린 동생을 데리고 어렵게 살아가는 처지다. 이런 가운데 고향에 남아 있던 영복의 누이동생 영옥(永玉: 신일선 분)이 어머니를 여의고 의지할 곳이 없게 되자 오빠를 찾아 상경한다. 그러나 영복을 만나지 못한 영옥은 카페의 여급이 된다. 그녀는 이곳에서 같은 고향 출신인 장개철(張介轍: 박연 분)과 어울려 다니는 명구의 술책에 넘어가 개철에게 몸을 더럽히게 된다. 이 무렵 실직하여 직장을 찾아 헤매던 계순도 개철 일당에게 걸려든다. 얼마 뒤 계순희에게 벌어진 일을 알게 된 영복은 흥분한 나머지 개철네 집으로 달려갔다가 뜻밖에도 헤어졌던 누이동생을 만나게 된다. 여기에서 영옥이 개철과 부적절한 관계를 유지하고 있음을 알게 된 영복은 치미는 분노를 참지 못한 채 주연을 베풀고 있는 개철 일당을 찾아가 사정없이 주먹을 휘두른다. 하지만 얼마 후 모든 것을 잊은 영복은 누이동생의 전송을 받으며 계순과 새 출발을 다짐한다.

이상의 내용에서 짐작할 수 있듯이, 이 영화는 서울로 올라온 시골

〈청춘의 십자로〉(1934)의 신일선(중앙)

사람들의 평탄치 않는 삶의 단면을 그리고 있다. 도시에서 벌어지는
부적절한 남녀 관계며 향락적인 일상, 만성적인 빈곤과 여자를 빼앗
긴 박탈감- 이런 환경 속에서 제 길을 찾아가는 청년의 애환이 불량
한 사내들의 행각과 겹치며 펼쳐진다. 한마디로 도시에 기생하는 한
량들의 타성적인 행각을 날줄 삼아, 분수를 지키려는 농촌 출신 청년
의 새로운 사랑과 생활의 출발을 날줄로 하여 마무리되는 통속극, 곧
멜로드라마이다.

　당시 〈청춘의 십자로〉에 대해 《조선일보》(1934년 9월 21일자, 시사회)
는 '스토리는 굴곡(屈曲)이 적으나 출연자들의 연기와 촬영수법이 제 길
을 들어선 셈'이라고 전제하고 "안종화 씨의 감독수법이 앞으로 가경(佳
境)에 들어갈 수 있음을 미루어 보게 하며 이명우(李明雨)씨의 촬영은

고심한 자취가 많다."고 평하였다. 〈임자 없는 나룻배〉로 유명한 이규환(李圭煥) 감독 역시 "조선영화계의 선진(先進)이라고 할 수 있는 안종화 씨의 침묵은 수포가 되지 않아서 우리의 기대는 어그러지지 않았다. 좀 더 새로운 수법을 보이고, 조선정서를 담으려고 〈청춘의 십자로〉에다가 혈한(血汗)을 기울인 씨를 생각할 때 과거의 조선영화에 비하여 특색 있는 수법을 발견할 수 있으리니 이것이 안종화 씨의 열성이고 진취일 것이다."고 평가하였다. (조선일보, 「영화시평-'청춘의 십자로'를 보고」, 1934년 9월 28일~10월 3일자)

흥행(조선극장, 1934년 9월 21일~25일)도 좋았던 것으로 알려져 있다. 안종화의 술회(『한국영화측면비사』, 1962년, 춘추각, 195쪽)에 따르면, 이 작품의 흥행 성공으로 다음 영화 (〈은하에 흐르는 정열〉)를 부담 없이 만들 수 있었다는 것이다. 뒷날 국내 최초로 열린 '조선일보 영화제'(1938년 11월 6일~28일)에서 〈청춘의 십자로〉가 애독자가 선정하는 무성영화부문 6위를 차지한 것도 이와 무관하지 않다. 1~2위는 〈아리랑〉과 〈임자 없는 나룻배〉였다. 이처럼 이 영화는 흥행뿐만 아니라 질적 면에서도 인정을 받았다.

물론 비판적인 반응이 없는 것은 아니었다. 다음과 같은 지적을 그 대표적인 예로 들 수 있다.

"농촌여성이 이렇게 고무구두에 양말을 신을 수 있을까? 도회의 여성과 같이 유두분면(乳頭粉面)에 백운(白雲) 같은 살결, 이 얼마나 모순된 표현이냐"고 따끔하게 일침을 가하는가 하면, 농촌의 식사 장면을 들어 밥 지을 물이 없다고 하여 물 길러 간 사내(영복)가 미처 물지게를 내려놓기도 전에 여자가 밥상을 들여오니 무슨 희극이냐고 신랄하게 비판하기도 하였다(박승걸, 「영화시평-'청춘의 십자로' 인물 배열에 결점 있다」, 조선중앙일보, 1934년 12월 1일~3일자).

이 영화에는 하반신, 특히 다리부분을 부각시키는 장면이 여러 차례 나온다. 애인(김연실)이 주고 간 빵을 꺼내먹는 이원용(영복)의 한쪽 발에서 이동한 앵글이 담배를 태우는 문제의 사내 박연(개철)의 구두에 머물고, 잠시 후 남녀의 구두가 서로 기댄 모습으로 나타난다. 카메라는 이들이 난간에서 사랑을 나누는 이원용과 김연실이라는 사실을 알려준다. 이번에는 거실 마루 밑에 놓여 있는 남녀 두 쌍의 구두. 카메라는 꽤 관능적인 남녀의 포개진 다리를 포착한다. 그리고 서서히 사내(개철)의 어깨에 손을 얹고 있는 여자(문경심)의 상반신을 드러낸다.

그런데 라스트 신은 전반적으로 어두웠던 영화의 흐름을 반전시키는 코믹터치의 양상으로 바뀐다. 대문을 열고 튀어 나오다시피 한 이원용과 김연실을 쫓아 나온 신일선이 이들을 붙잡아 억지로 꿇어 앉힌 후 신부가 혼배성사를 치르듯이 성호를 긋고 기도한다. 동작이 끝나자 두 커플은 웃음 속에 그녀의 전송을 받으며 각기 다른 방향으로 일터를 향해 떠난다

## 배우 출신 안종화 감독의 작품과 저술

이 작품을 만든 안종화 감독은 원래 배우 출신이다. 1902년생으로 연배는 같지만 나운규를 영화계에 끌어들인 선배이기도 하다. 그는 부산조선키네마(주)의 창립 작품 〈해(海)의 비곡(秘曲)〉(1924년)의 주인공으로 데뷔하여 이듬해 윤백남 감독의 〈운영전〉을 끝으로 연기생활을 마감했다. 5년 뒤 〈꽃장사〉(1930년)를 계기로 감독으로 전환한

그는 1966년 죽을 때까지 〈청춘의 십자로〉를 포함하여 〈노래하는 시절〉(1930년), 〈은하에 흐르는 정열〉(1935년), 〈역습〉(1936년), 〈인생항로〉(1937년), 〈수우(愁雨)〉(1948년), 〈나라를 위하여〉(1949년), 〈천추(千秋)의 한〉(1956년), 〈사도세자〉(1956년), 〈춘향전〉(1958년), 〈견우직녀〉(1960년) 등 모두 12편을 남겼다. 서울 토박이로, 후학들에게 중요한 자료가 되는 「한국영화측면비사」(1962년) 등 몇 편의 저술을 내놓기도 했다.

주연을 맡은 이원용은 일찍이 〈낙화유수〉(1927년), 〈종소리〉(1929년), 〈세 동무〉(1928년) 등에 출연하여 인기를 모은 의리파로 알려져 있다. 안종화의 회고에 따르면 고단의 유도 실력에다 승마 솜씨가 뛰어난 스포츠맨이라고 했다. 그래서 종로에 나가면 김두한도 형님으로 예우했고 깡패들도 꼼짝 못했다고 한다. 이 영화의 제작자이기도 한 박연(朴淵)은 본명이 박창수(朴昌洙)로서 신인인 문경심(文耕心)과 애인에서 부부로 발전한 사이다.

〈청춘의 십자로〉는 초창기의 〈월하의 맹서〉(1923년) 이후 여든 번째로 제작된 극영화이다. 영상자료원의 상암동 시대를 맞아 특별히 개막작으로 선보인 〈청춘의 십자로〉는 변사가 등장하는 옛 방식을 재현함으로써 흥미를 끌었다. 아쉬운 대로 조희봉이라는 배우를 해설자로 내세워 무성영화가 지닌 이야기 전달의 한계를 극복하였다. 문제는 해설대본이 남아있지 않는 상황 아래서 앞으로 이와 같은 무성영화가 발굴될 경우, 어떻게 복원의 실마리를 찾느냐 하는 점이다. 〈청춘의 십자로〉는 다행히도 연출자의 기록(『한국영화측면비사』)이 남아있어 가능하였다.

- 《시대정신》 2008년 8월호

# 영화로 본 한일 관계의 명암

— 지배와 대립, 갈등에서 화해의 모색

## 들어가는 말

2010년은 경술국치 100년을 맞이하는 해이다. 한국인으로서는 돌이키고 싶지 않은 일제의 강제병합 1세기이다. 1910년 8월 22일 한국과 일본 사이에 맺어진 합병조약이 8월 29일 공포됨으로써 대한제국이 일본제국에 편입돼 통치권을 잃은 지 35년, 1945년 일본의 패망과 함께 주권을 찾은 지 65년이 되는 해이다. 그동안 한국인들이 지정학적으로 가까운 일본을 먼 나라로 인식하게 된 데에는 두말할 필요 없이 일제의 지배라는 앙금이 아직까지 남아있기 때문이다. 물론, 세대에 따라 일본을 바라보는 인식에도 차이가 있을 수 있다.

일제 식민지 아래서 살았던 한국인들은 일본에 대해 애증이 엇갈리는 양면성을 갖고 있다. 지금 70대 중반의 나이로, 초등교육을 받았던 아동이나, 목숨을 걸어야 할 이유를 알지 못한 채 전쟁터에 나가야 했던 80대 중반의 청년들, 그리고 일본군의 위안부로 끌려가 고초를 겪은 여성들과 탄광 등지로 징용되어 중노동을 하지 않으면 안 되었던 현재 90대에 이른 장년층의 생각이 같을 수는 없다.

일제 말기에 소학교 2학년 학생이었던 필자가 기억하는 일본인은 상냥하고 친절한 이웃이었다. 비록 아홉 살밖에 안 된 철부지에게 카네우미(金海) 야스히로우라는 일본식 이름을 쓰게 하고, 어른처럼 각반(脚絆)을 찬 모습으로 비행장 활주로 공사에 동원돼 일을 하도록 만들었지만, 그래도 일본에 대한 필자의 생각은 호의적이었다.

그러나 이와 같은 감성적 인식은 나이가 들어 군국주의 일본이 펼친 이른바 한반도 정책의 실상에 직면하면서 달라졌다. 이를 계기로 군국주의 일본과 보통 일본인을 동격시하지 않고 분리하여 바라보게 되었다.

한일관계는 이처럼 순탄치 않은 역사 속에서 이루어졌다. 한국이 일제의 억압에서 벗어나 독립된 지도 어느새 반세기를 지나 65년을 눈앞에 두게 되었다. 그동안 세계는 국가 중심에서 글로벌시대로 변했고, 한일 두 나라는 정치, 경제, 사회, 문화 등 전반에 걸쳐 새로운 전기를 모색해야 할 시점에 이르렀다.

그동안 식민지 시대를 청산하고 각기 번영을 추구하며 독자적인 길을 걸어온 한일관계를, 제 나라 말을 두고도 제대로 쓸 수 없었던 1940년대 일제말기부터 2000년대까지 공개된 양국의 영화를 통해 알아보기로 한다.

**일제시대 – 치욕적 종속관계**

한국영화는 두 가지 태생적 한계를 지니고 있다. 하나는 활동사진

연쇄극(kino drama)이라는 형식을 빌려 영화가 탄생됐다는 점이고, 둘째는 일본의 자본과 기술에 힘입어 한국영화가 만들어졌다는 사실이다. 일본이 1899년 가부키(歌舞伎)의 공연 장면을 촬영한 〈단풍놀이(紅葉狩)〉로 영화의 역사가 시작되고, 중국이 1905년 「삼국연의(三國志演義)」에 기초한 경극 〈당쥔산(定軍山)〉의 세 장면을 찍은 20분 분량의 필름으로 활동사진시대를 연 것과는 달리, 한국은 1919년 〈의리적 구토(義理的仇討)〉라는 연극에 활용한 10분 가량의 야외 촬영 장면을 영화의 기점으로 삼고 있기 때문이다.

흥행을 목적으로 만든 최초의 작품 〈춘향전〉(1923, 하야가와 고슈(早川孤舟) 제작, 감독)은 물론, 1924년 설립된 한국 초유의 영화사 부산조선키네마주식회사도 가토(加藤)를 비롯한 부산 거주 일본인들이 세운 영화사였고, 한국영화의 모체가 된 〈의리적 구토〉의 야외 장면 역시 덴카스(天活) 소속 일본인 촬영기사 미야카와 소우노스케(宮川早之助)가 찍은 것이었다.

이처럼 세계영화사에서 유래를 찾아보기 어려운 특이한 배경을 가진 한국영화는 1937년 중일전쟁을 계기로 한층 강화된 조선총독부의 통제정책에 따라 1945년 종전이 될 때까지 〈그대와 나〉(1941, 허영 감독)를 비롯한 〈지원병〉(1941, 안석영 감독), 〈젊은 모습〉(1943, 도요다 시로(豊田四郎) 감독), 〈병정님〉(1944, 박기채 감독) 등 20편이 넘는 관주도의 이른바 '국책영화'가 쏟아져 나왔다. 그 첫번째 영화가 중일전쟁 이후 선보인 방첩 계몽영화 〈군용열차〉(1938, 서광제 감독)이며, 마지막 영화가 최인규, 이마이 다다시(今井正), 공동 감독인 〈사랑과 맹서〉(1945)였다. 그 대부분이 황국신민으로서의 의무와 내선일체를 표방한 창씨개명과 자발적 지원입대를 촉구하는 내용이었다. 이를 분류하면, 첫째 일제의 식민지 정책을 적극적으로 옹호한 친일영화, 둘째, 일본인으로서 군국주의에 동조한 어용영화, 셋째, 소극적인 국책 선전영화 등 세 가지로 나눌 수 있다.

이 가운데서도 〈그대와 나〉와 〈사랑과 맹서〉는 첫째와 둘째 경우에 해당하는 적극적인 친일, 어용영화였다. 〈그대와 나〉는 조선인 특별 지원병 제1호로 '호국의 신'(『실화』, 1939, 9)처럼 선전되며 중국 산서성(山西省) 전투에서 전사(1940, 9, 2)한 충북 옥천 출신 이인석(李仁錫) 상등병을 모델로, 그의 정신을 본받자는 의도에서 제작된 것이다. 이 영화를 감독한 히나츠 에이타로(日夏英太郎)는 한국 함경남도 태생으로 마키노 영화의 조감독 시절부터 본명인 허영(許泳) 대신 창씨개명한 일본식 이름 (히나츠 에이타로)을 사용하였다. 일본이 패망한 뒤에는 조국에 돌아오지 못하고 일본군 선전반원으로 인연을 맺은 인도네시아에 정착해 활동하다가 일생을 마쳤다.

〈그대와 나〉는 군대에 편입될 날을 기다리며 열심히 훈련에 임하는 반도의 젊은 육군병 지원자들이 출정하기까지의 과정을 음악학교를 다니다가 들어온 카네코 에이스케(金子英助)를 중심으로 그리고 있다. 이 가운데는 지원병이 되고 싶어, 3년 동안 매일 아침 신사(神社)에 참배했거나, 작은 키를 크게 보이기 위해 발뒤꿈치를 올려 신체검사에 합격하고, 처자가 있는데도 스스로 나선 사람들도 있다.

4개월의 훈련이 끝나고 전선으로 떠나기에 앞서 특별 휴가를 얻어 고향인 부여로 돌아온 에이스케는 마침 이곳 박물관장으로 있는 형부(久保良平) 댁에 머물고 있던 구면의 아사노미즈에(淺野美津枝:朝霧鏡子 분)와 만나게 된다. 이를 계기로 두 사람은 장래를 약속하는 사이가 되고, 카네코는 미츠에와 노부모의 환송을 받으며 부대로 돌아간다.

적극적인 친일영화 〈그대와 나〉(1941, 허영 감독)

〈그대와 나〉는 '반도인'들의 육군병 지원과 일본 여성(아사노 미츠에)이 조선 청년(카네코 에이스케)을 사랑하는 모습을 통해 이른바 황국신민으로서의 충성심을 부각시키고, 내선일체를 강조하고 있다. 그러나 유감스럽게도 이 영화는 현재 전체의 4분의 1가량인 20분 분량의 필름만 남아 있다.

최인규, 이마이 다다시 공동감독 작품인 〈사랑과 맹서〉는 가미가제 특공대에 관한 이야기이다. 경성신보의 시라이(白石: 다카다 미노루 분) 국장은 거리에서 떠돌던 에이류(金英龍: 김유호 분)라는 조선 남자 아이를 주어다 키우고 있다. 평소 잘 아는 무라이 신이치로(村井新一郎: 독은기 분) 소위가 특공대에 지원해 떠나기 전 날, 신문사 옥상에서 출정기념 사진을 찍던 시라이 국장은 에이류를 그에게 소개한다. 전쟁에 나간 무라이 소위가 항공모함에 돌진하여 전사하자, 시라이 국장은 그의 아버지(시무라 다카시 분)가 교장으로 있는 소학교로 찾아가 운동장에 모인 학생들에게 무라이 소위도 이 학교에 다녔다며, 여러분들도 자라나면 그의 뒤를 따라야 한다고 역설한다. 아울러 시라이 국장의 아내(다케이사 지에코 분)도 한 살 난 아들을 둔 무라이의 아내 에이코(英子: 김신재 분)를 찾아가 위로한다.

무라이 소위의 가정을 취재하기 위해 그의 집에 묵게 된 에이류는 특공대에 지원한 젊은이(송경명)를 시기하여 자동차를 고장나게 만든다. 하지만 에이류는 곧 뉘우치고 무라이 소위에 관한 기사를 쓴 다음 그의 아내 에이코와 국장 아내의 배웅을 받으며 흠모하는 무라이 소위를 따라 해군에 지원한다.

〈사랑과 맹서〉가 함축하는 의미는 일본인(시라이 국장)이 조선인(소년: 애룡)에 대한 시혜적인 '사랑'이며, 이에 죽음을 걸고 보답하는 소년의 '맹서'라고 할 수 있다. 이 영화에서 가장 인상적인 것은 무라이 소위의 아버지가 전사한 아들의 유품을 전달받고 유언을 듣는 중반부와 지원병인 송 군이 자동차가 움직이지 않자 지체 없이 마을 사람들의 환송을 받으며 멀리 떨어진 기차역까지 달려가는 후반부 장면이다. 더욱이 축음기의 음반을 통해 출격에 나서는 아들의 비장한 목소리를 듣고도 슬퍼하기는커녕 오히려 "참으로 기쁜 소리를 들려주었다."며 자랑스럽게 여기는 아버지의 모습은 개인의 생명보다는 조국의 명예와 승리를 우선시하는 군국주의의 특징을 잘 드러내고 있다.

그러나 이 영화에는 시라이 국장이 부랑아인 조선 소년을 데려다 키우거나, 무라이 소위의 아버지가 조선여성을 며느리로 삼는 구성으로 일본인의 너그러움을 돋보이게 하고, 내선일체의 당위성을 강조하고 있다. 그와 함께 에이코가 사는 마을의 포플러 언덕이며, 해군 병영으로 가는 진해 거리의 흐드러진 벚꽃, 기모노와 한복의 대비, 그리고 「눈물 젖은 두만강」으로 유명한 가수 김정구 일행이 부르는 '쾌지나 칭칭나네' '뽕따러 가세' 등 흥겨운 조선가요와 비장한 일본군가의 기묘한 대조 등 세련된 구도와 정서적 감흥이 깊은 인상을 심어준다.

그런데 여기에서 한 가지 짚고 넘어가야 할 것은, 일제 말기 조선총독부의 시책에 맞춘 대부분의 영화들이 인간의 심리묘사에는 등한시하고 있다는 점이다. 아무리 나라를 위해 초개(草芥) 같이 목숨을 버린다고 하나, 전쟁터에 나가면 당장 죽을지도 모를 〈그대와 나〉의 젊은 지원병들이나, 〈사랑과 맹서〉의 에이류와 같은 10대의 청소년이 인간폭탄이나 다름없는 특공대에 지원하면서도 망설이거나, 고민하는 기색이 전혀 나타나지 않기 때문이다. 이는 리얼리티의 문제이기 전에 상식에 속하는 일이다. 특히 일본인도 아닌 조선인 부모로서 사랑하는 아들이 남의 나라를 위해 목숨을 버리게 되는데도 말리거나 갈등하지 않는다면, 인간의 모습이라고 할 수 없다. 이러한 원인은 내선일체와 황국신민의 역할을 최대의 가치로 여기고 성전의 미화에만 주력하다보니 생긴 결과이다.

1940년대는 일본식 창씨개명이 실시(1940, 2, 11)과 함께 한국어 사용이 금지(1942)되고, 조선인에 대한 징병제(1943, 3, 1)와 해군특별지원병령(1943, 7)이 공포, 시행된 암흑기였다. 이러한 현상들은 이 시기에 나온 영화에 그대로 반영되었다. 조선총독부는 전쟁말기의 사회상황에 맞춰 영화를 철저하게 교화의 수단으로 이용하였다. 일제시대의 한일관계는 이처럼 치욕적인 종속관계였다.

## 해방후 – 상반적 대립관계

해방 후에는 광복영화가 대세를 이루었다. 1946년 〈안중근 사기(史記)〉(이구영 감독)를 비롯한 〈자유만세〉(최인규 감독), 〈불멸의 밀사〉(1947, 김영순 감독), 〈윤봉길 의사〉(윤봉춘 감독), 〈류관순〉(1948, 윤봉춘 감독), 〈조국의 어머니〉(1949, 윤대룡 감독)와 같은 항일영화가 그것이다. 이들의 공통점은 일제치하에서 한국의 독립을 쟁취하기 위해 일본과 싸우는 애국지사들의 활약상을 그렸다는 데에 있다.

특히 이 가운데서 가장 주목을 끈 것은 〈자유만세〉였다. 친일영화 〈사랑과 맹서〉로 일제강점기 마지막을 장식(?)한 최인규 감독이 광복이 되자 불과 1년 만에 발 빠르게 변신하여 내놓은 항일영화이다. 1945년 8월 서울, 일제 식민지 치하에서 조국의 광복을 위해 싸우다가 체포되어 감옥에 있던 최한중(전창근)은 동지와 함께 탈출하다가 쫓아오는 일경의 총에 맞아 혼자 살아남는다. 간신히 동지의 집에서 하루를 숨어 지낸 한중은 그의 소개로 대학병원 간호사 혜자(황려희)의 집에 피신해 있으면서 항일 조직원들에게는 일본제국주의를 빨리 붕괴시키기 위해 강경 투쟁을 해야 한다고 설득한다. 하지만 일본이 곧 망할 텐데 굳이 폭동을 일으켜 귀중한 목숨을 버릴 필요가 있겠느냐는 소극적인 이견에 부딪친다.

이런 가운데 한중은 다이너마이트를 숨기고 오다 일본 헌병에게 잡힌 박 동지(김승호)를 구해내고 자신은 일제의 앞잡이 난부의 애인 미향(유계선)의 집으로 피신한다. 이를 계기로 한중에게 호감을 갖게 된 미향은 그의 지하 조직이 있는 아지트로 찾아와 정보와 자금을 전달한다. 그녀의 뒤를 밟은 난부와 헌병들에 의해 미향이 총에 맞아 죽고, 총상을 입

최인규, 이마이 다다시 감독의 〈사랑과 맹서〉 (1945)

은 한중은 대학병원으로 옮겨진다. 그를 사모하게 된 혜자는 감시중인 헌병(전택이)을 마취시키고 한중을 탈출시킨다. 그러나 그는 광복을 눈앞에 두고 추격해 오는 헌병들의 총격으로 장렬한 죽음을 맞는다.

1950년대는 해방 후 집권한 이승만 초대 대통령이 수역과 해양자원의 보호를 이유로 평화선을 선포(1952. 1)한 시기였다. 이로 인해 배일감정이 고조되고 한일 간에는 반목이 더욱 심화된다. 이런 분위기는 영화에도 영향을 미쳐 1950년대 말까지 지속되었다. 〈독립협회와 의사 안중근〉(전창근 감독), 〈삼일독립운동〉(전창근 감독), 〈독립협회와 청년 이승만〉(신상옥 감독), 〈이름 없는 별들〉(이상 1959, 김강윤 감독) 등 애국지사들의 독립투쟁과 민중봉기를 다룬 소재들이 여전히 한 경향을 이루었다.

## 1960년대 이후 – 반 수직적 갈등관계

1960년대부터 1970년대 사이에 나타난 영화의 한일관계는 한마디로 갈등과 모색의 과정이었다고 할 수 있다. 60년대 초반은 50년대 후반의 항일 영화의 맥을 잇는 가운데 역사적인 인물 중심에서 보다 스케일이 큰 투쟁의 픽션으로 전환하는 변화를 보여 주었다. 국내 위주의 플롯에서 탈피하여 만주 지역으로 무대를 넓히기 시작한 것이다. 정창화 감독의 〈지평선〉(1960)을 위시한 〈8·15전야〉(1961, 안현철 감독), 〈두만강아 잘 있거라〉(1962, 임권택 감독), 〈대지여 말해다오〉(1962, 정창화 감독), 〈정복자〉(1963, 권영순 감독) 등 대륙물이 그 예이다.

군사쿠데타로 집권한 박정희 정권이 1961년 11월 이케다 일본 내각과 국교정상화(1965년 6월 조인) 분위기를 조성하는 가운데 1962년 5월 12일부터 5일 동안 서울에서 열린 제9회 아시아영화제는 해방 후 처음 일본영화를 특별 공개하는 계기가 됨으로써 관심을 끌었다. 서울시민회관(현 세종문화회관)에서 저녁부터 철야로 상영된 이날의 레퍼토리는 구로사와 아키라(黑澤明)의 〈쓰바키 산쥬로오(椿三十郎)〉(1962), 고바야시 마사키(小林正樹)의 〈셋부쿠(切腹)〉(1962) 등 5편이었다. 비록 제한된 인원만 관람의 기회를 가졌지만, 이 행사는 그동안 얼었던 한일관계에 해빙을 예고하는 신호나 다름없었다.

이런 흐름 속에서 한국에는 일본색이 강한 청춘영화가 성행하였다. 〈가정교사〉(햇빛 쪼이는 언덕길: 김기덕 감독), 〈청춘교실〉(그 녀석과 나: 김수용 감독), 〈푸른 꿈은 빛나리〉(푸른 산맥: 유현목 감독, 이상 1963), 〈맨발의 청춘〉(진흙 속에 빠진 순정: 김기덕 감독, 1964) 등 주로 이시자카 요지로(石坂洋次郎) 원작물이었다. 권위주의를 부정하고 스쿠터와 트위스트를 즐기며, 무분별한 행동을 예사로 하는 젊은이들의 세계를 그린 것이다. 그런가 하면, 일본영화 〈요짐보(用心棒)〉, 〈이름도 없이 가난하고 아름답게〉(이상 1961), 〈폭풍을 부르는 사나이〉(1957)를 차용(번안 또는 표절)한 〈불한당〉(1963, 장일호 감독), 〈이 세상 어딘가에〉(1962, 전응주 감독), 〈폭풍의 사나이〉(1968, 박종호 감독)와 같은 영화가 등장하여 비판을 받기도 했다. 이런 가운데 조선인 독립투사를 구해준 일본인 교사와 아버지가 친일파 거두라는 이유로 불행에 빠진 애국 청년의 이야기 가지야마 도시유키(梶山季之) 원작 〈이조잔영〉(1967, 신상옥 감독)과 〈족보〉(1978, 임권택 감독)가 제작되어 주목을 끌었다.

임권택 감독의 〈족보〉는 조선총독부의 창씨개명에 맞서 한국이름을 고수하려는 한 가문의 자존심과 좌절을 일본작가(가지야마 도시유키)의 시선으로 그린 작품이다. 경기도청 총력 1과에 근무하는 일본인 청년 타니(谷六郎: 하명중)는 총독부의 방침에 따라 조선인들에게 일본식 이름을 쓰도록 하는 임무를 맡고 설씨 집안의 종손 설진영(주선태 분)을 찾아간다. 조선 문화에 이해가 깊은 타니는 가문의 명예와 족보를 소중히 여기는 설 노인의 인간성과 그 집안의 딸 옥순(한혜숙 분)의 아름다움에 끌린다. 갖은 회유에도 불구하고 창씨개명을 거부하자 관리들은 딸의 약혼자를 징용 보내겠다고 압박하며 파혼으로 몰아넣는다. 설노인은 어린 손자들까지 시달리는 사태에 이르자 견디다 못해 가족들의 씨명을 바꾸는데 동의한다. 그러나 족보의 마지막 장에 "1941년 5월 20일 창씨개명을 강요하므로 여기서 설 씨 족보가 끊긴다. 종손 진영은 이를 부끄럽게 여겨 목숨을 끊는다."는 유서를 남기고 죽음의 길을 선택한다. 비록 나라를 잃고 이름마저 일본식으로

창씨개명에 저항한 임권택 감독의 〈족보〉(1978)

고쳐야 하는 처지에 이르지만, 자신만은 조상의 명예를 위해 굴복하지 않는 비장한 기개를 엿보이게 한다.

## 현재 – 수평적 화해관계

1998년에 이르면서 한국영화계는 변화의 전환점을 맞게 된다. 10월 20일, 정부에서 그동안 논란이 됐던 일본대중문화의 개방을 공포함에 따라 개방의 물꼬를 트게 된 것이다. 단계적 수용 방침에 따라 우선 1차로 칸, 베니스 등 세계 4대 영화제 수상작인 구로사와 아키라의 〈카게무샤(影武者)〉를 비롯한 〈우나기〉(1997, 이마무라 쇼헤이 감독), 〈하나비〉(1997, 기타노 다케시 감독) 등이 수입되었다. 1년 후 2

차 개방 때는 '미성년자 관람가' 등급에 해당하는 것과 오시마 나기사의 〈감각의 제국〉(1976)을 포함한 〈러브레터〉(1995, 이와이 순지 감독), 〈철도원〉(1999, 후루하타 야스오 감독) 등 작품성을 갖춘 흥행 영화로 확대되고, 2000년 6월 27일 3차 개방에 이르면서 제한의 장벽이 완전히 없어졌다.

〈사랑의 묵시록〉(1995)은 해방 50주년, 한일수교 30주년이 되는 해에 만들었지만, 정작 한국에서는 상영되지 못하였다. 일본에서 제작된 영화라는 이유였다. 1950년대부터 활약한 한국의 대표적인 감독으로, 현존하는 영화인 중 원로에 속하는 김수용의 〈사랑의 묵시록〉은 일제 강점기에 조선 청년과 결혼하여 고아들을 위해 헌신하다가 한국 땅에 묻힌 일본 여성 윤학자(尹鶴子) 여사의 일생을 그녀의 아들 윤기(尹基: 원작자)의 시점으로 접근한 것이다.

다우치 치즈코(田內千鶴子: 이시다 에리 분)는 식민지 조선 전라남도 목포에서 거지대장으로 불리는 윤치호(길용우 분)와 결혼하여 헌신적으로 고아들을 돌본다. 해방이 되면서 남편이 '쪽바리 친일파'로 몰리자 더 이상 시달리게 하지 않기 위해 일본으로 돌아가지만, 공생원 원아들과 남편을 잊지 못해 세 아이와 함께 다시 목포로 돌아온다. 이때부터 그녀는 치즈코가 아닌 한국 고아의 어머니 윤학자로서 자식들마저 이가 들끓는 원생들의 방에서 자게 하며 일에 몰두한다. 그동안 보모로 들어와 치호의 아내 역할을 하던 서정선(김금용 분)이 물러나고, 공생원은 안정을 찾기 시작한다. 하지만 남침한 인민군과 수복한 국군의 잇따른 심문으로 심신이 지쳐있던 치호는 원아들의 식량을 얻으려 나갔다가 행방불명이 된다.

아이들에게 '반쪽바리'라는 놀림을 받으며 영양실조와 야맹증에 시달리던 윤기는 대학 진학을 앞두고 자신의 국적이 일본으로 되어 있다는 사실에 충격을 받는다. 한국과 일본 그 어느 쪽에도 낄 수 없는 정체성의 혼란 속에 일본 유학을 시도하지만, 이마저도 어머니의 죽음으로 실현되지 못한다. 학자는 자신의 생일날 "메실 장아찌가 먹고 싶다"는 한마디를 남기고 운명한다.

〈사랑의 묵시록〉은 한국 남자를 사랑하는 일본여성이 고아들을 위해 헌신한 휴머니즘 영화이다. 허구가 아닌 실화라는 점에서 더욱 설득력이 있다. 특히 도입에서 남편이 일본인들에게 폭행당하자 치즈코가 "일본 사람이 이 나라에 하는 짓, 하느님이 용서하지 않을 것."이라고 부르짖는 대목은 일반적인 한일관계 영화와는 차원이 다른 속죄의 메시지를 담고 있다. 하지만 이 영화는 치호의 행방불명 과정이 애매하게 처리되는 등 치밀하지 못한 데가 더러 있다.

후루하다 고우오(降旗康男) 감독의 〈호타루〉(2002)는 도에이(東映)가 창립 50주년을 기념하여 내놓은, 모처럼의 화해 영화이다.

신장병을 앓는 아내 도모코(田中裕子 분)와 그녀의 이름을 딴 어선 '도모마루'를 인생의 전부로 여기며 양식업에 의지해 살아가는 야마오카(다카쿠라 겐 분)는 천황이 서거(1989년 1월 7일)한지 얼마 안 돼 후지에가 죽었다는 소식을 듣자 충격을 받는다. 후지에는 야마오카와 함께 1945년 전쟁 막바지에 연합군이 상륙을 시도하던 오키나와에서 두 시간 반 거리인 치란의 특공대원이었다. 야마오카 상사는 부하인 후지에와 함께 일본인 약혼녀가 있는 조선인 상관 카네야마(金山文隆) 소위의 지시를 받았다. 출격명령을 받고 진지를 떠난 그들은 각기 다른 운명의 길을 밟게 된다. 야마오카와 후지에는 기체 고장으로 살아 돌아오지만, 카네야마 소위는 폭탄과 함께 산화한다. 야마오카

일본여성의 헌신 그린 〈사랑의 묵시록〉(1995, 김수용 감독)

는 특공대원들의 대모 역할을 했던 여성이 부탁한 카네야마(본명 김
선재) 소위의 유품을 전달하기 위해 그의 약혼녀이기도 했던 아내와
함께 안동을 방문한다. 그러나 한국에서 돌아온 지 얼마 안 돼 아내는
병이 악화되어 세상을 떠나고 만다.

　〈호타루〉에는 일제 말기의 국책영화에서는 볼 수 없는 색다른 장
면이 연출된다. 전쟁동원에 대한 비판과 특공대원으로서의 불안심리,
참전하는 조선청년의 착잡한 소회 등 갈등하는 모습이 어느 정도 드
러나 있다. 먼저 전쟁비판적인 요소를 들면, '특공대원들의 어머니'가
양노원에 들어가기 전 마련된 송별회에서 "전쟁이 기쁨과 꿈을 빼앗
아 갔다."며 "진정한 어머니라면 자식에게 죽으라곤 못한다."고 연설
한 대목을 들 수 있다.

화해의 손길 편 후루아다 고우오 감독의 〈호타루〉(2005)

　야마오카가 후지에의 손녀에게 "죽음을 각오하고 날아가면서 주마
등처럼 스쳐가는 20년간의 인생에 울다가 웃다가 죽기 싫다는 생각에
너무 괴로웠다."고 고백하는 장면을 통해 죽음을 앞에 둔 특공대원의
심리상태를 나타냈다면, 출격 전날, 부하들 앞에서 쏟아낸 카네야마
의 격정적인 토로는 당시 조선청년의 심정을 함축적으로 표현한 것이
라고 할 수 있다.

　"그러나 나는 대일본제국을 위해 죽는 건 아니오. 조선민족의 긍지
를 갖고 조선에 있는 내 가족과 당신을 위해 출격할 거요. 조선민족 만
세! 도미코 만세! 고마워요. 부디 행복하게 살아줘요. 날 용서해 줘요."

　이 영화에서 특히 눈을 끈 것은 반딧불과 눈의 이미지였다. 식당에
온 특공대원들에게 그들의 대모가 반딧불로 돌아올 테니 쫓지 말고

자기로 생각해 달라는 어느 특공대원의 말을 들려줄 때, 마치 죽은 자의 혼령처럼 나타난 반딧불과 후반부 안동의 카네야마 부모의 산소에서 본 반딧불이 그것이다. 반딧불이 환생의 메타포라면, 눈의 이미지는 삶의 애착과 죽음을 암시한다. 영화의 전반부는 폭설 속에 입을 굳게 다물고 비장하게 걸어가는 후지에 노인의 모습을 부각시킨다. 결국 천황의 서거에 자극을 받은 후지에는 "저의 쇼와(召和)도 끝났다."며 마치 출격하듯이 죽음의 길을 선택한다.

아픈 아내는 병실에서 눈 꿈을 꾸게 되는데, 한 쌍의 학이 날리는 눈발 속에서 싸움인지, 애무인지 모를 날갯짓을 하고 야마오카는 외투와 양복을 벗어던지며 아내와 함께 아이처럼 눈 위에서 뒹군다. "주어진 수명만 지키고 운명을 거스르지 말자."던 도모코의 대사를 떠올리게 하는 인상적인 시퀀스이다.

전후 일본에서도 한국인을 소재로 한 영화가 더러 나왔다. 이마무라 쇼오헤이(今村昌平)의 〈니안챵〉(1959), 오구리 고헤이(小栗庚平)의 〈가야코를 위하여〉(1984), 이마이 다다시의 〈전쟁과 청춘〉(1991), 그리고 재일동포 감독인 김우선의 〈윤의 거리〉(1989)와 최양일의 〈달은 어디에 떠 있나〉(1993), 〈피와 뼈〉(2004) 등이 그것이다.

〈니안챵〉은 빈곤한 생활 속에서도 좌절하지 않고 살아가는 재일 한국인 탄광부 아이들의 꿋꿋한 모습을 그렸고, 〈가야코를 위하여〉는 재일동포의 양녀인 일본 처녀(미나미 가호)와 사랑에 빠지면서 부딪치는 재일조선인 청년(오승일)의 어려운 현실과 차별 문제를 제기하고 있으며, 〈전쟁과 청춘〉은 2차 대전 당시 일본인 부부에 의해 양육된 한국 어린이가 생모를 찾게 되자 양부모가 오히려 그들에게 사죄한다는 이야기이다. 〈윤의 거리〉는 징용 간 남편을 기다리며 사는 한국인 할머니와 작은 식당을 운영하는 어머니 밑에서 평범한 일상을 보내던 여고생 윤(일본명 준코)이 일본인 청년(다나카)과 사랑에 빠지면서 겪게 되는 정체성의 혼란과 편파적인 사회인식에 대한 정면 돌파의 의지를, 〈달은 어디에 떠 있나〉는 도쿄를 무대로 필리핀인 호스티스를 사랑하는 재일 한국인 택시 운전사 강충남의 일상적인 삶과 두 사람 사이에 끼어드는 희비극을, 〈피와 뼈〉는 제주도에서 오사카에 정착하여 강인한 체력과 타고난 근성으로 어묵 공장을 성공시킨 김준평(기타노 다케시 분)이 착취와 폭력, 돈과 여자에 집착하면서 괴물로 변해 가는 비정한 가장의 모습을 보여 준다.

이밖에 연합군 포로수용소가 무대인 오오시마 나기사(大島渚)의 〈전장의 메리 크리스마스〉(1983)에는 포로 감시원인 조선인 가네모토가 네덜란드 사병의 엉덩이에다 나쁜 짓을 했다는 이유로 일본인 하라 상사(기타노 다케시)에 의해 할복을 강요당하는 굴욕적인 장면이 나온다. 한국영화에도 이와 비슷한 경우가 있는데, 김기영 감독의 〈현해탄은 알고 있다〉(1961)가 바로 그것이다. 일본인 상관 모리(이예춘)는 조선인 학도병(아로운: 김운하 분)을 괴롭히다 못해 나중에는 제 군화에 묻은 인분(人糞)까지 핥게 만든다.

## 마무리

앞으로 한국과 일본은 화해를 넘어 평등관계로 정착되어야 한다. 어느 매체보다도 대중 친화력이 강한 영화는 그 간극을 메울 수 있는 좋은 대안이 될 수 있다. 영화는 설득력이 강한 학습현장이기 때문이다.

영화는 허구이면서도 실체하는 역사이다. 누가 〈그대와 나〉, 〈사랑과 맹서〉, 또는 〈사랑의 묵시록〉이나, 〈호타루〉와 같은 영화를 보고 그냥 보기 좋게 꾸민 이야기로만 치부해 버릴 수 있을 것인가. 만일 일본인들이 한국인들처럼 제 나라 말과 글, 국기가 있는데도 마음대로 사용하지 못하고, 에이류나 에이코, 일장기(日章旗) 대신 영룡(英龍)과 영자(英子)로 불리고 태극기를 흔들게 되었다면, 어떤 심정이었을까.

국책 선전영화라는 특수성을 감안하더라도 거의 예외 없이 성전(聖戰)을 수행한다는 명분 아래 전쟁터로 달려가는 지원들의 모습은 상투적으로 비칠 만큼 부자연스럽다. 평등한 인간관계는 〈호타루〉의 도모코처럼 조선 청년을 사랑하는 일본여성으로만 머물지 않고, 〈사랑의 묵시록〉의 다우치 치즈코와 같이 한국인 아내로서의 윤학자가 될 수 있을 때 비로소 가능한 것이다. 〈사랑과 맹서〉의 교장(무라이 소위의 아버지)과 조선인 아내(에이코)의 관계처럼 내선일체를 미화하고 강조하기 위한 수단이라면, 설득력이 떨어질 수밖에 없다.

앞으로 평등한 한일관계로 나가기 위해서는 더 이상 식민지 시대의 역사를 방치하지 말아야 한다. 반면교사로 삼는 노력이 필요하다. 가해자가 반성하고 용서를 구하는 마음가짐이 없다면 진정한 화해란 존재할 수 없다.

그런 점에서 지난 5월 10일 한일 두 나라 지식인 214명이 서울(109명)과 도쿄(105명)에 모여 "한국병합은 대한제국의 황제로부터 민중에 이르기까지 모든 사람의 격렬한 항의를 군대의 힘으로 짓누르고 실현시킨, 문자 그대로 불의 부정한 행위였다."고 원천무효를 선언한 공동성명은 매우 값지고 중요한 의미가 있다고 하지 않을 수 없다.

* 이 글은 일본의 한국강제병합 100년(8월 29일)을 앞둔 2010년 6월 19일 일본 도쿄의 한국문화원에서 열린 동북아역사재단 주최 「영화로 말하는 한일관계의 심층」 심포지엄의 발표 원고이다.

# 지배 이데올로기와 좌절의 시선

— 영화 <망루의 결사대>와 <족보>를 중심으로

조선 사람과 일본인은 서로 융화되어야 한다는 명분 아래 '내선일체(內鮮一體)'를 제창하고 나선 일본의 식민주의 정책 이면에는 조선 사람은 더욱 '완전한 일본 사람'으로 만들려는 지배자의 욕구가 숨어 있었다. 일본의 조선사 연구가 미야다 세츠코(宮田節子)(『조선민중과 황민화 정책』, 이형낭 역, 일조각 발행, 1997)는 이를 '황민화 요구의 극한화'(「동화의 논리로서의 내선일체」, 160쪽)라고 표현하였다. 내선일체는 중일전쟁에서 태평양전쟁에 걸친 시기의 조선 지배를 위한 최고의 통치 목표였을 뿐 아니라, 1910년 '한국병합' 이래 일본이 취한 조선지배의 기본방침이었던 '동화정책의 극한화'라고 했다. 지배자는 조선 사람으로부터 '황민화'에 대한 자발성을 끌어내기 위한 최대의 비방으로서 '내선 무차별 평등'이라는 한마디를 의도적으로 사용했고, 그것은 어디까지나 조선 사람을 '황민화'시키려는 수단에 지나지 않았다(165쪽)고 비판한다.

영화의 관점에서 접근할 때 먼저 떠오르는 것은 이마이 다다시(今井正) 감독의 〈망루의 결사대〉(1943년)와 임권택 감독의 〈족보〉(1978)이다. 이 두 작품은 35년이라는 제작 시점상의 차이가 있으나 일본이 조선을 지배하던 식민지시대의 산물인 '내선일체'와 그 수단의 하나인 '창씨개명'을 소재로 한 공통점 있다. 그런 점에서 이 두 작품을 대비해서 논하지 않을 수 없다. 그러나 제작의 주체와 작품이 추구하는 방향은 전혀 다르다.

〈망루의 결사대〉가 조선총독부의 후원과 조선영화주식회사의 협찬 아래 일본의 동보영화사가 만든 이른바 선전용 '국책영화'라면, 〈족보〉는 조선이 독립된 후 33년 만에 민간영화사(화천공사)에 의해 나온 흥행용 극영화라는 사실이다. 〈망루의 결사대〉를 제작 응원(자막)한 조선영화주식회사는 1941년 9월 29일 조선총독부가 제정한 조선영화령에 따라 일제의 전쟁수행을 위한 영화의 제작을 목적으로 설립된 관제 어용회사였다. 이 회사는 그 뒤 히나츠 에이타로(日夏英太郎)로 창씨 개명한 조선인 허영 감독의 〈너와 나〉(1941)를 비롯하여 〈우러르라 창공〉(김영화 감독), 〈젊은 모습〉(도요다 시로 감독), 〈조선해협〉(이상 1943년, 박기채 감독) 등 조선청년들의 지원병 입대를 촉구하는 계몽영화를 주로 만들었다.

〈망루의 결사대〉가 전쟁활극으로 포장하고 고루해지기 쉬운 목적극의 한계를 벗어나려 한 것과는 달리 〈족보〉는 전후 민주주의 향유기에 활동한 일본작가 가지야마 도시유키(梶山秀之)의 눈에 비친 창씨개명의 실상을 일제식민지 세대인 임권택 감독이 인본주의적 시각으로 영상화한 것이다. 〈망루의 결사대〉가 통치전략과 힘이 밑받침된 지배자의 논리로 충만했다면, 〈족보〉는 가문의 전통과 신념을 지키려는 약자의 비애와 한계를 그리고 있다.

## 휴머니즘으로 포장된 지배자의 미소 〈망루의 결사대〉

〈망루의 결사대〉는 1935년경 한반도 북단 신의주와 만주의 접경지역인 압록강변을 무대로 비적의 습격으로부터 주민을 보호하는 국경경비대의 활약상을 그린 것이다.

온통 눈으로 뒤덮인 압록강변의 산야, 결빙된 강안(江岸) 따라 이어지는 망루와 방어벽. 남산리(南山里) 경찰관 주재소 앞에서는 마을사람들로 구성된 수십 명의 자위대원들이 석단의 보수와 참호 파기에 분주하다.

이런 가운데 밤이 되자 주재소 안뜰에서는 아사노 신임 순사(사이토 히데오/齊藤英雄 분)의 부임을 환영하는 술자리가 마련된다. 다카츠(다카다 미노루/高田稔) 소장을 비롯한 일본인 스기야마(기미즈 마사오/淸水 將夫), 구마자와(도바 요노스케/鳥羽陽之助) 순사와 조선인 김(진훈), 임(전택이), 안(김현) 순사도 자리를 같이하여 서로 격의 없는 시간을 보낸다. 그런데 순찰 근무 중이던 김 순사가 정체불명의 청년을 연행하는 과정에서 총에 맞아 죽는 일이 벌어진다. 오빠가 죽었다는 말을 듣고 돌아온 김 순사의 여동생 영숙(김신재)이 오빠의 친구 유동순(심영)의 도움으로 의학공부를 마치기 위해 다시 떠나자, 비적의 일원인 왕호(사도야마 리요우/佐山 亮)가 중국음식점(쌍옥원)을 경영하는 아버지 왕룡(구다이 이치로오/菅井 一郎) 앞에 나타난다. 왕룡은 비적의 습격 계획을 알리며 피신하라는 아들의 권유를 거절한다. 그는 이때 나타난 비적 일당의 총에 맞아죽고, 이들과 싸우던 자

〈망루의 결사대〉의 흥겨운 아사노 신임 순사 축하 장면.

위단원 유동순도 부상을 입는다. 경찰관들은 주민들과 합세하여 공격해 오는 비적 떼들과 맞서나 수적인 열세에 몰린다. 주재소에 갇혀 있던 왕호가 경비대를 도와 싸우다가 죽고, 다카츠 소장의 아내 유코(하라 세츠코/原 節子)와 방학이 돼서 돌아온 영숙이까지 무기를 드는 결사항전의 상황에 몰린다. 이 같은 절체절명의 위기 속에서 증원 경찰의 도움으로 비로소 비적들이 섬멸된다.

이마이 다다시 감독은 경찰 증원군이 비적대의 저항을 물리치고 출동해 경비대를 구출하기까지의 과정을 효과적인 교차 편집으로 대비시키며 극적 긴장감을 높이는데 성공한다. 이 장면은 마치 인디언에 포위된 시민을 기병대가 달려와 구출하는 서부극의 패턴, 특히 존 포드 감독의 〈역마차〉(1939)를 연상케 한다. 비적들은 중국의 마적처럼 분장하고, 민간인 가옥까지 불태우는 악독한 '도적의 무리'로 묘사되고 있으나 항일 독립군 같은 느낌을 준다. 시나리오에도 '사상비(思想匪), 항일비(抗日匪), 토비(土匪)의 준동! 습격! 약탈!'이라고 포괄적으로 표현하고 있다. 이들이 단순한 비적이 아님을 말해 준다.

실제로 오프닝 신에서 시대배경으로 밝힌 '쇼와(昭和) 10년(1935)경'은 독립운동단체에 대한 조선총독부의 감시가 중국 대륙에까지 뻗치던 시기였다. 1935년 7월 한국독립당이 주도한 독립단체들이 남경에 모여 더 큰 조직(민족혁명당)으로 확대하고, 새로 부임한 미나미지로(南次郎) 조선총독이 트먼(圖們)에서 관동군사령관과 만나 이들에 대해 공동 토벌을 논의(1936년 10월)한 때이기도 했다.

일본의 영화평론가 사토 다다오(佐藤忠男) 역시 이들을 항일유격대로 보고 있다. 그는 '한반도 북단 마을을 무대로 하여 거기에 주재하고 있는 일본 무장 경찰대와 습격해 오는 항일 유격대의 전투를 그린 것'이라고 단정했다. 그런데도 "이 영화는 한국에서 항일 유격대 운동이 왜 일어났는지, 그들의 목적은 무엇이며 왜 그들은 활동을 계속하고 있을 수밖에 없는가 하는 등의 의미를 일절 건드리지 않고 있다."(佐藤忠男, 『일본영화 이야기』, 1993, 다보문화 발행, 203쪽)고 지적했다.

아울러 그는 비적들에 대한 상황 설명이 배제된 점에 대해 "당시 일본인들은 이런 의문을 느끼고 있었다는 흔적이 별로 없다."고 했다. "일반적인 일본인들은 항일 게릴라를 산적과 같은 것으로 생각하고 있었고, 영화는 산적이 출몰하는 야만적인 토지의 양민을 일본인이 스스로 피를 흘리며 지켜주고 있는 것처럼 끝내고 있기 때문"이라고 했다. 그것은 또한 일본 정부의 공식적인 견해로써, 이 영화는 그것을 충실하게 따른 것뿐이다."고 결론지었다.

이처럼 〈망루의 결사대〉는 게릴라를 양민으로부터 금품을 착취하는 비적으로, 일본인 경비대는 목숨을 걸고 조선인을 지켜주는 숭고하고 용감한 존재로 그렸다. 비적들이 일본군에 저항하는 세력이라면 일본군의 처소를 습격하더라도 굳이 조선인들이 사는 마을의 가옥까지 불태울 필요가 없었을 것이다. 여기에는 그들이 독립군으로 해석되는 여지를 남기면서 동시에 주민을 괴롭히는 부정적인 존재로 부각시키려는 의도가 깔려 있다. 비적들이 될 수밖에 없었던 상황과 묘사가 배제된 채 단순히 '나쁜 적'으로 만 표현되다 보니 결국 이들은 '비적 같지 않은 독립군', '독립군 같지 않은 비적'이 되고만 셈이다. 따라서 식민지 시대를 경험한 한국인들이 영화에 묘사된 '비적들의 존재'에 주목했다면, 일본인들은 지배자의 관점에서 약한 조선 사람을 보호하는 '국경 경비대원들의 이른바 휴머니즘'에 의미를 부여했다고 할 수 있을 것이다.

모두 11시퀀스로 구성된 이 영화는 경비대와 비적의 싸움만 그린 게 아니다. 경비대원들과 마을 사람들의 정겨운 관계, 비적에 의해 순직한 김 순사의 여동생 영숙과 유동순의 애틋한 사랑, 개성이 강한 아사노 순사가 오발사고로 인한 사임의 갈등을 극복하고 경비대원으로서 임무를 다 하는 모습, 중국 요리집 주인 왕룽과 그의 아들 왕호의 비극적인 만남 등 에피소드도 적잖이 들어가 있다. 이런 플롯의 전개 아래서 한 인간(김 순사)이 죽어가는 순간에 새 생명(황 여인의 해산)이 탄생하는 거역할 수 없는 자연의 섭리, 운명의 엇갈림을 보여준다.

이상의 내용을 정리하면, 〈망루의 결사대〉는 첫째, 일본인은 조선인과 중국인에 비해 훨씬 우월하다는 선민의식, 둘째, 내선일체와 동화정책의 구현, 셋째, 그런 이념을 바탕에 깔고 황국신민으로서의 의

무와 충성심을 강조했으며, 넷째, 전쟁활극이라는 장르의 형식을 빌려 경비대원과 비적을 선악 이분법으로 묘사했다는 얘기가 된다.

첫 번째 일본인의 우월감은 영화 전반부에 주재소장인 다가츠가 마을 노인들을 모아놓고 '관민일치(官民一致)'를 역설하며 수상한 사람이 나타나면 조기 신고하라고 지시하는 장면에서 잘 나타나고 있다. 주재소 내부와 수업을 받는 학생들의 교실에 붙은 '국어상용(國語常用)'의 표어에서 알 수 있듯이, 주민들은 조선 사람이나 중국인 가릴 것 없이 모두 일본어를 사용하며 그들의 지시를 받는다. 이는 미소 짓는 일본의 유화책 이면에 대동아공영권의 종주국이라는 자만심과 지배욕이 내포되어 있음을 의미한다.

이 영화에는 다카노 소장과 그의 아내(유코)로 표상되는 일본인의 설정, 바로 그들은 엄격하면서도 너그러운 지시자인 반면, 조선인은 그들을 추종하고 보살핌을 받아야 하는 복종자라는 인식이 깔려 있다.

이처럼 일본인이 조선인에 대해 우월감을 갖는 것은 미야다 세츠코(宮田節子)가 언급했듯이, 지배민족이 가져야 할 '당연한 긍지'로서 당연시 되었다. 다만 그것을 조선 사람의 반감을 사지 않기 위해 '가슴 속 머릿속에' 깊이 접어드는 것만을 문제시하는데 불과했다. 이와 동시에 일본인에게는 우월감을 계속 견지하도록 하면서 그것을 깊이 '가슴속 머릿속에' 접어두도록(『조선민중과 황민화 정책』, 「동화와 차별의 구조」, 180쪽) 했던 것이다.

둘째의 경우는 일본순사와 조선 순사의 구별 없이 어우러진 아사노 순사의 부임 환영회 장면이다. 먼저 노래 지명을 받은 김 순사(진훈)가 「석탄백탄가」를 부르자 임 순사(전택이)도 덩달아 손 박자를 치며 장단을 맞추고, 흥겨운 김 순사 역시 어깨를 들썩이며 특유의 조선 춤을 춘다. 일본 순사도 일본 노래로 화답한다. 가락은 다시 '도라지 타령'으로 이어진다. 이 도입부의 장면이 인상적인 것은 조선 경찰관에게 노래의 우선권을 주고 일본인도 조선말로 나오는 민요를 스스럼없이 즐긴다는 점이다.

상대편의 전통과 문화를 이해하고 공유하는 이런 장면은 이 무렵에 나온 〈너와 나〉(1941, 허영 감독)나, 〈사랑과 맹세〉(1945, 최인규, 이마이 다다시 공동감독)에서도 찾아볼 수 있다. 〈너와 나〉에서는 부여의 백마강을 지나는 뱃사공(김정구)이 「낙화삼천」을 부르는데 비해, 〈사랑과 맹세〉의 경우는 마을의 소리꾼들이 모여 지원병의 출정을 축하하는 형식으로 「쾌지나 칭칭 나네」, 「뽕따러 가세」, 「천안삼거리」 등의 조선 민요를 부른다. 이들은 〈망루의 결사대〉의 경찰관들과는 달리 스토리 전개와는 관계없는 주변 인물에 지나지 않는다. 이를테면 분위기 조성용 추임새 역할을 수행할 뿐이다.

그런데 여기서 한 가지 주목되는 것은 이 시기에 나온 〈지원병〉, 〈너와 나〉(이상 1941)나, 〈병정님〉(1944)의 경우처럼 애써 내선일체를 강조하거나 황국신민이 될 것을 설득하려들지 않는다는 점이다. 다카츠 소장의 아내 유코가 산모(전옥)를 도와 산파 역할을 하거나, 경비대원이 마을 주민들과 스스럼없이 어울리는 모습에서 엿볼 수 있듯이, 이미 내선일체가 실현된 상태에서 출발하고 있다.

셋째, 황국신민의 충성심을 보인 대표적인 예는 다카츠 소장이 모친의 위독하다는 연락을 받고도 부하들에게 내색하지 않은 채 복무에 충실한다는 점이다. 일본 경찰관의 헌신적인 국가관을 엿보게 하는 솔선수범의 전형이라고 할 수 있다.

넷째, 일본인의 우월감은 영화 전반부에 주재소장이 마을 노인들을 모아놓고 '관민일치(官民一致)'를 역설하며 수상한 사람이 나타나면 조기 신고하라고 지시하는 장면에서 잘 나타나고 있다. 주재소 내부와 수업을 받는 학생들의 교실에 붙은 '국어상용'의 표어에서 알 수 있듯이, 주민들은 조선 사람이나 중국인 가릴 것 없이 모두 일본어를 사용하며 그들의 지시를 받는다. 이는 미소 짓는 일본의 유화책 이면에 대동아공영권의 종주국이라는 자만심과 지배욕이 내포되어 있음을 의미한다. 그러한 요소는 '조만국경 압록강 유역은 산업기지로서 중요한 위치'임을 환기시키고 "우리 일본은 이곳을 지키기 위해 국경 경비대를 배치하게 되었다."는 영화의 서막(자막)에서 이미 잘 드러나고 있다.

넷째는 〈망루의 결사대〉는 당시로서는 장편에 속하는 분량임에도 불구하고 비적들이 직면한 사정이나 상황이 무시된 채 서부극의 인디언처럼 악의 표상으로 그려지고 있다는 사실이다. 강자인 백인의 논리를 앞세운 이런 방식은 서부극과 같은 액션드라마의 장르에서는 흔히 다루어지는 수법이기도 하다. 그래서 인간의 심리변화나 등장인물 간의 갈등이 화면에 비지집고 들어갈 새가 없다. 그러다보니 비적인 아들과 아버지(왕룡) 사이에 있을 법한 갈등도 찾아볼 수가 없다. 고작 총기 오발사고를 낸 아사노 순사의 견책 불만 정도가 잠시 스쳐갈 뿐이다.

이마이 다다시 감독은 적과 백 두 색상으로 군인과 신부를 상징한 스탕달 원작, 제라르 필립 주연의 〈적과 흑〉(1954)의 경우처럼 흑과 백의 의상을 통해 일본 경찰관(제복)과 조선 주민(전통 한복)의 특징을 효과적으로 대비시키고 있다.

이런 요소는 수평으로 이동되는 카메라 앵글에서도 잘 나타난다.

광활한 압록강 유역의 설경을 배경으로 걸어가는 검정 제복의 순찰 대원과 로케지인 만포진(萬浦津)의 민가에 매달린 고드름을 연결시킨 쇼트가 바로 그런 예이다. 단순화된 이런 색상은 흑백영화이기에 더욱 효과적이다. 그러나 뭐라 해도 이 영화가 남긴 중요한 의미는 이곳이 중국과의 접경지역으로 일본의 대륙침략의 발판이라는 지정학적 요소와 일찍이 한국영화에선 볼 수 없는 1930년대 결빙기의 최북단 압록강 유역의 풍경을 적절히 담아낸 기록적 가치에 있다고 할 수 있다.

학생 시절 마르크스주의에 경도되어 좌익운동에 가담했던 이마이 다다시(1912~1991)는 일제강점기에 조선총독부의 시책에 협력하여 〈망루의 결사대〉와 〈사랑과 맹서〉(1945) 등 국책영화를 만들었으나 패전 후 〈푸른 산맥〉(1949)을 히트시키며 일류감독의 반열에 올라섰다. 그 뒤 오키나와를 무대로 한 〈하늘나라의 탑〉(1953)을 내놓고 〈무사도 잔혹이야기〉(1963)로 베를린영화제에서 그랑프리를 수상하였다. 그는 특히 한국인을 소재로 한 〈저것이 항구의 불빛이다〉(1961)와 〈전쟁과 청춘〉(1991) 등을 내놓아 관심을 끌었다. 〈저것이 항구의 불빛이다〉는 이승만 독트린이 존재하던 당시 국적을 숨기고 일본어선에서 일하다 죽은 한국 청년의 비참한 처지를 그린 것이며, 〈전쟁과 청춘〉은 2차 대전 중 동경 공습 때 아이를 잃고 방황하던 일본인 부부가 부모를 잃은 한국인 아이를 구해 키운다는 이야기이다.

그런데 여기서 한 가지 짚고 넘어가야 할 것은 한국의 일부 소장 학자들이 〈망루의 결사대〉를 포함한 도요타 시로의 〈젊은 모습〉 등 일본인 연출 영화까지 친일영화의 틀에 묶어 분류하고 있다는 사실이다. 이는 잘못된 판단이다. 영화의 특수성에 비추어 친일문학, 또는 친일음악의 맥락으로 분류한다는 것은 무리이다. 이마이 다다시와 같은 일본인이 만든 작품이 어찌 친일영화인가. 그것은 어용영화는 될 수 있을지언정 친일영화가 될 수는 없다. 이는 특정인이 제 나라가 아닌 강대국의 정책이나 이익에 굴복 또는 영합하여 만들었을 때 해당되는 말이다. 박정희 군사정부 시절 한국 감독이 만든 적지 않는 반공, 계몽 소재의 국책영화를 '친한(親韓)영화'라고 할 수 없는 것과 같은 이치이다. 따라서 일제 강점기에 나온 일련의 '국책영화'는 친일과 어용영화로 구분하여 평가하는 것이 마땅하다.

## 창씨개명에 맞선 가문의 명예와 좌절 〈족보〉

일본의 조선지배 말기 조선총독부는 이른바 황민화(皇民化)를 촉진하기 위한 동화정책의 일환으로 조선인들에게 징용, 징병제도(1938년)와 함께 창씨개명을 실시했다. 창씨개명은 신사참배와 조선어 폐지에 이은 일제 '황민화정책'의 완결편이었다. 1939년 11월 11일, 조선총독부는 조선민사령(朝鮮民事令)을 개정해 창씨개명을 구체화시켰다. 1940년 2월 11일부터 6개월간 신고하도록 했으나 3개월이 지나도록 신청률이 7.6%에 불과하자 일제는 행정력과 경찰력을 동원하여 창씨개명을 강요했다. 기간을 연장하면서까지 신청률을 80%로 끌어올렸지만 반발이 심했다. 일본의 창씨개명(氏制) 실시의 이면에는 다음과 같은 의도가 있었다.

일본은 메이지유신 이후 호적을 새로 편제할 때 전 국민을 일률적으로 호주를 정점으로 하는 친족집단으로 나눠 통치체제의 기본으로 삼아왔다. 뿌리가 없는 이 친족집단이 '가(家)'였으며, 씨는 가를 가리키는 호칭이었다. 따라서 창씨개명의 목적은 조선의 전통적인 부계혈통 관계를 해체시키고 일본식의 씨 단위 국가로 만들어 한국인의 민족의식을 흐려 놓으려는 것(역사 속의 오늘/ 총독부 창씨개명의 박차, 조선일보, 2003, 11, 10)이었다.

이런 강경책은 이미 제7대 조선총독으로 미나미 지로(南次郎, 1936~1942)가 부임하면서 예견된 일이었다. 창씨개명 제도는 1940년 8월 10일 마감일에 이르면서 전체 가구의 80% 가량인 322만 호(戶)가 참여(한겨레신문, 「금주의 작은 역사」, 1993, 2, 8)했다.

1940년 조선영화기능자로 등록된 88명의 영화인 가운데서도 일본식 이름으로 바꾼 이들이 적지 않았다. 〈너와 나〉에 출연한 석금성(石金星)이 가야마 사다코(桂山貞子)로 개명하는가 하면, 〈망루의 결사대〉의 주인규(朱仁奎)와 전옥(全玉)이 각기 야스가와 후미하루(安川文治), 마츠바라 레이코(松原禮子)로 바꾸며 이 대열에 합류(『조선영화통제사』 다카지마 겐지(高島金次), 조선영화문화연구소, 1943)하였다.

임권택 감독의 〈족보〉(1978)는 이와 같은 조선총독부의 창씨개명에 맞서 한국이름을 고수하려는 한 가문의 자존심과 좌절을 일본작가(가지야마 도시유키)의 시선으로 그린 작품이다. 경기도청 총력 1과에 근무하는 일본인 청년 다니(谷六郎: 하명중 분)는 총독부의 방침에 따라 조선인의 성과 이름을 일본식으로 바꾸도록 독려하는 임무를 맡아 수행한다. 미술학도인 그는 수원의 부농인 설씨 집을 찾아가 창씨개명을 설득하지만 문중의 종손 설진영(주선태)은 이를 완강히 거부한다. 다니는 가문의 명예를 소중히 여기는 설씨의 강직한 인품과 그의 딸 옥순(한혜숙)의 미모에 끌리어 심한 갈등에 빠진다. 갖은 회유에도 불구하고 설씨가 창씨개명을 거부하자 관리들은 딸의 약혼자를 징용 보내겠다고 압박하며 파혼으로 몰아넣는다. 설씨는 어린 손자들까지 시달리는 사태에 이르자 견디다 못해 가족들의 씨명을 바꾸는데 동의한다. 그러나 자신의 이름만은 조상으로부터 물려받은 '설진영'으로 남겨둔 채 스스로 목숨을 끊는다.

조선총독부는 표면적으로는 '일본인식 씨'를 붙이고 싶어하는 조선인의 열렬한 요망에 따라 '내선일체의 완성'을 위해 '창씨개명'을 제정, 시행했다고 했으나 그 의도는 징병제의 시행과 깊이 관련되어 있었다. 천왕의 군대 안에 이질적인 '김모, 이모'를 섞고 싶지 않다는 내무성 문서가 말해 주듯이, 조선에서의 징병제 시행은 단순한 제도의 시행만이 아니라 황민화 정책의 궁극적인 목표라는 상징적인 의미를 지니고 있었다.

그런데 조선총독부는 '창씨개명'이 진정한 '내선일체의 완성'이라며 조선인에게 일본인식 씨를 강제하면서도 다른 한편으로는 언제까지나 '내선인 사이에 상이한 방책' 즉 민족차별정책을 계속해서 취했다. 이와 같은 '창씨개명의 모순'은 '창씨개명' 뿐만 아니라 일본의 모든 동화정책에 관철되고 있었다. (미야다 세츠코, 『조선민중과 황민화 정책』 창씨개명, 97~98쪽)

이 같은 역사적 배경 아래서 출발한 창씨개명제도는 가문의 혈통과 명예를 존중하는 조선인에게는 굴욕이었다. 족보의 가치는 계보의 전통과 질서를 지키는데 있었다. 족보는 조선인의 정체성을 나타내는 자존심의 표상이었다. 그것은 선비정신과 맥이 닿아 있다. 더욱이 설진영과 같이 계보와 항렬을 중시하고 가문의 명예를 지켜야 할 의무가 있는 종손으로서 고유의 성명제를 버린다는 것은 치욕이 아닐 수 없었다.

설씨 가문의 종손 역을 맡은 〈족보〉(1978)의 주선태.

그래서 설씨는 "1941년 9월 29일 일본지사가 창씨개명을 강요하므로 여기서 설씨 계보가 끊긴다. 종손인 진영은 이를 부끄러이 여겨 족보와 함께 그 목숨을 끊는다."는 유서를 남기고 마지막 길을 선택한다. 이는 극한상황에 몰렸을 때 인간이 취할 수 있는 선택의 한계를 시사한다.

여기서 짚고 넘어가야 할 것은 설진영의 인간다움이 주는 리얼리티다. 만일 그가 군량미조차 바치지 않고 창씨개명을 거부했다면 행위의 일관성은 유지됐을지 몰라도 캐릭터에 대한 현실감은 떨어졌을 것이다. 일부나마 타협하며 7백 년을 이어온 문중의 계보를 지키려 한 이런 양면성은 오히려 자연스럽다고 할 수 있다. 그런데 한운사가 각색한 영화는 원작에 없는 일본의 패망(내레이션 처리)을 언급하였다.

3개월 후 대동아전쟁이 일어나 일본이 패전하고 조선 사람들이 제 성을 되찾았음을 알린다. 세상에 영원불멸이란 존재하지 않는다는 메시지이다. 영화는 이 점을 환기시키고 있다. 라스트 신은 다니가 설씨의 상가를 찾아가 거친 야유 속에 조문을 마친 후 언덕 위에서 만장을 앞세운 설진영의 장례 행렬을 바라보는 장면으로 마무리된다.

이 영화에서 주목되는 것은 다니라는 일본인 청년이다. 그때까지 한국영화에서 대다수의 일본인은 부정적인 인물로 그려졌지만, 이 청년은 조선 문화를 이해하며 창씨개명을 거부하는 완고한 종손에게 호감을 갖고 그의 딸까지 사모하는 캐릭터로 설정되어 있다. 그래서 다니는 설씨를 창씨개명이라는 족쇄에서 풀어주기 위해 그가 어느 일본인보다도 훌륭한 분이었다고 역설(94신)한다. "자진해서 군량미 2만 석을 나라에 바친 사람이 애국자가 아니라면 누가 애국잡니까? 창씨개명? 그거 안하면 사람 취급 안합니까?" 이렇게 상관에게 항변한다.

임권택 감독은 다니를 식민지 시대에 일본이 조선에서 저지른 일을 성찰적 안목과 균형감각으로 고해하는 인물로 형상화한다. 그는 자신의 인본주의적 가치를 일본 청년 다니를 매개로 부각시키고 그의 조선 문화에 대한 관심과 사유를 개진하는 대리 역할을 수행케 하였다. 그러나 다니는 창씨개명에 직면한 설진영을 보며 더러는 고민하고 이해하는 모습을 보였지만 결국 조선총독부의 한반도 동화정책을 수행하는 일본인 관리라는 한계에서 벗어나지 못한다.

정치적 경제적 예속으로부터 보호되지 못하는 외세의 장벽 앞에서 신념을 잃지 않으려 버텼으나 가족을 위해 타협하지 않으면 안 되었던 설씨 문중의 어른, 그는 물질적으로는 일제에 협력하면서도 정신적으로는 가문의 전통과 자존심을 지키려 목숨을 버린 인물로서 잃어

〈족보〉의 한혜숙과 일본인 관리 역을 맡은 하명중(오른쪽).

버린 36년을 상징하는 좌절의 초상으로 부각되고 있다.

　여기서 한 가지 짚고 넘어가야 할 것은 일본의 양심을 대변했다고
볼 수 있는 원작과 이 영화의 비극적 정서 효과를 높여준 음악의 비중
이다. 만일 〈족보〉의 작가가 일본인이 아니라 한국인이었다면, 이만
큼 객관성을 유지하기가 어려웠을 것이다. 어쩌면 힘을 갖지 못한 조
선 사람의 푸념 정도로 가볍게 흘려버렸을지도 모른다. 과거 조선을
지배했던 일본인이 쓴 작품이기에 한층 설득력이 있었다.

　기존의 '한오백년'을 편곡과 퉁소 등 고유의 관악에서 현대적인 현
악으로 변주하며 판소리로 전환하는 정민섭의 주제음악이 특히 돋보
였다. 주인공 설진영이 창씨개명에 동의한 뒤 마지막 결의를 다지며
귀가하는 후반부 장면부터 죽음에 이르는 과정의 가락은 이 영화가

추구한 외세의 힘 앞에 무력한 전통 가문의 자존심과 망국의 슬픔을 부각시키는데 강한 호소력을 보여 주었다. 이처럼 임권택에게 처음으로 대종상(제17회)의 감독상을 안겨준 색체영화 〈족보〉는 휴머니즘으로 포장된 〈망루의 결사대〉의 지배 이데올로기와는 상반된 시각으로 일제식민지 시대를 겪었던 조선인들의 피해와 비애를 선명하게 투영시키고 있다.

* 이 글은 동북아역사재단 주최로 2011년 6월 11일 일본 도쿄에서 열린 제3회 역사영상 심포지엄 「영화가 말하는 동화정책과 창씨개명」에서 발표한 내용을 수정, 보완한 것이다.

# 문화재로 거듭난 우리의 옛 영화

## 등록 영화의 선정 기준

한국 고전영화가 문화재보호법에 의해 등록문화재로 지정된 것은 2007년 9월이었다. 2003년 7월 등록문화재의 주 대상이 2001년 개정된 근대 건축물, 시설물에서 미술, 음악 등 이른바 동산문화재로 확대됨에 따라 영화필름도 문화재가 될 수 있는 법적 근거를 갖게 된 것이다. 영화필름들을 문화재로 등록시키려는 노력은 2006년부터 시작되었다. 영화전문가들로 구성된 자문위원들이 여러 차례 논의 끝에 제작기간이 50년 넘은 영화필름, 시나리오, 콘티뉴어티, 스틸사진 등 역사적 자료적 가치가 큰 것을 대상으로 하되, 영화의 예술적 완성도, 당대 대중에 대한 사회·문화적 영향력, 그리고 당대 사회 모습이 어떻게 반영되었는지를 평가한다는 선정 기준을 마련하였다. 50년이라는 기간은 영화의 재산권 행사가 소멸되는 시기이기도 하다.

한국영화의 범주는 제작 과정에 한국인이 주도적 역할을 했거나, 한국인을 주관객 대상으로 삼은 것으로 정리되었다. 여기서 주도적 역할을 했다는 것은 경성촬영소를 운영한 와케지마 슈지로(分島周次郎)의 예처럼 일본인이 제작했더라도 한국인이 감독을 했거나 배역의 중심이 되었다는 뜻이다.

대상은 오리지널 네거티브 필름을 최우선으로 하고, 경우에 따라 오리지널 네거티브 필름에 의해 만들어진 마스터 포지티브 필름, 마스터 포지티브 필름에서 현상, 인화된 듀프 네거티브 필름, 또는 포지티브 이미지와 사운드트랙을 합한 릴리즈 프린트 필름도 감안하도록 하였다. 여기에는 해방 전 질산염 필름이 갖는 보존의 한계와 한국전쟁으로 남아있는 필름이 희귀하다는 점이 고려되었다.

## 문화재가 된 일곱 편의 영화

이러한 평가 기준에 따라 1936년 이후 1957년까지 제작된 한국영화 가운데 현존하는 영화 필름 38편을 대상으로 논의한 결과 〈미몽〉(양주남 감독, 1936)을 비롯한 〈자유만세〉(최인규 감독, 1946), 〈검사와 여선생〉(윤대룡 감독, 1948), 〈마음의 고향〉(윤용규 감독, 1949), 〈피아골〉(이강천 감독, 1955), 〈자유부인〉(1956, 한형모 감독), 〈시집가는 날〉(1956, 이병일 감독) 등 7편이 문화재 등록 작품으로 선정되었다.

〈미몽(迷夢)〉(1936, 47분)은 당시 가장 오래된 영화이자 1930년대 영화문법과 식민지 시대 개방적인 신여성의 모습을 엿볼 수 있는 소중한 자료이다. 양주남의 첫 감독 작품이자 경성촬영소의 여섯 번째 발성영화로서 토키영화 초기의 기술 수준이 잘 드러나 있다. 평면적인 캐릭터나 갑작스러운 극의 전개, 어색한 카메라 앵글 등 영화문법이 매끄럽지 못한 부분이 있으나 암시적인 새장의 인서트 쇼트, 사운드 몽타주, 화가 난 여주인공 애순(문예봉)이 남편이 비친 화장대 거울을 거세게 흔드는 도입부의 불만스런 심리표출 등 연출 감각이 만만치 않다.

일제에 대한 항거와 해방을 주제로 다룬 최인규 감독의 〈자유만세〉(1946, 50분)는 당대의 영화 기술을 대표하는 일본 동보영화사 출신의 촬영기사 한형모와 조명기사 1세대인 김성춘, 본격적인 최초의 편집기사 양주남 등이 가세하여 해방 후 처음 항일 광복영화를 선보였다는 점에서 주목을 끌었다. 이 영화의 장르적 특징은 지하 독립운동가인 한중과 그를 사랑하는 두 여자와의 관계를 멜로드라마의 플롯에 따라 진행시킨 반면, 한중과 추격하는 일본 헌병대 사이에서 벌어지는 총격전의 교차편집 등은 액션영화의 구조로 엮어냈다는 데에 있다.

윤용규 감독의 〈검사와 여선생〉(1948, 38분)은 마지막 변사로 알려진 신출의 해설을 통해 우리에게 익숙한 16밀리 무성영화이다. 예술성보다는 '변사의 연행방식을 가늠해볼 수 있는 유일한 무성영화'로서 역사적 가치가 있다. 집에 숨어 들어온 탈옥수 때문에 살인 누명을 쓰고 법정에 서게 된 여선생이 검사가 된 소학교 재직 시절의 제자를 만나 무죄로 풀려난다는 내용인데, "억울하게 남편을 죽인 살인자로 몰렸으니… 아, 이게 무슨 운명의 장난이란 말이더냐." 변사의 해설에서 알 수 있듯이, '신파영화의 전형'으로 꼽히는 작품이다.

윤대룡 감독의 〈마음의 고향〉(1949, 76분)은 산사라는 한적한 공간을 배경으로 모정에 대한 소년의 간절한 그리움과 주지(변기종), 청년, 동승 등 삼 세대 스님의 일상을 담담하게 그린 '해방 후 조선영화

최고봉을 이룬 수작'이다. 함세덕의 「동승」을 각색한 완성도 높은 문예영화로서 신파성의 탈피가 두드러진다. 롱 쇼트로 산사의 풍광을 잡은 한형모 감독의 촬영구도가 시선을 끌었으며, 인물의 성격도 역할에 알맞게 형상되었다. 특히 산사에 불공을 드리러 온 젊은 미망인(최은희)과의 만남을 계기로 변화하는 동승(유민)의 모성에 대한 감정과 어머니의 과거를 꿈의 형태로 빚어낸 장면은 정적인 영상문법으로 압축시킨 효과를 거두고 있다. 특히 꿈에서 깬 도성이 어머니를 찾아 길을 내려가는 마지막 부감 장면은 꿈결처럼 애절하고 아름답다.

이강천 감독의 〈피아골〉(1955, 106분)은 빨치산을 인간적으로 그렸다는 이유로 반공법에 걸려 상영이 금지된 바 있는 최초의 영화이다. 〈피아골〉의 특징은 남한군이나 경찰이 전혀 등장하지 않고 빨치산만 나온다는 점이다. 그들은 감정 없는 살인자로 묘사되던 일반적인 추세와는 달리 스스로의 욕망 때문에 인간적인 갈등을 일으키는 독특한 캐릭터로 그려져 있다. 실제로 그 가운데 시종일관 잔혹한 모습을 보이는 빨치산 대장 아가리(이예춘)조차 몽타주로 구성된 악몽 장면을 통해 자신의 잔인함에 대한 죄책감과 갈등을 드러내고, 마지막까지 버리지 못하는 이념의 집착을 보여준다.

한형모 감독의 〈자유부인〉(1956, 124분)은 향락 풍조에 흔들리는 대학교수 부인의 일탈적 행동을 통해 해방 이후 한국의 사회상을 투영시킨 화제작이다. 미군의 진주와 함께 들어온 자본주의, 서구의 상품들은 여성의 성의식과 연결되면서 '최고급품'으로 포장되고, 가부장적 가치관을 위협하는 존재로 나타난다. 이런 시기에 많은 여대생을 유린한 박인수 사건이 터져 사회문제화 되고, 춤바람과 계모임 등 여성의 개방풍조를 소재로 한 정비석의 소설 「자유부인」이 서울신문에 연재돼 파장을 일으키기도 했다. 이 작품이 영화화된 배경이다. 영화에서 주인공 오선영(김정림)을 비롯한 여성들은 남편이 아닌 다른 남자의 욕망의 대상이자 소비의 주체가 된다.

이병일 감독의 〈시집가는 날〉(1956, 78분)은 한국영화 사상 최초의 해외 영화제 수상작으로 기록된다. 오늘날 한국에서 아시아영화제 특별 희극상이 차지하는 비중은 대수롭지 않지만, 당시에는 적잖은 자극을 준 '사건'이었다. 코미디방식으로 승부를 건 이 영화는 비평과 흥행 양면에서 이례적일 만큼 좋은 평가를 받았다. 웃음을 자아내게 한 요인이 슬랩스틱적 요소가 아니라, 향토색을 살린 민속극적 시대풍자와 아이러니라는 점에서 향후 코미디 영화의 가능성을 보여주었다.

## 예전 극장 풍경과 영화필름 보존의 의미

그런데 유감스러운 것은 나운규의 〈아리랑〉(1926)이나 이규환의 〈임자 없는 나룻배〉와 같은 명화들이 필름으로 남아 있지 않아 선정 대상에 오를 수 없었다는 점이다. 이 작업에 참여한 자문위원의 한 사람으로서 유감이 아닐 수 없다. 이 시기에 만들어진 영화들은 토막 필름에 불과한 실사(實寫) 중심의 활동사진 시대를 거쳤다. 화면이 움직이는 것만으로도 열광하던 시절이었다.

초창기 영화인 안종화(『한국영화측면비사』, 춘추각, 1962)는 1910년대 초 서울의 한 극장 풍경을 이렇게 묘사하고 있다.

옥양목 스크린에 불이 꺼진다. 그러고는 이어 화차가 달려온다. 그러면 관중석은 그대로 수라장이 된다. 혹시나 화차와 충돌이 될까봐서 관객들이 이리 피하고 저리 피하느라고 아우성을 치기 때문이다. 그도 그럴 것이, 화차가 곧장 그대로 달려오다 보면, 관중들은 영락없이 광무대 귀신이 될 것이니까. 영화가 끝난 다음은 더욱 가관이었다. 으레 관중들이 무대로 몰려들어 혼잡을 이루었다. 스크린을 들쳐보려는 궁금증에서였다. 그들은 조금 전에 본 화륜선(火輪船)과 화차, 사람들의 출처가 의아스러웠던 것이다.

우리나라는 농경사회에서 식민지시대, 6·25전쟁을 겪고 오늘에 이르는 동안 많은 문화유산들을 잃었다. 근대기에 만들어진 영화, 특히 해방 전에 제작된 영화필름 대부분이 훼손되거나 사라지는 전철을 밟았다. 이런 원인은 제작 관계자들의 보존의식 결핍과 기록문화에 대한 사회적 인식이 빈약한 데서 찾아볼 수 있다. 미래에 나올 영화에 대한 사회의 관심과 보존의식을 높이기 위해서라도 영화필름의 문화재 등록은 매우 중요한 의미를 지닌다. 이 제도의 전향적인 시행이야말로 영화의 문화사적 위상과 사회적 역할을 환기시키는 기념비적인 출발점이라 하지 않을 수 없다.

- 《문화재사랑》 2010년 2월호

# 한국 영화잡지의 변천

## — 1919년 《녹성》에서 1970년대 《영상시대》까지 —

영화잡지는 당대를 살았던 대중들의 취향과 영화의 흐름을 반영한다. 아울러 그 시대의 미적 감각과 유행, 배우의 인기판도, 인쇄 수준은 물론, 언어관습, 표현의 경향까지 엿보게 한다. 초창기의 잡지를 보면 '활동배우'(영화배우), 또는 '애활가'(영화팬), '활계'(영화계), '연속사진'(연속활동사진) 등 생소한 언어들이 자주 나오고, 희극배우 채플린을 '잡후린(雜矦麟)'이라 적고 존칭까지 붙이는 등 익숙지 못한 경우를 쉽게 발견할 수 있다.

그동안 발간된 영화잡지는 모두 40여 종에 이른다. 이는 1920년대 전후부터 1970년대까지 반세기에 해당하는 기간의 수치이다. 이를 분류하면 17종 내외가 해방 전에, 20여 종이 해방 후에 나왔다.

### 최초의 영화지 《녹성》 이후의 현황

우리나라에 영화잡지가 처음 등장한 것은 1919년 11월 5일자로 창

최초의 영화잡지 '녹성' 창간호

간된 《녹성(綠星)》이다. 기미년 3월 1일 일제에 대한 33인의 독립선언 사건이 일어나던 해, 한국영화의 기점으로 삼는 신극좌의 활동사진연쇄극 〈의리적 구토(義理的 仇討)〉가 단성사에서 상연(10월27일)된 지 열흘이 채 안 되는 시점이다.

《녹성》(A5판, 90면)은 표지에 예술잡지라고 했으나 영화 스토리 중심으로 꾸며진 영화잡지다. 1896년 11월 30일 독립협회가 창간한 조선 최초의 잡지《대조선독립협회회보》(A5판 22면)가 나온 지 23년 만의 일이다.

미국에서 활동하고 있는 프랑스 태생의 여배우 리타 죠리베(Mlle Rita Jolivet)의 상반신 사진을 표지로 내세운 이 잡지는 「고송(孤松)의 가(歌)」를 비롯한 「독류(毒流)」(원명 구두), 「장한가(長恨歌)」, 「아루다쓰」, 「고도(孤島)의 보물」 등 여섯 편의 영화를 애련비화(哀憐悲話), 또는 사회비극, 연애비극, 대복수대활극, 인정활극이라는 다양한 분류 아래 소설 형식으로 소개하고 있는 것이 특징이다.

여기에 당시 연속사진 〈명금(名金)〉으로 유명한 활극계의 스타 「로로의 이야기」며, 「세계 제일의 희극배우 잡후린(雜侯麟) 선생의 혼인」 등 스타 스토리 유의 글과 프랑스 여배우 빠르 화이트의 촬영일화(「모험활극 박히든 이야기」) 등이 고루 게재되어 있다. 이밖에 평소 영화를 즐긴 월슨 미국 대통령이 프랑스 베르사이유 강화조약에 참석하러 가는 선상에서도 〈로미오와 줄리엣〉, 〈저주의 공포〉 등 10여 편이 넘는 영화를 봤다는 박스용 기사 「월슨 대통령과 활동사진」도 실려 있다.

특이한 것은 독자들에게 100원의 현상금을 걸고 범인을 찾는 연재 탐정소설 「의문의 사(死)」를 쓴 복면귀(覆面鬼)의 경우를 제외하고는 목차나 본문에 모두 실명을 밝히지 않았다는 점이다. 이 잡지의 편집 및 발행자는 이일해이며, 발행소는 일본 동경(신전구 원락정 神田區 猿樂町), 발매소는 서울(경성 죽첨정, 지금의 충정로 1가 39번지)로 되어 있다. 그런데 일부 기록에는 《녹성》이 방정환이 발행한 영화잡지로 되어 있으나 이는 잘못된 것이다.

《녹성》에 이어 두 번째로 나온 영화잡지는 1926년 7월에 선보인 《영화》인 것으로 알려져 있다. 1925년 영화 〈쌍옥루〉를 감독 데뷔하고 그의 대표작으로 꼽히는 복혜숙 주연의 〈낙화유수〉(1927)가 나오기 전해이다. 그 뒤 1927년 2월 홍개명과 이자성이 공동으로 《키네마》라는 잡지를 창간했으나, 《영화》의 경우와 마찬가지로 더 이상 자세한 내용은 알려지지 않았다. 홍개명은 1년 뒤 나운규 프로덕션이 제작한 〈사나이〉(1928)의 메가폰을 잡으면서 영화계로 진출했다.

이례적으로 표지 제호 위에 크게 '고문·이경손'을 내세우며 1928년 3월 10일자로 창간된 《문예·영화》(5·7판, 54면, 정가 25전)는 나운규의 「나의 노서아 방랑기」와 김용국의 「그날의 나운규군」, 그리고 안톤 체홉의 원작을 각색한 김상진의 「그날의 주검」 등이 눈길을 끈다.

특히 「나의 노서아 방랑기」와 「그날의 나운규군」은 나운규의 러시아 용병시절의 비애와 데뷔 전후의 일면을 엿볼 수 있다는 점에서 의미 있는 글이라고 할 수 있다. 발행인은 경성 서대문의 최호동(崔湖東)이나 발행소는 평양부 관후리 134번지로 되어 있다.

영화소설 「아리랑」으로 잘 알려진 문일(文一)이 발행한 《대중영화》(A5판, 정가 10전)는 1930년대에 들어서면서 처음 나온 월간잡지이다. 3월 창간호를 내놓고 한 달을 걸러 5월호를 발간했으나 뒤를 잇지 못했다. 이후 휴간상태였던 것을 영화제작에 뜻을 둔 김광수(金光秀) 등이 공동으로 판권을 인수하여 창간 1주년이 되는 1931년 4월호부터 속간한다(매일신보, 1931, 2, 17)고 했으나, 실제로 발간되었는지는 확인할 수 없다.

《영화시대》(A5판, 78면 내외, 정가 10전)가 등장한 것은 1931년 4월 1일이다. 조용균과 함께 공동 발행인인 박누월(朴淚月)은 뒷날 권말부록 「조선영화발달사」로 더 알려진 『영화배우술』(1939, 삼중당 발행)의 저자이기도 하다. 창간 후 사용하던 서울 수은동 단성사 2층 사무실은 경영난으로 휴관하면서 비우고, 1934년 11월 김현수(金賢秀)에게 넘어 간 뒤 38년까지 띄엄띄엄 명맥을 잇게 된다. 해방 후 박누월이 다시 경영을 맡아 1946년에 복간호를 내놓았으나 지속하지 못했다. 박누월은 1950년대에 객사하였다.

1946년 4월 속간 제1호(무정기판) 목차를 보면, 이병일의 「전향기 조선영화의 진로」, 강소천의 「조선영화가 걸어온 길」, 이창용, 이규환, 이필우, 김소영 등 9인에 대한 「조선영화인 약전·촌평」 안종화의 연재 시나리오 「백두산」 등 주목할 만한 글들이 실려 있다.

단성사 선전부에서 《영화가(映畵街)》를 내놓은 것은 그로부터 2개월 뒤인 6월 20일이다. 자사 극장의 개봉 영화를 홍보할 목적으로 만든 간행물이다.

김인규와 문일 등의 발기로 1932년 5월1일 창간된 《신흥예술》(5·7판, 70면, 정가 15전)은 제호와는 달리 90%가 영화 관련 글들로 채워진 사실상의 영화잡지이다. 윤백남의 「조선영화사적 일화」, 박기채의 「소비에트 영화의 5개년 계획」, 문일의 「독일영화의 각색법」 나웅의 시나리오 「환멸」 등이 그 예이다. 그 외에 김유영, 서광제, 이효석, 김영팔 등 프롤레타리아예술가동맹 진영의 인사들이 필진으로 참여하였다.《신흥영화》(5·7판, 60면, 발행인 마춘서)는 그로부터 꼭 한 달 만에 출간되었다. 6월 창간호를 보면, 김효성의 「싸베트의 토키 이론」, 나태영의 「영화와 표현」, 사중인의 영화강좌 「영화극배우술」, 나웅의 소형영화 시나리오 「고향」 등이 눈에 띈다. 이밖에 현철의 「조선신극계의 회고와 전망」, 유치진의 「연극의 대중성」과 길명순의 소설 「신여성」 등이 수록되어 있다.

《영화부대》는 이론적 전문지의 성격을 띠고 창간(1934년 7월 1일)되었다. 평론, 외국영화 소개 외에 수필, 가십도 곁들였다.

1936년 가을로 접어들면서 제호가 유사한 두 개의 영화잡지가 등장하여 독자들의 관심을 모았다. 바로 신량(辛樑)이 9월 1일에 창간한 《영화조선》과 백명곤(白命坤)이 10월 1일자로 낸 《조선영화》가 그것이다.

《영화조선》(A5판, 정가 25전)은 홍효민(근대문명과 영화예술), 민명휘(영화감독 박기채론), 이규환(영화강좌/ 한 개의 영화로 나오기까지), 김인규(나운규 군이 걸어온 길) 등을 필진으로 동원하고, 안종화, 김유영, 서광제, 문예봉 등 14명이 참석한 영화인 좌담회를 읽을거리로 내놓았다. 《조선영화》(5·7판, 정가 20전)는 「조선영화 고심담」과 「첨단여성영화 좌담회」, 「조선영화 제작에 대한 제씨의 건의」(송영 외 3인), 「조선영화기업론」(최장) 등으로 이에 맞섰다. 특히 〈아리랑〉의 나운규를 비롯한 심훈(〈먼동이 틀 때〉), 안종화(〈청춘의 십자로〉), 이규환(〈무지개〉), 이명우(〈춘향전〉) 등이 영화를 만들 때의 고충과 뒷이야기가 담긴 「조선영화 고심담」은 흥미와 함께 사료적 가치가 높다.

1939년 11월 1일자로 서울 종로 6가에서 창간된 《영화연극》(A5판,

132면, 정가 30전)은 최익연(崔翼然)이 편집 겸 발행인으로 되어 있다. 목차는 3면으로 짜였는데 그 내용이 매우 다채롭다. 윤봉춘의 「나운규 일대기」를 비롯하여 남수월의 「조선영화감독론」, 이금룡, 김신재 등 10여 명이 등장하는 상호인물평 「내가 본 너, 네가 본 나」 등이 실려 있다. 그런데 다음해 1월 20일자에 나온 제2집(표지화 이주홍)에는 일제 강점 말기의 시대상을 엿 볼 수 있는 여러 모습들이 나타난다. 그라비어 판 사진화보의 첫 장을 장식한 「황군에게 올리는 감사문」 외에 「내선일체의 정신을 앙양하라」는 제목의 권두언, 친일영화 「지원병」 로케이션기」 등이 바로 그런 예이다.

## 해방 후 나온 20여 종의 잡지

해방 후에는 영화제작자 이철혁이 《예술영화》(4·6배판, 36면, 정가 100원)라는 제목으로 영화잡지 간행을 주도한다. 그는 이규환 감독의 〈갈매기〉(원명 해연)를 제작한 예술영화사(대표 김낙제) 소속 제작부장으로 회사의 도움으로 1948년 5월 5일 첫호를 내놓았다. 표지부터 〈갈매기〉의 주연인 김동규의 상반신 스케치를 내세워 '해연(海燕) 특집'으로 꾸몄다. 이운룡의 「영화 〈해연〉 탈고기」, 이규환의 「〈해연〉 연출 전기」, 김동규의 「〈해연〉에 출연하면서」 등 홍보효과를 노린 것과 함께 양세웅의 「아메리카영화의 촬영기술」, 이청기의 「영화와 현실」, 허용의 「전후의 소련영화」 등을 게재하여 영화지로서의 구색을 맞추려 했다.

1952년 12월에 이르러 본격적인 월간 영화대중지 《영화세계》(4·6배판)가 강대진(姜大榛)에 의해 창간되고 잇따라 1955년 국제영화뉴스사의 박봉희(朴鳳熙) 사장이 《국제영화》(4·6배판, 정가 300원)를 내놓아 영화잡지 경쟁 시대로 진입한다. 두 잡지 모두 영화계의 가십거리나 국내외 스타 스토리, 제작, 수입영화를 소개하면서도 《국제영화》(1958년 5,6월 합병호, 132면)의 예에서 보듯이 외부 필진에 의해 「특집/영화제작에의 새로운 방향」이나 「'돈' 출품 시비와 금후의 문제」와 같은 당면 문제를 놓지 않고 다루기도 했다.

《현대영화》(1955년 9월호 창간)는 《국제영화》와 비슷한 시기에 나왔다. 체재나 내용면에서도 큰 차이가 없었으나 이 두 잡지만큼 수명이 길지 못했다.

《시나리오문예》(A5판, 154면, 정가 300환)는 1959년 9월 하동렬(극작가 하유상의 본명)에 의해 창간된 시나리오 중심의 격월간 영화잡지이다. 「4291년도 시나리오계 개항」으로 시작된 제1집의 주요 내용은 다음과 같다.

시나리오 역작 특집으로 묶은 「인생차압」(오영진 각본), 「자유결혼」(하유상 작, 김지헌 각본) 「오, 내 고향」(김소동, 최금동 각본), 「별아 내 가슴에」(박계주 작, 이봉래 각본) 등 네 편과 최창봉의 「시나리오와 TV의 기법적 차이」, 김묵의 「〈나는 고발한다〉를 감독하고 나서」 등이다. 이 잡지는 1961년까지 발행인이 바뀌며 8집까지 나왔다.

1960년대에는 《시네마 팬》을 비롯한 《영화정보》(발행인 권정필), 《영화잡지》(발행인 김규동), 《스크린》(발행인 국쾌남) 《실버스크린》(발행인 이월준), 《영화예술》(발행인 겸 편집인 이영일), 《내외영화》(발행인 박봉희), 《영화 TV》(발행인 윤호중) 등이 출간되었다. 이중 국판(A5판)인 《영화예술》과 《영화TV》를 제외하고는 모두 4·6배판이다.

1960년 1월호부터 고급 대중지를 표방한 《시네마 팬》은 여감독 박남옥이 발행했으나 몇 호를 내놓고 강인순에게 판권을 넘겼다. 그사이 제호도 《시네팬》으로 바뀌고 평론가들에게도 지면을 개방했다. 이영일이 김기영의 〈하녀〉 등 작품에 대해 '검은 피의 마성'으로 표현하여 관심을 끌게 된 것도 이 잡지의 소산이다.

《영화정보》는 통권 5호 이상 발간했고, 《영화잡지》는 한일출판사를 운영하며 《사랑》이라는 월간 대중지를 발간한 시인 김규동이 1963년 10월호부터 그 자매지로 만든 것이며, 《스크린》은 대한극장을 운영한 세기상사가 자사 제작, 수입영화의 홍보를 위해 1964년 1월호부터 창간한 것이다. 외화 〈예기치 못한 일〉의 주인공 엘리자베드 테일러를 표지로 내세운 것도 이 때문이다. 이 잡지는 10호까지 내놓고 폐간하였다.

《실버스크린》(182면, 정가 60원)은 우리나라 대중잡지 분야에 한 획을 그은 월간지 《아리랑》(삼중당 발행)의 임원직에서 물러난 이월준이 1964년 8월호부터 내놓은 것으로 좋은 평판을 들었다. 미국배우 미치 파머를 표지 얼굴로 내세운 창간호부터 판권을 내놓기 전인 12월호까지 제호 앞에 '아리랑'을 붙여 '아리랑 실버스크린'이라고 하였다. 창간호에는 김종원의 머리글 '왜색에 뿌리박은 사이비 청춘상'과 김수용, 신봉승의 대담으로 엮어진 「한국청춘영화의 배경과 현실」 외에 유현목의 '나의 연출 노우트', 김지헌의 '시나리오강좌', 이진순의 '연기교실'로 짜여진 「내일의 영화인을 위한 세미나」, 한국남의 「여배우와 섹스신론」 등이 게재되어 있다. 이 잡지는 엘리자베스 테일러로 표지를 장식한 1965년 11월호까지 통권 15호를 내었다.

영화TV의 권위 잡지로 표방한 《영화예술》(172면, 정가80원)은 이영일의 권두논문 「한국영화의 좌표」를 비롯하여 오영진, 최정희, 여석기, 선우휘 등이 참석한 창간좌담회 「꿈을 키워준 시절의 영상」, 이어령, 유현목이 집필한 「잉그마르 베르이만론」, 신영균의 「내가 걸은 배우의 길」 연재 등이 주목을 받았다.

1965년 10월호로 출발한 《내외영화》는 오드리 헵번이 표지에 등장한 11월호까지 2권을 내놓고 종간되었다. 자매지 격인 《국제영화》와 큰 차이가 없었으나, 「영화 20년 약사」, 「성좌에 빛나는 남녀배우」 등이 관심을 끌었다.

1966년 4월 김기덕 감독의 〈불타는 청춘〉 로케 장면을 표지로 이용한 《영화TV》(170면, 정가 100원)는 정영일, 신우식, 안병섭 등 영화담당 기자들을 동원한 영화상 시비 「개성이 없는 불모지대」와 일본 감독 신도 카네도(新藤兼人)의 시나리오 「아, 현해탄」이 돋보였다.

《코리아 시네마》(발행인 김진영), 《월간 영화》(발행인 김재연)와 《영상시대》(발행인 변인식)로 대표되는 1970년대의 영화잡지는 서로 다른 두 개의 특징이 있다. 첫째는 《코리아 시네마》와 《월간 영화》의 발간 주체가 영화진흥조합, 또는 그 후신인 영화진흥공사라는 사실이 말해 주듯이 영화정책이나, 영화계의 이슈에 중점을 둔 기관지 성격의 잡지가 나왔다는 점이고, 둘째는 《영상시대》의 경우처럼 특정 발행인이 없이 장르의 경계를 넘어 영화에 뜻을 같이하는 김승옥, 최인호, 김화영 등과 같은 문인, 하길종, 김호선, 이장호 등 영화인들이 동인지 성격의 수준 높은 영화잡지를 탄생시켰다는 사실이다.

창간호에는 안병섭의 프랑수와 트뤼포의 작품에 대해 쓴 안병섭의 「주제와 변주」를 비롯하여 변인식의 「어떤 영화를 만들 것인가」, 하길종의 「새 세대·새 영화·새 정신」 등과 시나리오 「뻐꾸기 둥지 위로 날아간 새」(200매)를 소개하고 있다. 이 잡지는 계간으로 출발했으나 2호를 거의 1년 만에 내놓으면서 수명을 다 했다.

계간 《영상시대》 창간호 표지

1972년에 첫선을 보인 《코리아 시네마》(A5판, 194면, 정가 200원)에는 「한국영화 진흥조합 발족의 의의」(임철순), 「영화수출의 현황과 전망」(김인동), 「반공영화의 시대적 사명」(서운성), 그리고 문인과 변호사 등 각계의 제언 「방화 불황 극복의 길」 등이, 1973년 7월호로 첫발을 디딘 《월간영화》(A5판, 98면)는 「긴급동의/ 국산영화 진흥을 위한 각계의 제언」(유한철, 한갑진 외)과 영화논총 「한국영화의 현실과 80년대의 비전」(김은우) 등을 소개하고 있다. 이 잡지는 1975년 7월호까지 비매품이었으나, 그 이후부터 일반 판매(정가 250원)를 실시했다. 그리고 1978년 1~2월호부터 증면(152면 내외)과 동시에 격월간으로 전환하였다. 이밖에 창간호가 종간호가 되고 말았지만, 1970년에 나온 《영화문화연구》(발행인 김남석, 46배판)가 있고, 1977년 여름에 창간된 계간 《영상시대》가 있다.

－《영화천국》 2011년 11월호

# 신문광고와 잡지홍보에 의존한 아날로그적 방식
## ─ 1960~1970년대의 영화홍보

영화홍보는 시대와 더불어 그 방법과 수단이 달라지긴 했으나 느슨하게나마 변화하며 발전해 왔다. 1960년~1970년대는 신문을 통한 광고와 기사가 영화 홍보의 중요한 수단이었다. 엄밀히 말하면 이러한 방식은 1990년대까지 유효했다. 일부 역할을 '연예가 중계'와 같은 텔레비전 오락 프로가 맡아 했지만, 2000년을 전후한 시기에 일어난 인터넷 붐과 함께 영화광고는 신문 지상에서 사라졌다. 아울러 1960년대부터 20여 년 동안 신문의 광고 수익에 기여했던 영화광고의 소멸은 결국 리뷰, 화제 기사 등 영화에 할애했던 지면마저 거두어 가버린 셈이 되었다.

### 자체 월간지까지 내며 영화홍보에 나선 1960년대

1960년대의 영화홍보는 뚜렷한 변화 없이 1950년대의 선전방식을 거의 답습했다. 홍보 매체를 일간 신문과 영화잡지로 나누어 활용했다. 영화의 제작 단계부터 기자나 독자들의 흥미를 끌만한 가십거리를 제공하고 배우 중심의 화제를 만들었다. 그러기 위해 조선, 동아, 중앙, 한국, 경향신문 등 종합지와 일간 스포츠, 시사통신 연예판, 그리고 『국제영화』, 『영화세계』, 『시네마 팬』, 『영화잡지』, 『실버 스크린』, 『영화예술』 등의 지면을 이용하였다.

잡지의 영화광고는 기사와 함수관계였다. 값이 비싼 표지 뒷면의 원색광고와 단색의 3, 4면 표지광고, 양면에 걸친 화보 광고에는 시나리오, 인터뷰, 촬영현장 탐방, 신인 소개 등 서비스 홍보 지면이 할애되게 마련이었다.

「한국 청춘영화의 배경과 현실」을 특집으로 다룬 『실버 스크린』 1964년 8월 창간호(46배판 182쪽)를 보면, 표지 4면에 게재된 〈욕탕의 미녀사건〉(각본, 감독 전홍직)의 원색광고, 단색광고(화제의 신인 천시자, 양면)와 관련된 기사가 무려 네 건이나 실려 있다. 3쪽이 넘는 분량의 '스냅'(전홍식 감독 천시자의 욕탕 장면에 격찬, 또 격찬!)을 비롯하여 '새 영화의 초점'(과감한 누드 신을 묘사한 〈욕탕의 미녀사건〉, 2쪽 분량), 촬영 현장 탐방 형식의 '로케에서 세트에서'(누드 신을 언급하며 천시자엔 모두가 감탄'), 감독을 소개하는 '감독에게 건배를'(영화 〈욕탕의 미녀사건〉 감독 전홍식) 등이 그것이다.

이렇게 영화잡지가 번성하게 된 이면에는 일부 미수금의 부담이 따르긴 했지만 잡지 판매 못지않은 광고 수익이 있었기 때문이다.

사정이 이렇다 보니 대한극장을 운영한 세기상사에서는 아예 『스크린』(1964년 1월호, 46배판, 180쪽 분량)이라는 월간 영화잡지를 창간하여 홍보용으로 활용하였다. 이 잡지는 자사에서 제작하거나 수입한

〈마의 계단〉(이만희 감독), 〈필사의 추적〉(전응주 감독), 〈예기치 못한 일〉(엘리자베스 테일러, 리처드 버튼 주연), 〈북경의 45일〉(찰튼 헤스턴, 에바 가드너 주연) 등을 소개하면서도 홍보 색채를 덜어내려 국내외 배우의 소개를 포함한 외국 영화의 동향 등 최신 정보도 함께 제공하였다.

신문광고는 예고 광고와 본 광고 두 종류로 나뉘었다. 예고 광고는 상영 중인 앞 영화의 종영을 1주일가량 앞두고 시작되는 게 관례였다. 상영일자를 밝히지 않은 채 광고를 계속하다가 종영을 3일가량 앞두고서야 개봉일자를 밝힐 수 있었다. 개봉중인 영화의 흥행에 지장을 주어서는 안 되는 불문율 때문이다. 프로의 교체는 좌석 수에 따라 다소 차이가 있으나 상영 중인 영화가 일정 관객 수(1일 평균 1500명 내외 기준)를 채우지 못할 때 주말(토요일)에 이루어지는 게 관례였다.

예고 광고는 상영 중일 때 내보내는 본 광고에 비해 크기가 컸다. 흥행이 기대되는 영화의 경우는 전 5단(대형)이나 일반적으로는 세로 8단 10.5cm~8.5cm의 중간 크기를 선호했고, 간혹 세로 4단 5.5cm 짜리 소형 광고도 볼 수 있었다.

포스터는 일반적으로 전지 크기의 대형과 반절짜리 소형, 두 종류가 제작되었다. 검열을 의식하여 가두용인 소형은 주로 극장용인 대형에 비해 문안이나 스틸사진의 선택 및 배치 등 도안이 덜 자극적이었다. 서울 을지로 1가의 삼화인쇄소와 종로구 조계사 입구의 평화인쇄소 등이 최신 오프셋 시설을 갖추고 전매청의 '아리랑' '파고다' 와 같은 고급 담배 갑이나 『여원』, 『주부생활』 등 고급 여성지의 표지와 원색 화보를 찍는 수준에 이르렀지만 부수가 한정된 영화 포스터는 주로 값이 싼 을지로 일대의 인쇄소에서 찍었다.

광고 문안도 자연스러운 구어체보다는 상투적인 문어체가 많았다. 영화사나 극장의 홍보담당자들이 일본식 교육을 받은 세대들이 많다보니 언어 구사가 매끄럽지 못하고 신파극처럼 느낌표가 남발되었다. 이를테면 "2주째도 "감격, 황홀의 극치! 절박한 사랑의 십자로에서 두 여인은 몸부림친다." (〈유랑극장〉, 강범구 감독, 을지극장 상영, 대한일보, 1963년 6월 12일), 또는 "애끓는 육체적 폭발! 보시라! 견딜 수 없는 인간의 본능! 가슴속 깊이 스며드는 눈물의 주옥편!" (〈중년부인〉, 최진 감독 대한일보, 1963년 6월 13일), 심지어 1960년대 리얼리즘 수작으로 꼽히는 김수용 감독의 〈혈맥〉의 경우까지 작품의 성격이나 질과 거리가 먼 "통곡과 비통의 인생의 몸부림! 줄지은 수만 인파 속에 연일 매진사례!" (아카데미극장, 대한일보, 1963년 10월 5일자) 식의 통속적인 문안으로 변질되었다.

이 같은 신문, 잡지의 광고는 전단 배포, 포스터 부착과 함께 상호 보완적으로 진행되었다.


## 1970년대, 문어체에서 구어체로 전환


1970년대의 영화홍보는 1960년대의 연장선상에 있으면서 달라져 가는 모습을 보였다. 가장 두드러진 특징이 사진식자의 도입과 카피의 진화였다. 디자이너의 손과 활자 전사에 의존했던 도안 방식이 한결 수월해지고 매끄러워졌다.

1970년대 중반까지만 해도 "밝아오는 72년 한국영화를 세계 수준에 올려놓은 감동의 호화대작! 눈물도 없다! 사랑도 없다! 지킬만한 의리도 없다! 오직 잔혹하게 너를 없앨 뿐이다!" (〈동창생〉, 박호태 감독, 아세아 극장 중앙일보, 1971년 12월 30일자 전5단 예고 광고) 식의 광고 문안이 주류를 이루었다.

그러나 1970년대 후반으로 접어들면서 눈에 띄는 변화가 보였다. 한국영화에 호스트물이라는 새로운 멜로 장르를 이끈 이장호 감독의 〈별들의 고향〉(1974년)에 이어 나온 정인엽 감독의 〈꽃순이를 아시나요〉(1978년, 태창흥업 제작)가 바로 그 대표적인 예이다. 포스터와 신문 광고에 보여준 이 영화의 카피는 "아, 아파요. / 꺾지 마세요. / 그냥 보기만 하세요. / 향내만 맡으세요." 로 되어 있다. 산업화로 인해 붕괴되어가는 농촌의 삶을 상경한 시골 처녀 꽃순이의 변화된 모습을 통해 투영시킨 이 영화는 가수 김국환이 부른 동명의 주제가와 함께 화제가 되면서 흥행에도 성공하였다.

이를 더욱 함축적으로 살려 효과를 본 것이 하길종 감독의 〈속 별들의 고향〉(1978년)에 나타난 "내 입술은 작은 술잔이에요."라는 문안이었다. 한글세대의 감성과 눈높이에 맞춘 두 영화의 구어체 문안은 이 시기에 나온 대표적인 것이라 할 수 있다. 이 문안은 당시 명보극장 기획실장 김정률(1952년생, 희곡작가)의 솜씨였다.

1977년 영화배우 신영균이 명보극장을 인수하며 발탁된 김정률 실장은 탁월한 선전감각으로 그 뒤에도 〈내가 버린 남자〉(정소영 감독), 〈을화〉(이상 1979년, 변장호 감독), 〈겨울로 가는 마차〉(1981년), 〈바람 불어 좋은 날〉(1980년) 등 명보극장 개봉 프로의 홍보를 맡아 주목을 받았다. 영화의 전단에 4원색 외에 별색을 추가하고 극장의 입간판에 형광 페인트를 시도하게 하는 등 새바람을 일으켰기 때문이다. 당시 선전분야에서 알려진 인사로는 단성사의 이용희와 스카라극장의 최원용 등이 있었다.

영화광고 디자인은 영화사 소속으로 월급을 받는 도안사와 자체 사무실을 운영하며 작품당 계약을 하는 두 종류의 도안사로 나뉘어 소화하였다. 1960년대부터 1970년대 사이에 활동한 사람은 1세대 영화 광고 디자이너에 속하는 백인(白寅, 1922년~1977년)을 비롯한 김태환, 정상규, 박철, 박용태, 김정식, 윤정환 등이었다.

백인은 한국영화 선전광고를 개척한 한 사람으로서 일찍이 《영화세계》지의 도안사로 있다가 세기상사 선전부로 옮겨 방화 및 외화의 선전 광고 도안을 담당하였다. 1950년대 말부터 15년 이상 이 일을 계속하며 김태환, 박용태, 김종서, 김덕영, 윤종환 등 30여 명의 후배를 양성하였다. 주요 작품으로 〈사랑방 손님과 어머니〉, 〈연산군〉(이상 1961년) 등이 있다.

김태환은 1960년대 초부터 세기상사 선전부에서 영화선전 광고 도안사로 출발한 뒤 신필름의 선전기획실장, 극동필름 선전부장, 연방영화사 선전부장 등을 역임하였다. 1969년에는 도안실을 설립하고 1980년대까지 이 일로 일관하였다. 대표적인 작품으로 〈상록수〉(1961년), 〈산 색시〉(1962년), 〈쌀〉(1963년), 〈빨간 마후라〉, 〈벙어리삼룡〉(1964년), 〈눈물의 웨딩드레스〉, 〈증언〉(1973년), 〈토지〉(1974년) 등이 꼽힌다.

이 가운데서도 특히 여백을 살린 공간에 전면에 수레를 끄는 어머니 최은희와 이를 돕는 어린 아들(박종화)을 배치하고 배경에 다섯 명이 서 있는 모습을 작게 대비시켜 원근감을 살린 〈산 색시〉의 구도(양해남의 『포스터로 읽는 우리 영화 삼십 년』 중 김종원의 글, 2007년)가 돋보였다.

정상규(2002년 5월 7일 작고)는 당초 출판사의 삽화 일로 사회생활을 시작했으나 국제극장의 선전도안을 맡으면서 방향을 바꾸었다. 이후 20여년에 걸쳐 신프로덕션, 극동필름과 피카디리 극장의 선전부 일을 하며 〈성춘향〉(1961년), 〈맨발의 청춘〉(1964년), 〈만추〉(1966년), 〈만선〉(1967년), 〈화녀〉(1971년) 등 1천여 편에 이르는 영화 포스터 및 광고 디자인을 남겼다. (『영화백과』, 1975년, 영화백과편찬위원회, 참조)

이밖에 김정식(1937년생)은 1958년 국도극장에 도안실을 설치하고 20여 년 동안 상업미술전시회에서 포스타 디자인상을 수상한 〈성난 독수리〉(1965년)를 비롯한 〈초설〉(1958년), 〈육체의 길〉(1967년), 〈별들의 고향〉(1974년) 등을 내놓았으며, 윤정환(1944년 9월 7일생, 본명 윤정길)은 태창흥업에 근무하며 〈꽃순이를 아시나요〉(1978년), 〈밤의 찬가〉(1979년), 〈장군의 수염〉(1968년), 70밀리 〈춘향전〉(1971년), 〈신궁〉(1979년) 등을 선보였다. 한마디로 1960~1970년대는 신문광고와 잡지에 의존한 아날로그적 홍보시대였다고 할 수 있을 것이다.

-《영화천국》 2012년 12월호

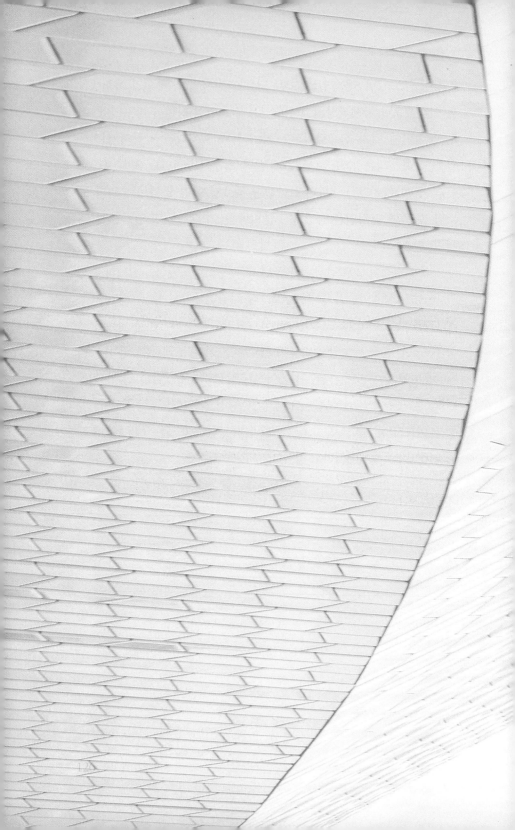

II

/

영화작가·배

# 영화 〈상록수〉의 정신과 계몽의식

― 심훈의 현실인식과 지향점

## 이 작품의 배경과 의미

'상록수'라면 먼저 떠오르는 것이 '일 년 내내 늘 잎이 푸른 나무'보다는 심훈(沈薰)이라는 작가의 존재이다. 물론 사람에 따라서는 받아들이는 느낌이 각기 다를 수 있다. 이 소설의 모델이 된 최용신(崔容信)의 생애를 생각하는 사람이 있는가 하면, 영화의 여주인공 최은희의 얼굴을 떠올리는 이들도 더러 있을 것이다. 그만큼 〈상록수〉는 여러 모습으로 나타난다. 그러나 이 작품에서 가장 뚜렷하게 보여주는 것은 1930년대 일제 식민지 치하의 조선을 바라보는 심훈의 현실인식과 실천적 계몽의식이다.

실제로 그는 어려운 가운데서도 1935년 동아일보 창간 15주년 기념 현상소설에 응모해 받은 「상록수」의 당선 상금으로 제2의 고향인 충남 당진에 상록학원을 세웠다. 이 상록학원은 작품을 통해 채영신이 혼신을 다해 세운 청록학원의 이름으로 변형된다. 1년 후 그는 농촌의 가난과 문맹 퇴치 운동에 나선 젊은 남녀의 이야기 〈상록수〉를 시나리오로 만들어 배역까지 선정해 놓았으나 뜻을 이루지 못했다. 그런데 그로부터 25년만인 1961년에 이르러서야 신상옥 감독에 의해 빛을 보게 된다. 심훈이 잡으려 했던 메가폰이 신상옥에게 넘겨지고 당초 예정했던 남녀 주인공이 강홍식(박동혁)과 전옥(채영신)에서 신영균과 최은희로 바뀌었지만, 그의 숨결은 이 영화에 그대로 녹아들어 있다.

영신과 동혁은 서울의 어느 신문사가 하기 학생 계몽운동에 가담했던 자들을 위해 베푼 위로회 석상에서 보고 연설을 한 것이 계기가 되어 서로 사랑하는 사이가 된다. 농림학교를 졸업하자 동혁(신영균)은 한곡리로, 영신(최은희)은 청석골로 내려가 농촌운동에 투신한다. 그러나 그들은 온갖 난관에 부딪친다. 과로와 영양실조로 쇠약해진 영신은 자신을 찾아온 동혁에게 서로 기반을 잡을 때까지 3년만 기다렸다가 결혼하여 더욱 큰일을 하자고 약속한다. 동혁은 한곡리 농우회를 중심으로 농사일을 돕는 한편 마을 회관 건립에 나서고, 청석골의 영신은 교회 건물을 빌어 아이들을 모아 야학을 한다. 하지만 80명이 넘지 못하게 규제하는 주재소의 압력에 못 이겨 정원 외의 아이들은 밖으로 쫓기는 신세가 된다. 이에 자극받아 영신은 아이들이 마음 놓고 배울 수 있는 집(청석학원)을 짓기로 결심한다. 그녀는 모금한 돈을 기초로 무리하게 건물을 세우는 일을 돕다가 낙성식 날 과로로 쓰러져 맹장수술을 받는 사태에 이른다. 영신을 간호하고 돌아온 동혁은 회관을 노리는 고리대금업자의 회유 속에 큰 사고를 낸 동생을 대신해 감옥으로 끌려간다. 석방된 동혁이 영신이 위독하다는 연락을

최은희 주연의 〈상록수〉(1961, 신상옥 감독)

받고 청석골로 찾아갔을 때는 이미 그녀가 죽은 뒤였다. 그는 슬픔 속에서 죽는 날까지 영신이 못다 한 일을 하겠다고 다짐하며 한곡리로 돌아온다.

이 영화가 투영시키고자 한 것은 1930년대의 궁핍한 조선 농촌의 현실과 이를 타파하려는 젊은이들의 이상이다. 이들에게 당면한 문제는 무지(無知)와 무력감이다. 열악한 환경 아래서 농민들은 고리대금업자에게 시달리고, 무력한 가장은 가난 때문에 친구를 배신할 수밖에 없는 상황에 몰린다. 이런 가운데 박동혁과 채영신 두 남녀는 농촌이 잘살기 위해서는 문맹을 퇴치하고 근로정신을 높일 수밖에 없다는 데에 인식을 같이 한다. "잠자는 자 잠을 깨고 눈먼 자 눈을 떠야 하며, 부지런히 일을 해 살길을 찾아보자."는 구호에서 그 실현의 의지를 엿볼 수 있다.

그러나 이들은 각기 연고지로 돌아가 갱생(更生)의 길에 최선을 다한다. 남자는 한곡리를 무대로 농민들의 근로와 자주성과 협동심을 촉구하는 의식개혁에, 여자는 청석골에서 삶의 근간을 배움에 두는 역할분담으로 각기 농촌이 처한 무력감과 문맹의 문제점을 향해 도전해 나간다. 특히 영신은 "누구든지 학교로 오너라. 배우고야 무슨 일이든 한다."고 외친다. 동혁이 질료(質料)인 실이라면, 영신은 틀을 만들어 모양을 엮어 나가는 바늘이라고 할 수 있다.

심훈은 자신이 각색한 시나리오 〈상록수〉의 후반부 상록학원의 낙성식장 장면(실내 벽)에 다음과 같은 슬로건을 내걸고 있다. 이 작품의 의도가 무엇인지 잘 보여주는 대목이다.

1. 갱생의 광명은 농촌으로부터
2. 아는 것이 힘, 배워야 산다.
3. 일하기 싫은 사람은 먹지 말라.
4. 우리의 가장 큰 적은 무지이다.
5. 우리를 살릴 사람은 결국 우리뿐이다.

〈상록수〉는 춘원 이광수의 〈흙〉을 연상케 한다. 인텔리 층에 속하는 도시 청년이 사회적인 지위와 재산, 가정을 버리고 살여울이라는 농촌에 들어가 농민과 함께 소박한 생활을 하며 유복하고 아름다운 이상촌을 건설해보려는 얘기 구성부터가 그러하다. 무지와 빈곤과 핍박으로 억눌린 농촌을 바로 잡아보려는 의지와 계몽적 접근 방식도 비슷하다. 다만 〈흙〉이 도시 출신인 홀수의 인물(허숭)이 도시에 대해 비판적이고 농촌을 이상향으로 바라본 반면, 〈상록수〉는 짝수인 농촌 남녀 주인공들이 농민을 계도의 대상으로 삼고 있는 점이 다르다고 할 것이다. 한마디로 〈흙〉이 인도주의적 색채가 강한데 비해 〈상록수〉는 민족주의적 경향을 가진 작품이라고 할 수 있다.

〈상록수〉는 박동혁과 채영신이라는 캐릭터에서 알 수 있듯이, 가르치는 자와 지도하는 자를 요구한다. 일상적인 농촌과 예배당이라는 기독교적 신앙의 공간을 대비시키며 협동과 교육의 가치를 설파하고 우리를 살릴 사람은 결국 우리뿐이라는 주체성을 강조한다. 그 이면에는 극일(克日)의식이 깔려 있다. 이 영화는 일제의 지배 아래 놓인 조선 젊은이들이 해야 할 일이 무엇인지를 잘 보여주고 있다.

여기서 주목되는 것은 채영신과 박동혁이 추구한 농촌 사랑과 의식개혁의 의지, 그리고 근로정신과 협동심이 바로 작품의 모델인 최용신의 꿈과 사랑과 혼으로 직결된다는 사실이다. 이는 뒷날 근면·자조·협동을 기본정신으로 내세운 농촌의 근대화 사업, 곧 1970년대의 새마을운동과 맥이 닿아 있음을 의미한다.

## 다재다능한 심훈의 애국심

심훈은 소설가일 뿐만 아니라 시인인 동시에 언론인이며, 시나리오 작가이자 영화평론가요, 감독인 영화인이다. 다재다능한 그의 천재성은 세상에 알려진 시 「그날이 오면」(1930)이나, 소설 「직녀성」(1934), 「상록수」(1935)보다 일찍이 영화를 통해 드러난 바 있다. 비록 예정돼 있던 배우를 대신해 대타로 나오긴 했지만 이미 5년 전에 영화 〈장한몽〉(1925, 이경손 감독)의 주연(이수일 역)과 〈먼동이 틀 때〉(1927)의 원작, 각색, 감독으로 영화계에 데뷔하였다. 나운규가 〈운영전〉(1925)의 단역으로 처음 은막에 등장하던 해였다. 그가 불후의 명작 〈아리랑〉(1926)을 내놓은 지 1년 만에 심훈은 〈먼동이 틀 때〉를 내놓고, 그로부터 2년 뒤에는 「영화비평에 대하여」(《별건곤》, 1928, 2월호) 「우리 민중은 어떠한 영화를 요구하는가?」(《중앙일보》, 1928. 7. 25)와 같은 영화평론을 선보임으로써 선각자적인 면모를 보여주었다.

〈먼동이 틀 때〉는 당시 「어둠에서 어둠으로」란 제목으로 보도된 전과자의 로맨스를 소재로 한 것이다. 심훈의 표현(조선영화고심담 – 「먼동이 틀 때의 회고」, 《조선영화》, 제1호 1936. 10)대로 '노루 꼬리만한' 신문기사를 가지고 하루 저녁에 상을 다듬어 자신의 구술과 남궁운(배우 겸 작가)의 필기로 완성한 6백 커트 분량의 시나리오를 2개월 만에 촬영하여 1927년 10월 26일 단성사에서 개봉하였다. 감독에는 전혀 경험이 없어서 메가폰을 든 손이 떨렸지만 강홍식과 신일선이 주연한 이 영화는 호평을 받았다.

그러나 「먼동이 틀 때」가 화면에 옮겨지기까지는 곡절도 적지 않았다. 〈어둠에서 어둠으로〉란 제목이 좋지 못한 암시를 준다 해서 〈먼동이 틀 때〉로 바뀌고, 심지어 대본에 형무소 대신 감옥이라는 표현을 썼다는 이유로 '법령을 무시하는 놈'이라는 욕설까지 들어야 했다. 조선총독부는 이런 과정을 언급한 글에 대해 20행이나 삭제하는 민감한 반응을 보였다. 불모지나 다름없는 영화평단에 활기를 불어넣은 「우리 민중은 어떠한 영화를 요구하는가 – 만년설 군에게」라는 그의 글이 바로 그런 예이다. 만년설(萬年雪)은 한설야의 예명이다.

검열이 비교적 너그러운 일본에서 제작된 작품이 이미 몇천으로는 헬 수 없건만 그 중에 단 한 개도 프롤레타리아의 손으로 나온 것이 없다. 근자에 와서 〈메닐몬탄〉을 모방한 〈십자로〉가 쎈세이션을 일으킨 것을 보아 알 수 있는 것이다. 전부가 부르조아의 작품이언만 그리고 미리 각본을 갖다 바치고 촬영소에서 검열까지 맡건만 작년도에 커트

134

된 미터 수는 총 검열 미터 수 1천8백94만 9천9백11미터 중 2만4천9백 82 미터가 잘려나갔다. 그런데 조선서는 어떠냐 하면 전부를 몰수당한 〈혈마(血魔)〉(그 까닭은 말할 수 없다)는 문제 밖으로 치고도 〈두만강을 건너서〉가 두만강이 불온하다고 해서 〈저 강〉으로 고치니까 '강' 자도 못쓴다고 해서 〈사랑을 찾아서〉가 되고 말았다. 그러다가는 '산도 불온하고 '반도'도 기휘(忌諱)를 받을 것이니 '조선'이란 식민지의 지명조차 ○○으로 고쳐야 할 날이 멀지 않을 모양이다. (이하 생략)

그런데 오늘날 심훈은 작가로서는 잘 알려져 있지만 항일 애국자, 또는 영화인 으로서의 존재는 그만큼 부각되어 있지 않다. 그가 1919년 경성제일고등보통학 교(지금의 경기중고) 4학년 시절 3·1운동 에 가담했다가 구속된 일이나, 그 뒤 중국 으로 망명, 유학 당시를 소재로 쓴 조선일 보 연재소설 「불사조」(1930)가 게재정지

작가이자 영화감독인 심훈

처분을 받아 중단된 일 등이 이 사실을 입증해 준다. 그중에도 특히 3·1운동 때 헌병대에 잡혀가 감방생활을 하며 적은 「어머님께 올린 글 월」에는 이와 같은 그의 면모가 잘 드러나 있다.

어머님! 어머님께서는 조금도 저를 위하여 근심치 마십시오. 지금 조 선에는 우리 어머님 같으신 어머니가 몇천 분이요 또 몇만 분이나 계시 지 않습니까? 그리고 어머님께서도 이 땅에 이슬을 받고 자라나신 공로 많고 소중한 따님의 한 분이시고 저는 어머님보다도 더 크신 어머님을

위하여 한 몸을 바치려는 영광스러운 이 땅의 사나이외다. (이하 생략)

심훈은 이 서한문에서 '어머님보다도 더 크신 어머님'이라는 말로 조국을 표현하고 이를 위해 한 몸 바칠 것을 다짐하고 있다. 놀랍게도 열여덟 살밖에 안된 청소년이 보인 범상치 않은 나라 사랑의 결의이다. 그는 이 사건으로 학교에서 퇴학당하고 집행유예(7월)로 풀려나자 이듬해 중국으로 망명, 유학의 길을 떠난다. (『심훈문학전집』, 연보 참조, 1966, 탐구당)

심훈(본명 대섭)은 1901년 9월 12일 서울 노량진 태생으로 나운규보다 1년 먼저 태어났으나 그와 마찬가지로 서른여섯 살의 생애를 살다가 1936년 장티푸스에 걸려 요절하였다.

## 거듭나야 할 〈상록수〉 계승의 가치

〈상록수〉에는 심훈이 겪어야 했던 사회 환경과 순탄치 않았던 행적들이 그대로 스며 있다. 그의 체험적 사유는 경제적인 곤란을 겪다가 양친이 있는 충남 당진군 송악면 부곡리로 거처를 옮겨 지내는 동안 알게 된 어려운 농촌 생활에 자극을 받으면서 계몽운동에 나선 경성농업학교 출신인 큰 조카 재영(載英)을 모델로 재현되었다.

심훈은 박동혁이라는 분신을 통해 채영신과 교감하고 공동체의식을 다지며 '더불어 사는 세상'을 추구했다. 거기에는 여성을 비하하는 전통적 남성우위의 관습 같은 것은 거의 찾아볼 수 없다. 그런 유교적 인식을 타파하려는 박동혁과 채영신의 의지가 화면에 뜨겁게 전달되었다. 그들은 처음부터 남녀 차별 없이 서로 의지하고 격려하는 상담자로서의 역할을 수행하며 두 수레바퀴와 같은 보완관계를 유지하였다. 이는 다른 작품에서는 좀처럼 찾아보기 어려운 모습이다. 비록 영신의 생전에 한곡리와 청석골의 합병은 이루어내지 못했지만, 그들의 남긴 헌신과 농촌개발정신은 아직도 유효하다. 이것이 오늘날 새삼스럽게 왜 '상록수'인가하는 의문에 대한 대답이 될 것이다.

이처럼 〈상록수〉의 정신이 지속적으로 계승되어야 하는 이유는 더불어 사는 공동체의식을 일깨우고 통합과 근면의 힘을 보여주기 때문이다. 그런 점에서 '상록수'는 이제 복고적인 과거완료형이 아니라, 현재진행형으로 재해석되어야 하며 실천되어야 한다. 따라서 이제부터 상록학원의 슬로건은 이렇게 바뀌어야 한다.

글로벌시대의 부흥은 농촌으로부터! 실천하지 않으면 배워도 의미가 없다. 먹으려거든 일을 하라. 우리의 가장 큰 적은 무지가 아니라 나태이다. 우리를 살리는 것은 결국 나 자신을 개혁해 나가는 일이다.

– 제4회 상록수국제단편영화제 포럼, 2010

# 한국영화기술 2세대를 이끈
# 양주남 감독

— 경성촬영소 시대에서 <종각> 전후까지

## 영화기술의 전환점에서 출발하다

양주남(梁柱南)이 영화계에 입문한 것은 무성영화에서 발성영화 시대로 넘어가는 과도기였다. 1934년 경성촬영소(대표 와케지마 후지로)의 출범과 함께 제1회 작품 〈홍길동전〉(1935, 감독 김소봉)이 제작되고, 이어 만든 두 번째 무성영화 〈전과자〉(1935, 김소봉)에서 그가 편집을 맡은 지 3개월 뒤에 조선 최초의 발성영화 〈춘향전〉(1935년 10월 4일 개봉)이 나왔으니, 무성영화와 발성영화의 경계에서 출발했다고 할 수 있다. 경성촬영소는 80평 규모의 스튜디오와 30평의 현상실, 그리고 배우대기실을 갖춘 큰 영화사였다.

양주남은 영화기술의 개척자 이필우, 명우 형제를 잇는 제2세대 기술의 계승자이다. 그런데도 그가 이들 형제와 같은 시기에 활동한 양

〈미몽〉(1936)의 문예봉과 김한(오른쪽)

세웅과 다른 점이 편집, 녹음 외에 촬영에는 손을 대지 않았다는 사실
이다. 오직 편집과 녹음에만 전념하였다.

　그는 〈전과자〉에 이어 나운규 감독의 첫 발성영화 〈아리랑 3편〉
(1936)을 편집한 후 같은 해 기술의 영역을 넘어 〈미몽〉(1936)으로 영
화작가의 길에 들어선다. 이 영화는 '어떤 방탕녀의 이면을 묘파한 행
상기(行狀記)요, 상궤(常軌)를 벗어난 인생의 고백록'이라고 한 광고
문안(조선일보 1936년 10월 25일)에서 엿볼 수 있듯이, 1930년대 경성
을 무대로 남성중심의 봉건사회에 도전한 신여성(애순: 문예봉)의 욕
망과 파국을 그린 통속극이다. 그는 〈춘향전〉이 개봉될 무렵 〈미몽〉에
앞서 〈그림자〉(1935, 나운규)를 제작한 조선키네마(대표 현성완)에 의
해 〈심청전〉의 연출 기회를 잡았으나 무산되었다. 만일 이 일이 성사
되었다면 〈미몽〉보다 앞서 만든 첫 감독 작품이 되었을 것이다.

영화사적 맥락에서 볼 때 〈미몽〉은 두 가지 의미가 있다. 첫째는 토키영화가 나오는데 많은 공헌을 한 경성촬영소의 영화 9편 가운데 유일하게 필름으로 보존된 작품이라는 점이다. 경성촬영소는 〈홍길동전〉(1935) 등 세편의 무성영화와 〈춘향전〉, 〈아리랑고개〉(이상 1935) 등 여섯 편의 발성영화를 제작했다. 둘째는 일제강점기에 모처럼 여성의 향락과 주체성을 추구한 선험적인 영화라는 사실이다. 이는 서양식 개방과 여권을 지향한 〈자유부인〉(1956, 한형모)보다 무려 20년이 앞섰다는 점에서 더욱 그러하다.

〈미몽〉 이후 양주남은 메가폰을 잡는 일과는 거리를 두게 된다. 주특기였던 편집과 녹음 일에 매달리는 가운데 경성촬영소가 운영 부진으로 인해 기자재와 시설은 물론 부평(富坪)에 있는 스튜디오까지 전부 고려영화협회의 이창용과 동양극장의 최상덕 두 사람에게 넘기게 되는 상황이 벌어진다. 1938년 11월 초의 일이다. 다행히 이런 상황에도 경성촬영소에 남아 뒤처리를 돕던 양주남이 얼마 후 서울 남대문 5가 무림상회로 옮긴 고려영화협회의 요청에 따라 기술 분야를 책임지는 일을 맡게 된다. 이때 고려영화협회의 〈수업료〉(1940, 최인규), 〈집 없는 천사〉(1941, 최인규), 〈풍년가〉(1942, 방한준) 등을 편집했다. 이밖에 그의 편집 작품으로 조선구귀영화사의 〈승리의 뜰〉(1940, 방한준)과 관제 조선영화주식회사의 〈나는 간다〉(1942), 〈거경전〉(1944) 등이 있다.

1912년 서울 태생인 양주남은 아홉 살 때 부친이 사망하자 어려운 환경 속에서 야간 중등교육을 받았다. 스물한 살이 되는 1934년 이필우와 명우 형제의 주선으로 경성촬영소에 들어가 편집과 촬영기술을 배우고 1년 뒤부터 조감독 생활을 시작했다. 회사에서 집에 돌아오면 고장 난 녹음기를 수리하고 현상된 사운드 필름과 편집용 필름을 맞춰 보느라 밤을 새우기 일쑤였다. 이런 노력이 인정돼 그에게 처음 〈전과 자〉를 편집하는 일이 부여된다.

## 해방 이후의 활동과 성과

해방 후의 활동은 〈자유만세〉(1946)를 편집하는 일로 재개된다. 잇따라 〈새로운 맹세〉(1947, 신경균)를 비롯한 〈사랑의 교실〉(1948, 김성민), 〈마음의 고향〉, 〈성벽을 뚫고〉(1949), 〈삼천만의 꽃다발〉(신경균), 〈정의의 진격〉(1951, 국방부) 등과 〈태양의 거리〉(1952, 민경식), 〈최후의 유혹〉(1953, 정창화), 〈처녀별〉(윤봉춘), 〈유전의 애수〉(이상 1956, 유현목) 등의 필름을 자르고 붙이는 일이 지속되었다. 이 가운데 〈삼천만의 꽃다발〉, 〈정의의 진격〉 두 편은 6·25전쟁 당시 국방부 정훈국 문관으로 배속됐을 때 만든 것이다.

그가 다시 감독으로 돌아온 것은 1957년 고려영화사의 〈배뱅이굿〉을 만나게 되면서부터였다. 〈미몽〉을 내놓은 지 21년 만이다. 이 재기작은 고래등 같은 기와집에 사는 시골 좌수(座首)의 무남독녀 배뱅이(조미령)의 이야기이다. 그녀가 시주승에게 반해 죽게 되자 그 혼백을 위로하는 내용으로, 토속적인 분위기와 환상미를 가미한 풍자시대극이다. 그녀의 혼이 하늘을 훨훨 나는 장면이 기술적으로 치밀했다는 평가를 받았다. 이 영화가 촬영될 당시 국방부 정훈국 영화과에 배속돼 있던 한 육군대위가 2개월의 특별휴가를 얻어 이 영화의 조감독으로 참여했다는 일화를 남겼는데, 그가 바로 뒷날 영화감독으로 성공한 김수용이다.

양주남은 이 여세를 몰아 〈모정〉, 〈종각〉(이상 1958), 〈대지의 어머니〉(1960), 〈밀양아리랑〉(1961)까지 모두 네 편의 영화를 만들게 된다.

〈종각〉은 구한국 말엽부터 태평양 전야에 이르는 시대를 배경으로, 종을 만드는 한 장인(匠人: 허장강)의 운명적인 삶을 그리고 있다. 일제하의 민족적 수난과 남녀의 애틋한 사랑, 비록 무식하지만 명장이 되겠다는 일념으로 정진하여 뜻을 이루고 그 종과 더불어 죽어야 하는 운명이라는 것을 체관(諦觀)적 인생 관조를 통해 보여준다. 플래시백을 통해 현재와 과거를 오가는 수법은 별로 새로울 것 없지만 분위기 묘사를 위한 각종 이동촬영은 고심한 흔적이 보인다는 평가를 받았다.

〈모정〉은 젊은 의사 부부(이민과 조미령) 사이에 남편의 과거 애인(이경희)이 낳은 아들(안성기)이 나타나면서 벌어지는 갈등과 죽음을 건 생모의 모성애를 부각시켰으며, 〈대지의 어머니〉는 결혼한 지 3개월 만에 남편과 사별한 여인(황정순)이 교통사고로 실명한 아들(최무룡)을 위해 눈을 이식해 주는 헌신적인 어머니의 모습을 보여 주었다. 〈밀양아리랑〉은 장원에 급제하여 사또로 부임한 양반집 아들이 정절을 지키려는 정혼녀를 죽게 만든 관헌을 응징하는 내용을 담았다.

그 사이 양주남은 〈항구의 일야〉(1957, 김소동), 〈눈 나리는 밤〉(하한수), 〈마도의 향불〉(신경균), 〈목포의 눈물〉(이상 1958, 하한수), 〈그대 목소리〉(1960, 신경균) 등 7편을 포함한 모두 40편에 가까운 편집 작품을 남겼다. 그가 완성시킨 영화의 경향은 〈항구의 일야〉나 〈눈 나리는 밤〉, 〈목포의 눈물〉의 경우처럼 작품성보다는 눈물샘을 자극하는 진부한 신파성 통속극이 주류를 이루었다.

양주남은 〈밀양아리랑〉을 끝으로 극영화에서 손을 떼고 기록영화의 제작에 전념한다. 그러나 1963년 국립영화제작소를 그만둔 뒤에는 본업인 극영화의 편집 일로 돌아가 〈계룡산〉(1966, 이강천), 〈동작동 어머니〉(1966, 최학곤) 등에 이름을 얹히게 된다. 그러나 1970년대 초반에 이르면서 그는 사실상 현역에서 물러나 세월의 변화를 실감하는 은퇴의 길로 접어든다. 다음은 1998년 그에 대한 기록영화를 만들기 위해 경기도 안산 집으로 찾아간 한 중견 시나리오작가가 발표한 방문기의 한 대목이다.

> 선생은 처음부터 인터뷰를 마칠 때까지 일행들에게 여러 차례 같은 말을 되풀이했다. 헤어질 때도 같은 말을 되풀이했다. '누구도 몰라요. 내가 여기 살고 있는지, 나도 통 말을 않고 누구 하나 찾아오는 사람도 없으니 아무도 모르지.'
>
> 그는 문정숙과 당신의 데뷔작에 출연한 문예봉을 혼동하고 (이미 죽은) 허장강의 생사를 묻기도 했다. 고령이니 때론 기억이 혼미한 듯싶었다.
>
> – 송길한, 「잊혀진 원로, 양주남 감독」, 《영상문화정보》 1998년 겨울호

20여 년 동안 망각의 세월을 보냈다는 당시 그의 나이 87세였다. 그 뒤 그가 언제 별세했는지 알 수가 없다.

> – DVD 해설집, 영상자료원, 2016

# 아메리카, 그리고
# 구라파적 취향과 관심
## — 박인환의 영화평론

## 옷깃도 스쳐보지 못한 세월의 회상

1956년 이른 봄, 나는 박인환의 사망 소식을 조간신문을 통해서 들었다. 제주에서 고등학교를 마치고 상경하여 어느 예술대학에 갓 들어가 신세를 지고 있던 서울 미아리의 한 친지의 집에서였다. 그래서 박인환과의 인연은 당연히 없다.

여기서 굳이 '당연히'라는 말을 쓰는 이유는 그가 정상적인 삶을 살다 갔다면 가깝게 지내며 가르침을 받을 수도 있었으리라는 아쉬움이 전제된 것이다. 실제로 1940년대 말부터 1950년대 초까지 『새로운 도시와 시민들의 합창』에 동참하며 그와 모더니즘 시운동을 같이 했던 이봉래, 김규동 씨 같은 문단의 선배들과는 나이 차이가 많음에도 불구하고 각별하게 지냈다. 비록 짧은 생애를 살다 갔지만, 시를 쓰고 한때는 신문기자 생활을 하며 영화평론 활동을 한 그의 이력에 비추어 볼 때 더욱 그랬을 가능성이 많다.

필자 역시 1959년 시단에 등단한 이후 같은 해부터 영화평을 쓰고 잠시나마 신문사에 몸을 담은 적이 있었다. 그런 점에서 감히 그와 공통된 길을 걸어왔다고 할 수 있다.

필자가 박인환이라는 이름을 처음 대하게 된 것은 피난지 부산에서 발행하던 월간 학생잡지 《수험생》(1952년 11월호)에 실린 그의 시를 읽게 되면서부터였다. 당시 세계적으로 각광받던 시인 T.S 엘리엇의 '현재의 시간과 과거의 시간은 거의 모두가 미래의 시간 속에 나타난다.'는 시 한 구절을 전문으로 내세운 「살아있는 것이 있다면」이라는 제목의 시였다. 이를 계기로 이듬해 고등학교 진학과 함께 이 잡지가 주최한 전국고등학생 문예작품 현상모집에 응모한 필자의 습작시 「보리밭」이 입선되었다.

이처럼 박인환과는 옷깃조차 스쳐보지 못했지만, 기성시인과 문학소년이라는 상반된 인생의 여정 속에서 6·25가 휩쓸고 지나간 1950년대의 잿빛 폐허와 정서와 열병과 같은 예술사조를 공유한 셈이었다.

그가 본격적으로 활동한 1950년대 초부터 필자가 데뷔한 1950년대 말까지 한국에는 여전히 모더니즘시의 상징인 T.S 엘리엇의 「황무지」와 「이방인」으로 대표되는 알베르트 까뮈의 부조리철학, 장 폴 사르트르의 「구토」 등 실존주의 문학이 성행했고, 그가 자주 언급했던 캐롤 리드의 〈제3의 사나이〉(1949)며 마르셀 카르네의 〈인생유전〉(1944)은 물론, 존 휴스턴의 〈물랑루즈〉(1952)와 비토리오 데 시카 감독의 〈자전거 도둑〉(1948) 등 네오리얼리즘 영화도 변함없이 회자되고 각광을 받았다.

박인환이 스물다섯 살 때 체험한 동족상잔의 전쟁과 이산의 끝자락에서 필자는 그가 즐겨 찾았던 명동 거리와 동방살롱을 기웃거리는 대학생이 되었다.

한국의 영화평단은 1925년 이구영이 매일신보(1925년 1월 1일)에 「조선영화의 인상」이라는 글을 쓰면서 싹이 트게 되었다. 여기에는 〈춘향전〉(1923, 동아문화협회 작품)을 비롯한 〈장화홍련전〉(1924, 단성사 촬영부 제작), 〈해(海)의 비곡(秘曲)〉(1924, 부산 조선키네마 제작), 〈비련의 곡〉(1924, 동아문화협회 제작) 등 네 편에 대한 평이 실려 있다. 〈춘향전〉은 1923년 조선총독부가 저축을 장려할 목적으로 만든 계몽영화 〈월하의 맹서〉에 이어 민간인이 최초로 제작한 흥행영화이다.

잇따라 심훈이 「조선영화의 현재와 장래」(조선일보, 1928년 1월 6일), 「영화비평에 대하여」(별건곤, 1928년 2월호)를 통해 평필을 둔데 이어 윤기정이 「조선영화는 발전하는가」(조선지광, 1928년 11, 12월 합병호), 서광제가 「조선영화의 실천적 이론」(중외일보, 1929년 10월 25일~26일), 박완식이 「발성영화의 국산문제」(동아일보, 1929년 12월 24일~27일), 임화가 「서울키노 영화 '화륜'에 대한 비평」(조선일보, 1931년 3월 25일~4월 3일), 김정혁이 「조선영화의 현실과 전망」(조광, 1940년 4월호)으로 각기 영화평단에 합류하였다.

해방 후에는 《자유신문》, 《중외일보》, 《경향신문》, 《대동신문》, 《조선중앙일보》 등 주로 해방정국에서 난립하던 일간지들이 1946년부터 1947년 사이에 '영화평' 난을 신설하고 〈자유만세〉(최인규 감독), 〈민족의 새벽〉(이규환 감독), 〈새로운 맹서〉(신경균 감독)와 같은 '국산영화' 평을 게재했다.

서울과 부산 등지의 신문, 잡지 등에 영화 관련 글을 쓰던 인사들이

'영화평론가협회'라는 조직체로 모이기 시작한 것은 6·25 전쟁 중인 1950년 9월 10일 임시 수도 부산에서였다. 모임은 서울에서 피란 온 오종식(회장)을 비롯한 오영진, 김소동, 허백년, 이진섭, 유두연, 황영빈 등과 《국제신보》, 《부산일보》, 《민주신문》 등 현지의 신문지면에 영화평을 쓰던 이봉래, 박인환, 부산의 이청기 등 문화계 인사 11명으로 구성되었다. 그러나 이 모임은 환도 후 한두 차례의 행사를 치른 다음 해체된다. 뒤이어 평필을 든 그룹이 이영일과 김종원 등이었다.

## 서구적 취향, 박인환이 고수한 '아메리카'의 의미

해방 후 일본인들이 물러나면서 영화기재조차 제대로 갖추지 못한 가운데 건국의 격동과 6·25 동란을 겪은 빈약한 영화계에 나타난 박인환의 존재는 단연 이채로웠다. 이미 엔솔로지 「새로운 도시와 시민들의 합창」(1949)으로 문단에 신선한 바람을 일으킨 그의 영화평론 활동은 사실상 이보다 한 해 앞서 시작되었다. 서울신문사가 간행하던 월간 종합잡지 《신천지(新天地)》 1948년 1월호를 통해서였다. 「아메리카영화 시론(試論)」이 바로 그것이다. 이 시론은 사실상 그의 대표적인 평문일 뿐 아니라, 자본주의 아메리카에 대한 인식을 엿볼 수 있게 해주었다는 점에서 주목할 만하다. 클로니의 세계, 오락성, 문화와 영화, 예술성, 향수와 판타지, 감상 등 여섯 묶음으로 된 「아메리카영화 시론」은 미국영화를 이해하기 위해서는 아메리카영화의 역사가 아니라 그 배후에 있는 아메리카 문화와 사상의 유동을 아는 것이 도움이 될 것이라는 논지였다.

요즘 신문이나 잡지에서 읽을 수 있는 아메리카의 사회현상, 그리고 유나이티드 경마장 풍경, 새로운 형의 자동차 경주 등으로서도 아메리카의 측면을 알 수 있다. 사상을 알려고 하는 것은 약간 힘들지는 모르나 트루먼 대통령의 의회연설이 절대적인 찬성리에 그치고 그 다음 날이면 아메리카 시민은 모두들 이 연설이 가진 의의를 잊어버린다. (중략) 아메리카가 신세계였으므로 기다릴만한 전통을 가지지 못했으므로 아메리카영화의 이면은 더욱 비참한 것이다. 우리는 클로니 문명을 절대적으로 알지 못하면 아메리카, 즉 클로니의 세계를 말할 수 없다. 오늘의 아메리카의 표정, 그 비극성은 다른 어떤 예술보다도 늦게 영화에 나타났다. (1. 클로니의 세계)

이런 관점에서 박인환은 아메리카영화의 숙명이 오락성에 있음을 강조한다. 관객층에게 만족하게 하려면 고답적인 영화는 벌써 실패로 간주한다. 예술영화를 '고답적인 영화'로 바라보는 그의 의식의 일면을 엿볼 수 있는 대목이다.

아메리카영화는 오락영화로선 세계 어느 나라보다도 단연 우수하다. 그것이 비교적 재미있고 기교 있게 되어 있다는 것은 아메리카영화의 제작기구와 필요적인 관계를 맺고 있는 까닭이다. 전통이 없는 아메리카에서 영화가 기성예술에게 방해 당하지 않고 자유스럽게 진행된 것은 극히 자연스러웠으나, 오락 이상의 것을 추구한 사람들에게는 불만을 주었다. 완성기 이후의 영화가 그 예술적 완성을 본 것은 차라리 아메리카가 아닌 다른 나라에서 하였다고 보는 것이 당연할지도 모른다. 2차대전 전 〈꺼져가는 등불〉, 〈평원아〉, 〈잃어버린 지평선〉 등은 서정

시적인 데도 있으며 대체로 꿈과 로맨스를 그린 작품이었다. 이 무렵의 아메리카영화는 무난한 오락성을 가지고 있었다. 꿈을 그리고 사랑을 표현한다는 것은 영화가 처음부터 지닌 커다란 특징이었다. (중략) 아메리카영화는 무슨 일이 있다 하여도 예술성보다 오락성을 가지고 있지 않으면 관객을 실망하게 한다. 관객층에게 만족하게 하려면 고답적인 영화는 벌써 실패다. (2. 오락성)

그렇다고 해서 모든 아메리카영화가 스타 중심으로 오락성 위주의 작품만을 기계적으로 양산한다면 할리우드는 정서 없는 예술가의 집단이 되고 말 것이라고 우려를 나타내기도 한다. 그러면서도 2차 대전 전의 미국영화 중에는 서정시적인 것과 꿈을 그린 무난한 오락성의 영화도 있었다고 인정한다. 그러나 결과에 대해서는 회의적이었다. 물질문화가 극도로 발전하고 전통의 배경이 없는 아메리카는 예술의 온상이 되지 못한다는 것이다. 구라파의 예술가들이 걱정하고 있는 탈피의 고뇌가 없기 때문이라는 이유이다. 아울러 그는 아메리카영화와 비교하여 구라파영화(주로 프랑스영화)를 논하였다.

구라파영화는 내향성이고 아메리카영화는 외연성(extérieur)이라고 한다. 현대의 아메리카 문학의 특색을 문학자들이 표현할 때 '외영적 방법'이라는 용어를 쓰는 것처럼 아메리카영화는 외연성과 밀접히 관련되어 있다. 아메리카영화에서 불란서영화의 내향성을 찾고 그것이 보이지 않는다는 이유로 예술을 부정하는 것은 틀린 일이다. (중략) 예술적인 영화를 만들고 아메리카영화의 발전에 지금까지 힘써온 사람 중에 예술적 앙양성을 가진 아메리카영화작가들이 몇 명이나 되는가. 지

금까지 아메리카영화의 예술적 작품은 모두들 구라파의 영화작가들의 것이었다. (4. 예술성)

그는 그 예로서 프랭크 카프라, 조셉 폰 스턴버그, 루이스 마일스톤, 프리츠 랑, 그리고 줄리앙 뒤비비에, 알프레드 히치콕 감독 등을 꼽았다. 이탈리아 시칠리 출신인 프랭크 카프라는 〈어느 날 밤에 생긴 일〉(1934)과 〈우리 집의 낙원〉(1938)으로, 조셉 폰 스턴버그는 〈모록코〉(1931)로, 루이스 마일스톤(1895)은 제1회 아카데미 감독상 수상작인 〈서부전선 이상 없다〉(1930)로, 프리츠 랑(1890)은 〈메트로폴리스〉(1927)로, 줄리앙 뒤비비에는 〈망향〉(1936)으로, 그리고 알프레드 히치콕(1899)은 〈레베카〉(1940) 등으로 당대에 명성을 떨친 세계적인 영화감독들이다. 1920년대 후반부터 1930년대 후반 사이에 제작된 영화지만 우리나라에는 1950년대에야 들어왔다.

구라파영화가 내향성이 강한 데에 비해 아메리카영화가 외연이라는 것은 전자가 인간의 내면을 추구하는 쪽이라면, 후자의 경우는 서술 곧 사건 전개에 중점을 둔다는 의미일 것이다. 흔히 사건(외형)만 그려져 있고 사람(인간의 내면)의 모습은 보이지 않는다고 할 때 여기에 해당된다.

하지만 박인환은 아메리카영화 예술가는 관념적이나마 재래예술의 본질적인 외면 묘사에만 고집하지 않았다고 말한다. 그들은 판타지를 그려냄으로써 불건강한 생리를 돕고 물질의 허식으로 된 아메리카의 사회에서 도피했다는 것이다. 동시에 아메리카영화는 탄압을 당한 몇 명의 예술가의 영화 외에는 모두 우리의 사상보다도 퇴보한 것이라고 비판한다. (6. 감상) 그 배경에는 영화의 제재와 주인공을 모두 자본주의 문명과 사회에 충실하고 그것을 옹호하는 데에 전력을 다한다는 인식이 깔려 있다.

그런데 문제는 박인환이 미국을 일관되게 '아메리카'로 표현한다는 사실이다. 이런 현상은 그의 시에서도 나타난다. '많은 사람이 살고/ 많은 사람이 울어야 하는/ 아메리카의 하늘에 흰 구름' 또는 '아메리카는 휘트먼의 나라로 알았건만' 따위의 표현이다. 「어느 날」이라는 작품에 나오는 미국의 지칭이다. 그는 유럽영화는 한문식 표기대로 구라파영화라고 하면서도 미국영화만은 굳이 원어를 앞세워 '아메리카영화'로 쓰고 있다. 당대의 언어 관행이라고 볼 수 없는 것이, 비슷한 시기에 나온 영화감독 안철영(「영화의 자재난」, 경향신문, 1946, 12, 15)이나 다른 사람들의 글에서는 이런 예를 찾아볼 수 없기 때문이다.

다음에 예시하는 영화평론가 이대우의 「미국영화를 어떻게 볼 것인가」(경향신문, 1946, 10, 31)를 읽게 되면 박인환의 '아메리카'의 고수 현상은 더욱 분명해진다.

　필자는 해방 직후에 본 지상에 미국영화는 저급 속악한 것이라고 규정한 일이 있는데, 그것은 또한 해방 직후에 필자가 본 미국영화가 전전 작품이었던 관계도 있다. 그러나 그 후 전시와 전후 제작에 속하는 미국영화 〈폭풍의 청춘〉, 〈나의 길을 가련다〉, 〈황야의 결투〉, 〈콜시카의 형제〉, 〈제인 에어〉, 〈재회〉 기타를 통하여 볼 때 전전의 미국영화의 불명예스런 기성개념이 완전히 전복되고 최근 수년간의 미국영화는 놀랠 정도로 고상하게 된 것을 재인식하게 되었다.
　－ 이태우 「영화시론/ 조선영화와 문학」 경향신문, 1949년 12월 8일

이런 경향은 그의 서구적인 취향과 어감의 뉘앙스와 관계가 있는 것으로 여겨진다. 그의 서구 지향적인 취향은 대표작에 속하는 「목마와 숙녀」와 「최후의 회화(會話)」, 또는 「어느 날」, 「센티멘털 저니」, 「무희가 온다 하지만」 등의 시에 나타나는 비유에서 쉽게 발견할 수 있다. 이를테면 '한 잔의 술을 마시고 버지니아 울프의 생애와/ 목마를 타고 떠난 숙녀의 옷자락'(「목마와 숙녀」)과 '함부로 개최되는 주장의 사육제/ 흑인의 트럼벳'(「최후의 회화」), '카프리 섬의 원정'(「센티멘털 저니」), '이야기를 주고받는 젊은 경찰관은 마치/ 그레이엄 그린의 주인공 스코비와 같은 웃음.(「무희가 온다 하지만」) 등이 바로 그런 예이다. 산문 「가을과 위스키」에서는 이런 경향이 더욱 두드러진다. '가을의 향기가 있다면 그것은 스카치위스키의 애달프고 가냘픈 향기 정든 친구들끼리 스탠드바의 문을 열어보자.'

미국이라는 단어 대신 그가 '아메리카'를 고수하는 데는 고루한 느낌을 주는 '미국' 보다는 '아메리카'를 본디 모습으로 여기는 인식과 이국적이기 때문이라고 할 수 있다.

## 한국영화를 바라보는 박인환의 애정과 고언

박인환은 한국영화의 당면 문제에 대해서도 시선을 거두지 않았다. 1954년 자유당 정권의 이승만 대통령이 국산영화의 진흥을 위해 입장료에 대한 면세 조치를 단행하자 '이는 전 세계에서 우리나라가 최초이며 현재 곤란에 처해 있는 영화계의 제반 실정 및 앞으로의 발전을 위하여 큰 서광이 될 것'이라고 긍정적으로 평가하였다. '무세를 계기로 한 인상적인 전망'이라는 부제를 붙인 「한국영화의 현재와 장래」(《신천지》,

1954년 5월호)에서 그는 환영의 뜻과 함께 제작, 감독, 시나리오, 배우 등 한국영화계의 전반적인 문제점을 적시하고 개선을 요구하였다.

　　우리나라에서는 현재까지 제작자는 영화에서 문제시되어 오지 않았다. 대개의 작품은 영화감독이 구상하고 그 비용을 여기저기서 주선하였다. 그보다도 비용을 지출하는 자를 '물주'라고 부르고 이들은 영화에 대한 아무 식견도 없는 자가 대부분이었다. 여기에 차음부터 한국영화의 애로가 있는 것이다. 구미의 예를 들기 전에 지금 전 세계 영화는 제작자 중심으로 나가고 있다. 훌륭한 제작자 아래서 좋은 작품이 나오게 마련이고 이들은 영화제작의 계획을 위해서는 작품 선택에서 배우들에게까지 이른다. 그런데 한국영화는 그렇지 못했다. 이것은 단적으로 말하면 영화의 기업성이 전혀 없었다는 것을 의미하여 감독이나 연기자가 비용에까지 골몰해서는 도저히 '예술'을 할 수 없었다는 것도 증언될 수 있다. (- 제작자의 문제)

　　영화감독은 영화의 근본적인 것을 터치하고 있다. 제작자가 계획하면 감독의 손에 의하여 작품의 질과 수준이 결정된다. (중략) 이규환 씨는 무세 소리를 듣고 맨 처음으로 메가폰을 들었다. 그것이 「춘향전」의 영화화다. 여기서 좀 생각하기로 하자. 왜냐하면 「춘향전」은 우리나라의 대표적인 고전일뿐만 아니라 누구나 그 로맨틱한 이야기의 줄거리를 다 알고 있다. 그래서 관객은 선전하지 않아도 한번은 와볼 것이라고 착안한 데서 착수한 것 같은데 이것은 그리 훌륭한 영화작가의 계획이 아니라고 생각한다. (- 감독의 문제)

　　나는 영화를 제작하는 데 제일 먼저 조건은 시나리오에 있다고 본다.

우선 시나리오의 가부에 의하여 좋은 영화의 구분이 성립되는 것이다. 한국영화 제작자나 감독들도 서로 '시나리오의 빈곤'을 한탄하지만 그들에게도 그 모순이 있는 것이다. (중략) 신문이나 잡지에서도 시나리오 모집을 해서 그중 우수한 것이 있으면 영화제작자에게 선택시켜 주는 것도 한국 영화문화를 위하여 힘써 주는 방도인 것으로 나는 생각한다. (- 시나리오의 문제)

한국영화를 말할 때 배우가 없다는 소리를 들은 적이 한두 번이 아니다. 이것도 지금까지 한국영화의 부진에서 기인되는 일이다. 즉 영화가 없는 연기자가 있을 수 없고 지금까지의 영화 연기자는 그들의 생계조차 유지할 수가 없었다. 전택이, 송억, 구종길, 황남, 이집길, 김일해 씨 등이 오늘날까지의 영화에 출연했고 최은희, 김신재 씨 등이 히로인이 되었다. 하나 그들의 연기력이란 보잘 것이 없는 것이다.
(- 배우의 문제)

이상과 같이 박인환은 한국영화계의 문제점을 구체적으로 짚어가며 개선을 강조하였다. 국산영화의 면세 조치가 1950년대 한국영화의 중흥기를 형성하는 도약의 발판이 되었다는 사실을 상기할 때 「한국영화의 현재와 장래」는 시의적절한 발언이었다. 뿐만 아니라 1950년대 한국영화의 상황과 당면과제를 엿보게 한다는 점에서 의의가 있다.

그런데 여기서 한 가지 짚고 넘어가야 할 것이 박인환이 두 번째 거론한 '감독의 문제'이다. 면세 소식을 듣고 맨 처음 「춘향전」의 영화화에 착수한 이규환 감독에 대해 그는 이 작품은 잘 알려진 고전으로 선전하지 않아도 한번은 와볼 것이라고 선택한 것은 바람직하지 않았다

154

고 비판한 내용과 관련된 것이다. 결과는 그 반대로 나타났기 때문이다. 당대의 스타 조미령과 이민을 주인공으로 내세운 이규환의 〈춘향전〉은 1955년 1월 16일 국도극장에 개봉되어 2개월에 이르는 장기 흥행 끝에 서울 인구 150만 명의 10%에 가까운 12만 명이 관람하는 대기록을 세웠다. 흥행에는 논리적으로 설명할 수 없는 여러 가지 변수를 내포하고 있음을 보여준 대표적인 사례이다.

지리산 기슭에서 암약하는 빨치산의 묘사를 둘러싸고 논란을 일으킨 이강천 감독의 〈피아골〉(1955)에 대해서도 박인환은 특유의 목소리를 높였다.

스토리는 그리 유쾌한 것이 되지 못한다. 듣기만 해도 지긋지긋한 지리산 공비들의 생활과 의견이다. 그리고 그들 자신이 많은 결함을 가졌기 때문에 그 모순으로 인하여 자멸하여 버리고 끝으로 자유를 그리워하던 한 여자만이 남게 된다는 지극히 멜로드라마틱한 것이다. 더욱 공비들이 윤간하는 시추에이션은 마치 조셉 폰 스탄버그가 일본에서 영화화한 〈아나타한〉과 비슷한 아이디어이며 사실 그러한 사건도 지리산 공비들 간에서는 많이 있었다고 한다. 하지만 내용을 형성해 주는 하나의 요소로서의 시나리오는 무엇을 의식하고 묘사하려고 했는지는 모를 일이지만 영화의 객관적 조건, 즉 예리하게 감리(監理)하고 비판한다는 정신과는 너무 멀며 미숙한 습작기의 작가가 빠지기 쉬운 테마에만 사로잡혀 공비의 생활과 의견에 긍정적인 입장을 취하고 있는 데가 있다. (중략) 치밀한 연기 지도에서 온 심리의 묘사 같은 것은 참으로 높이 평가되어야 하지만 내용의 모순이 주는 영향 때문에 이러한 것을 무의미하게 만들고 말았다. 〈피아골〉은 그 표현기법에 있어서는 해방 후 가장

성공된 작품임에는 틀림이 없다. (이하 생략)

(「'피아골'의 문제/ 모순 가득 찬 내용과 표현」, 평화신문, 1955년 8
월 25일)

박인환이 중시하는 시나리오의 완성도 문제는 여기에서도 예외 없
이 강조되고 있다. 그러나 영화의 객관적 조건을 갖추지 못한 시나리
오의 미숙을 질타하면서도 연출자의 표현기법에 대해서는 높이 평가
하는 배려를 잊지 않았다.

공산 오열이 출몰했던 전남 구례군 지리산의 '피아골' 골짜기 일대
에서 촬영한 이 영화는 그 뒤 빨치산들의 내면생활과 '단말마적인 최
후'를 그린다는 제작 의도와는 달리 반공영화로서는 타당치 않다는 지
적을 받으면서 논란을 일으켰다. 대체로 문제가 된 것은 공산주의에
대한 회의와 비판성의 결여, 빨치산인 여주인공 애란(노경희)의 귀순
동기가 애매하다는 점이었다. 한마디로 빨치산을 인간적으로 그렸다
는 이유였다. 논란 끝에 '빨치산을 영웅화' 시킨 것으로 간주되는 여섯
군데의 장면이 삭제된 뒤에야 빛을 보게 되었다.

「그들은 왜 밀항하였나」(《재계》 1952년 8월호)의 경우는 일부 영화
사 연구자들에게 좋은 자료로 활용될 수 있다는 점에서 주목할 만한
기록이다. '악극계의 손목인, 신카나리아, 박단마 등 10여 명'이라는
부제에 묻혀 자칫 외면당할 뻔한 영화제작자 안경호(安慶鎬)의 「밀도
일 진상기」를 통해 그동안 기록만 있고 실체가 없었던 독립운동 관련
장편 기록영화 〈민족의 절규〉(전3편)의 정보를 얻을 수 있게 된 것은
뜻밖의 일이었다. 6·25 이전에 1, 2부를 완성해 놓고 3부는 촬영을 끝

낸 채 마지막 현상만을 남겨놓은 단계였다. 박인환은 여기에서 당시 이 영화의 완성을 위해 일본으로 밀항하게 된 경위를 이렇게 설명하고 있다. 비록 영화평론과는 거리가 있긴 하지만 당시의 영화계 실정을 엿볼 수 있는 소중한 글이다.

> 15톤 가량 되는 밀항선이었다. 안경호는 3만 피트 이상의 촬영된 필름을 생명처럼 거느리고 지난번 두 차례나 일본에 갔었다. 그곳에서 악조건을 극복하면서 영화의 현상, 녹음, 편집, 음악, 자막 등 현대 기록영화로서 제반 조건을 구비시키는 것이다. 그리하여 겨우 완성되었던 것이 6·25 이전의 〈민족의 절규〉 제1부 및 제2부인 바 이것은 최초의 목표는 고사하고 그의 미숙한 촬영 기술로서 어떤 기술적 수준에서는 영화 이전의 것이었으나 해방 후 영화인 대부분이 좌경하여(중략) 공산주의 침투만을 획책한 영화 제작에 급급한 가운데 분연 안(경호)은 민족 진영을 위한 유일한 아마추어 카메라맨으로서 제1보를 내디뎠다. (중략) 이와 같은 영화가 그 당시나 현재의 한국의 영화기술로서는 도저히 완성시킬 수 없기 때문에 두 차례나 무시무시하게도 밀항(도일)하였던 것이다.

이 영화에는 9·28수복 후 유엔군에 종군하면서 찍은 전선 묘사와 이승만 대통령이 평양시민들로부터 환영 받는 장면, 한반도 북단 초산(楚山) 진출에 따르는 압록강의 유구한 흐름, 그 후의 철수작전 등 최선을 다해 촬영한 정경들이 담겨 있다고 했다. 천연색이기 때문에 한국에서는 현상조차 할 수 없어 공보처의 추천을 받아 외무부에 여관을 신청했으나 나오지 않아 밀항을 할 수밖에 없었다고 박인환은 기술하고 있다. 여기서 주목되는 증언은 〈민족의 절규〉의 프린트가

6·25에서 9·28 사이 공산군에게 탈취되어 현재 한국에는 단 1권도 없는바 겨우 6·25 전 일본에서 완성할 때 두고 온 원판이 남아 있다고 언급하였다. 그의 글은 이렇게 끝을 맺고 있다.

기록영화에 미친 사나이 안경호, 그는 벌써 일본에 3회나 밀항하였다. 그리하여 그가 남긴 것은 〈민족의 절규〉 1, 2부이며 이번엔 총천연색 영화 〈대한민국 건국사〉(아마 이렇게 될 것이다)를 선물로 가지고 돌아올 것이다. 밀항을 하지 않으면 안 되는 그들의 입장, 명예와 모험과 욕설과 곤란이란 희비 4중주를 인생의 숙명으로 알고 살아가는 이들에겐 밀항이라든가 시문의 비난쯤은 문제가 아니다.

이 원고를 통해 확인할 수 있는 것은 〈민족의 절규〉 제1부와 제 2부가 6·25 때 없어지고 제3부에 해당하는 원본이 일본 어디엔가 남아 있으리라는 희망을 갖게 해주었다는 점이다. 그리고 3부는 별도로 〈대한민국 건국사〉라는 제목을 붙일 계획을 갖고 있었다는 사실도 알게 되었다. 앞뒤의 상황으로 볼 때 이 영화는 동시녹음으로 촬영된 것으로 판단된다. 천연색 필름 현상이 불가능한 1950년대 초의 한국영화의 기술을 가늠해 볼 수 있는 대목이다.

실제로 1949년 6월 7일자 서울신문(「독립운동의 기록영화 '민족의 절규' 제3편 전7권 수(遂)완성」)은 이 영화가 수개월 전에 상영되었음을 환기시키고 제3부가 제작될 것임을 예고하고 있다. 그런데 최근 〈민족의 절규〉 필름이 한국영상자료원에 입수되었다는 소식을 들었다. 그것이 오리지널 네가필름인지의 여부는 확인하지 못했으나, 박인환의 글을 통해 알게 된 제작 일화와 안경호의 신상 자료를 추가할 수 있게 된

〈로마의 휴일〉(1953)

것만으로도 수확이라고 하지 않을 수 없다.

　박인환은 이밖에 〈카사블랑카〉를 반나치주의의 작품으로, 빌리 와일더의 〈잃어버린 주말〉을 뉴로티슴 경향의 영화로 분류하는 등 여덟 부분에 걸쳐 예술적 특징과 발견의 양상을 살펴본 「문화 10년의 성찰」(평화신문, 1955년 8월 13~14일)을 비롯하여, 마르셀 카르네의 감독정신을 언급한 「영화의 사회의식과 저항」(평화신문, 1955년 1월 16일), 옛 문화재와 정서를 다시 한 번 상기시킨 신상옥 감독의 〈코리아〉 평 「한국영화의 전환기」(경향신문 1954년 5월 2일), 시네마스코프의 장점과 단점을 짚어본 「시네마스코프의 문제」(조선일보, 1955년 7월 24일), 먼세 이후의 제작 동향을 알아본 〈산고중의 한국영화들〉(《신태양》 1955년 9월호), 그리고 오드리 헵번의 〈로마의 휴일〉과 엘리자 베스 테일러 주연의 〈내가 마지막 본 파리〉에 대해 쓴 「서구와 미국 영화」(조선일보 1955

년 10월 9, 11일)와 게리 쿠퍼, 잉그리드 버그만 등 8인을 소개한 「전후 미, 영의 인기배우들」(《민성》 1949년 11월호) 등을 발표하였다. 국내외의 영화와 감독, 배우에 대해 쓴 그의 영화관련 글은 20여 편의 영화평론을 포함하여 모두 30여 편을 헤아린다.

박인환은 서정주의와 사실주의를 결합시킨 시적 사실주의를 선호했다. 그가 구라파영화를 논하면서도 '주로'라는 단서를 달고 언급한 프랑스 영화의 리더들, 이를테면 줄리앙 뒤비비에, 마르셀 카르네 등이 추구한 영화세계였다. 이들은 〈무도회의 수첩〉(1937), 〈인생유전〉(1944) 등을 통해 암울한 인생관을 서정적 표현으로 표출한 영화작가들이다. 그가 관심을 가졌던 미국의 조셉 스턴버그, 프랭크 카프라, 알프레드 히치콕조차도 실은 유럽 출신이었다. 동시에 그는 판타지를 옹호하였다. 미국의 일부 영화예술가는 판타지를 그려냄으로써 물질의 허식으로 찬 아메리카의 상황에서 도피했다고 보았다. 이는 시적 리얼리즘과 맥락을 같이 하는 것으로 그 중심에 허무주의와 현실도피적인 의식이 내재하고 있음을 말해 준다.

결론적으로 말하면, 박인환의 영화평론과 에세이는 첫째 「그들은 왜 밀항하였나」의 예에서 확인할 수 있었듯이 정보전달의 기능을 수행했고, 둘째 아메리카영화로 호칭하는 일관된 자세로 미국영화에 대해 비판적 애정을 표시했으며, 셋째 이와는 상반된 표기 방식으로 구라파영화가 추구한 예술성을 높이 평가했다. 아울러 한국영화계의 현안과 당면문제에 대해서도 지속적인 관심과 고언을 아끼지 않았다. 이것이 그 네 번째의 특징이라고 할 수 있을 것이다.

−《영화평론》 2014년 제26호

# 1950년대 신파조 영화의 계승과 역할
## ─ 박노홍의 영화와 관련 장르

## 들어가는 말

영화인으로서 박노홍(朴魯洪)은 어떻게 평가되어야 하는가. 누가 이렇게 묻는다면 솔직히 망설이지 않을 수 없다. 오늘날의 시점에서 볼 때 영화인 박노홍의 존재는 묻혀진 것이나 다름없기 때문이다. 지난날 악극 애호가였거나, 대중가요에 관심을 가진 70대 이상의 사람이라면 그를 분명히 악극작가, 또는 대중가요 작곡가로 기억하고 있을 것이다. 설령 그렇다하더라도 「알뜰한 당신」(1937년, 전수린 작곡, 황금심 노래)이나, 「낙화유수」(1941, 이봉룡 작곡, 남인수 노래), 해방 후 가요 1호인 「가거라 삼팔선」(1946, 박시춘 작곡, 남인수 노래)과 같은 애창가요가 예명으로 쓴 그의 노랫말이라는 사실을 아는 사람은 그리 많지 않을 것이다.

박노홍이 영화계로 진출하여 활동한 기간은 겨우 3년에 불과했다.

1957년 〈풍운의 궁전〉(1957년) 이후 여섯 편의 각본과 〈밤마다 꿈마다〉(1959) 등 감독 작품 1편, 〈어머니〉(1959) 등 제작 1편을 내놓은 게 고작이었다. 그마저도 일부는 이사라(李史羅)라는 예명을 사용하였다. 더욱이 일반인들의 경향이 영화를 배우나 감독 위주로 본다는 점을 감안할 때, 시나리오작가 박노홍을 부각시키는 데에는 한계가 있었다.

그의 각본은 예술성보다는 대중성을 중시하였다. 그것도 신파극적인 요소가 강했다. 이러한 경향은 1950년대 중후반 한국영화에 나타난 한 현상으로, 그 중심에 악극계 출신인 제작자 최일(백조영화사 대표)과 배우 전옥이 있었다. 그리고 감독 정일택, 박성복, 하한수, 시나리오작가 박노홍과 김석민이 포진했다.

이들은 〈항구의 일야(一夜)〉(1957, 김화랑 감독)를 계기로 〈눈 나리는 밤〉(1957, 하한수 감독), 〈자장가〉(1958, 하한수 감독), 〈눈물〉(1958, 박성복 감독), 〈동백꽃〉(1958, 정일택), 〈화류춘몽(花柳春夢)〉(1959) 등을 내놓아 1940대 중반부터 1950년대 초까지 성행했던 악극에 대한 향수를 자극했다. 전옥을 '눈물의 여왕'으로 만들게 된 배경이기도 하다.

그러나 그 수명은 길지 못했다. 삼영사(三映社)로 개칭했다가 다시 백조영화사로 환원하면서 의욕적으로 재기의 길을 모색했던 최일-전옥 커플은 1960년 박성복 감독의 〈저 언덕을 넘어서〉(월카튼 원작, 강일문 각색)를 끝으로 더 이상 신파영화를 만들지 않았다. 비슷한 패턴의 눈물 짜기 영화에 관객들이 식상하기 시작했다. 세상이 변했던 것이다. 이런 조짐은 이미 예고되어 있었다. 이듬해 문교부의 고시(告示)에 의해 64개이던 제작사가 16개사로 통합, 신파조의 통속영화를 주도했던 백조영화사가 수도영화사(대표 홍찬)의 산하로 들어가면서 사실상 '전옥 식 비극'의 시대는 막을 내리게 되었다.

그런데 여기서 주목해야 할 것은 박노홍의 영화 활동도 이 시기에 마무리되었다는 사실이다. 그렇다면, 1950년대 한국영화에서 그의 역할은 무엇이었는가. 당대의 그의 존재는 짧은 기간만큼 무의미했던 것인가.

## 문학의 본류에서 대중영합적 지류로

1914년 충청남도 부여 태생인 박노홍은 대개 30대 이전에 등장하는 영화계의 추세와는 달리 마흔 살이 넘어서야 스크린에 이름을 올렸다. 그의 영화계 신고작이 1957년 한홍렬 감독에 의해 화면에 옮겨진 시나리오 〈봉이 김선달〉이다. 이 영화는 서울 국도극장에 개봉되어 흥행에도 성공했다.

그가 영화계에 진출한 시기는 정부의 국산영화 보호육성책의 일환으로 국산영화에 따르는 입장세의 전면적인 면세 조치(1954)에 따라 극장가가 힘을 얻기 시작할 무렵이었다. 이규환 감독의 〈춘향전〉(1955)이 국도극장에 개봉되어 공전의 장기 흥행 기록을 세우면서 영화도 기업으로 가능하다는 밝은 전망을 제시했고, 아울러 한국영화 중흥의 발판을 마련하였다. 또한 동양 최대의 규모를 자랑하는 안양촬영소가 상량식을 가진 지 3년 만에 우리나라 최초의 시네마스코프 영화 〈생명〉(1958, 이강천 감독)이 안양촬영소의 모회사인 수도영화사에서 제작, 수도극장에 상영 간판을 올림으로써 대형 화면시대가 열렸다.

말하자면 박노홍은 한국영화에 드리웠던 안개가 걷히는 희망적인 시점에 영화의 길로 들어섰다. 그에게 있어 영화는 새 출발이라기보다는 궤도의 전환이었다고 하는 표현이 더 정확할 것이다. 왜냐하면 그는 영화계에 들어선 이후 새로운 것을 추구하는 진취적인 의지를 보이지는 않았기 때문이다. 오히려 앞서 이룬 악극의 연장선상에서 시나리오를 내놓고 천부적인 재능에 안주하려는 모습이 강했다.

박노홍의 작품을 이해하기 위해서는 무엇보다 그가 추구해온 장르의 변화부터 살필 필요가 있다. 그는 그동안 세 단계의 과정을 거쳐 영화에 정착했다.

### [1] 문학 입문 시대 (1931년~1938년)

박노홍은 처음부터 대중 영합적인 작가는 아니었다. 그가 일찍이 시와 소설을 썼다는 사실이 이를 입증해 준다. 열일곱 살 때인 1931년 동아일보 신춘문예(시조 「봄빛」 3등 입선)를 통해 글재주를 인정받았을 뿐만 아니라, 그 이듬해인 1932년에는 동아일보 신춘문예에 응모한 소설 「담요」가 당선되면서 등단했다. 이후 1935년 같은 지면에 소설 「빈부기(貧婦記)」(1935)를 발표하고, 잇따라 조선중앙일보에 「분이」를 연재하며 의욕적인 문학시대를 맞이한다. 그러나 그의 창작에 대한 갈증은 여기에서 해갈되지 않는다. 이미 기성문인의 반열에 올라섰음에도 개의치 않고 다시 동아일보 신춘문예 민요부문에 도전하여 당선(1938, 「춘풍삼천리(春風三千里)」)되는 기염을 토한다.

이 같은 순수문학의 바탕은 선비풍의 가정환경과도 무관하지 않을 것이다. 그의 맏형이 3·1 독립운동에 관련되어 옥고를 치른 역사학자 박노철이고, 누나가 해방 전 영화 〈어화(漁火)〉(1939, 안철영 감독)에서 주연을 맡은 여류문사 박노경(朴魯慶)으로, 연세대 교수를 지낸 영문학자 오화섭의 아내이기도 하다. 경희대 교수를 지낸 국문학자이자 시인인 노춘(魯春)이 사촌 형이며, 예술원 회원인 동양화가 노수(魯

壽)가 사촌동생이다.

그의 문학에 대한 열정은 비록 빛을 보지는 못했지만, 스물다섯 살
(1939년) 때 이미 『단롱』이란 제목으로 시집을 내려고 준비한 흔적에
서도 엿볼 수가 있다. 이 시의 묶음에 검열제(檢閱濟)라는 도장이 찍
혀 있는 점으로 보아 출판단계에까지 이르렀던 것으로 보인다.

### [2] 가요작가 활동기 (1936년~1947년)

이 시기는 시작(詩作)의 연장선상에 있다고 볼 수 있다. 다만 그 방
식이 읽는 것이 아니라 불려지기 위해 쓴다는 차이가 있다. 일반인이
부르기 쉽게 짓는 노랫말은 대중지향적일 수밖에 없다. 박노홍은 대
중가요의 작사에 손대면서 일단 순수문학의 꿈을 접었다.

그는 창작가요의 수요가 늘어나던 1936년부터 빅타레코드 전속 작
가로 들어가 활동하는 2년 동안과 그 이후 1947년까지 이부풍(李扶
風), 또는 이노홍(李蘆鴻), 김다인(金茶人) 등 여러 필명으로 많은 노
랫말을 내놓았다. 그가 지은 「외로운 가로등」(전수린 작곡, 황금심 노
래), 「나는 열일곱 살」(전수린 작곡, 박단마 노래), 「애수의 소야곡」(박
시춘 작곡, 남인수 노래), 「고향설」(이봉룡 작곡, 백년설 노래)과 해
방 이후의 「고향초」(박시춘 작곡, 장세정 노래), 「백마야 우지마라」(전
오승 작곡, 명국환 노래) 등 적지 않은 가사들이 전수린, 박시춘, 손
목인, 전오승, 이봉룡 등 당대의 유명한 작곡가들에 의해 가요로 만들
어져 대중들의 사랑을 받았다. 그의 노랫말은 보편적인 대중의 눈높
이에 맞추면서도 문학적인 감성과 정제된 표현으로 한 시대의 정서와
애조를 적절히 담아내었다.

그는 작사뿐만 아니라, 작명에도 일가견이 있었다. 빅타레코드 문

예부장(1937) 시절 OK레코드 소속이던 16세의 소녀가수 황금자를 빅타레코드로 끌어들여 황금심(黃琴心)으로 이름을 바꾸게 하고, 악극 출신 영화배우인 아내 고향미(高香美, 본명 이명숙)는 물론, 악극단 배우 장갑순을 장동휘(張東輝)로 재탄생시킨 것도 바로 그였다.

### [3] 가극단 참여 시절 (1942년~1958년)

박노홍이 처음 집필한 가극 대본은 1942년 연극인 서항석이 운영하던 가극단 라미라(羅美羅)가 공연한 경가극 〈신생제일과(新生第一課)〉였다.[38] 이 가극의 남녀 주인공은 쇼 무대 최초의 사회자로 알려진 전방일과 이 극단의 프리마돈나 고향선(高香線)이다. 박노홍은 그 이듬해 나운규의 〈아리랑〉을 무대극으로 옮긴 같은 제목의 악극(전옥 주연)이 자신이 경영을 맡게 된 라미라가극단에 의해 상연되면서 악극작가의 면모를 드러내기 시작한다. 김용환이 작곡한 20여 곡은 통속적인 가극으로서는 수준급이었고, 민속적인 멜로디가 인상적이라는 평가를 받았다. 여주인공 영희 역을 맡은 전옥은 독특한 연기력으로 관객을 끌어 모았다.

이후 왕성한 집필 의욕을 과시하며 〈오동나무〉(1944, 연출), 〈북두칠성〉(1945, 각본), 〈찔레꽃〉(1946, 각본), 〈마의태자〉(1946, 각본), 〈울지 마라 두 남매〉(1948, 각본), 〈순이야 네 죄가 아니다〉(1948, 각본), 〈꽃과 나비〉(1949, 각본, 연출), 〈산적의 사랑〉(1949, 각본), 〈루루태자〉(1953, 각본, 연출), 〈방아타령〉(1953, 각본, 연출), 〈밤마다 꿈마다〉(1954, 각본), 〈분홍치마〉(1954, 각본, 연출), 〈삼천궁녀〉(1954, 각본, 연출), 〈꿈의 궁전〉(1955, 각본), 〈노들강변〉(1956, 각본), 〈캬라반의 처녀〉(1958,각본, 연출) 등 많은 작품을 내놓아 명성을 쌓았다. 그는 1940년대 초 유치진이 주관한 현대극장의 기획책임자로 참여하여 탁월한 흥행감각을 보여 주는 한편, 이 시기에 주목받던 김화랑(필명: 이익), 이서구, 김석민, 유호 등 작가들과 어깨를 겨루며 악극의 전성기를 장식한다.

## 악극의 모체가 된 신파극

'눈물 짜기 비극'으로 변질된 신파

우리나라에 가극(歌劇)이라는 말이 처음 등장한 것은 1928년 김소랑이 주관하던 취성좌(聚星座)가 서울 인사동 조선극장에서 〈극락조〉를 상연하면서부터였다. 가극은 1912년 초임성구가 주도한 혁신단의 공연 때부터 쓰이기 시작한 신파극[39]과 맥이 닿아 있다. 이듬해 10월에는 5일 동안 신파극 〈눈물〉을 상연했는데, 이는 동명의 일본 신파극을 수입한 것이다. 신파극단 취성좌는 공연을 할 때마다 세 개의 극본(劇本)을 준비했다. 하나는 비극적인 작품, 그리고 나머지 하나는 춤과 노래에 음악 반주를 곁들인 연극적 요소가 짙은 것이었다. 다시 말해서 노래·춤·코미디를 그냥 나열하지 않고 드라마틱하게 구성한 것이다.[40] 이를테면 뮤지컬 쇼, 또는 뮤지컬 드라마에 해당하는 형식이다.

이두현의 지적처럼 가정제도의 압박 아래 의리와 인정이라는 이름으로 강요되는 전근대적 윤리가 짜내는 눈물의 비극으로 변질[41]된 신파극은 1930년대부터 대중극으로 전이, 확산된다. '신파조(新派調)'의 성격을 띤 대중극은 점차 한국적인 멜로드라마로 자리 잡으면서 유형적인 등장인물, 아기자기한 작품 소재, 과장된 정서노출과 미로구조(迷路構造), 자극적인 소도구의 활용과 감각적인 의상, 소박한 낙관주의와 통속적인 인식에 영합하는 권선징악을 특징으로 하였다.[42] 이 같은 신파극은 플롯이 단순하고 성격이 분명한 인물로 설정되어 있다. 가혹한 시련을 겪던 선인이 월등하게 보이는 악인을 물리치고 끝내는 행복을 찾게 되는 결말 구조, 착한 인간이 겪는 부당한 고통에 대한 연민과 분노, 악인을 향한 혐오감의 조성 등 강렬한 정서적 호소력은 멜로드라마의 특성과 일치한다.

그런데 형식면에서 음악(Melo)과 극(drama)을 결합한 악극의 경우는 통속극(Melodrama)의 특성을 계승하면서 표현 형식만 바꾼 형태로 나타난다. 이는 노래가 삽입된 간단한 줄거리에 따라 가수가 연기를 겸하는 가요극의 형태에서 진일보한 것이다. 가수의 역할이 전문 배우와 무용가에게로 옮겨지면서 악극이 자리를 잡게 되었다. 이런 가운데 1930년대를 전후하여 연극공연이 영화나 음반을 제치고 오락의 중심이 되었다.

악극의 등장과 가극단의 성행

악극(樂劇)이라는 말이 처음 나온 것은 1937년 9월 22일 본격적인 오페라 공연을 지향했던 경성오페라스튜디오가 서울 부민관(현 서울시의회)에서 악극 〈춘향전〉(연출: 박춘명)을 개막하면서부터였다. '조선고전의 오페라화'라는 부제목이 눈길을 끌었다. 종전의 가극이라는 공연물은 이름만 가극이지 음악적인 측면에서 볼 때 창작성이나 반주음악 등 악단 구성이 단조로웠다.[43] 그리고 1940년 OK레코드에서 일본으로 공연 갈 때 조선악극단이라는 단체 이름을 내세웠다.[44] OK레코드에는 이름난 작곡가들과 문인들이 많아 이들이 합심하여 뮤지컬을 기획하기도 했는데, 이 무렵에 호평을 받은 악극이 납북 작곡가 김형래의 〈만리장성〉과 송희선 작곡인 〈동양의 장미〉였다고 한다. 이 작품들은 악극 역사에 신기원을 이룬 것으로 평가되었다.

이런 가운데 개명과 동시에 운영권이 바뀐 라미라가극단(전 콜럼비아가극단)과 조선악극단(전 OK그랜드쇼), 반도가극단(전 빅타가극단) 등이 등장하여 활기를 이룬다. 이 단체들이 일제히 이름을 바꾸게 된 것은 일제가 적성국의 언어라는 이유로 영어의 사용을 막았기 때문이다. 재래적인 악극단의 이미지를 씻기 위해 5음계 중 라, 미, 라세 개를 따서 라미라(羅美羅)로 이름을 붙였다는 이 극단의 새로운 경영주는 이부풍, 바로 악극 작가인 박노홍이었다. 그는 그때 가요계의 거장 김용환과 신파극의 명인 전옥을 주인공으로 기용한 악극 〈아리랑〉(1943)을 무대 위에 올렸다.

그러나 신파극은 1960년대 이후 서서히 자취를 감추게 된다. 예술성보다는 대중의 통속적 취미에 영합하여 누선을 자극하는 센티멘털리즘으로 빠지면서 현실도피적인 성격이 강했기 때문이다.

김석민(金石民)은 극작가로서의 데뷔 시절을 회고하는 자리에서 이렇게 말한 적이 있다.[45] "악극이란, 서민대중들의 대변자가 되어야 한다. 실컷 울릴 대목에선 눈물이 펑펑 솟게 하고 우스울 때는 배꼽이 빠질 때까지 웃겨야 한다. 이것은 철칙이다. 내가 각본을 쓰기 시작하던 시절 10여 명의 유명 작가들이 있었다. 이들의 작품보다 더 좋다는 평가는 손님, 즉 관객들이 하는 것이다."

악극에 대해 그는 쉬우면서도 명쾌하게 언급하고 있다. 악극이란 결국 서민들의 삶과 애환을 표현하는 것이므로 평가 또한 그들에게 맡겨야 한다는 것이다. 오랜 공연 현장에서 체득한 경험을 살려 악극의 개념을 논리로서가 아니라, 소박한 수용자의 시선으로 토로한 셈인데, 결국 이 말이 함축하는 것은 대중지상주의, 곧 '소비자는 왕'이라는 인식이다. 평론가 등 일부 전문가의 눈높이가 아니라, 일반인들이 쉽게 접근할 수 있는 통속적인 이야기가 요구된다는 논지이다.

그런데 박진(朴珍)은 정통파 연극인임에도 불구하고 신파극에 대해 우호적인 입장을 취하고 있다. 물론 신파극을 옹호하려는 취지라기보다 잘못된 신극을 겨냥해 토로한 고언이라고 할 수 있지만, 경청할 만한 가치가 있다.

> 고등 비평가들은 셰익스피어의 〈햄릿〉은 잘못해도 신극이요, 우리의 가정비극은 잘해도 신파라고 깎아 내린다. 이렇게 고식적인 비평가가 흔히 있다. 이러한 비평가를 비평하는 진정한 비평가를 가지고 싶다. '예술을 위한 예술'은 좀 묵은 말이다. 그러나 아직도 순수를 찾는 이는 이 말을 앞세운다. 그러나 이것이 다른 부문의 예술에는 의당할 것이나, 우리가 처하고 있는 환경 아래서 '연극을 위한 연극'이라고 고답적 위세는 부릴 수 없는 것이다. 말하자면 신극이란 이 순수성을 말함이겠는데, 나는 생각하기를 옳게 하는 신파가 신극이요, 그르게 하는 신극은 신파도 아니다. 따라서 말하자면 신극과 신파라는 것이 백지 한 장보다도 얇은 차이인 것이다.
>
> ─「신극과 신파의 차」박진, 동아일보, 1959년 2월 27일

이 글에는 1950년대의 신파극을 바라보는 일반적인 인식이 짙게 깔려 있다. '가정비극은 곧 신파극'이라는 등식이 그 하나이고, 신파라면 '고답적인 위세'를 보이며 깎아내리려 하는 '고식적인 비평가'의 태도가 그 두 번째이다. 이런 현상은 비평가에게만 잠재해 있었던 것은 아니다. '고무신 관객'으로 통칭되는 일부 주부 관객을 제외하고는 큰

차이가 없었다. '신파극은 곧 비극'이라는 인식 아래 멜로드라마와 신파영화를 구분하는 경향이 있었던 것이 사실이다. 가극은 조금 하이클래스로 여겨졌으나 악극단의 공연물은 '딴따라 시' 하였다.[46] 박노홍이 활동한 1950년대의 영화계 상황이 바로 이러했다.

## 신파조 영화의 형성과 퇴락

### 시대적 추세 따른 영화계 진출

박노홍이 영화로 방향을 바꾼 것은 시대적인 추세에 따른 결과였다. 악극은 이미 설 자리를 잃고 있었다. 관객들이 비슷한 플롯과 과장 연기로 일관하는 눈물 짜기 무대극에 식상한데다, 1954년 국산영화의 진흥책으로 입장료에 따르는 세금이 면제되면서 영화 붐이 일어났기 때문이다. 그러다 보니 악극에서 이름을 떨치던 전옥을 비롯한 황해, 허장강, 장동휘, 김희갑, 박노식, 이경희 등 인기배우들이 쇠진해진 연극 무대를 등지고 스크린으로 이동하기 시작했다. 박노홍이 영화계로 활동무대를 바꾸게 된 배경이다.

당시의 한국영화는 통속극이 주류를 이루었다. 그가 영화계로 전환하여 활동한 시점인 1957년부터 3년 동안만 살펴보더라도 이 점을 확인할 수 있다. 총 제작 편수 37편 가운데 3분의 2에 이르는 26편이 나온 1957년이나, 1958년(74편중 59편)과 1959년(111편 중 86편)에도 통속영화의 우위 현상은 달라지지 않았다.

오늘날 멜로드라마로 통칭되는 당시의 통속영화는 크게 두 갈래로 나뉘었다. 한 줄기는 서구식 모더니즘을 추구하려는 경향이고, 다른 한 가닥은 재래의 악극적 요소를 계승한 신파조의 통속극이다. 두 방식이 모두 예기치 않는 우연한 상황 설정과 눈물을 자아내게 하는 구성으로 감성에 호소한다는 점에서 일치한다. 가부장 중심의 이데올로기, 억압받는 여성의 등장, 선정적 사건이나 도덕적인 결말, 약자와 강자의 갈등과 대립이라는 서사구조 속에서 엮어지는 특징도 마찬가지이다. 그러나 분명한 차이는 내러티브의 전개 방식과 이를 담아내는 표현수단에 있다.

서구식 멜로드라마가 서사를 중시하면서도 일상적인 모티브를 더 많이 활용하고 낙관적인 의식을 드러내는 반면, 재래식 신파조의 영화는 서사(내용) 과잉과 비극적 정서(분위기), 감정(표현) 과잉이라는 3대 과잉 현상을 노출하게 된다. 그러다보니 연기 동작이 커지고 발성 자체가 과장될 수밖에 없다. 신파영화를 비탄조의 영화로 만들어버린 이유이기도 하다. 이런 여건 아래서 아기자기한 홈드라마가 발전할 리 없다.

앞의 계열에 속하는 감독으로 〈자유부인〉(1958)의 한형모를 비롯한 이병일(〈자유결혼〉), 홍성기(〈실낙원의 별〉), 김성민(〈처와 애인〉), 신상옥(〈지옥화〉), 박상호(〈장미는 슬프다〉), 최훈(〈느티나무 있는 언덕〉) 등을 꼽을 수 있다면, 박성복(〈눈물〉), 박구(〈낙엽〉), 하한수(〈눈나리는 밤〉), 정일택(〈진주는 천리 길〉) 등은 뒤의 그룹에 해당될 것이다. 활동 초기에는 김화랑(〈항구의 일야〉)이나 조긍하(〈가거라 슬픔이여〉)도 이런 경향이 강했다. 이를 다시 시나리오에 적용할 경우, 이봉래(〈나 혼자만이〉), 유두연(〈잃어버린 청춘〉), 임희재(〈황혼열차〉), 이정선(〈지옥화〉), 박종호(〈아름다운 악녀〉) 등이 전자에, 김석민(〈눈물〉), 강일문(〈눈나리는 밤〉) 등이 후자에 속하는 작가로 분류할 수 있다.

그렇다면 박노홍은 어떤 계열에 속하는 작가인가? 굳이 규정하자면 후자, 즉 악극적 요소를 계승한 신파조의 통속작가라고 할 수 있다. 그의 등장으로 작품 취향이 같은 소수의 후배 작가들에게는 원군이자 경쟁관계로 존재하게 됐지만, 박노홍은 처음부터 영화계의 비주류였다. 먼저 그의 작품 활동 상황부터 살펴보기로 한다.

박노홍은 1949년 장황연 감독의 〈청춘행로〉의 각색과 주제가 작사를 맡은 것을 계기로 영화와 인연을 맺게 된다. 그러나 본격적으로 나서기 시작한 것은 그로부터 7년 뒤부터였다. 1957년 한홍렬 감독의 〈봉이 김선달〉을 시작으로, 〈풍운의 궁전〉(1957, 정창화 감독), 〈동백꽃〉(1958,

### 박노홍 관련 영화 일람표

| 편수 | 작품명 | 연 대 | 원 작 | 각 본 | 감 독 | 비 고 |
|------|--------|--------|--------|--------|--------|--------|
| 1 | 청춘행로 | 1949년 | 김춘광 | 박노홍 | 장황연 | 원제 〈촌색시〉〈청춘좌〉 공연 |
| 2 | 봉이 김선달 | 1957년 | | 이사라 | 한홍렬 | 〈밤마다 꿈마다〉 동시 진행 |
| 3 | 풍운의 궁전 | 1957년 | | 박노홍 | 정창화 | 원제 〈산돼지〉, 유일한 사극 |
| 4 | 두남매 | 1958년 | 이사라 | 김동오 | 홍일명 | 원제 〈울지마라 두 남매〉 |
| 5 | 애정무한 | 1958년 | 박노홍 | 김석민 | 전택이 | 배우 전택이의 감독 데뷔작 |
| 6 | 동백꽃 | 1959년 | | 이사라 | 정일택 | 이민, 엄앵란 주연 |
| 7 | 꿈이여 다시 한번 | 1959년 | 조남사 | 박노홍 | 백호빈 | 동명의 방송연속극 |
| 8 | 밤마다 꿈마다 | 1959년 | 박노홍 | 이사라 | 이사라 | 악극(1954, 희망가극단) 공연 |
| 9 | 어머니 | 1959년 | | 이사라 | 정일택 | 경향영화사 (박노홍 제작) |
| 10 | 누구를 위한 순정인가 | 1959년 | | 이사라 | 서석주 | 『한국영화총서』에는 누락 |
| 11 | 울지마라 두 남매 | 1960년 | 이사라 | 강일문 | 서석주 | 악극(1948, 현대가극단) 공연 |
| 12 | ■그리운 별아 | 1960년 | 박노홍 | 이사라 | 이사라 | 경향영화사(80%촬영) 미완성 |
| 13 | ■젊은 사자들 | 1961년 | | 박노홍 | 미 상 | 4·19 기념작 진행중 중단 |
| 14 | ■평지풍파 | 미 상 | 박노홍 | 이사라 | 미 상 | 광성영화사 제작 추진, 중단 |

■이 표시는 영화화 되지 않는 작품. (이사라는 박노홍의 예명)

정일택 감독), 〈밤마다 꿈마다〉(1959, 이사라 감독), 〈어머니〉(1959, 정일택 감 독), 〈누구를 위한 순정인가〉(1959, 서석주 감독) 등 여섯 편의 오리지널 시나리오와 조남사의 인기 방송드라마를 각색한 〈꿈이여 다시 한번〉(1959, 백호빈 감독)을 내놓았다.

그런 한편, 자신의 시나리오 〈밤마다 꿈마다〉를 연출하여 감독 대열에 합류하고, 경향영화사를 세워 〈어머니〉를 직접 제작하기도 했다. 하지만 이 무렵 두 번째 제작 겸 감독 작품으로 촬영에 들어간 〈그리운 별아〉(김석훈, 이경희, 출연)는 80% 가량 진행되었으나 포스터만 남긴 채 완성하지 못했다.[47]

이밖에 〈두 남매〉(1958, 홍일명 감독), 〈애정무한〉(1958, 전택이 감독), 〈울지 마라 두 남매〉(1960, 서석주 감독) 등 세 편의 원작을 제공하고, 한노단 등과 함께 공동 집필한 4·19 학생 혁명 기념작 〈젊은 사자들〉(꽃과 피)을 영화로 만들려 했으나 무산되었다.[48]

## 박노홍 식 영화의 특색

먼저 전제되어야 할 것은, 박노홍과 관련된 영화는 지금까지 1957년 작 〈풍운의 궁전〉 1편만 보존되어 있다는 사실이다.[48] 이 영화는 그해 제작된 37편 가운데 영상자료원이 관리하고 있는 6편 중 하나이다. 그가 활동한 1958년의 경우, 총 제작 편수 74편 중 〈순애보〉(한형모 감독) 등 15편, 1959년엔 111편 가운데 〈동심초〉(신상옥 감독) 등 14편이 남아 있으나, 그의 흔적을 찾아 볼 수 있는 필름은 없다. 이는 한 영화작가의 작품을 연구하는 데에 치명적인 한계일 수밖에 없다. 그나마 다행인 것은 그의 활동이 시나리오 중심으로 이루어져 어느 정도는 자취 복원이 가능하다는 점이다.

박노홍는 거의 일관되다시피 약한 자, 사회의 중심에서 밀려난 소외 계층에 관심을 보여 왔다. 그가 추구한 약자의 세계는 당연히 패자일 수밖에 없다. 직면한 현실에 부딪치기보다는 회피하고 외면하며 운명으로 받아들이는 인간들을 주로 등장시켰다. 이런 소재들은 작가에 따라 의미 있게 활용될 수 있는 호재이기도 했다. 이를테면 서민을 다루더라도 사회비판적인 시각에서 접근하면, 〈오발탄〉(1961, 유현목 감독) 유의 사실주의 경향의 영화가 나올 수 있다. 반대로 서민의 일상적인 삶이나 애환에 초점을 맞춘다면, 강대진 감독의 〈마부〉(1961)나, 마빈 루로이의 〈푸른 화원〉(1949, 작은 아가씨들)과 같은 온기가 느껴지는 흐뭇한 인정담을 빚어낼 수 있을 것이다.

그런데 박노홍은 오히려 이런 접근방식을 피했다. 주제에 맞서 어떤 메시지를 담으려 승부를 걸기보다는 이야기 전달에 충실했다. 극적 기복이 큰 서사 방식을 선택한 까닭이다. 사건 중심의 플롯을 중시하다 보니, 묘사에는 신경을 쓸 새가 없었다. 이러한 현상은 미세한 감정 표출의 동작보다는 폭의 연기를 지향하는 신파, 객석의 반응에 민감할 수밖에 없는 통속극의 속성상 당연하다고 할 수 있다.

그의 시나리오에는 기존질서를 유지하려는 권선징악적인 가치관과 스스로 체념하여 처한 현실을 운명으로 받아들이는 비관적인 사유가 대칭된다. 전자가 능동적이요 공격적이라면, 후자는 피동적이며 수세적이다. 어찌 보면 서로 모순되는 이 양극이 그의 작품세계를 형성하는 바탕이 되고 있다. 가령 〈두 남매〉, 〈울지 마라 두 남매〉, 〈애정무한〉이 앞의 예에 속한다면, 〈청춘행로〉, 〈동백꽃〉, 〈누구를 위한 순정인가〉, 〈밤마다 꿈마다〉, 〈어머니〉, 〈꿈이여 다시 한 번〉, 〈동백꽃〉 경우는 뒤의 경우에 해당될 것이다. 〈청춘행로〉, 〈두 남매〉, 〈애정무한〉의 배후에는 '고된 시집살이'와 '간악한 계모'라는 고전적 등식의 장해요인이 자리 잡고 있다. 아울러 사랑과 배신, 응징적 복수, 이루지 못한 사랑에 대한 미련과 체념이 대세를 이룬다. 이들은 학대(청춘행로)받아 미치거나, 배신에 절망(동백꽃)하며 이루지 못한 사랑에 죽음의 길(〈울지 마라 두 남매〉, 〈밤마다 꿈마다〉)을 선택하거나, 체념한 나머지 전락(〈어머니〉)하며, 살인도 불사하는 복수(〈애정무한〉)의 과단성을 보인다. 드문 예이나, 박노홍의 작품은 선악의 경계가 뚜렷하다. 가난한 자와 여유 있는 자, 시골사람과 도회지 사람으로 갈린다. 가난한 자는 대개 선인이고, 부자는 탐욕적인 인간형으로 등장한다. 음악의 대위법, 사진의 구도처럼 명암이 분명하다. 멜로드라마의 특징을 그대로 간직하고 있다는 뜻이다.

그의 작품은 해피엔딩에 인색하다. 그나마 〈청춘행로〉는 반전 끝에 희망적인 결말로 유도되지만 거의가 비관적이다. 이 작품의 원작자(김춘광)가 따로 있다는 점을 감안할 때, 예외적인 것으로 그의 특성이 일관되고 있음을 알 수 있다.

〈청춘행로〉(1949, 정운용프로덕션 제작)는 등산을 하다가 길을 잃고 헤매는 부호의 아들(강계식)을 돕게 된 인연으로 서울에 시집 온 촌색시(황정순)가 겪는 한 많은 시집살이의 일대기, 1940년대 판 '며느리의 설움'이다. 새댁은 생소한 도회지 생활에 적응하지 못해 갖은 학대를 받다가 소박을 맞아 미치게 되고, 뒤늦게 미국 유학에서 돌아와 모든 사실을 알게 된 남편이 이해를 구하며 아내를 다시 맞아들인다는 내용이다. 이 작품에도 예외 없이 통속극에 빈번하는 상투적인 '우연'이 나타난다. 등산하던 서울 청년이 도움을 받고 사랑하게 된 처녀가 알고 보니 친구(오향문)의 여동생이었다는 도입부의 설정부터가 그러하다.

〈두 남매〉(1958, 새별영화사 제작)는 뒤에 같은 제작사에 의해 만들어진 〈울지 마라 두 남매〉와 동일한 원작 영화로, 간악한 계모 슬하에서 자란 남매의 이야기이다. 자매를 남매로 바꿔 구성한 현대판「장화홍련전」이라고 할 수 있는데, 오빠(황해)는 계모의 학대가 싫어 집을 뛰쳐나가고, 여동생(이경희)은 오빠의 친구(이예춘)와 결혼한다. 그러나 건달로 전락하여 본의 아니게 살인을 하게 된 오빠는 행복하게 살고 있을 줄 알았던 여동생이 남편에게 버림받은 것을 알게 되자, 친구를 만나 폭력을 행사하고 친구는 자신의 과오를 뉘우친다. 이렇게 동생의 행복을 되찾아준 오빠는 자신을 쫓던 친구인 경찰관(박노식)에게 붙들려 경찰서로 끌려간다. 엇갈리는 우정을 바탕으로 혈육의 소중함을 강조한 이 영화는 1958년 국도극장에서 개봉되어 흥행에 성공했으나 작품성은 인정받지 못했다.[50]

아무튼 고질화된 '우연'이라는 속성은 〈두 남매〉에서도 나타난다. 죄를 지은 오빠가 하필 경찰관이 된 친구(박노식)에게 붙잡혀 가는 설정이 바로 그런 예이다.

〈애정무한〉(1958, 광성영화사 제작)은 1939년 임선규의 무대 극본을 이명우 감독이 스크린에 옮겨 화제를 모은 〈사랑에 속고 돈에 울고〉를 리메이크한 것이다. 배우 전택이가 처음 메가폰을 잡으면서 선택한 이 작품은 오빠(황철)의 학비 마련을 위해 기생이 된 홍도(차홍녀)의 기구한 운명을 그린 전작과는 달리 홍콩과의 합작을 고려하여 재구성했다. 홍콩 교외에서 목장을 하는 한국인 경영주의 조카(이택균)는 염소의 젖을 짜는 일을 하는 여자 이미(최지희)와 사랑한 끝에 결혼한다. 그러나 아내로부터 과거에 불미한 일이 있었다는 고백을 듣게 되면서 서로 소원해지고, 멀리 떨어져 살게 된다. 겨우 서신으로 관계를 유지하던 그들이 서로 이해하기 시작할 무렵, 아내를 괴롭히는 악한의 농간으로 부부 사이가 악화되고, 참다못한 아내는 악한을 죽이기에 이른다. 전택이는 5년 뒤에 〈사랑에 속고 돈에 울고〉의 내용을 충실히 담은 〈홍도야 울지 마라〉(1965)를 김지미, 김승호 주연으로 내놓게 된다.

〈동백꽃〉(1959, 동신영화사 제작)은 〈꿈이여 다시 한 번〉과 함께 남자가 주인공인 작품이다. 서울에 있는 실업가의 딸(엄앵란)을 사랑하게 된 시골의 의학도(이민)가 애인이 사업에 실패하여 어려워진 아버지를 위해 마음에도 없는 사나이(김인수)와 정략결혼을 하고 비관 끝에 자살하자 그녀와 거닐던 동백꽃이 화사한 언덕을 찾아가 시름을 달랜다는 줄거리이다.

〈꿈이여 다시 한 번〉(1959, 계림영화사 제작)은 6·25전쟁이라는 시대상황을 배경에 깔고, 야전병원에서 맺어진 간호장교(문혜란)와 부상당한 보병 중위(이민)의 애틋한 비련담을 담고 있다. 그가 시력을 회복하여 밝은 세상을 보게 될 즈음 그녀는 어디론가 자취를 감추고, 제대한 사내는 육안으로 본 적이 없는 여자를 찾아 거리를 헤맨다. 과거 회상 형식으로 전개되는 이 영화(시나리오)는 제대 후 맥주회사 기술사원이 된 주인공(유정남)의 이런 모습부터 보여 준다. 그리고 그 뒤 어렵게 간호장교(송연실: 소위)를 만나게 되나 처음에는 알아보지 못한다. 박노홍은 이 장면을 다음과 같이 묘사하고 있다.

S# 128. 남산 길 (황혼)
　　　두 사람이 내려온다.

| 송연실 | "말씀해 주세요. 그 여자에 대한 기억 속에 무엇 무엇이 남아 있 |

송연실   "말씀해 주세요. 그 여자에 대한 기억 속에 무엇 무엇이 남아 있나요?"

유정남   "짧고 흔적도 없는 기억입니다만, 모든 것이 제 가슴속에 생생합니다. 첫째, 그 여자의 부드러운 손길을 저는 기억하지요. 시각을 잃었던 탓이라 그런지 촉각이 유난히 발달했었으니까요."

송연실   "(몰래 제 손을 보며) 그리구요?"

유정남   "이런 시를 저에게 외어주곤 했지요."

"봄가을 없이 밤마다 돋는 달도 예전엔 미처 몰랐어요."

연실이 가슴이 터질듯한 감회 속에 눈을 감는다.

주르르 뺨에 눈물이 흐른다. 어느새 저도 모르게 정남이 읊는 다음 구절을 왼다.

그 옛날 정남의 침상 곁에서 읽어주던 그 음성, 그 격조로…

"이렇게 사무치게 그리울 줄도 예전엔 미처 몰랐어요."

정남의 눈이 빛난다. 주춤하고 걸음을 멈춘다.

연실 조용히 고개를 돌려 정남의 손을 잡는다.

마주 보는 두 사람의 눈과 눈.

정남도 연실의 손을 꼬옥 쥔다.

유정남   "연실이!"

연실은 정남의 품에 그대로 안긴다.

그 혼이 하나가 된 듯 뺨과 뺨을 비빈다.　F. O


그러나 그들은 엄연한 현실에 부딪친다. 그녀는 이미 다른 남자와 정혼한 몸이었다. 공교롭게도 약혼자(박노식)는 정남이 근무하는 맥주 회사의 상관(전무)으로, 이번에는 예상되는 '우연'이 작용한다. 그런데 결혼을 앞두고 병이 들어 있던 연실은 정남을 좋아하는 여대생(엄앵란)과 그를 불러 그들이 손목을 잡게 하고는 조용히 숨을 거둔다.

관객 동원에도 성공한 이 영화에 대해 《한국일보》(신영화, 1959, 2.22)는 "운명이 용납하지 않는 남녀의 사랑을 착실한 이야기, 착실한 연출(백호빈)에 의해 만들어졌다."고 평가했고, 《동아일보》(1958, 2.25)는 '값싼 감상의 선을 넘어서 애절한 공감까지 느낄 수 있는 결정(結晶)의 작용'으로서, "자칫하면 철저한 신파조에 흐르기 쉬운 이야기를 일 단계 차원을 높여서 다룬 백호빈 감독의 작품 해석과 안정감은 기성 못지않게 착실하다."고 호의적인 반응을 보였다. 이는 같은 각본이라도 연출자에 따라 완성도가 달라질 수 있음을 뜻하는 언급으로, 시사하는 바가 크다. 아이러니컬하게도 이런 결과가 그의 창작물이 아닌 각색 작품에서 나왔다는 점이 아쉽긴 하나, 이 시나리오의 지향점이 지금까지 그가 추구해온 대중적 정서와 모럴, 인습적 가치관과 일치한다는 점에서 주목할 만하다.

〈밤마다 꿈마다〉(1959, 동신영화사 제작)는 그의 명실상부한 오리지널 시나리오이며 유일한 감독 작품으로, 봉선(도금봉)이라는 시골 처녀가 휴양차 내려온 공학도 안승일(이해랑)과 사랑바위에서 인연을 맺게 되면서 빚어지는 비극이다.

도입부에 백제의 공주와 적국인 이웃나라 왕자의 이루지 못한 사랑과 승천의 전설을 배치하여 그들이 만난 '사랑바위'의 의미를 강조하고 복선을 깐 시나리오의 서사 구조는 전반적으로 소박하다. 소나기를 피하기 위해 들어간 낡은 초막에서 가까워진 두 남녀는 이날을 기점으로 내년 시월 초하루에 만날 것을 기약하며 헤어진다. 봉선은 남자를 잊지 못한 나머지 자신을 키워준 외삼촌이 강권하는 혼처조차

뿌리치고 상경하여 고생하면서도 그와 만날 날을 기다린다. 그러나
여건이 여의치 않자 삶을 포기하고 만다.

S# 106. 강 벼랑

신 두 짝을 벗어 나란히 놓는 문봉선.

벗어놓은 신 위에 지금껏 소중히 안고 있던 보자기를 놓는 봉선.

눈물 흔적이 남아있는 봉선의 얼굴은 벼랑 위에 서있는 채 점점 엄
숙해진다.

점순(*친구)의 "봉선아!" 소리.

S# 107. 강물

맴도는 물결.

물에 꽃송이가 떨어져 굽이쳐 감돌더니 흘러가다 물속에 잠겨 버
린다.

S# 108. 넓게 뻗은 산길

안승일과 주애라(*약혼녀)가 걸어간다. 다음 순간 "봉선아!"하는
점순.

부르짖음 소리에 깜짝 소스라쳐 우뚝 서는 승일. 놀라며 보는 애라.

승일은 확 애라를 뿌리치고 미친 듯 오던 길을 달려 올라간다.

S# 109. 강벼랑

남아 있는 신짝. 그리고 그 위에 놓인 보자기.

S# 110. 벼랑으로 가는 길

점순이가 허덕이며 달려간다. (중략)

S# 116. 사랑바위

바위 앞에 우두커니 앉아 있는 점순.

꽃핀 풀밭에 봉선의 고무신과 그 곁에 풀어헤쳐진 보자기.

안승일이 풀밭에 달려든다. 점순과 시선이 마주친다.

점순의 눈이 신짝과 보자기로 간다.

달려들어 흩어진 보자기에서 자기가 주어든 잠옷 웃옷과 거기 쌓인 외짝 버선을 집어 드는 안승일.

이점순    "봉선이는 죽었어유. 저 벼랑에서 강물에 떨어졌어유…."

와락 웃옷과 외짝 버선을 끌어당겨 안고 주저앉는 안승일.

점순이가 사랑바위 위에 봉선의 고무신을 올려놓는다.

승일이가 웃옷과 외짝 버선을 올려놓는다.

점순이가 꽃을 따서 버선 짝 위에 자꾸자꾸 뿌린다.

어느새 검은 구름이 몰리더니 빗방울이 뚝뚝 떨어진다.

점순이가 뿌리는 버선 짝 위에 떨어지는 비. 비. 비.

비가 막 퍼붓는다.

비통한 울음 속에 꿇어앉은 안승일의 옷과 얼굴에 비는 젖어 흐른다.

멀리감치 보이는 사랑바위. 그 앞에 꿇어앉아 우는 안승일과 꽃을 던지는 점순. 번개가 인다.

우르릉 우레 소리 나는 먼 하늘에서 비에 젖어 흐르며 '끝'의 글자.


    녹음 대본은 더러 생략(후반부)되고 장면의 순서가 바뀌기는 해도 전반적으로 시나리오에 충실했다. 특히 눈에 띄는 대목은, 라스트 신을 당초보다 간결하게 처리하고 사랑바위의 전설과 연결시켜 여주인공인 봉선을 성장(盛裝)한 공주의 모습(미디엄 샷)으로 승화시키고 있다는 점이다. 앞의 몇 장면에서도 확인할 수 있었듯이, 그가 구사하는 지문은 영상을 이끌어내기에 적합한 극적변화와 리듬을 타고 있다.

그는 「각색의 변」[51]에서 "극중 서로 만나기로 약속하는 대목이 어느 외국인의 것과 비슷한 것이라는 말을 들었으나, 작품의 우연한 비슷함은, 사람이 생각하는 바가 같을 수 있듯이 동서고금을 통해 많은 것을 본다. 극작 20년에 나는 타인의 것을 베껴본 적이 없다"고 단언하여 작가로서 그의 일면을 엿볼 수 있게 하였다.

〈어머니〉(1959, 경향영화사 제작)는 분단이 가져온 한 가정의 비애를 문제의식이 아닌 사건 중심의 정공법으로 풀어나간 작품이다. 여자(이경희)는 6·25 때 헤어진 남편과 아들을 찾아헤매다가 몇 해 만에 겨우 만나게 되나 냉혹한 현실에 직면한다. 남편(이택균)은 아내가 죽은 줄 알고 이미 다른 여자(도금봉)와 재혼하여 단란한 가정을 이루고 아들도 달라져 있다. 그녀는 자식에 대한 그리움과 남편에 대한 실망을 술로 달래며 술집 작부가 된다.

박노홍이 모처럼 제작한 영화지만, 결과는 좋지 않았다. 홍성기 감독의 〈청춘극장〉이 20일간 상영에 11만 5천여 명을 동원하며 이해 최고의 흥행 기록을 세운 데에 비해 〈어머니〉는 11일 동안 7천 명 선을 동원하는 데에 그쳤다. 게다가 상영관인 수도극장 측이 입장 요금을 제대로 정산해 주지 않아 이중의 어려움을 겪어야 했다.[52]

〈누구를 위한 순정인가〉(1959, 경향영화사 제작)는 젊은 서석주 감독의 기지 있는 터치로써 성공을 거두었다는 평가를 받았다. 그러나 전체적인 뉘앙스가 어딘지 신파적인 비조(悲調)를 면치 못하고 있는데, 이것은 제작자의 흥행적 강요가 아니면 감독의 타협한 결과로 판단되었다.[53] 김석훈과 '제2의 전옥'으로 꼽히는 이경희가 공연했다.

이밖에 앞의 통속영화의 계열과 성격을 달리하는 〈봉이 김선달〉

(1957, 한국영화사 제작)과 궁정(宮廷) 사극 〈풍운의 궁전〉(1957, 태양영화사 제작)이 있다. 일관성 있게 통속영화를 지향해온 박노홍의 작품 성향으로 볼 때 두 존재는 매우 이질적이며 이채롭다.

〈봉이 김선달〉(1957, 한국영화사 제작)은 조선조를 배경으로 갖은 재주와 능청과 대동강 물을 팔아먹는 등의 협잡으로 팔도를 휩쓸던 봉이 김선달(최남현)의 반생을 그린 시대풍자극이다. 대과 급제를 둘러싼 풍경을 중심으로, 김선달이라는 인물을 신사 같은 건달로 부각하면서 약한 맹인을 골탕 먹이는 잔인성의 일면을 보여준다. 김선달을 하나의 보헤미안, 김삿갓을 방불케 하는 니힐리스트로 파악한 상영 당시의 관점이 흥미롭다.[54]

## 마무리 말

이상과 같이 박노홍의 작품을 연대기적으로 짚어 보았다. 이미 서두에서도 밝힌 바 있듯이, 그와 관련된 필름이 남아 있지 않는 상황에서 실증적으로 한 작가의 작품세계를 논한다는 것은 무모한 일이었다. 개인적으로는 〈애정무한〉, 〈누구를 위한 순정인가〉 등 두어 편을 제외하고는 오래 전에 본 적이 있지만, 희미한 기억의 한 자락에 지나지 않을 뿐, 거의 도움이 되지 않았다. 이 보잘것없는 연구가 필름이 아니라, 문자라는 기록에 의존할 수밖에 없었던 이유이기도 하다. 물론 박노홍의 작품 가운데 연출 영화(〈밤마다 꿈마다〉)가 한 편 있기는 하나, 그가 주로 시나리오작가로 활동했다는 점이 오히려 위안이 되었다. 이와 같은 한계에도 불구하고 그의 시나리오에는 몇 가지 특징이 있음이 확인되었다.

첫째는 이야기 중심의 구조이다. 이는 영화를 하나의 이야기하기의 미디어로 인식한데서 비롯된 결과이다. 그런 인식이 인간을 기복 많은 '인생유전'의 시각에서 바라보게 만들었다. 기복이 있는 플롯을 선호하는 경향이 일반적인 멜로드라마에 비해서 두드러진다는 사실을 전제로 한 결론이다. 이 점에 대해서는 앞에서 그의 영화(시나리오)가 사건(이야기) 중심으로 이루어져 묘사가 아쉽다는 논지를 편 바 있다.

그는 동기부여자를 거의 남성으로 설정하고, 여성 캐릭터를 희생자로 내세워 실현되기 어려운 판타지를 갖게 한다. 유일한 연출작인 〈밤마다 꿈마다〉에는 서울에 있는 애인을 찾아 헤매다가 스스로 목숨을 버리는 시골 처녀(봉선)가 등장한다. 그녀에게 있어 서울 청년은 동경의 대상이며, 꿈일 수밖에 없다. 〈동백꽃〉에는 정략결혼한 도시 여성이 시골청년을 잊지 못해 자살하는 것으로써 한 여성의 불행한 판타지를 제공한다. 그의 이야기는 갈등의 해소나 화해보다는 극단적인 결말을 선호하는 경향이 있다. 갈등은 있으나 화해는 아주 드문 편이다. 〈청춘행로〉, 〈꿈이여 다시 한 번〉 등 예외를 제외하고는 〈두 남매〉, 〈애정무한〉, 〈동백꽃〉, 〈어머니〉 등 대체적으로 화해보다는 체념이나, 복수, 자살 등 유보적인 방식을 채택하고 있다. 그의 작품이 내러티브 중심일 수밖에 없는 당위성이다. 이는 그의 시나리오 바탕이 악극에 있음을 시사해 주는 것이기도 하다.

둘째는, 대중영합적 요소이다. 이는 대중의 정서와 반응에 민감한 가요작사자로서의 속성이 낳은 결과라 할 수 있다. 여기에 악극의 경험까지 작용한다. 그의 작품에 악극적인 흥미의 요소가 강한 원인이기도 하다. 그 대부분이 1940년대 가극단 시절의 향수와 미련을 갖고 악극을 그대로 화면에 옮겼거나, 변형시킨 것들이었다. 사회의식이나 인간의 내면에 관심을 가질 새도 없이 이야기를 만들려고 했고, 그렇게 이루어진 내러티브 아래 안주하려 했다. 일제식민지 시대부터 희극보다는 비극을 좋아하는 한국인의 성향, 그중에도 특히 영화를 좋아하는 일부 여성 관객들의 취향에 맞는 소재를 찾다보니, 재미를 의식하지 않을 수 없었다.

셋째는, 감성적 분위기의 조성이라고 할 수 있다. 그의 카메라를 의식한 시선은 맴도는 강물의 물결에 꽃송이가 떨어져 굽이쳐 감돌며 흘러가다가 물속에 잠겨 버리는 등의 묘사(〈밤마다 꿈마다〉, 107신)로 비극적인 결단에 직면한 여주인공의 심상을 표현하거나, 김소월의 시(『예전엔 미처 몰랐어요』)를 빌어 재회한 연인들의 내면에 간직된 그리움의 감정을 표출(〈꿈이여 다시 한 번〉, S# 128.남산 길)하는 방식으로 정감의 분위기를 조성한다. 그가 처음 발을 들여놓은 장르가 문학(시)이었음을 상기케 하는 착상이다.

박노홍의 활동 시기가 신파영화의 전성기와 일치한다는 것은 결코 예사로운 일이 아니다. 1957년 가극단을 운영한 경험이 있는 최일(崔一)이 백조영화사를 설립하고, 그 시절의 인기 레퍼토리였던 〈항구의 일야〉(김화랑 감독)를 만들어 개봉하면서 본격적인 신파영화 시대가 열리는 시점에 처음으로 가세한 작가가 바로 박노홍이었기 때문이다.

그러나 이런 신파극의 생명은 그리 길지 못했다. 최일의 아내였던 '눈물의 여왕' 전옥을 간판배우로 내세운 〈항구의 일야〉 이후 성행했던 신파극은 1958년 〈눈 나리는 밤〉, 〈자장가〉, 〈목포의 눈물〉(이상 하한수 감독, 전옥 주연), 〈눈물〉, 〈화류춘몽〉(이상 박성복 감독) 등 10여 편을 피크로 1959년까지 3년 만에 거의 소멸되었다. 박노홍의 활동도 이 시점에 사실상 종료되었다. 그 후 백조영화사는 1960년 박성복 감독의 〈저 언덕을 넘어서〉(전옥, 황해 주연)를 통해 재기를 모색했으나, 신파영화의 불씨는 살아나지 않았다. 백조영화사와 마찬가지로 박노홍 역시 4·19를 모티브로 한 시나리오 〈젊은 사자들〉의 영화화를 시도하였으나 빛을 보지 못했다. 만일 그때 이 일이 성사되었다면, 그동안 그가 일관되다시피 추구해온 통속적인 '인생유전'의 세계에서 탈피하는 계기가 되었을지도 모른다.

그에게는 반골적인 기질도 있었다. 1950년대 말 대다수 연예계 인사들이 이승만 정권의 비호 아래 문화권력의 중심에 떠올랐던 임화수(한국연예주식회사 대표) 일당의 압력에 굴복하여 어용의 모습을 드러냈을 때도 그는 이에 휘둘리지 않았다. 그랬던 그가 1960년 4·19학생의거로 자유당정권이 몰락하자 '국제친선문화협회'라는 단체를 만들어 부회장직을 맡아 제2공화국의 이미지를 부각시키는 일에 적극 참여하였다. 그때 그의 주도 아래 '한국영화40년 기념전시회'(1961년 3월 3일~1개월간, 덕수궁미술관)가 열렸다. 그 뒤 그는 쿠데타로 집권한 군사정부에 의해 곤욕을 치렀고, 경기도 오산의 농장에 들어가 진흙으로 빚은 15평의 초막집에 살면서 자료를 모아 쓴 「한국극장사」(한국연극, 1979년 5월호~11월호) 등 여러 편의 학문적인 성과를 남기고, 1982년 1월 22일 68세의 생애를 마치게 된다.

박노홍은 정통적인 신파영화를 계승한 본류이다. 그는 한국영화 초창기인 1926년 이경손 감독의 〈장한몽〉 이후, 1930년대의 〈수일과 순애〉(1931,이구영 감독), 〈사랑에 속고 돈에 울고〉(1939, 이명우 감독)를 거쳐 1940년대의 〈검사와 여선생〉(1948)의 맥을 잇는 1950년대의 대표적인 신파영화 작가로서 독자적인 영역을 구축하였다.

이는 곧 그가 이 분야에서 중요한 위치에 있음을 뜻한다. 그의 작품

은 양과 질을 떠나 신파영화의 연구자들이 반드시 거쳐 가야할 통로
이다. 그를 거치지 않고는 신파영화의 핵심에 도달할 수 없기 때문이
다. 이런 사실만으로도 그에 대한 연구가 지속적으로 이루어져야 할
이유와 충분한 가치가 있다.

- 『박노홍전집·3』 2008. 연극과 인간

# 숙명적인 '노역'의 멍에 이고 산 연기파 황정순

## ─ 신출내기 연극소녀에서 은막으로

　　황정순은 30대 중반부터 '노역(老役)'이라는 멍에를 지고 배우의 길을 걸어왔다. 머리에 흰 칠을 하고 얼굴에 주름살을 그리며 동료 여배우의 어머니 역으로 카메라 앞에 섰다. 서른세 살 때부터 서른아홉 살 사이에 그보다 두세 살 위인 박암의 장모(〈인생차압〉, 1959년, 유현목 감독) 역을 맡거나 김석훈과 허장강(〈굴비〉, 1963년, 김수용 감독)의 어머니, 또는 장모로, 김진규(〈여자의 길〉, 1965년, 이형표 감독)의 모친 역으로 출연한 것이 그 대표적인 예이다. 〈인생차압〉에서 선보인 것은 사기, 탈세, 횡령죄로 법망에 걸리게 되자 재산을 지키기 위해 자살극을 꾸미는 모리배(김승호)의 아내 역이었다.

　　일찍이 황정순을 〈월급봉투〉(1963년), 〈산불〉(1967년) 등 여러 영화에 출연시켜 그의 필모그래피를 빛내게 만든 김수용 감독의 표현대로 '연기인에게 젊은역과 노역의 구별이 있을 수 없고, 주역과 조역의 우열이 있을 수 없지만 젊은 날 무대의 여왕이 은막의 노파로 전향(《주부생활》, 1969년 9월호 부록, 「영화와 스타 스토리」)한 것은 의도와는 다른 운명이었을 것이다.

## 연극에서 다진 연기력을 무기로

1925년 8월 20일 경기도 시흥에서 태어난 황정순은 해방 전 부평의 박문여자중학교에 다니던 열다섯 살 때 조선총독부가 후원한 육군 지원병 독려용 영화 〈그대와 나〉(1940년, 허영 감독)의 단역으로 나오면서 영화계와 인연을 맺었다.

그러나 1949년 최초의 컬러영화 〈여성일기〉(홍성기 감독)와 같은 해 장황연 감독의 신파 멜로 〈청춘행로〉(일명 촌색씨)에 주연으로 발탁되기까지는 극단 '호화선'(1942년)의 연구생으로 들어가 잔심부름을 하는 신출내기 연극소녀였다. 이 무렵에 처음 맡은 배역이 〈순정애곡〉의 간호부였다. 그런데 모처럼 대사가 있는 역할을 맡아 긴장했던 탓인지 병원을 방문한 여자 손님에게 "의사 선생님이 환자에게 주사를 놓고 계시니까 잠깐 기다리세요."라고 해야 할 것을 "환자 선생님이 의사에게 주사를 놓고 계시니까 잠깐 기다리세요."라고 정반대로 말해 버리고 만 것이다.

하지만 그는 여기서 주저앉지 않았다. 이 실수를 거울삼아 더욱 분발했다. 이 극단이 해체된 뒤에도 후속 단체인 '성군'(星群, 1944년)에 남아 연기기초를 쌓았다. 집안의 반대를 무릅쓰고 그가 연극을 할 수 있도록 뒤에서 도와준 것은 태평양전쟁 때 징병으로 끌려가 죽은 둘째 오빠였다.

해방 후에는 중앙방송국 전속 성우(1945년)가 되었다. 6·25 전쟁 때 대구로 피난 갔던 '신협'이 9·28 수복과 함께 서울로 돌아오자 이 극단에 입단(1951년)하여 무대에 섰고, 1956년에는 중앙국립극단 전속 단원이 되었다. 이 시기에 출연한 작품이 제1회 공연작 〈원술랑〉과 제2회 공연작 〈뇌우(雷雨)〉였다. 두 연극 모두 공전의 히트를 기록하며 5만 명 이상의 관객을 동원했다. 당시 서울 인구가 150만 명(1955년 기준)이라는 점을 감안할 때 대단한 성공이었다. 그는 두 연극에서 김유신 장군의 아내 지소부인과, 노씨 집안의 하녀로 들어간 사봉 역을 맡았다. 특히 젊은 나이로 노파 역까지 소화한 〈원술랑〉의 지소부인 역은 관객들부터 큰 주목을 받았다.

한창 나이에 황정순이 연극에서 부여받은 노역은 영화까지 이어놓는 숙명적인 고리로 작용하였다. 이는 오히려 대중들의 환호를 의식해야 하는 인기판도에서 비켜나 연기력으로 승부하게 만든 동력이 되었다. 그가 연기파 배우로 평가받게 된 배경이기도 하다. 이후 그는 1950년대 말까지 영화와 연극 활동을 병행하며 초창기 배우 복혜숙이 이루지 못한 연기영역으로 다가갔다.

## 서민적 풍모 돋보인 명품 조연의 길

황정순은 이렇게 연극무대에서 다듬은 특유의 발성과 응집력을 무기로 〈사랑방 손님과 어머니〉(1961년), 〈열녀문〉(1962년, 이상 신상옥 감독) 등으로 대표되는 한은진과 쌍벽을 이루며 1960년대 한국영화의 전성기를 누볐다. 그가 형상한 캐릭터는 해방 후 〈청춘행로〉(1949년)의 며느리, 〈청춘극장〉(1959년, 홍성기 감독)의 독립투사의 딸 운옥 등

전형적인 어머니 모습 보여준 〈외아들〉(1963)의 황정순

일부 젊은 역할을 제외하고는 양장보다 한복이 잘 어울리는 노역에서 빛을 내었다.

　그는 〈육체의 고백〉(1964년, 조긍하 감독)의 밤거리 양공주의 대모 역이나, 유교적 전통인습을 추종하는 〈홍살문〉(1972년, 변장호 감독)의 과부 시어머니를 통해 현대적인 풍모와 카리스마를 보여주기도 했지만, 거의 서민적인 체취가 강한 보편적인 한국여인상을 표출해 내었다.

　거친 욕을 입에 달고 살며 딸을 술집에 내보내기 위해 '신고산 타령'을 가르치는 〈혈맥〉(1963년, 김수용 감독)의 실향민 함경도 댁이나, 무직자인 남편을 뒷바라지하며 한 푼이라도 값을 더 받으려 생선 배에다 바람을 불어넣는 〈잉여인간〉(1964년, 유현목 감독)의 행상 아내처럼 모진 풍상의 모습으로 나타나는가 하면, 〈마부〉(1961년, 강대진 감독)의 정겨운 이웃 아낙네, 분가한 자식들로부터 냉대를 받으면서도 보듬어 안는 〈굴비〉(1963년, 김수용 감독)의 시골 어머니, 사생아를 인부로 둔 남편이 거슬리는 〈성난 능금〉(1963년, 김묵 감독)의 과수원댁 부인으로 변신하고, 성불구자인 아편쟁이 사위로 인해 불행을 겪게 되는 〈김약국의 딸들〉(1963년, 유현목 감독)의 한실댁과 같은 다양한 여인의 삶을 보여 주기도 한다.

또한 자식을 위해 온갖 역경을 견디며 살아가는 〈외아들〉(1963년, 정진우 감독)의 어촌 어머니, 재가했던 며느리를 따뜻하게 맞아들이는 〈갯마을〉(1965년, 김수용 감독)의 과부 시어머니, 휴가 온 아들에게 따뜻한 밥 한 끼를 해먹이기 위해 머리를 잘라 파는 〈삭발의 모정〉(1965년, 강대진 감독)의 가난한 군인 어머니, 처가살이를 하는 아들에게 냉대를 받으면서도 사업 빚을 갚아주는 〈화산댁〉(1968년, 장일호 감독)의 농촌 노모와 전국에 흩어져 사는 1남 6녀를 찾아 유람에 나서는 〈팔도강산〉(1967년, 배석인 감독)의 한의원 댁과 같은 다복한 도시 할머니의 일면을 드러내 보이기도 한다.

초기에는 〈춘색씨〉(1958년, 박영환 감독), 〈자식복 돈복〉(1959년, 윤대룡 감독), 〈모상〉(1960년, 박상호 감독) 등의 경우처럼 연극이 몸이 밴 오버액션의 경향이 있었지만, 1960년대 초반부터 〈혈맥〉, 〈잉여인간〉 등 일련의 문예영화에 출연하면서 한층 여과된 디테일 연기로 다듬어졌다.

이런 점에서 1970년대 말 이후 그의 후반기를 장식한 두 편의 영화 〈장마〉(1979년, 유현목 감독)와 〈장남〉(1984년, 이두용 감독)에 주목할 필요가 있다. 한 지붕 아래서 사돈댁과 좌우 이념의 대립각을 이루며 분단시대를 살아가는 〈장마〉의 외할머니와 고향이 수몰 지구로 변하면서 서울의 아들 집에 옮겨와 살게 된 〈장남〉의 노모 역은 그의 연기 생애에 화룡점정(畫龍點睛)의 의미를 갖는 중요한 성과이기 때문이다. 특히 죽은 남편(김일해)의 시체를 담은 관이 기중기에 들려 아파트의 벽을 부딪치며 내려오는 모습을 안타까운 시선으로 바라보는 〈장남〉의 후반부 연기는 농경시대에서 산업화시대로 변한 핵가족사회에 적응하지 못하는 노인의 애환을 엿보게 하는 인상적인 것이었다.

## 연기력으로 승부 건 44년의 연기 인생

황정순은 1960년대에 톱스타들이 누렸던 인기와 일정 거리를 유지한 채 주연과 조연 사이의 틈새를 파고들며 연기력으로 승부를 건 보기드문 배우였다. 그의 연기를 받쳐준 것은 무대 경험을 통해 축적한 발성법과 육체언어로 인식한 연기동작, 투철한 직업의식에 따른 작품 해석과 성격분석이었다.

그동안 초기에는 주로 〈인생차압〉, 〈육체의 길〉(1959년, 조긍하 감독)을 비롯한 〈박서방〉(1960년, 강대진 감독), 〈삼등과장〉(이봉래 감독), 〈마부〉(1961년), 〈굴비〉(1963년), 〈월급봉투〉(1964년) 등에서 김승호와 부부관계를 이루었고, 중후반부에는 〈서울의 지붕밑〉(1961년, 이형표 감독), 〈팔도강산〉, 〈저것이 서울이 하늘이다〉(1970년, 김수용 감독) 등에서 김희갑과 호흡을 맞추었다.

황정순은 일제강점기 아래서 출연한 〈그대와 나〉(1940)부터 영호남의 지역감정과 화해를 그린 마지막 작품 〈88 짝궁들〉(1984년, 서윤모 감독)까지 44년의 연기생활을 기록하며 한국영화사상 전례 없는, 430여 편의 최다 조연 기록을 세웠다. 동시에 그는 양적 수확만이 아니라 풍성한 질적 성과까지 거두었다.

1950년대 말부터 1970년대 초까지 10여 년 동안 제2회 부일영화상
(〈인생차압〉, 1959년) 여우조연상을 비롯하여 제2회 대종영화제(〈새댁〉,
1963년, 이봉래 감독) 여우조연상, 제1회 청룡영화제(〈혈맥〉, 1963년)
여우주연상, 제3회 대종상영화제(〈혈맥〉, 1964년) 여우조연상, 제7회
부일영화상(〈혈맥〉, 1964년) 여우주연상, 제2회 청룡영화제(〈잉여인
간〉, 1964년) 여우조연상, 제3회 청룡상영화제(〈날개부인〉, 1965년,
김수용 감독) 여우조연상, 제5회 대종상영화제(〈갯마을〉, 1966년) 여우
조연상, 제9회 부일영화상(〈갯마을〉, 1966년) 여우조연상, 제7회 대종영
화상(〈엄마의 일기〉, 1968년, 이형표 감독) 여우조연상, 제11회 부일영
화상(〈산불〉, 1968년, 김수용 감독) 여우조연상, 제6회 청룡영화상(〈규
방〉, 1969년, 정소영 감독) 여우조연상, 제3회 서울신문문화대상(〈엄마
아빠 오래 사세요〉, 1970년, 이성구 감독) 여자연기상 등 국내 주요 영화
제의 연기상을 거의 휩쓸었다.

－《영화평론》 2013년 (제25호)

# 1960년대 한국영화의 자존심 신상옥
— 영화는 시스템의 철학이라는 신념과 실천

## 대중친화적인 전천후 영화인

신상옥은 예술적 안목과 대중친화적 감각을 겸비한 집념의 전천후 영화인이다. 그는 미술, 촬영, 편집 등 영화기술에 대한 식견이 뛰어날 뿐 아니라, 제작자로서도 유능한 인물이었다. 한국 영화산업사를 논할 때 신상옥과 그가 이끈 신필름을 빼놓고 과연 성립될 수 있을까. 결코 그렇지 못할 것이다. 특히 그가 신필름을 이끌며 이룩한 1960년대의 성과는 곧 한국영화전성기와 직결된다는 점에서 각별한 의미가 있다.

이 시기에 그가 〈성춘향〉, 〈사랑방 손님과 어머니〉, 〈상록수〉(이상 1961), 〈열녀문〉(1962), 〈빨간 마후라〉, 〈벙어리 삼룡이〉(1964), 〈내시〉(1968)와 같이 완성도 높은 영화를 내놓지 않았다면 뒷날의 평가는 크게 달라졌을지도 모른다. 김기영, 유현목과 이만희, 김수용, 이성구 등이 각개약진하며 받쳐준 1960년대의 영화에서 제작자, 또는 감독으로서 신상옥이 수행한 역할은 절대적이었다고 해도 과언이 아니다.

영화는 영화인들과 그 시대의 사회 상황, 그리고 대중이 함께 만들어내는 총체적 작품이다. 더욱 중대한 오류는 영화를 감독 '개인의 작품'이라고 생각하고 평가하는 경향이다. 영화는 시스템의 산물이다. 결코 개인의 작품일 수가 없다.

신상옥은 자서전 『난 영화였다』(2007, 랜덤하우스코리아 발행)에서 이렇게 언급한 바 있다. 영화는 프로듀서, 시나리오 작가, 배우, 카메라맨 등 각 분야의 전문가들이 모여서 만든 종합예술이면서 원초적으로 기술적인 제약 속에서 이루어지는 메커니즘의 집약이라는 것이다. 그래서 편협한 프랑스식 작가주의의 굴레에서 벗어나야 한다고 했다(앞의 책, 16쪽). 그는 이런 인식 아래 자신을 '할리우드적 성향'의 감독이자, 제작자로 규정하고, 표현은 프랑스영화의 영향을 받았으나 영화에 대한 근본적인 생각은 분명히 할리우드적이었다고 토로하였다. 그가 고수해온 영화관을 잘 드러낸 말이라고 할 수 있다. 이런 인식은 그의 영화인생에 크게 작용하였다.

## 나운규 영화에 감화 받은 한약방 집 아들

신상옥은 1926년 9월 12일 함경북도 청진에서 한의사인 신병용의 3남 2녀 중 막내로 태어났다. 본명은 신태서(申泰瑞)이다. 집 앞에는 소화좌(昭和座)라는 극장이 있었다. 청진에 있는 서너 개 가운데 하나인

신상옥 감독

재개봉관이었다. 그는 천마보통학교 다닐 때부터 한 번에 두세 편씩 동시상영하는 이 극장에서 살다시피 했다. 나운규의 〈아리랑〉(1926) 과 이규환의 〈임자 없는 나룻배〉(1932)를 본 것도 이때였다. 이 무렵에 본 영화 가운데는 D.W 그리피스의 〈국가의 탄생〉(1915), 〈동도(東道)〉(1920), 찰리 채플린의 〈황금광시대〉(1924), 〈모던 타임즈〉(1936년) 와 같은 서양영화도 있었다.

그 많은 영화 가운데서도 그가 좋아한 것은 나운규의 영화였다. 그의 마지막 작품인 〈오몽녀〉(1937)만 빼고는 거의 다 볼 정도였다. 그 중에도 특히 개와 고양이가 싸우는 〈아리랑〉의 상징적인 첫 장면과 불타는 장면을 붉은색 전체 화면으로 처리한 〈벙어리 삼룡〉에서 깊은 인상을 받았다. 그의 영화들은 뒷날 신상옥의 작품세계를 형성하는 데에 적지 않은 영향을 주었다.

청진 천마소학교를 졸업하고 두만강변에 있는 함경도 명문인 경성

중학교에 진학한 뒤에도 계속 영화에 빠졌다. 모범생은 되지 못했으나 영화 관람과 그림 그리기, 독서, 음악에 열중하였다. 당시 경성중학교에는 문단의 대표적 모더니즘 시인인 김기림이 국어교사로 있었다. 월남 후 시인이 된 김규동과 만화가 신동헌, 사회당 대표를 지낸 정치가 김철 등이 그때 같이 공부한 친구들이다. 그는 중학교 2학년 때 선전(鮮展, 조선미술전람회)에 입선하여 일약 화제가 되기도 했다.

학도병을 뽑느라고 중학교가 5년에서 4년제로 줄어든 일제 말기, 신상옥은 4학년 졸업도 못한 채 일본의 동경미술학교에 입학했다. 천성이 자유분방하고 고집이 센 그는 초현실주의 화가의 그림에 심취했다. 그런 한편 여전히 영화관을 드나들었다. 일본영화도 많이 봤지만 정작 매력을 느낀 것은 마르셀 카르네나 줄리앙 뒤비비에의 프랑스영화였다.

그는 해방되기 4개월 전 공부를 중도에 포기하고 귀국했다. 1945년 해방이 되자 당장 먹고살기 위해 포스터를 그렸다. 인쇄 시설이 변변치 않던 시절이라 이런 일감이 자주 들어왔다. 그러다보니 자연히 영화 포스터도 그리게 되었다. 이 무렵 마침 형(신태선)이 근무하는 토건회사 사장의 소개로 〈자유만세〉(1946)의 최인규 감독을 알게 되었다. 그의 지시로 세트를 만드는 일을 돕고 스틸사진도 찍었다.

최인규 감독의 기계에 대한 집착은 유별날 정도였다. 편집할 때 필름에 지문이 묻는다며 병원에 가서 손의 땀 선을 제거해 버리는가 하면, 미공보원의 의뢰로 홍보영화 〈인민투표〉(1948)를 만들 때는 반환을 요구하는데도 미첼카메라를 하나하나 분해해서 구조를 완전히 파악한 뒤에야 돌려주었다. 당시로는 우리나라에 단 한 대뿐인 동시녹음 카메라였다.

신상옥은 이렇게 영화계 초년생 시절부터 최인규 감독으로부터 영화의 기초를 익히고 기재와 기술의 중요성을 배웠다. 이때 습득한 경험이 장차 그의 영화 활동에 든든한 버팀목이 되어 주었다. 낮에 밤 장면을 찍는 〈연산군〉(1961)의 데이 포 나이트(Day for Night) 촬영 기법이며, 〈로맨스 그레이〉(1963)의 줌 렌즈 사용, 〈벙어리 삼룡이〉의 망원렌즈와 〈빨간 마후라〉(1964)의 공중 촬영 및 열 배 줌 렌즈의 활용 등이 이미 그런 과정에서 터득한 결과라고 할 수 있다. 그는 나운규에게서 영화의 근본과 작가정신을 배웠다면, 최인규 감독으로부터는 영화제작의 핵심적 기술들을 익혔다고 할 수 있다.

## 〈악야〉 이후 만개한 신상옥 시대

신상옥은 1952년 6·25 전쟁으로 시련을 겪는 가운데 피난지인 항도 부산에서 〈악야(惡夜)〉를 탄생시켰다. 양공주의 문제를 다룬 김광주 원작으로 그의 나이 만 26세로 영화계에 첫발을 내딛는 감격적인 신고식이었다. 집에서 제작비를 지원 받아 촬영에 들어갔으나 졸지에 전쟁을 만나 필름을 싸들고 대구로 내려와 어렵게 만들어 부산에서 개봉한 16밀리 영화였다. 여기에는 친구인 황남과 이민자, 문정숙이 출연하였다. 문정숙의 데뷔작이기도 하다. 그러나 이 필름은 현재 남아있지 않다.

한 작가(황남)가 아침에 잠자리에서 눈을 뜨는데 한쪽 눈만 뜬다. 이 눈을 클로즈업으로 잡은 것이 첫 장면이다. 그는 오늘내로 집세를 내지 않으면 쫓겨날 판이다. 밀린 원고를 받으러 잡지사에 가지만 받지 못한다. 화가 난 그는 자포자기해서 친구와 폭음한 후 집으로 돌아오다가 양공주(이민자)가 탄 지프에 치인다. 그런데 그 양공주는 작가가 교사로 근무할 때 가르쳤던 제자이다. 부상을 당한 작가는 어쩔 수 없이 그녀의 집으로 가게 된다.

다음날 아침, 남편이 집세를 마련해 오기를 기다리던 작가부인은 집에서 쫓겨나 혼자 이사를 한다. 작가는 양공주 집에서 나오다가 아내와 마주친다. 공교롭게도 바로 옆집으로 이사를 온 것이다. 작가는 무턱대고 아내에게 화를 내며 다른 곳으로 다시 이사를 가자고 한다. 두 사람이 이삿짐을 실은 수레를 밀고 멀어져 가는 장면으로 영화는 끝난다(앞의 책, 47쪽).

이 작품은 드라마적 기복이 거의 없이 사실적인 정황 묘사로 일관하며 배우들의 연기보다는 편집과 카메라 워킹 위주로 영상미에 주력한 작품으로 알려져 있다.

〈악야〉에 이은 두 번째 작품이 한국의 역사와 문화를 해외에 알리기 위한 목적으로 만든 〈코리아〉(1954)이다. 신라시대의 석가탑 등의 문화재와 명승지에 곁들여 처용의 노래, 무영탑에 얽힌 사연, 「춘향전」 등의 이야기를 삽입한 이색적인 다큐멘터리이다.

잇따라 이광수 원작 〈꿈〉과 김동인의 〈젊은 그들〉(이상 1955), 현진건의 〈무영탑〉(1957) 등 문예작품, 그리고 〈악야〉 계열의 〈지옥화〉를 비롯한 〈어느 여대생의 고백〉(1958), 〈동심초〉, 〈독립협회와 청년 이승만〉(1959), 〈로맨스 빠빠〉, 〈이 생명 다 하도록〉(1960), 〈성춘향〉, 〈사랑방 손님과 어머니〉, 〈연산군〉(1961), 〈강화도령〉(1963), 〈빨간 마후라〉(1964), 〈다정불심〉, 〈이조잔영〉(1967), 〈대원군〉, 〈내시〉(1968), 〈이조여인 잔혹사〉(1969) 등을 내놓았다. 여세를 몰아 〈이조괴담〉(1970), 〈전쟁과 인간〉(1971), 〈효녀 청이〉(1972), 〈이별〉(1973), 〈13세 소년〉(1974), 〈아이

러브 마마〉, 〈장미와 들개〉(1975) 등 다양한 장르를 넘나들며 1970년대를 마무리하였다.

이렇게 신상옥은 북한에서 메가폰을 잡은 〈돌아오지 않는 밀사〉, 〈사랑사랑 내 사랑〉, 〈탈출기〉(1984), 〈소금〉, 〈심청전〉, 〈방파제〉, 〈불가사리〉(1985) 등 7편을 제외하더라도 반세기가 넘는 영화 생애를 통해 모두 68편의 감독 작품을 남겼다. 곧 1950년대 12편, 1960년대 34편, 1970년대 18편, 그리고 탈북 후의 〈마유미〉(1990), 〈증발〉(1994), 〈닌자 키드 3〉(1995), 〈겨울 이야기〉(2004) 등 4편이 그것이다.

이울러 이형표 감독의 〈서울의 지붕 밑〉(1961), 〈아름다운 수의〉(1962)와 〈와룡선생 상경기〉(1962, 김용덕 감독), 〈청일전쟁과 여걸 민비〉(1965, 임원식 감독), 〈돌지 않는 풍차〉(1967, 이봉래 감독), 〈포상금〉(1971, 이경태 감독) 등 150여 편을 제작하였다.

데뷔 초기에는 〈악야〉, 〈지옥화〉 등에 나타나 있듯이 사회성이 강한 리얼리즘을 추구했으나 〈꿈〉을 계기로 〈무영탑〉 등 차츰 탐미적인 경향을 띠었다. 이 계열의 작품들은 몇 년 뒤 〈사랑방 손님과 어머니〉, 〈상록수〉(1961), 〈벙어리 삼룡〉(1964) 등 현실도피적인 문예영화로 이어지면서 보다 안정된 영상미를 선보였다. 이는 표현의 자유가 망가진 1960~1970년대 군사정부의 정치 상황과 밀접한 관계가 있다. 이런 여건 아래서 그는 멜로드라마, 사극, 액션드라마, 괴기물, 전쟁영화 등 여러 장르를 넘나들며 활로를 모색하였다.

## 신필름의 빛과 그림자

신상옥은 스케일이 큰 사람이었다. 1960년대 초입에 히트작 〈성춘향〉(1961)으로 올 캐스트에 의한 시네마스코프 색채영화시대를 여는가 하면, 2만 5천 평 규모의 안양영화촬영소를 인수하여 운영하였다. 이 촬영소를 중심으로 산하에 10여 명의 감독을 두고 1년에 스물여덟 편까지 제작하며 영화산업화의 길을 모색하였다. 그러나 당시 한국영화의 규모로 볼 때 이 시설은 너무 큰 것이었다.

그러나 신상옥은 1960년대를 정점으로 1970년대 초반을 넘어서며 〈반혼녀〉(1973), 〈여수 407호〉(1976) 등 범작과 함께 작가적 긴장감이 떨어지는 침체 현상을 면치 못했다. 그가 제작을 겸한 감독이 아니었다면 극복됐을지 모를 불안한 신호였다. 홍콩과의 합작영화 〈장미와 들개〉(1975)의 예고편으로 인한 이른바 '검열 위반 사건'은 이런 시기에 터진 충격이었다. 3초 가량의 필름이 20여 년의 신필름 역사를 벼랑으로 내몰고만 것이다.

하지만 한 가지 분명한 것은 최악의 여건 속에서도 신상옥은 생명의 동아줄 같은 영화의 끈을 놓지 않았다는 사실이다. 그는 어떤 방법으로든 영화를 계속 만들었다. 1978년 홍콩에서 납북된 이후에는 북한에서, 86년 탈북한 뒤에는 미국에서 '납북'이 아닌 '월북'이라는 일부의 누명 속에서도 영화에 대한 집념을 버리지 않았다. 남북이 분단된 나라에서 파란만장한 삶을 살았던 재능 많은 경계인, 그러나 그의 인생은 동시대에 활동했던 작가 손창섭의 소설 제목처럼 '미해결의 장'으로 남았다고 해도 과언이 아니다. 그는 팔순에 이른 말년까지도 마지막 역작이 될 수 있었던 숙원의 영화 〈징키스칸〉의 한을 풀지 못했기 때문이다.

－《영화천국》 2013년 4~5월호

# 박상호 감독과 〈비무장지대〉

## 연극배우에서 영화감독으로

대부분의 영화감독은 연출로 출발하는 정통 코스를 밟지만, 그렇지 않은 경우도 적지 않다. 이를테면 1920년대 영화 초창기의 김조성·김영환과 같은 변사나, 그 이후 나운규를 비롯한 윤봉춘·최무룡 등 배우와 이익(김화랑)·김강윤·전범성 등 시나리오 작가들에게서 볼 수 있듯이, 도중에 방향을 바꿔 감독으로 전환하거나 겸업을 한 것이 그 대표적인 예이다.

그런데 박상호(朴商昊)는 당초 연극배우에서 영화감독으로 직종을 바꾼 유일한 예에 속한다. 〈육체는 슬프다〉(1962)를 만든 이해랑이 있지만, 그는 이 한 편을 내놓고 더 이상 후속작을 내놓지 못했다.

박상호는 1931년 9월 24일(양력) 인천 태생으로, 5년제 경동중학교(1950)를 나와 연희대학교 상과를 중퇴했다. 부친 박천용은 해방 이듬해 봄 1남 4녀를 남겨 놓은 채 갑자기 세상을 떠났다. 그때 그의 나이 열여섯, 네 살 박이 막내가 뒷날 연극배우가 된 박정자이다. 어머니 김진옥은 다섯 식솔을 먹여 살리기 위해 궂은일도 마다하지 않았다.

그는 고등학교 때부터 영화에 관심이 많았다. 자신의 진로에 대해 고민을 하던 중 하루는 이웃에 유명한 연극인이 산다는 사실을 염두에 두고 무작정 찾아갔다. 인사를 드리기가 바쁘게 "저 영화하고 싶은데 어떻게 하면 되나요?" 하고 물었다. 이 연극인은 느닷없이 나타나 묻는 젊은 불청객의 질문에 잠시 망설이다가, 여러 말 없이 연극 공부부터 하라고 일러 주었다. 그가 바로 연극연출가 서항석(徐恒錫)이었다. 돈암동에 살 때였다고 한다.

박상호는 이때부터 스타니슬라프스키의 『배우수업』(3권)이며, 그밖에 몇 사람이 쓴 연극입문서를 구해다 읽었다. 특히 연설조의 장광설과 과장되고 틀에 박힌 연기보다 사실주의 연극을 강조한 스타니슬라프스키의 연기술에서 배운 게 많았다. 한 가지를 터득하자 새로운 의문이 생기는 학구적 갈증 속에서 동아줄 같은 길을 찾게 된 것이 학생극이었다. 그는 이 과정에서 해방을 맞은 젊은이의 애국혼을 부각한 〈조국〉(1948, 유치진 작)의 청년 역할을 맡아 장래가 촉망되는 젊은이로 각광을 받았다.

하지만 그는 연극을 하면서도 영화에 대한 유혹을 뿌리치지 못했다. 한번은 김천 직지사에서 〈마음의 고향〉(1949, 윤용규 감독)을 찍는다는 말을 듣자 먼 길을 주저하지 않고 찾아갈 정도였다. 기차와 버스를 갈아타며 도착한 직지사에서는 마침 연극계의 대선배인 변기종과 신인 티를 채 벗지 못한 최은희가 한창 촬영중이었다. 그는 이 자리에서 조명의 위치며, 카메라의 움직임, 감독이 지휘하는 모습을 낱

낱이 지켜보았다. 이런 일은 그 후에도 되풀이되었다.

그가 처음 연극 단체와 인연을 맺은 것은 '극예술협회'('신협'의 전신)였다. 1947년 5월 유치진, 이해랑, 김동원이 중심이 돼 창립한 극단이었다. 그는 여기에서 궂은일을 도맡다시피 하며 무대의 특성을 익혔다. 그리고는 1950년 4월, 국립극장의 창설과 함께 국립극단 연구생으로 들어가게 된다. 연구생 가운데 뒷날 연극계를 주도한 차범석, 최창봉, 김경옥, 최무룡 등과 같은 신인들이 있었다. 이를 계기로 1주일 동안 5만 명의 관객을 끌어들인 국립극장 개관 기념작 〈원술랑〉(유치진 작, 부민관)의 사신 역할을 맡고, 잇따라 〈뇌우〉(雷雨: 유치진 연출)의 동생 역과 함께 효과를 담당하게 된다.

1950년 6·25동란이 일어나자 '신협'이 육군 정훈감실 산하 문예중대(772부대) 소속이 되면서 그도 일원이 되었다. 덕분에 식량 지원을 받으며 1·4후퇴 때는 정훈국에서 제공한 열차를 타고 대구로 피난했다. 수복 후에는 쉬러 작, 이해랑 연출 〈빌헬름 텔〉(1952)에 출연하는 한편, 무대감독과 조연출까지 맡아 연기뿐만 아니라 연출자로서의 기초도 다지게 된다. 그는 1956년까지 〈수전노〉 〈처용의 노래〉(1952), 〈나도 인간이 되련다〉 〈줄리어스 시저〉(1953), 〈가야금의 노래〉(1954), 〈세일즈맨의 죽음〉 〈풍운〉(1956) 등 모두 20여 편의 연극에 출연하였다.

## 신상옥의 조감독으로 영화계 입문

박상호는 신상옥 감독의 두 번째 영화 〈코리아〉(1954)의 편집 일을 도우면서 청소년 시절부터 꿈꿔 왔던 영화계에 발을 들여놓게 된다.

1954년 5월 신협의 〈가야금의 유래〉(유치진 작, 연출)를 끝낸 뒤였다. 한국 여배우로는 처음 승마를 한 기록을 남긴 신 감독의 세 번째 영화 〈꿈〉(1955)의 촬영 때도 연극을 하며 연출부에 참여하였다. 신협에서 연극을 같이 한 최은희의 추천에 따른 것이었다. 그는 조감독 일을 하면서 영화 초반부 내레이터로 등장하여 "이것은 꿈이었다."로 마무리하는 얼굴 없는 목소리 연기를 선보이기도 했다.

〈젊은 그들〉(1955)에서는 주로 배우들의 연기를 지도하는 조감독을 맡아 연극에서의 경험을 영화에 활용하는 한편, 소도구·진행·잡일 등 1인 4역을 하였다. 심지어는 최은희의 신당동 집에까지 김밥을 배달한 적도 있었다. 이 영화는 완성된 시나리오 없이 그때그때 촬영에 임했는데, 박상호는 이 영화를 통해 평생 잊지 못할 영화적 동지를 만나게 된다. 촬영조수이면서 포졸로 출연한 강범구와 제작을 지휘한 정경화가 바로 그들이다. 〈젊은 그들〉을 끝내고 다음 작품을 기다리는 동안, 그는 이승만 박사의 전기를 다룬 연극 〈풍운〉(1955, 이해랑 연출)의 고종 역과 〈세일즈맨의 죽음〉(1957, 김규대 연출)의 변호사 역을 맡아 자칫 흘려버릴 뻔했던 공백을 유익하게 메웠다.

머지않아 그는 스스로 메가폰을 잡는 기회를 만들었다. 유현목 감독이 부탁한 시나리오 〈유전의 애수〉(1956)의 윤색이 거의 끝날 무렵이었다. 정경화(제작 지휘), 주동운(각본), 강범구(촬영 조수겸 출연) 등과 합자하여 평소 좋아했던 18세기 영국의 낭만파 시인 앨프렛 테니슨의 서사시 「이녹 아덴」을 번안한 〈해정(海情)〉(1956)을 만들기로 합의한 것이다. 어릴 때부터 한 마을에 살면서 가족같이 지내던 두 친구가 한 여자를 사랑하게 됨으로써 빚어지는 엇갈린 운명의 삼각애정극이다. 그러니까 이 영화의 여주인공 김근자는 이녹과 필립으로부터 사랑을 받는 애니 역할을 맡게 된 셈이다.

그는 제작비를 충당하기 위해 전화기를 잡히고, 조명기사(윤영선)의 곗돈까지 동원하였다. 이 영화가 만들어지는 동안 자금 못지않게 힘들었던 것은 촬영허가를 받아내는 일이었다. 당시만 해도 속초는 동해안 최북단인 3.8 이북 지방으로 촬영이 불가능한 지역이었기 때문이다. 우리나라 최초의 순수 동인제 영화 〈해정〉(부제: 해당화 피는 마을)은 이런 과정을 겪으며 탄생하였다.

그는 잇따라 〈장미는 슬프다〉(1958)를 비롯한 〈낭만열차〉, 〈추억의 목걸이〉(1959), 〈모상(母像)〉(1960), 〈내 청춘에 한은 없다〉(1961), 〈산색시〉, 〈가족회의〉(1962), 〈또순이〉〈선술집 처녀〉(1963), 〈이별만은 슬프더라〉, 〈청춘은 목마르다〉, 〈우리 엄마 최고〉, 〈계동아씨〉(1964), 〈비무장지대〉(1965), 〈남남북녀〉, 〈해방동이〉, 〈가슴 아프게〉(1967), 〈멋쟁이 아가씨들〉(1968), 〈시댁〉(1969), 〈짚세기 신고 왔네〉(1971) 등 20편을 내놓았다.

박상호는 한국영화 중흥기인 1950년대 후반과 1960년대에 활동하면서 멜로드라마를 주로 만들었다. 그러나 〈짚세기 신고 왔네〉(1972)가 실패한 이후 1973년 3월 17일 서울 충무로 3가에 세종문화공사를 설립하여 대표가 되면서 문화영화의 길로 들어서게 된다. 여기에서 제작한 비극영화(非劇映畵) 중에서 대종상 우수문화영화상을 받은 〈양송이〉(1973, 제12회)를 비롯하여, 〈강화〉(1981, 제20회) 등 26편이나 된다.

이 가운데 〈산색시〉는 일제시대 징용 나간 남편(신영균)을 대신하여 늙은 시어머니와 어린 자식을 돌보며 살아온 여인(최은희)이 남편의 귀국과 함께 이룬 아들의 성공으로 행복을 찾게 된다는 한국판 '여자의 일생'이고, 〈또순이〉(원제 : 행복의 반생)는 당시 '국산영화'로서는 보기 드물게 역경을 헤치고 억척스럽게 살아가는 낙관적인 캐릭터(도금봉)를 선보였고, 〈선술집 처녀〉는 미모를 이용하여 주위에 몰려드는 뭇 사내들을 선술집으로 끌어들이는 젊은 과부(김지미)의 영악한 생존술을 그린 것이다. 〈산색시〉는 신상옥 감독의 조감독 출신으로서 독립 후 처음 신필름에 의해 제작된 인연이, 〈또순이〉는 제10회 아시아영화제 여우주연상과 함께 이룬 흥행적 성과가, 그리고 〈비무장지대〉는 심혈을 기울인 대표작이라는 점에서 그에게 각별한 의미가 있다고 할 것이다.

## 분단의 비애를 우화처럼 빚은 〈비무장지대〉

〈비무장지대〉는 박상호 감독이 모처럼 세미다큐멘터리 장르에 도전한 야심작이다. 휴전 후 12년 만에 지뢰탐지기를 앞세워 세계의 이목이 쏠린 155마일 DMZ(비무장지대)에서 촬영한 노력의 결실로서, 피난길에 놓친 어머니를 찾아 헤매는 두 어린이를 통해 분단의 비극을 62분 분량의 흑백 화면(시네마스코프)에 담았다.

이 영화는 남북 군사분계선이라는 표시판과 작렬하는 포화, 끊긴 한강철교, 피난민 행렬, 판문점 회담, 그리고 남과 북의 경계가 그어지는 휴전 당시의 한반도 지도에 타이틀백이 깔리면서 시작된다. 어쩌다 비무장지대로 들어오게 된 두 어린이, 무성한 갈대밭에서 걸어 나온 소녀(영아: 주민아)는 시냇물을 건너다 물살에 휩쓸리는 찰라 어디선지 나타난 소년(영식: 이영관)의 도움을 받으면서 오빠처럼 따르게 된다.

깡통을 든 소녀와 MP 헬멧에 인민군 복장을 하고 권총과 각종 훈장까지 찬 우스꽝스러운 소년의 모습은 마치 전쟁놀이를 하는 골목대장을 방불케 한다. 그들은 버려진 레이션 깡통의 음식을 주어먹거나 묘지에 세운 나뭇가지 십자가를 뽑아다가 땔감으로 쓰는가 하면, 감자를 삶기 위해 대전차 목제 지레 꼭지를 받침돌로 삼았다가 폭발하는 사고를 내기도 한다. 이로 인해 긴급 소집된 판문점 회의장에서 북에 의해 남쪽의 의도적인 도발이라는 항의를 받기도 한다.

이런 사실도 모른 채 순진한 두 어린이는 남북방의 한계선을 넘나들며 녹슨 야포와 탱크며, 기관차의 잔해에 올라타 소리를 질러 보기도 한다. 이런 가운데 북상하는 간첩을 만나 소년은 죽고, 소녀만 남아 혼자 헤매다가 중앙 분계선 넘어 엄마가 기다리는 철조망 앞으로 다가간다.

작위적인 이야기를 배제한 이 영화에서 가장 인상적인 것은 두 어린이가 '군사분계선'이라고 적힌 푯말 앞에서 동서로 뻗은 흰 줄을 보며 나누는 대화 장면이다.

먼저 소녀가 묻는다. "이게 뭐야?"

"땅 갈라놓은 거야."

"그럼 저건 누구 땅이구, 여긴 누구 땅이야?"

소년이 줄을 가리키며 "여기서부터 저쪽은 남쪽 땅이구 저쪽은 북쪽 땅이야." 이렇게 대답한다. 소녀가 다시 묻는다.

"그런데 그렇게 막 넘어가도 돼?

"그럼! 이까짓 거 문제없어."

소녀는 손뼉을 치며 좋아한다. "아이 재미있어. 오빠, 우리도 줄긋자!"

조국 분단의 출발점인 군사분계선에서 동족 간에 겨루었던 총과 포신을 두려움 없이 다루며 순진한 생각을 나누는 어린이들의 모습이 오히려 한 단락의 우화처럼 슬프게 전달된다.

〈비무장지대〉에 대해 당시의 언론들은 예외 없이 호평을 했다. 다음은 그 평 가운데 하나이다.

커트 하나, 신 하나마다 때론 직설적인 때론 상징적인 의미를 지니고 있는데, 망각의 타성에 젖은 우리에겐 충격을 준다. 군사 분계선의 흰 표시 줄을 사이에 두고 두 남매가 주고받는 뼈아픈 대사, 철조망을 움켜 쥔 어머니(조미령)의 손에서 흐르는 피. 홍루파 관객, 활극 전문 팬은 몰라도 인텔리 관객은 스크린과 벅찬 대화를 나눌 수 있다. 방화 50년 사상 최초의 세미다큐멘터리로서 박상호 감독의 의욕은 '경의감'이다.

−조선일보, 1965. 12.10, 「민족비극 다룬 문제작」

이러한 성과에 힘입어 이 영화는 1966년도 제4회 청룡영화상 흑백 촬영상 및 특별 아역상(주민아)과 함께 제13회 아시아영화제 문화영화 작품상을 수상하였다. 당시 주연을 맡은 주민아 양(5세)은 극단 '새들'을 경영하고 있던 재미(在美) 극작가 주평(朱坪)의 딸이었다.

박상호 감독이 〈비무장지대〉를 만들기로 결심하게 된 것은 1963년 일본 동경에서 열린 제10회 아시아영화제에 〈또순이〉(도금봉: 여우주연상 수상)의 출품 감독으로 참석하고 돌아온 지 몇 달 안 되었을 때였다. 그는 여러 영화에 관여하고 있던 한 기획자로부터 눈이 번쩍 뜨이는 이야기를 듣게 되었다고 한다. 나이 어린 두 남매가 전쟁 때 헤어진 어머니를 찾아 비무장지대 지뢰밭을 건너 남으로 건너왔다는 내용이다. 그는 그 순간 "바로 이거다!" 라는 생각이 들었다.

상존하는 우리의 비극을 극명하게 상징하는 비무장지대. 폭 4km, 동서 155마일 휴전선이 조국의 허리를 끊어놓고 있는 이 엄청난 현실

〈비무장지대〉(1965)의 어린이 주인공 주민아(여)와 이영관

을 왜 우리는 망각하고 있었을까. 세계사에 유례없는 동족분단의 참극을 이 나라 이 민족의 일원으로 보고도 못 본 채, 알고도 모른 채 그렇게 외면하고만 있을 것인가. 그는 동족상잔의 처참한 잔해로 남아 있을 이 비무장지대에 포커스를 맞추기로 작정하고 당장 시나리오 작업에 착수했다.

어떻든 갖은 산고 끝에 7개월간의 걸친 촬영을 무사히 마치고 영화를 완성시켰으나 문제는 또 있었다. 한국영화에서 고질적인 검열이 복마전처럼 따라붙고 있었던 것이다. 당시 정치, 사회 상황은 통일 논의가 극도로 금기시되던 때였다.

검열당국은 그를 '큰일낼 사람'으로 취급을 하고, 공안 당국자는 "당신의 통일 주장은 협상통일, 무장통일 중 어느 쪽을 주장하는 거냐?"

고 정치적 차원에서 다그쳐 왔다. 물론 민족의 염원인 통일을 전쟁고 아를 통해 탈이데올로기적인 견지에서 우화적으로 묘사하였지만, 그 것이 그들 검열관에겐 먹히지 않았던 것이다. 결국 비등하는 여론과 설득 끝에 비무장지대 내 중앙분계선 푯말을 걷어치우는 장면 등을 삭 제한 후 겨우 상영 허가가 나왔다.

〈비무장지대〉는 두 개의 버전이 있다. 순수 세미다큐멘터리로서의 필름(62분)과 흥행을 고려하여 일반극장용으로 편집한 필름(90분)이 그것이다. 지금 보존되어 있는 필름은 세미다큐멘터리이다. 이 영화 의 원본 필름은 1965년 개봉 이후 사라졌다.

그 이듬해, 서울에서 열린 제13회 아시아영화제에서 〈비무장지대〉는 비극영화(非劇映畵) 최고작품상을 수상하는 영광까지 안았다. 여기에 꼭 덧붙여야 할 말은 영화제에 출품할 때의 필름은 극장에서 상영되던 필름과 전혀 다른 순수 다큐멘터리로 재편집되었다는 사실이다. 영화의 도입부분과 끝부분에 배우가 등장(김희갑, 남궁원, 조미령)하는 장면을 전부 삭제, 철저한 기록성을 바탕으로 일관했다. 이 작업에 전적인 협조 를 해주신 분은 다름 아닌 신상옥 감독으로, 편집, 녹음, 현상 등이 신필 름 원효로 촬영소에서 행해졌다. 나는 그 대가로 이 필름의 세계 판권을 신상옥 감독에게 양보하였으며, 그 후 신상옥 감독은 이 새로 태어난 비 극영화 〈비무장지대〉의 원판을 신필름 홍콩 지사로 옮겼다. 그러고는 몇 년 후 최은희, 신상옥 납북사건으로 홍콩지사는 폐쇄되었으며, 〈비무 장지대〉도 행방불명이 되었다.

박상호 감독은 이 영화가 두 종류가 된 이유와 원본 필름이 없어진 경위에 대해 이렇게 설명(나의 대표작/ 피맺힌 분단 비극을 고발한 〈비무장지대〉, 《영화예술》, 1993년 3월호)하고 있다.

　그런데 2002년 투병 중이던 박상호 감독이 우연히 이 영화의 필름이 국가기록원에 보관되어 있음을 알게 되었다. 그나마도 원본필름이 아닌 35밀리 마스터필름(일종의 복사용 필름)이었다. 그는 여러 차례 필름을 빌려달라고 요청했으나, '자료의 외부 반출 금지'라는 원칙에 막혀 뜻을 이루지 못했다. 얼마 뒤 겨우 방송용 테이프에 담은 복사본을 보는 것으로 만족해야 했다. 말하자면 이번에 공개되는 필름은 영상자료원이 디지털 작업에 의해 새로 복원한 것이다.

– DVD 해설집, 영상자료원, 2010

# 미모와 파격의 카리스마 김지미

## — 톱스타의 대명사

### 프롤로그

타고난 미모와 매력

한때 김지미에게는 '백년에 한 번 나오기 어려운 미모의 스타'라는 찬사가 따라다녔다. 그만큼 미인이라는 얘기다. 그녀의 미모는 요즘 성형수술로 다듬어진 내로라하는 미녀배우들과는 차원이 다르다. 그녀는 자연산 미인이다. 양어장에서 인공적으로 키워진 해산물을 어찌 자연산과 같다고 할 수 있을까. 1950~60년대 그녀의 전성기를 기억하는 영화팬이라면, 백년 만에 한 번 나올까 말까한 미인이라는 이런 평가가 결코 과장이 아니었음을 인정할 것이다.

초창기 이후 한국영화는 이월화(〈월하의 맹서〉, 1923)를 비롯하여 신일선(〈아리랑〉, 1926), 문예봉(〈임자 없는 나룻배〉, 1932), 김신재(〈수업료〉, 1940), 최은희(〈새로운 맹서〉, 1947) 등 모두 60여 명(2편 이상 출연자)의 여배우를 배출하였다. 김지미는 최은희에 이어 떠오른 1950년대의 선두주자였다.

오늘날에는 김연아, 박지성과 같은 스포츠 스타는 물론, 청소년들이 열광하는 아이돌 가수까지 가세하여 스타 층이 넓어졌지만, 1960년대까지만 해도 김지미는 스타의 대명사나 다름없었다. 그녀의 이름을 빼놓고 스타를 언급하는 것 자체가 무의미할 정도였다. 물론 최은희, 조미령, 문정숙과 같은 선배 배우들이 있기는 했다. 그러나 상대적으로 나이가 든 데다, 인기 면에서 그에 미치지 못했다. 물론 그사이 청춘영화 붐에 편승한 엄앵란과 문희, 윤정희, 남정임 등 이른바 트로이카 스타들의 집요한 도전이 있었다. 하지만 특유의 자존심과 승부욕으로 성좌(星座)의 자리를 고수하였다. 엄앵란은 스크린 콤비였던 신성일과 결혼하면서 청춘의 이미지가 퇴색되었고, 문—윤—남 라이벌 트로이카는 서로 견제하다보니 독주를 허용하지 않았다.

김지미는 이 시기에 활동한 세계적인 스타 엘리자베스 테일러를 여로 모로 닮았다. 오드리 헵번과 나탈리 우드가 각기 〈로마의 휴일〉(1953)과 〈초원의 빛〉(1961)에서 청순미로 인기를 끌고 있을 때, 리즈(엘리자베스 테일러의 애칭)는 완숙미를 내세워 스타덤에 올랐다.

리즈가 〈애정이 꽃피는 나무〉(1957), 〈뜨거운 양철 지붕 위의 고양이〉(1958), 〈지난 여름 갑자기〉(1959)로 세계의 영화 팬들을 사로잡을 무렵, 그녀 역시 〈황혼열차〉, 〈별아 내 가슴에〉, 〈청춘극장〉 등 멜로드라마에 출연하면서 한국 팬들의 사랑을 받았다. 두 배우는 영화에서 순탄한 길을 걸었지만 가정적으로는 여러 차례 파경을 겪는 등 기복이 심했던 점도 비슷하다. 심지어 그 상대가 유명 인사였다는 사실과 에이즈 퇴치를 위한 운동에 참여한 경력까지 일치한다. 김지미는 한국 에이즈연맹 후원회장을 지냈다.

김지미의 용모는 전통적인 미인형이라기보다는 도시적인 세련미와 신선감을 주는 서구형에 가까웠다. 크지는 않지만 이목구비가 뚜렷하고 얼굴과 몸매가 균형 잡힌 당대 미인의 표준형이었다. 포토제닉한 그녀의 마스크는 청승맞거나 비틀린 그늘이 없는 게 장점이다. 그녀는 조그맣고도 귀여운 얼굴 모습을 보이면서도 화면에는 올차고 여무지며, 교만스럽게 비치기도 한다. 1950년~1960년대 김지미의 영화를 본 사람들이라면 이 같은 표현에 이의가 없을 것이다.

일찍이 소설 「자유부인」으로 유명한 작가 정비석은 김지미에 대해, 당돌하고도 오만하여 함부로 접근하기를 불허함으로써 뭇 남성들을 매혹시키는 요부형의 여성으로 분류한 바 있다. 조그맣고도 귀여운 그의 얼굴 모습, 윤택하게 반짝이는 그의 검은 눈동자, 그 어느 것이나 눈에 넣어도 아프지 않을 지경이지만, 특히 화면에 나오는 그의 오달지고도 방자스러운 연기는 모든 남성들의 마음에 충격적인 파동을 끊임없이 불러일으킨다고 하였다.[55]

그런데 김지미는 풍만하거나 농밀한 관능적 요소보다는 오히려 내밀한 비애의 이미지가 강하다. 그동안 〈장희빈〉(1961, 정창화 감독), 〈양귀비〉(1962, 최훈 감독), 〈요화 배정자〉(1966, 이규웅)는 물론, 댄서의 알파와 오메가를 보여준 〈77번 미스 김〉(1963, 김기덕 감독)이나, 뭇 남성들을 홀리고 빠져나가는 황해도 또순이 〈선술집 처녀〉(1964)와 같이 교태가 요구되는 요부 역할을 더러 하기는 했다. 하지만 대부분은 〈잡초〉 등의 예에서 보듯이, 곡절이 많은 운명적인 비극의 여주인공 역을 잘 소화해냈다. 그러다보니 체질적으로 코미디가 맞지 않았다. 30여 년의 연기생활을 통해 출연한 희극이 고작 여덟 편 내외에 머물게 된 이유이다.

양날의 칼, 인기와 스캔들

영화평론가 우경식(禹璟植)은 여배우의 유형을 체취 계열의 배우(최은희)와 향토미의 배우(주증녀), 생활미각의 배우(이민자), 동정이 인기인 배우(엄앵란)로 분류하고, 김지미에 대해서는 그 다섯 번째에 해당하는 젊은 미모계의 배우라고 하였다.[56] 그는 지미 풍은 여배우로서 그 마스크가 합격이요, 그 체격이 준 합격이라고 평가하면서 배우조건에 있어 마스크에 못지않게 중요한 것이 첫째 개성이요, 둘째는 지(知)요, 셋째는 슬기요, 넷째는 덕이라고 하였다. 우선 김지미에게는 '개성조절'이 시급하다는 것이다. 그 이유는 여배우의 미모란 세월과 더불어 퇴색하는 것, 그래서 신인이 나타날 때 이미 기성 마스크는 낡은 것이 되므로 개성미와 체취미로서 관객 대중을 흡수할 힘을 쌓아 나가야 한다는 요지였다.

그는 미모 못지않게 중요한 것이 개성과 지(知)라며 배우의 조건을 제시하였다. 문제는 처방이었다. 슬기(智)와 덕까지 갖춰야 한다면, 이는 양가집 규수에게나 기대해야 할 조건이기 때문이다. 좀 튀더라도 용납이 되는 배우에게까지 이런 주문이 합당한 것인지에 대해서는 논란의 여지가 있다.

여기에서 굳이 우경식의 글을 인용하게 된 것은 김지미에게 있어 이 같은 배우의 조건은 거의 무의미한 것이었기 때문이다. 그녀는 미모와 스캔들이라는 양날의 칼을 쥐는 파격적인 행보 속에서도 인기를 유지한 채 성좌(星座)의 자리를 지켰다. 팬들이 그녀의 슬기와 덕까지 기대하지 않았다는 뜻이다. 김지미는 한 시대를 풍미한 톱스타이면서도 선배(김승호)에게는 '지랄 같은 후배'였다.[57] 그래도 팬들로부터는 지극한 사랑을 받았다.

김지미에게는 미모와 함께 카리스마가 있다. 미숙한 대로 청순함이 묻어나던 초기와는 달리 연기생활의 중반을 넘어서면서 캐릭터에 대한 집착과 영화의 분위기를 지배하는 자신감이 나타나기 시작했다. 1967년부터 1969년까지 3년 동안의 시기였다. 김수용 감독의 〈사격장의 아이들〉, 이성구 감독의 〈메밀꽃 필 무렵〉, 신상옥 감독의 〈대원군〉, 이형표 감독의 〈내 이름은 여자〉, 임권택 감독의 〈잡초〉 등이 그 대표적인 예이다. 그동안 누렸던 특권적인 스타의 이미지와 '인기와 미모에 의존하는 배우'라는 항간의 비판에서 벗어나 '배역에 충실하는 연기자'로서의 의지를 보여 주었다.

그녀는 어느 한 쪽에 치우치는 개성적인 캐릭터보다는 감정 표현이 직접적인 멜로드라마에 강한 배우였다. 그동안 그녀가 출연한 3백40여 편의 영화 가운데 액션 36편 내외, 사극 및 시대극 34편, 추리물 9편, 희극 8편 등 1백여 편을 제외한 2백35편이 멜로드라마라는 사실이 이를 말해 준다.

## 데뷔 전후 (1957~1958)

### 〈황혼열차〉에 무임승차한 여고생

김지미는 1940년 7월 15일 충청남도 대덕에서 김한경(金漢經)과 고순남(高順男)의 3남 6녀 중 4녀로 태어났다. 본명은 명자이다. 9남매 중 일곱 살 위인 오빠 지복(智福)이 1970년대 초 한때 야당인 신민당 충남 대덕 연기 지구당 부위원장을 지낸 적이 있고, 동아방송 성우출신인 제부 진성만은 1960년대부터 활동한 보컬그룹 자니 브라더스의 일원으로, 「빨간 마후라」, 「방앗간 집 둘째 딸」 등 히트곡을 남긴 바 있는 가수 출신이다. 뒷날 '지미필름'의 대표직을 지내기도 했다.

고향에서 초등학교를 다니며 어린 시절을 보낸 김지미는 중학교 때부터 서울에서 다녔다. 덕성여고 시절에는 운동 신경이 뛰어나 육상 경기 등 스포츠에 소질이 있었고, 외교관이 될 생각으로 영어 공부를 열심히 하기도 했다. 덕성여고 3학년 때였다. 집안에서 명동에 '배꽃'이라는 다방을 경영하고 있었는데, 하루는 다방에 들렀다가 30대 후반으로 보이는 낯선 사람으로부터 출연 제의를 받았다.

그는 훤칠한 키에 서울에서는 좀처럼 찾아보기 어려운 검정 고무신을 신고 있었다. 그가 바로 '영화계의 기인'으로 불리는 김기영 감독이었다. 그는 2년 전에 〈주검의 상자〉(1955)를 처음 내놓고 다섯 번째의 작품 캐스팅에 골몰하고 있었다. 그는 이 영화에 어울리는 참신한 얼굴을 찾고 있었다. 이런 과정에 우연히 눈에 띈 것이 김지미였다. 그녀는 어릴 때부터 예쁘다는 말을 듣긴 했으나, 영화에 대해 특별히 관심을 가진 적이 없었다. 그러나 쉽사리 결정할 문제가 아니었다. 그때 그녀는 오빠의 주선으로 미국에 유학하여 정치외교학을 공부할 계획이었기 때문이다.[58] 영화 출연 문제에 대해 집안에서도 많은 의견들이 오갔으나, 결국 중요한 것은 본인의 의사였다. 고심 끝에 단안을 내렸다. 생활과 언어가 다른 미국에 가서 가족들과 떨어져 있는 것보다는 이 길이 나을 것 같았다. 단발머리 여고생에게 은막에의 길이 열리는 순간이었다.

그 작품이 바로 〈황혼열차〉(1957)였다. 뒤에 김기영 감독의 후일담으로 알려지게 됐지만, 영화사 사무실로 찾아온 그녀를 본 제작자(동광영화사 대표 최재익)가 처음에는 너무 어리다는 이유로 유보적인 반응을 보였다고 한다. 김 감독이 제복 대신 어른 옷으로 갈아입히고 시나리오 중의 한 대목을 찍어 보여 주자 그때야 비로소 흔쾌히 승낙을 했다는 것이다.[59] 이 영화의 출연을 계기로 그녀에게 '김지미(金芝美)'라는 예명이 붙게 되었다.

〈황혼열차〉는 이광수의 「애욕의 피안」을 임희재와 유호가 공동 각색한 것으로, 고아원을 경영하는 보석상(최삼)이 인생 황혼기에 맞는 애욕과 삶의 회한을 그리고 있다. 김지미는 이 영화에서 원장 대리인 박암을 사랑하는 그의 딸 역을 맡아 데뷔하였다. 최삼은 그런 딸을 못마땅하게 여긴다. 자기가 사랑하는 고아 출신인 무희 도금봉을 박암도 좋아하기 때문이다. 하지만 박암에 대한 지미의 사랑이 변하지 않자 묵인한다. 그리고 도금봉에게 매혹되어 파멸의 길을 걷던 최삼도 박암의 희생적인 노력으로 정상을 찾게 된다. 김지미는 이 영화에서 합격점을 받았다. 세상을 거꾸로 보는 듯하면서도 무류(無謬)의 선량성이 그대로 풍기는 박암의 호연, 노파의 무참함을 마구 노출하는 최삼의 열연, 미약하나마 현대여성의 하나의 형으로서 지금껏 없던 청신감을 주는 신인 김지미, 확실한 선이 없이 막연하나 도발적인 도금봉 등 모두 좋다. 개성적인 아역의 자연스러운 대사와 함께 이 영화는 한국영화에 새로운 많은 화제를 준다는 평가였다.[60] 여기서 아역은 영화기획자 안화영과 함께 출연하여 화제를 모은 다섯 살 꼬마 안성기를 가리킨다.

### 기대 못 미친 〈초설〉의 실패

〈황혼열차〉에서 가련한 모습과 대담한 연기로 기대를 모은 김지미는 잇따라 김기영 감독의 〈초설(初雪)〉(1958)에 출연하게 된다. 상영 순으로 따지면 이보다 9일 앞서 수도극장에 간판이 걸린 박상호 감독의 〈장미는 슬프다〉(1958, 수도극장)가 있다. 그녀의 두 번째 출연작

〈초설〉(1958, 김기영 감독)의 김지미

이 되는 셈이다. 이 영화에서 대회사의 사장(김동원)을 사랑하면서도 가정을 위해 물러나는 비서 역할을 했다.

〈초설〉은 서울 용산역 근처의 천막판자촌에 사는 가난한 피난민들의 집단 절도행위와 이 일대를 헐고 반듯한 집을 세우는 게 꿈인 노총각 기관사 조수(박암)의 허망한 소망이 얽히며 비극으로 마무리 되는 이른바 빈민굴 3부작의 출발점이다. 이를 계기로 뒤에 〈10대의 반항〉(1959)과 〈슬픈 목가〉(1960)가 나왔다.

김지미는 말더듬이인 남동생(안성기)과 살면서 밤이면 철조망을 뚫고 들어가 용산역 구내의 석탄을 훔쳐다 파는 처녀 역을 맡았다. 김 감독은 이 역할을 그녀에게 맡기면서도 너무 미인이라 은근히 걱정했는데, 정작 촬영장에 나타났을 때는 미리 석탄재를 바르고 의상도 캐릭터에 맞게 입고 나와 놀라게 하였다.[61]

원주민 박암은 사기꾼 최남현과 공모하여 천막판자촌을 헐어버리고 공장을 신축하려 하나 최삼이 자살로 맞선 데다 김승호 등 주민들의 완강한 반대에 부딪쳐 뜻을 이루지 못한 채 감방에 들어가게 된다. 출옥한 박암은 불도저를 몰고 와서 동네를 밀어버리고, 그를 사랑하며 기다리는 김지미마저 짓밟아 죽게 만든 뒤에야 눈물로서 참회한다.

그러나 상영 결과는 참담할 정도였다. 김승호, 박암 등이 제법 박력 있는 연기를 보여 주었을 뿐, 외국영화처럼 자막이 있었으면 할 정도로 녹음이 조악하고[62], 김지미는 이 영화와 운명을 같이 하지나 않을까 하는 불안감을 갖게 하였다.[63] "금년도의 큰 발견은 〈황혼열차〉의 김지미이며, 입체적인 마스크는 앞날이 가장 기대 된다"고 한 호평이 믿기지 않을 정도였다.[64] 이러한 결과는 김 감독과의 관계를 멀게 하는 요인으로 작용하였다. 그녀가 다시 그의 영화에 출연하게 된 것은 그로부터 10년이 지난 1969년 〈렌의 애가〉부터였다.

## 홍성기와의 밀월시대 (1958~1962)

### 〈별아 내 가슴에〉로 거듭나다

다행인 것은 〈초설〉보다 하루 늦게 상영된 홍성기 감독의 〈별아 내 가슴에〉가 대박을 터뜨렸다는 점이다. 서울신문에 연재되어 절찬 받은 박계주 원작(이봉래 각색)으로, 이 영화의 성공은 자칫 위축될 뻔한 김지미에게 구원의 손길이나 다름없었다. 더욱이 홍성기가 어떤 감독인가. 해방 이후 최초의 16밀리 〈여성일기〉(1949)를 내놓고 〈애인〉(1955)과 〈실낙원의 별〉(1957) 전후 편을 히트시키면서 대표적인 흥행 감독으로 떠오른 '잘 나가는 존재'가 아닌가. 당시만 해도 김기영 감독은 그의 적수가 되지 못했다. 홍 감독은 신상옥 감독과 경쟁하며 영화계의 양대 산맥을 이루고 있었다.

그가 김지미에게 제의해온 것은 〈별아 내 가슴에〉(1958)의 여대생 이미혜 역이었다. 교수(김동원)의 양녀격인 여대생은 나중에 그의 아들로 밝혀진 출판사 사원(이민)과 사랑하게 된다. 20여 년 전에 하룻밤을 같이 보낸 기생(주증녀)을 잊지 못해 독신으로 지내온 중년의 대

〈별아 내가슴에〉(1958, 홍성기 감독)의 김지미와 양미희(왼쪽).

학교수(김동원)가 임종에 이르러서야 혈육인 아들과 여인을 함께 만나게 되는 전형적인 멜로드라마로 당시의 표현을 빌면, 관객의 콧날을 시큰하게 하는 인정비화(人情秘話)이다.

전체적으로 깨끗한 화면, 한국영화의 결정적 흠이 되고 있는 슬로모션을 극복하여 어느 정도 시원한 터치를 보여주었을 뿐 아니라 김지미의 연기도 자연스러웠다. 그뿐만 아니라 25일간 유례없는 롱런을 하면서 해방 이후 최다 흥행성적을 올린 〈춘향전〉(1955: 12만명), 〈자유부인〉(1956: 11만5천명)의 기록을 깨트리고 13만 명을 동원하는 기염을 토하였다.[66]

뒤이어 김지미는 〈산 넘어 바다 건너〉(1958), 〈자나 깨나〉, 〈청춘극장〉, 〈별은 창 너머로〉, 〈비극은 없다〉(이상 1959) 등 1950년대 후반에만 홍성기의 영화 6편에 출연하였다. 〈별아 내 가슴에〉를 계기로 스크린 콤비가 되면서 연인 관계로 발전한 그들은 〈산 넘어 바다 건너〉의 상영이 끝날 무렵인 1958년 9월 9일 정오 서울 종로 동원예식장에서 드디어 결혼식을 올리게 된다. 꽃다운 나이 열아홉 살 때였다.

그녀는 홍 감독 작품 외에도 최훈 감독의 〈모녀〉(1958), 〈장마루촌의 이발사〉(1959)와 〈고개를 넘으면〉(1959, 이용민 감독), 〈태양의 거리〉(1959, 김화랑 감독), 〈사랑이 가기 전에〉(1959, 정창화 감독), 〈육체의 길〉(1959, 조긍하 감독), 〈비오는 날의 오후 3시〉(1959, 박종호 감독), 〈사랑의 십자가〉(1959, 유두연 감독) 등 2년 동안 16편에 출연하였다.

〈청춘극장〉은 일제의 가혹한 탄압에도 굴복하지 않고 조국독립을 위해 싸우는 한국청년들의 활약상과 그들 사이에 피어나는 로맨스를 그리고 있다. 일제치하에서 겪어야 했던 약소민족의 비애와 레지스탕스를 대중적 구미에 맞게 정화하고 비장한 플롯의 멜로드라마로 엮어내어 오락적 성취도를 높였다는 말을 들었다. 이 영화에서 김지미는 여주인공 유경으로 등장한다. 그녀는 독립투쟁 중에 전사한 친구의 딸 운옥(황정순)과 결혼시키려는 아버지(변기종)의 요구를 피해 일본으로 유학 온 영민(김진규)을 사랑하게 된다. 하지만 학도병으로 끌려간 후 전투 중 눈에 부상을 당해 후송된 영민은 찾아온 운옥을 유경으로 착각하고 운옥은 그가 탈출할 수 있도록 도와준다. 해방되던 날, 고향을 찾아온 운옥은 만주로 피신한 영민을 기다리는 유경을 보고 그의 행복을 빌며 발길을 돌린다.

〈비극은 없다〉는 6·25 전쟁의 소용돌이 속에서 이념적으로 반목하며 망가져가는 젊은이들의 모습과 조직의 비인간성을 부각시킨 화제작이다. 김지미에게는 의용군에 나간 대학생 강욱(김진규 분)과 그를 사랑하면서도 그의 동창생인 도현(최무룡)과 가까워질 수밖에 없는 진영 역할이 부여되었다. 여기에 적색분자 기용(장동휘 분)의 정부가 된 그녀의 친구 윤애(양미희)의 엇갈린 운명이 곁들여지면서 본격적인 전쟁 애정극으로 발전한다.

김지미는 홍 감독 외에도 조긍하 감독의 〈육체의 길〉과 최훈 감독의 〈장마루촌의 이발사〉에서 많은 관객을 끌어들이는데 일조하였다. 〈육체의 길〉은 다복한 가장인 시골 은행 지점장(김승호)을 파멸시킨 서커스단 출신의 메리 역으로, 〈장마루촌의 이발사〉에서는 6·25 때 사망한 줄 알았던 애인(최무룡)이 성불구자가 되어 돌아왔으나 모든 것을 초월하여 받아들이는 조미령(구장 딸인 여대생)의 보조 역할(촌색시)을 맡아 무난히 소화하였다. 이때만 해도 〈황혼의 애상〉(1959, 이선경 감독), 〈고개를 넘으면〉(1959, 이용민 감독), 〈사랑이 가기 전에〉(정창화 감독), 〈장마루촌의 이발사〉 등 조연급 배역이 말해 주듯이, 홍 감독의 작품 외에는 안정된 주연급 배우로 정착하지 못하였다. 특히 〈장마루촌의 이발사〉에서는 그 역할이나 연기에 있어 조미령에 밀린 감이 있었다.

그러나 한 가지 분명한 것은 영화계에서는 어느새 그녀를 흥행의 보증수표로 인식하고 있었다는 사실이다. 홍성기 감독의 〈별아 내 가슴에〉, 〈산 너머 바다 건너〉, 〈청춘극장〉, 〈별은 창 너머로〉, 〈비극은 없다〉는 물론, 김화랑 감독의 〈태양의 거리〉, 민진식 감독의 〈대원군과 민비〉(이상 1959) 등 관객의 호응을 받은 영화들이 이를 말해 준다.

특히 〈청춘극장〉은 〈별아 내 가슴에〉에 이어 그해 흥행 순위 1위(21일간 상영, 11만9천8백44명)를 기록하는 기염을 토했다. 뿐만 아니라,

〈육체의 길〉(26일간 11만8천4백53명)이 최은희 주연의 〈동심초〉에 이어 3위에, 〈비극은 없다〉(25일간, 11만 3천149명)가 4위에, 그리고 〈장마루촌의 이발사〉(20일간, 9만5천82명), 〈대원군과 민비〉(20일간, 9만1천1백35명), 〈별은 창너머로〉(16일간, 7만5천7백17명)가 7위에서 9위까지 휩쓸었다. 10위는 윤봉춘 감독의 〈유관순〉(도금봉 주연)이었다. 그녀가 출연했으나 남배우 중심인 5위의 〈고종황제와 의사 안중근〉(27일간, 10만5천1백42명)까지 포함시키면 그의 출연작이 절반이 넘는 여섯 편을 차지하고 있다는 사실[67]이 그녀가 이미 인기의 정상에 들어섰음을 입증한다.

### 스타덤을 향하여

1960년대의 출발은 매우 순조로웠다. 신년 벽두부터 신정 대목 프로로 국제극장에 간판을 내건 홍성기 감독의 〈재생〉(1960)이 대박을 터뜨린 것이다. 같은 시즌에 개봉한 최은희 주연의 〈슬픈 목가〉(명보극장, 신상옥 감독), 박노식 주연의 〈피 묻은 대결〉(수도극장, 김묵 감독), 김희갑 주연의 〈오형제〉(서울 키네마극장, 김화랑 감독) 등 경쟁작들을 무색하게 만들었다. 심지어 당대의 유명 코미디언을 총동원하다시피 하며 흥행몰이를 한 〈오형제〉조차 이 영화의 기세를 꺾지 못하였다. 어느새 홍-김 커플은 '황금알을 낳는 거위' 노릇을 톡톡히 한 셈이었다.

일제에 항거하는 젊은 독립운동가들의 사랑과 투쟁을 그린 〈재생〉에서 김지미는 작은 오빠(최무룡)가 애인과 함께 사상범으로 투옥되자 방탕한 큰 오빠(김진규)에 의해 사업가의 첩이 된 여주인공 순영 역을 맡았다. 순정을 빼앗긴 순영은 작은 오빠와 항일투쟁을 하는 애인에게 용서를 빌며 자결의 길을 선택한다. 이에 충격을 받은 큰 오빠는 자신의 잘못을 뉘우치고 일제에 항거하다가 죽게 된다.

당시 언론은 깊이 있는 스크린 이미지라든가 예술성을 찾아보기는 어려운데도 왜 이 영화가 우리들의 가슴속 깊이 내재해 있는 어떤 심리적인 공감을 하게 하는지, 따지자면 멜로드라마에 가까운데도 우리에게 이처럼 스며드는 것은 다름이 아니라 춘원의 원작을 보다 높은 차원으로 초월하게 각색(유한철)했다는 데 있다고 평가하였다.[68]

이런 기세를 몰아 한 해 동안 정창화 감독의 〈햇빛 쏟아지는 벌판〉을 비롯한 〈길은 멀어도〉(홍성기 감독), 〈애수에 젖은 토요일〉(최훈 감독), 〈지상의 비극〉(박종호 감독, 이상 1960) 등 14편의 영화에 출연하게 된다. 멜로드라마로 일관하던 그녀가 처음 출연한 활극 〈햇빛 쏟아지는 벌판〉에서는 6·25 때 숨긴 보물 때문에 악한에게 쫓기는 처녀 점례 역을 맡아 김석훈, 조미령과 공연하였으며, 유럽 로케이션으로 화제를 모은 〈길은 멀어도〉에서는 무명 작곡가(최무룡)에게 출세의 길을 열어 주었으나, 옛 애인(양미희)의 출현으로 버림받는 소프라노 가수 역을, 〈애수에 젖은 토요일〉에서는 병상에 누운 어머니의 약값을 벌기위해 누드모델이 된 후 6·25 동란을 겪으면서 밤거리의 여인으로 전락하는 은심 역을, 그리고 〈지상의 비극〉에서는 이권을 둘러싸고 암투가 벌어지는 부두를 무대로 젊은 노무자(남양일 분)를 사랑하는 밤거리 여인, 난이 역을 맡아 열연하였다.

〈춘향전〉, 순항 중의 적신호

〈성춘향〉(신상옥 감독)의 제작 발표에 이어 한달 늦게 〈춘향전〉으로 경쟁에 뛰어들면서 영화화 우선권을 둘러싸고 반년 가까이 분규의 중심에 섰던 홍성기 감독은 먼저 영화를 완성하고 관객들의 심판을 받게 된다. 두 영화의 상영은 곧 최초의 컬러 시네마스코프의 수준을 가늠하는 기회이자 홍, 신 라이벌 감독의 승부와 함께 신, 구세대를 대표하는 톱스타 최은희 대 김지미의 대결이라는 점에서 비상한 관심을 모았다.

그러나 결과는 〈춘향전〉의 완패로 나타났다. 〈성춘향〉이 서울에서만 74일간 38만 명이라는 많은 관객을 끌어들임으로써 홍 감독을 초라하게 만들었다. 더욱이 작품의 수준면에서도 차이가 났다. 이는 그동안 별다른 장애 없이 순항하던 김지미의 행로에도 제동이 걸릴 수 있는 악재였다.

〈성춘향〉(2시간 40여분)은 색채 대형화면에 비교적 성의 있는 고증으로 분위기를 조성하면서 한국적인 정서를 풍요하게 풍기게 했다는 긍정적인 평가를 받았으나, 〈춘향전〉(1시간 40여분)에 대해서는 부정적인 반응을 보였다. 새로운 해석이 없을 바에야 차라리 원본의 풍자성이나, 개그를 살렸으면 싶은데, 어설픈 다이제스트로 극적인 악센트가 약하고, 게다가 홍성기 감독의 평면적인 연출과 캐스트의 빈곤으로 덤덤한 뒷맛, 한 가닥 기대했던 코스튬 플레이도 세트가 빈약하여 어그러졌다.[69]고 비판했다. 홍성기는 스토리텔링 위주의 기교파지만 이번엔 거칠고 평면적인 연출로 로칼 칼라도 보여주지 못한데다, 경쟁자(최은희)보다 젊은 이점을 갖고도 김지미의 춘향 역을 살리지 못했다.

다행히 그 후 타이틀 롤을 맡은 정창화 감독의 〈장희빈〉(1961)이 성공하고, 〈춘향전〉의 실패를 만회하기 위해 추석 대목에 맞춰 역량을 기울인 홍성기 감독의 〈에밀레종〉이 관객들로부터 큰 호응을 받으면서 김지미 아성이 여전히 견고하다는 것을 보여준다. 그녀는 이 작품에서 신라 선덕여왕 때 봉덕사의 신종을 주조한 참마루 종장(김진규)을 사랑하는 공주 역을 연기했다.

그녀는 이후 장일호 감독의 〈원술랑〉(1961), 〈원효대사〉, 최훈 감독의 〈양귀비〉, 권영순 감독의 〈진시황제와 만리장성〉 등 사극에 나가 건재를 과시하는 한편, 전홍식 감독의 코미디 〈특등신부와 삼등신랑〉, 노필 감독의 추리물 〈붉은 장미의 추억〉(이상 1962), 그리고 홍성기 감독의 첫 액션영화 〈대지의 성좌〉(1963)에 출연하여 장르를 넓혀갔다. 그러나 이미 홍 감독과의 사이에 벌어진 갈등이 돌이킬 수없는 길로 재촉하고 있었다. 여자 문제였다. 드디어 그녀는 1962년 3월 1일, 귀여운 딸과 용산 집을 그에게 넘기고 결혼한 지 4년 만에 이혼하기에 이른다. 이로써 〈젊음이 밤을 지날 때〉(1964)에서 재회할 때까지 그와의 모든 인연을 끊게 된다. 그동안 홍 감독의 작품만 앞에 거론한 것 외에 〈자나 깨나〉(1959), 〈금단의 문〉(1961), 〈격류〉(1961) 등 모두 13편에 출연하였다.

보조 역할도 감수하며 〈혈맥〉에 도전

김지미는 1963년에 들어서면서 연기 패턴에 변화를 모색하기 시작한다. 이는 그동안 인기 배우로 안주하여 연기에는 별로 신경을 쓰지 못한데 대한 전향적 성찰의 증후라고 할 수 있다. 어떤 면에서 이는 영화계 데뷔 동기인 도금봉과 1년 늦은 최지희가 각기 〈또순이〉(아시아영화제 여우주연상 수상)와 〈김약국집 딸들〉(대종상 여우 조연상)로 연기성과를 거둔데 에 따른 자극의 결과일 수도 있다. 두 편의 액션영화 〈차이나타운〉(전창근 감독), 〈검은 꽃잎이 질 때〉(강범구 감독),

정진우 감독의 데뷔작 〈외아들〉(이상 1963), 김기덕 감독의 호스티스 영화 〈77번 미스 김〉(이상 1963) 등 14편에 출연한 후였다.

아무튼 그녀는 김수용 감독의 〈혈맥〉에 출연하면서 배역을 보는 시야가 매우 넓어졌다. 지금까지 지니고 있던 '도도한 주연 배우'의 이미지를 바꾸려는 기색이 완연했다. 김승호와 황정순이 이끌어가는 이 영화에 엄앵란, 신성일, 조미령 등 모두 한몫하는 스타와 함께 뛰어든 것이다.

〈혈맥〉은 해방 직후 남산 기슭 빈민가 일대에 사는 실향민들의 궁핍한 삶의 모습을 리얼하게 그린 수작이다. 복덕방을 하는 인색한 홀아비 털보영감(김승호)의 주변에는 비슷한 서민들이 모여 산다. 보따리 술장사하는 마누라(황정순)에게 기를 못 쓰는 깡통영감(최남현)이며, 병든 아내(이경희), 노모(송미남), 장애자인 딸을 부양하는 고달픈 담배 밀조업자(신영균), 그에게 시비를 걸기 일쑤인 동생 원칠(최무룡) 등이 바로 그런 인물이다.

어느 날 땅굴 같은 이 판자촌에 대지의 임자라는 사람(주선태)이 나타나 주민들에게 나가라고 요구한다. 홧김에 살림을 부수는 형(신영균)에게 소설을 쓰네 하는 동생 원칠이 달려들고 어머니의 입에서는 38따라지임을 원망하는 넋두리가 터져 나온다. 형수의 죽음을 계기로 원칠이 형과 화해하고, 마누라(조미령)를 잘못 얻었다가 빈털터리가 돼 자살을 기도했던 털보영감에게 아들(신성일)로부터 방직공장에 취직했다는 편지가 온다. 아귀다툼이 잦을 날이 없던 빈촌에 서광이 비치기 시작한 것이다. 여기서 김지미는 원칠(최무룡)의 구애를 받는 퍼머넌트 헤어스타일의 양공주 역을 맡아 열연했다. 스타의식을 버리고 역할에 충실한 연기였다.

## 저력을 보인 네 편의 연기

이런 가운데 유명세를 탄 그녀의 행군이 지속되었다. 1964년을 기점으로 출연량이 20편대를 넘어서고 1966년부터는 년 30편대로 늘어났다. 그녀는 이미 한국영화계의 중심이었다. 중년층 관객의 사랑을 받으며 문-윤-남 등 트로이카 스타들이 서로 경쟁하며 3등분하는 가운데 제 영역을 지키며 질주했다. 김지미는 이듬해부터 대사를 절제한 이만희 감독의 〈추격자〉를 비롯하여 〈아내는 고백한다〉(유현목 감독), 〈석가모니〉(장일호 감독, 이상 1964) 등 20편을 소화하고, 최인현 감독의 〈퇴조 이성계〉 및 〈왕과 상노〉(임권택 감독), 〈피어린 구월산〉(최무룡 감독, 이상 1965) 등 29편, 정진우 감독의 〈하숙생〉을 포함한 〈요화 배정자〉(이규웅 감독), 〈태양은 다시 뜬다〉(유현목 감독), 〈나운규의 일생〉(최무룡 감독), 〈이별의 강〉(최훈 감독, 이상 1966) 등 32편, 김수용 감독의 〈사격장의 아이들〉을 위시한 〈파도〉(최훈 감독), 〈탈선〉(고영남 감독), 〈메밀꽃 필 무렵〉(이성구 감독, 이상 1967) 등 25편에 출연하고, 신상옥 감독의 〈대원군〉 외에 〈사랑〉(강대진 감독), 〈돌아온 왼손잡이〉(임권택 감독), 〈팔도기생〉(김효천 감독) 및 옴니버스 영화 〈여〉(이상 1968) 등 31편에, 그리고 〈너의 이름은 여자〉(이형표 감독), 〈황진이의 첫사랑〉(정진우 감독), 〈전하 어디로 가시나이까〉(이규웅 감독), 〈이조여인잔혹사〉(신상옥 감독, 이상 1968) 등 32편에서 저력을 과시하였다.

이 가운데 특히 주목을 끈 연기는 3년 사이에 나온 〈사격장의 아이들〉, 〈메밀꽃 필 무렵〉, 〈대원군〉, 〈너의 이름은 여자〉 등 네 편이었다.

〈사격장의 아이들〉(1967, 김수용 감독)은 6·25전쟁의 상처와 후유증을 한 초등학교 여교사(김지미)의 시선으로 파헤친 영화이다. 휴전선 군부대 가까이에 있는 가난한 마을 사람들은 포병부대의 사격 훈련이 끝나면 언제 터질지 모를 탄피와 파편을 주워다 파는 수입에 의존하며 살아간다. 이 가운데는 반 이상이 어린이들이다. 여교사는 노력을 다해 아이들을 가르치려 하지만, 어른들의 무관심으로 방치된 아이들은 학교를 이탈해 사격장으로 달려간다.

이 영화에서 김지미는 절제된 감정연기로 부패한 어른들의 세계를 안타깝게 바라보며, 자칫 찢기기 쉬운 어린이들의 꿈을 지키려 애쓰는 여교사의 모습을 적절히 표출하고 있다.

〈메밀꽃 필 무렵〉(1967, 이성구 감독)에서는 떠돌이 사내를 사랑한 업보로 평생을 기다리며 사는 분이(김지미)의 캐릭터를 시종 차분하게 그려 내었다. 장돌뱅이 허생원(박노식)과 정분을 갖게 된 분이는 뿌리 없는 삶을 청산하고 안착하기를 바라는 노력의 보람도 없이 5년이란 세월을 허송, 다시 장돌뱅이 신세로 환원되는 현실에 부딪친다.

〈대원군〉(1968, 신상옥 감독)에서는 어린 나이에 등극한 고종을 대신해 섭정하는 대원군(신영균)과 갈등을 빚는 민비 왕후로 등장하여 견제와 지혜가 교차되는 인물의 동선을 무리 없이 소화하였다. 동시녹음이어서 긴장되고 대사를 거의 암기해야 할 만큼 어려움이 따랐으나, 매끄러운 성우 녹음 때보다 오히려 개성적인 연기 빛깔을 드러낼 수 있었다. 그래서인지 그녀에게 신영균과 함께 한국연극영화예술상 주연 연기상이 안겨졌다.

〈너의 이름은 여자〉(1969, 이형표 감독)는 건축업자인 남편(김진규)이 불의의 사고로 성불구자가 된 후 외롭게 지내던 아내가 우연히 사귄 대학생(백영민)과 불륜에 빠지면서 파국에 빠지는 내용이다. 유부녀라는 죄책감 때문에 괴로워하던 여자가 길을 건너다가 달려오는 차에 치어 죽는 것으로 마무리되는 이른바 한국판 〈채털리 부인의 사랑〉인 셈인데, 한때 외설 시비를 낳으며, 감독이 검찰에 불려가기도 했다. 이 영화에서 불륜의 아내 역을 맡아 깊은 인상을 심어준 김지미는 이에 힘입어 제15회 아시아영화제 여우주연상을 수상했다. 두 번째 결혼마저 실패한 후 공허하게 지내던 그녀에게 때맞춰 찾아온 희소식이었다.

## 침체 속의 나래 펴기와 접기 (1970~1982)

양적 풍요와 질적 빈곤 속에서

1970년대를 논할 때 한국영화사에서는 으레 침체기로 분류한다. 바로 한 해 전인 1969년까지만 해도 국내 극장 수 6백 59개, 제작 편수 2백여 편, 관객 동원 수 1억 7천여 명으로 최다 기록을 유지했다. 그런데 1970년부터 영화제작이 절반으로 줄었을 뿐 아니라 작품의 질마저 떨어져 흥행 면에서도 부진을 면치 못했기 때문이다.[70] 산유국의 기름값 인상으로 전 세계에 오일 파동이 일어나면서 경제를 악화시키고 불황을 초래한 것도 한 원인이었다.

영화계가 이렇게 부진했음에도 불구하고 1970년의 제작 편수가 한국영화사상 최다 기록인 2백31편으로 통계에 잡힌 것은 1년 전에 제작한 일부 작품이 뒤늦은 검열 신청으로 추가된 결과라고 할 수 있다. 이런 까닭인지 김지미 역시 1966년에 이어 1969년에 세운 최다 출연 기록(32편)을 깨고 1970년에는 36편을 소화, 극심한 겹치기 출연 배우라는 인상을 갖게 하였다. 최인현 감독의 〈태조 왕건〉을 비롯한 〈천사여 옷을 입어라〉(김기 감독), 〈유정무정〉(이봉래 감독), 〈벌거벗은 태양〉, 〈돌아오지 않는 밤〉(정진우 감독), 〈비전(秘殿)〉(이형표 감독), 〈세조대왕〉(이규웅 감독) 등이 바로 그녀가 남긴 1970년의 자취들이다.

계속해서 〈성웅 이순신〉(이규웅 감독), 〈평양폭격대〉(신상옥 감독), 〈인간 사표를 써라〉(박노식 감독), 〈옥합을 깨트릴 때〉(김수용 감독, 이상) 등 1971년에 20편, 〈사랑하는 아들 딸아〉(정인엽 감독), 〈벽 속의 남자〉(박종호 감독), 〈인생은 나그네길〉(변장호 감독), 〈논개〉(이형표 감독) 등 1972년에 13편, 1973년과 1974년에 〈잡초〉(임권택 감독), 〈이별〉(신상옥 감독) 및 〈토지〉(김수용 감독), 〈일생〉(박노식 감독) 등 각기 2편씩 출연한 후, 1975년에는 김기영 감독의 〈육체의 약속〉을 비롯하여 〈황토〉, 〈내일은 진실〉(이상 김수용 감독), 〈49제〉(이영우 감독) 등 4편을 남겨 차츰 하향 추세를 보였다.

이 시기의 뚜렷한 변화의 하나는 〈옥합을 깨트릴 때〉의 경우처럼 어머니 역할이 많아졌다는 사실이다. 그녀는 고아들을 돌보기 위해 미군부대에 취직했다가 능욕을 당하고 속죄의 삶을 사는 윤정희의 생모로 등장했다. 그런 가운데서도 〈잡초〉, 〈토지〉, 〈육체의 약속〉에서 좋은 연기를 보여 주었다.

〈잡초〉(1973, 임권택 감독)에서는 1930년대에 어머니가 되어 해방과 6·25전쟁을 겪으며 세 번이나 개가하는 박복한 삶 속에서도 잡초처럼 끈질긴 생명력을 부지하다가 끝내 모든 것을 잃고 마는 비극적인 운명의 여인상을 그려내었다. 세상에 태어난 후 처음 사람대접을 해준 대장장이의 아내가 되었으나, 그가 죽는 바람에 전실 소생의 남매까지 떠맡게 되고 어렵게 뒷바라지한 보람도 없이 그들에게마저 버림받는 분례(김지미) 역이다. 김지미는 10대 소녀에서 50대 노파 역에 이른 1백20여 신을 소화하며, 넓은 연기의 폭을 보여 주었다.

〈잡초〉
(1973, 임권택 감독)의
김지미

　〈토지〉(1974)에서는 이 땅에 외세가 밀려들며 개화와 보수 세력 간
에 갈등이 벌어지던 1890년대, 경상남도 하동군에 5대째 터를 잡고
살아온 만석지기 지주 최참판 가문의 며느리 윤씨 부인(김지미)으로
등장한다. 소녀 시절 절에 갔다가 동학군 대장에게 겁탈당해 애까지
낳은 윤씨 부인, 가문의 아들 최치수(이순재), 손녀(서희) 3대로 이어
지는 흥망성쇠의 가족사이다. 〈잡초〉 이후 1년 만의 출연이다.

　이 영화에서 김지미는 배역에 대한 집착과 차분하고 위엄 있는 연
기로 제13회 대종상 여우주연상과 파나마국제영화제 여우주연상을
일구어내었다. 그녀는 〈너의 이름은 여자〉에서 직접 녹음한 전력이
있으나 그때는 전편이 아닌 부분 녹음이었다.

　〈육체의 약속〉(1975, 김기영 감독)에서는 특별 휴가를 받고 어머니
의 산소로 찾아가는 열차 속에서 알게 된 청년(이정길)과 사랑하게 된

모범수 숙영 역을 맡아 안정된 연기를 선보인다. 이만희 감독의 〈만주〉에서 문정숙이 맡았던 역할로, 청년이 강도죄로 체포된 사실을 모른 채 2년 후 약속한 공원 벤치에서 하염없이 기다린다. 〈잡초〉의 경우처럼 선이 분명한 캐릭터가 아니라서 두드러지진 않았으나, 안으로 삭이는 내면적인 연기력을 보여주었다. 대종상 여우주연상이 거저 쥐어준 것이 아님을 말해 준다.

### 휴면 상태에서 만난 인연의 고리

김지미는 1976년 이후 6년 동안 휴면상태로 들어간다. 이 무렵은 연하의 가수 나훈아와 약혼을 발표(1976. 7. 9)하고 동거에 들어간 시기와 일치한다. 그동안 영화계와 연락을 끊은 채 대전에서 '초정'이라는 음식점을 운영하며, 〈을화〉(1979, 변장호 감독)와 〈화녀'82〉(1982, 김기영 감독) 두 편에 출연했을 뿐이다.

변장호 감독의 〈을화(乙花)〉에서는 접신(接神)의 경지와 애욕을 넘나드는 관능적인 연기를 보여준다. 그녀가 영화계를 떠나지 3년 만에 복귀한 작품이다. 어느 날 갑자기 신이 내려 무당이 된 여자가 한 남자(백일섭)와 결혼하고 절에 보냈던 전실 아들(유장현)이 기독교 신자가 되어 돌아오면서 빚어지는 샤머니즘의 파국을 주제로 한 것이다.

이 영화가 만들어질, 독실한 불교신자였던 김지미는 나훈아의 권유를 받아들여 천주교로 개종한다. 하지만 2개월 후인 1982년 5월 4일, 그들은 전격적으로 헤어진다. 이 후유증 때문인지 김지미는 〈을화〉 이후 2년 동안 은둔의 시간을 보냈다. 그녀의 연기 생애에 있어 1977년과 1978년에 이어 1980년과 1981년 등 4년간을 공란으로 처리할 수밖에 없게 된 이유이다.

〈화녀 '82〉는 〈육체의 약속〉에 이어 7년 만에 다시 이어진 김기영 감독과의 네 번째 고리이다. 이 영화는 괴벽스런 취미의 음악선생(전무송)과 감방 속 같은 양계장, 그 안에서 일하는 소박한 아내(김지미), 이런 일상 속에 백치에 가까운 가정부(나영희)가 들어오면서 생기는 악몽 같은 이야기이다. 정숙한 아내는 남편과 불미한 육체관계를 가진 가정부의 임신을 알아채고 낙태를 가장, 독살을 꾀하지만 오히려 가정부의 자위본능만 자극한다. 김지미는 작곡가의 정숙한 아내 역을 맡아 가정의 평화를 위해서는 독살을 획책하는 일마저 서슴지 않는 인간의 양면성을 보여준다.

## 제2의 영화의 길 모색 (1983~1992)

### 1년 만의 〈외출〉과 〈비구니〉의 좌절

김지미는 50대 초반인 1983년부터 60대로 접어든 1992년까지 9년 동안 7편밖에 출연하지 않았다. 평균 2년에 한번 꼴이다. 홍파 감독의 〈외출〉(1983)과 임권택 감독의 〈길소뜸〉(1985), 〈티켓〉(1986) 장길수 감독의 〈아메리카 아메리카〉(1988), 유영진 감독의 〈추억의 이름으로〉, 노세한 감독의 〈아낌없이 주련다〉(이상 1989), 이장호 감독의 〈명자 아끼꼬 소냐〉(1992)가 바로 그 명세서이다. 1984년과 1987년, 그리고 1990년과 1991년에는 전혀 실적이 없다. 이는 대부분의 한국영화가 젊은 배우 중심으로 기획돼 중년이나 노장 배우가 발붙일 여지를 갖지 못한 데서 온 결과라고 할 수 있다. 〈길소뜸〉은 배역 자체가 경륜 있는 노역이 필요한 특별한 경우이고, 〈티켓〉 등 그밖의 배역은 김지미가 제작자였기 때문에 가능했다.

〈외출〉(홍파 감독)은 그동안 미국에 나가 있던 그녀가 찍은 1983년도의 유일한 출연작이다. 인생에 더러 때 묻은 40대의 기혼 여성과 이기적인 독신녀가 갖는 행복과 불행, 안락과 고통을 통해 사랑의 의미를 짚어 보려한 작품인데, 김지미와 함께 10년간의 공백을 깬 김보애의 모습도 보인다.

이 영화의 출연 이후 김지미는 태흥영화사가 의욕적으로 제작에 들어간 임권택 감독의 〈비구니〉(송길한 각본)에 캐스팅돼 의욕을 불태운다. 50대 중반에 이르러 모처럼 만난 회심의 기회였다. 그런데 막상 삭발까지 하며 촬영에 들어가자 뜻밖의 장애가 생겼다. 불교계에서 제작 중단을 요구하고 나선 것이다. 〈비구니〉가 종교를 세속화하고 비구니를 모독하는 외설적인 내용이라는 이유였다. 심지어 김지미의 신상문제까지 거론하고 나섰다.

이에 대해 한국영화인협회(이사장 김진규)와 일부 평론가들이 "영화는 결코 시나리오 그 자체가 아니다. 시나리오를 보고 제작중지를 요구하는 것은 마치 머릿속에서 작품을 구상중인 시인이나 화가에게 그 시를 쓰지 말고 그 그림을 그리지 말라고 요구하는 행위와 같은 테러행위"라는 성명을 내고, 창작의 자유를 부르짖었으나 역부족이었다. 결국 비구니들의 집단적인 압력에 굴복하여 제작이 중단되는 사태에 이른다. 김지미로서는 장차 자신의 연기생애를 빛나게 했을지도 모를 중요한 작품 하나를 유산시킨 셈이 되었다.

연기 생애의 결산 〈티켓〉 전후

〈비구니〉의 좌절은 〈길소뜸〉(1985, 임권택 감독)의 이산가족 민화영 역을 만나면서 어느 정도 해소된다. 민족상잔의 비애를 이산가족의 관점에서 투시한 이 작품은 〈이별〉(1973) 이후 12년 만에 신성일과 공연하는 기회를 안겨 주었다.

30여 년 전에 사랑하는 사이였으나 생사도 모른 채 완전히 다른 삶의 여정을 걸어온 화영(김지미)은 KBS의 이산가족 상봉 캠페인을 계기로 동진(신성일)과 만나게 된다. 이후 두 사람은 서로의 매개물인 잃어버린 아들을 찾아 나서게 되나, 애타게 찾던 아들(한지일)을 눈앞에 두고 서로 달라진 환경에 당혹해 하며 법의학에 의한 친자확인조차 애써 외면한 채 각기 제 가정을 찾아 돌아선다.

김지미의 차분한 내면연기가 돋보이는 영화였다. 특히 옛 애인(동진=신성일)과 동승한 차에 개가 치어 죽었을 때 이를 옮기려는 청년(아들)에게 보인 김지미의 신경질적 거부반응의 연기, 그 시퀀스가 암시한 복선, 텅 빈 고속도의 언덕 공간에 차가 떠오를 때까지 무성(無聲) 상태로 줌 인시킨 후반부 앵글의 강한 흡인력, 그리고 그녀의 차가 충돌을 면한 직후 급브레이크를 밟아 아들이 사는 춘천으로 U턴할 듯하다가 서울을 향해 직진하고 마는 라스트신의 처리(롱 쇼트)에서 그 면모가 두드러졌다.[71]

〈길소뜸〉에 이어 열정을 쏟은 연기는 임권택 감독의 또 하나의 가작 〈티켓〉의 민 마담 역이었다. 항구와 일부 지방의 다방에서 성행하고 있는 티켓제 매춘행위를 통해 인간회복을 촉구한 이른바 안티 히어로의 사회성 드라마이다.

민 마담(김지미)의 발탁으로 항구의 다방에 일자리를 얻은 세 명의 아가씨는 찻잔과 함께 이른바 '티켓'이라는 향락도 배달한다. 떠돌이 종업원인 주제에 배우가 되는 환상을 버리지 못하는 미스 양(안소영)이나, 곤경을 임기응변으로 헤쳐 나가는 미스 홍(이혜영)과는 달리 신

김지미의 열연이
돋보인 〈티켓〉(1986,
임권택 감독)

출내기 막내(전세영)는 대학생 애인을 도울 만큼 순진하다. 그러나 민
마담의 강요로 차츰 타락하고 애인에게마저 버림을 받는다. 이런 막
내의 좌절은 자신의 얼룩진 인생과 연결시키려는 민 마담의 동행 의
식적 피해 심리를 자극하고 분노를 폭발시키게 만든다. 그녀는 결국
막내와 절교한 청년을 설득하다가 살인을 했다는 죄책감 때문에 실성
하게 되고, 뒤늦게 민 마담의 마음을 통해 삶의 가치를 자각한 아가씨
들은 새로운 길을 찾아 나선다.

'인생은 한 장의 티켓'이라는 자조적인 아포리즘을 바탕에 깔고 사회
풍속도적 성윤리의 차원에서 냉혹한 삶의 현장을 바라본 이 영화는 민
마담을 철저한 배금주의자로 투영시키고 있다. 미세한 감정의 기복까
지 챙긴 김지미의 인물 해석과 연기에 대한 집념이 대단하다.[72] 그때
까지 보여준 연기 가운데 첫손으로 꼽을 만한 성과였다. 김지미는 이
영화의 열연으로 영평상에서 작품상과 함께 여자연기상을 받았다.

재미교포들의 애환과 상처의 치유에 초점을 맞춘 〈아메리카 아메리카〉(1988)에서는 조연을 맡아 젊은 주역들을 받쳐준다. 환락가로 전락한 재미교포 2세 처녀(이보희)와 외항선 갑판 청소원이었다가 미국에 불법 체류한 20대 청년(길용우)과 호흡을 맞추는 복역수 신성일의 두 번째 아내(김지미) 역이다.

〈추억의 이름으로〉(1989)에서는 재벌 기업의 후계자를 노리는 야심 많은 상속녀(심혜진)를 뒤에서 움직이는 재벌그룹 여총수 역할을 맡아 악덕기업의 행태를 부각시켰다. 그녀는 이 연기로 27회 대종상 여우조연상을 받음으로써 주연 위주의 배우행로에 '조연'이 끼어드는 세월의 변화를 실감케 하였다.

같은 해 27년 만에 리메이크한 〈아낌없이 주련다〉(1989)에서는 남편의 제자였던 연하의 청년(이영하)을 만나 불륜에 빠지는 미망인 다영 역을 맡아 50대를 눈앞에 둔 나이임에도 불구하고 열 살 아래인 이영하와 대담한 러브신을 펼쳐 보였다.

〈명자 아끼꼬 소냐〉(1992)는 명자라는 젊은 여자가 역사의 굽이마다 아끼꼬, 소냐로 이름을 바꿔가며 살아야 했던 기구한 운명을 통해 우리 근대사를 재조명한 작품이다. 여기서 김지미는 회갑을 지낸 나이에도 불구하고 몸을 던져 마치 황혼의 노을이 더욱 붉게 타오르듯이, 자신의 본명이기도 한 20대의 명자부터 80대에 이르기까지 한 여자의 파란 많은 '망향의 인생'을 연기하였다.

그녀는 이 영화에 출연하기 1년 전에 어머니의 심장질환을 계기로 알게 된 심장병 전문의 이종구 박사(60)와 결혼했다. 그러나 그들은 10년 뒤 합의이혼(2002년)으로 돌아선다.

그동안 김지미는 제2의 영화의 길을 모색하였다. 세상은 이미 젊은 이들의 것이었다. 이제 그의 연기 인생은 가파른 고개를 넘어가고 있었

다. 그동안 걸어온 연기 인생을 우선 쉼표로 남겨둔다 해도 내일을 대비
할 수 있는 길은 제작밖에 없다고 판단했음 직하다. 1985년 자신의 이름
을 딴 주식회사 '지미필름'은 이런 배경 아래서 설립되었다고 할 수 있
다. 이를 계기로 은퇴작이나 다름없는 〈명자 아끼꼬 소냐〉를 비롯한 〈티
켓〉, 〈아메리카 아메리카〉, 〈물의 나라〉, 〈추억의 이름으로〉, 〈아낌없이
주련다〉, 〈오렌지 나라〉(1993, 유진선 감독) 등 7편의 영화를 제작하고,
그동안 익힌 영화감각과 탁월한 선별 안으로 〈로보캅〉, 〈마지막 황제〉,
〈에레니〉, 〈트라이엄프〉 등 수준작을 수입하였다.

그녀는 영화 출연 외에도 한국에이즈연맹 후원회장(1993)과 한국
영화인협회 이사장(1995~2000)을 역임하였다. 이 시기에 러시아국립
영화대학 명예박사 학위(1997)를 받기도 했다.

## 에필로그

김지미의 전성기인 1950년대 후반부터 1960년대까지만 해도 내
용이 중시되는 제작시스템이 아니었다. 특정 배우의 인기도와 이미
지에 따라 흥행이 좌우되는 스타시스템이 대세였다. 최은희가 〈사랑
방 손님과 어머니〉(1961)와 같은 동양적 고전미가 요구되는 문예영화
에, 엄앵란이 〈맨발의 청춘〉(1964)의 경우처럼 생기발랄한 청춘영화
에 주로 간택되었다면, 김지미는 멜로드라마의 영역에서 꾸준히 선택
받았다고 할 수 있다.

일찍이 유한철의 언급한대로 '연기력의 원숙에 역비례한 얼굴에 늘
어나는 최은희의 가는 주름살, 만년 처녀로의 애티가 가시고 몸이 비
대해짐으로서 시각적으로 감성(感性)이나 판단이 지둔한 것으로 착각

되어진 엄앵란[73]에 비해 김지미의 연기수명이 길었던 것은 그만큼 그의 승부욕이 강했기 때문이다.

다만 한 가지 아쉬운 점이 있다면, 장기간 대중적 인기와 다작의 유혹에 빠지다 보니 질의 선택에 다소 소홀해졌다는 사실이다. 좋은 연기는 양질의 영화에서 나온다는 점을 상기할 때 이는 당연한 귀결이라고 할 수 있다. 그러나 김지미는 후반에 갈수록 좋은 연기를 보여 주었다. 〈잡초〉, 〈토지〉, 〈길소뜸〉, 〈티켓〉 등이 그런 범주에 속한다. 특히 〈티켓〉에서 창출한 민 마담 역이야 말로 사람됨의 체취와 연기 경륜이 결집된 김지미 연기의 총화라고 하지 않을 수 없다. 인기나 시간에 구속 받지 않고 배역에 몸을 던진 결과이다.

말로의 표현처럼 '작은 홀 속의 큰 얼굴'로서 클로즈업되는 김지미의 표정, 입술, 눈매 등 외모는 긁히는 듯하면서도 특유의 광물성 음색과 함께 그녀의 상반된 여성성을 강조하는 최상의 매력이다. 신은 그에게 아름다운 목소리까지 주지 않았다. 얼마나 다행스런 일인가. 아무리 '일생일석(一生一石)'이라 해도 균열 같은 특징 없이 매끄럽기만 하다면 매력 있는 돌이라고 할 수 없다. 김지미는 이와 같은 매력을 지니고 1960년대 한국영화계에 떠오른 눈부신 스크린의 여왕이었다.

― 부산국제영화전 회고전, 2010년

# 한국 문예영화의 대부 김수용
## — 작품과 예술적 성과

### 양산에도 잃지 않는 작가적 면모

영화계가 삭막해졌다. 몇 년 사이에 한 시대를 풍미했던 신상옥, 유현목 감독이 유명을 달리하였다. 〈장군의 수염〉의 이성구마저 이역의 하늘 아래서 숨을 거두었다. 그런 지금, 우리 곁에 김수용 감독이 존재한다는 것은 얼마나 다행스런 일인가.

김수용(金洙容) 감독은 한국영화사상 고영남 감독(111편)에 이어 두 번째로 왕성한 활동을 한 다작의 보유자이다. 1958년 〈공처가〉로 데뷔한 이후 1999년 〈침향〉에 이르는 40년 동안 109편의 영화를 만들면서 많을 때는 한 해(1967년)에 10여 편이나 내놓는 의욕을 과시하였다.

그러나 이런 양산에도 불구하고 그는 영화 작가적 면모를 잃지 않았다. 〈혈맥〉(1963년)을 비롯한 〈저 하늘에도 슬픔이〉, 〈갯마을〉(이상

1965), 〈만선〉, 〈산불〉, 〈안개〉, 〈사격장의 아이들〉(이상 1967), 〈도시로 간 처녀〉(1981) 등에서 거둔 질적 성과가 이를 말해 준다. 주로 문예영화였다. 그는 특히 신상옥, 김기영, 유현목 및 이만희, 이성구 감독 등과 더불어 1960년대 한국영화 전성기를 이끈 주역 중의 한 사람이다.

김수용은 그동안 대중성은 물론 특유의 예술 감각과 사회의식을 담은 작품을 고루 선보였다. 〈청춘교실〉(1963), 〈굴비〉(1963), 〈저 하늘에도 슬픔이〉, 〈유정〉(1966) 등이 대중적 공감을 이끌어내는 데에 성공했다면, 〈혈맥〉(1963), 〈갯마을〉, 〈만선〉 〈안개〉, 〈산불〉(1967), 〈봄·봄〉 등은 문학적 감성과 형식미로 예술적 완성도를 높였으며, 〈사격장의 아이들〉(1967), 〈물보라〉(1980), 〈도시로 간 처녀〉 등은 사회와 현실에 대한 인식의 단면을 보여 주었다.

이들의 지향점은 삶의 애환과 현실의 모순을 담은 〈혈맥〉, 〈저 하늘에도 슬픔이〉, 〈만선〉, 〈도시로 간 처녀〉 등 리얼리즘 계열, 〈까치소리〉(1967), 〈극락조〉(1975), 〈화려한 외출〉(1977) 유의 불교적 윤회와 환생의 세계, 〈갯마을〉, 〈봄·봄〉(1969) 등이 보인 토속적 정서, 그리고 〈굴비〉, 〈안개〉 등이 추구한 인간의 인습적 속성과 에고이즘이다.

김수용의 작품 자취를 보면, 다음과 같이 다섯 갈래로 정리할 수 있다.

## 다섯 갈래로 본 연대기적 접근

### 1. 모색의 시기 (1958~1963)

모색의 시기는 그의 작품 전반기에 해당된다. 1958년 데뷔작 〈공처가〉 이후 〈후라이보이 무전여행〉(1963)까지 5년 남짓 되는 시기이다.

이 시기의 특징은 〈공처가〉(1958), 〈삼인의 신부〉, 〈청춘배달〉, 〈구혼결사대〉(1959), 〈연애전선〉(1960), 〈부부독본〉(1961), 〈부라보 청춘〉(1962) 등 10여 편으로 코미디가 주류를 이루고 있다는 점이다. 신인 신분으로 제작자의 주문에 따라 선택의 여지없이 뛰어야 했던 시절의 작품들이다.

〈공처가〉는 딸의 혼사를 앞두고 가정불화를 겪는 곰탕집 주인이 기발한 해결책을 내놓아 영업도 성황을 이루고 딸의 일도 원만히 해결해 공처가의 낙인을 씻게 된다는 줄거리이다. 당대의 만담가 장소팔과 코미디언 백금녀를 내세워 관객의 호응을 받았다. 〈삼인의 신부〉(1959)는 시골에서 상경한 삼형제가 짝을 만나 합동결혼식을 올린다는 내용이고, 〈청춘배달〉(1959)은 목장을 경영하며 우유 배달을 하는 세 명의 대학 동기생들이 애인을 만나는 과정에서 벌어지는 일화를 엮은 것이다.

〈부라보 청춘〉은 「얄개전」의 작가 조흔파(원작) 특유의 익살이 넘치는 작품이다. '대비마마'로 불리는 복혜숙 할머니에게 종아리를 맞기 일쑤인 50대의 증권회사 간부(양훈)의 과년한 세 딸 조미령, 엄앵란, 김영옥 자매가 동상이몽 속에 남자를 유인하면서 생기는 에피소드를 담았다. 당시 인기 성우 남성우의 데뷔작이기도 하다. 만능 개그맨 곽규석을 타이틀롤로 내세운 〈후라이보이 무전여행기〉는 백수건달의 사기 행각기이다.

그 자신이 저서 『나의 사랑 씨네마』(2005, 씨네21 발행, 24쪽)에서 고백했듯이, 〈공처가〉로 데뷔한 이유 하나만으로 계속 엎치락뒤치락하는 코미디 영화를 찍다가 겨우 궤도를 수정의 발판을 마련하게 된 것이 이루지 못한 사랑을 소중히 여기며 추억 속에 살아가는 김진규,

이빈화 주연의 〈애상(愛想)〉(1959)이다. 데뷔 초기 내리 세 편을 코미디로 일관하다가 모처럼 만난 멜로드라마였다.

뒤이어 선을 보인 것이 모파상의 「첫사랑」을 번안한 〈돌아온 사나이〉(1960)와 신파성의 탈피에 주력한 〈버림받은 천사〉(이상 1960), 〈약혼녀〉(1963) 등 다섯 편의 멜로드라마, 한편의 시대극이다. 〈돌아온 사나이〉는 태평양전쟁 당시 징용으로 끌려가 전사통지서까지 남긴 남편(김진규)이 살아 돌아오면서 빚어지는 개가한 아내(최은희)의 딱한 운명을 그렸으며, 〈버림받은 천사〉는 홀대받는 본처의 자식(황해)과 학대받는 첩의 자식(허장강)이 겪는 가족사를 담은 것이다.

〈일편단심〉(1961)은 고을에 부임한 신임 사또(허장강)의 부당한 압력에도 굴복하지 않고 정혼한 남자(신영균)만을 생각하는 여자(조미령)의 정절을 담은 것으로, 그의 작품 가운데서 보기 드문 시대극이다.

〈약혼녀〉는 동네 주모(황정순)에게 눈독을 들이는 잡화상인 홀아비(김희갑)와 그 친구들의 허물없는 우정을 곁가지로 그들의 자녀가 펼쳐가는 사랑의 줄타기를 엮은 희극조의 멜로드라마이다. 서울 뒷골목의 정경 속에 신, 구세대의 사랑의 모습을 흥미롭게 대비시킨다.

## 2. 전환기 (1963〜1965)

김수용 감독에게 전환의 계기를 가져온 것은 KBS 라디오연속극으로 널리 알려진 김영수 원작 각본인 〈굴비〉(1963)이다. 농사를 천직으로 여기고 살아온 김승호, 황정순 노부부가 서울의 아들딸을 찾아나서며 겪는 수모를 그리고 있다. 여관을 경영하는 큰 사위집에 갔다가 한증막 같은 보일러실에 몰아넣는 바람에 곤욕을 치르고, 무역회사 사장인 둘째 사위(허장강)에게는 산지기 영감 취급을 당하는가 하면, 큰 아들(김석훈) 집에서는 굴비를 안주 삼아 양주를 마셨다가 며느리(조미령)에게 싫은 소리를 듣게 된다. 그나마 6·25전쟁 때 남편을 잃고 아들과 함께 삯바느질로 살아가는 작은 며느리(엄앵란)로부터 예기치 않은 대접을 받아 위로가 된 노부는 시골로 돌아오는 삼등객차 안에서 자식들 자랑에 침이 마른다.

이 영화는 시작과 끝이 한 장소에서 이루어진다. 산기슭을 빠져 나오는 기차(프롤로그)가 터널 속(에필로그)으로 사라지면 이야기가 마무리되는 구조이다. 지금도 상투에 갓을 쓰고 도시의 거리에 나타난 김승호의 모습이 눈에 선하다. 오즈 야스지로의 〈동경 이야기〉와 착상(원작)이 크게 다르지 않지만, 보다 선이 굵은 편이다. 핵가족 사회로 다가가는 이기주의적 세태와 인생성찰의 눈을 엿보게 하는 영화이다.

그는 〈상속자〉(1965)에 이르는 2년여 동안 〈청춘교실〉, 〈혈맥〉(1963), 〈아편전쟁〉, 〈위험한 육체〉(1964) 등 열네 편을 만들었다.

〈청춘교실〉은 김기덕 감독의 〈맨발의 청춘〉(1964), 정진우 감독의 〈배신〉(1964) 등과 함께 1960년대 초 우리나라에 청춘영화 붐을 일으키는 데에 기여한 작품이다. 일본작가 이시자카 요지로(石坂洋次郎)의 「그 녀석과 나」(아이쯔또 와다시)를 번안 각색한 것으로, '허우대만 멋진 영화'(경향신문, 1963년 8월 28일자 새 영화)라는 비판과 함께 '쁘띠 부르주아적 취미'를 일관되게 풍기며 '빤짝빤짝하는 재주와 솜씨'를 보여주었다는 긍정적인 평가(《조선일보》, 1963년 8월 25일자. 영화평 「발산하는 젊음」)를 받았다.

미용사의 아들로 자가용 스포츠카를 몰고 다니며 돈을 낭비하고 바람을 피우기 일쑤인 문제의 청년(신성일)과 입술에 상처날까봐 두려워 키스를 꺼리는 순진한 여대생(엄앵란)의 교제를 통해 전후 젊은 세

호화배역으로 이루어진 김수용 감독의 역작 〈혈맥〉(1963)

대의 생태와 참사랑의 의미를 강조하고 있다. 신성일, 엄앵란 콤비스타를 탄생시키고 1960년대 청춘영화의 아이콘으로 떠오르게 하는데 기여했다.

〈혈맥〉은 그가 처음 도전한 사실주의 계열의 작품이다. 해방 이후 남산 기슭 빈민가 일대에 자리 잡은 실향민들, 이른바 '3·8따라지'의 궁핍한 삶에 앵글을 맞추고 있다. 복덕방이라는 생업에 의지하며 소일하는 인색한 홀아비 털보(김승호) 일가를 중심으로, 병을 앓는 아내(이경희)와 노모, 절름발이 딸 등 부양가족을 거느리고 꽁초를 모아 만든 담배 수입으로 생계를 잇는 고달픈 가장(신영균)과 이상주의자인 원칠(최무룡) 형제, 그가 짝사랑하는 양공주(김지미), 깡통을 펴 만드는 수공업으로 생활하는 깡통영감 내외(최남현, 황정순) 등 하루하루가 힘겨운 사람들의 일상사이다.

연극적인 인물 배치와 구도 속에 롱테이크를 적절히 활용한 화면 등 연출 감각이 두드러졌다. 이 시기를 전환기로 이끄는데 손색이 없는 역작이다.

이밖에 관심을 끈 영화로 중국 근대사의 비극을 담은 대작 〈아편전쟁〉(1964)과 서울에서 만난 젊은 남녀가 첫 정사의 밤을 떠오르는 동해의 태양에 바치기로 언약하는 청춘물 〈위험한 육체〉(1964) 등이 있다.

### 3. 전성기 (1963~1967)

김수용 감독은 1965년 〈저 하늘에도 슬픔이〉에 이르면서 더욱 세련되고 완숙한 모습을 보인다. 1967년 〈까치소리〉에 이르기까지 박봉에 시달리는 가장을 극성스럽게 내조하는 〈날개부인〉(1965)에 이어 〈갯마을〉(1965), 〈유정〉(1966), 〈만선〉(1967), 〈산불〉, 〈안개〉, 〈사격장의 아이들〉(이상 1967) 등 20여 편을 내놓았다. 일반 감독들이 일생 동안 내놓기 힘든 수작들이 삼년 남짓한 사이에 쏟아져 나왔다. 대부분이 문예영화였다. 그는 어느새 '생애 최고의 해'를 맞이하고 있었다. 이 시기를 전성기로 분류한 이유이다.

〈저 하늘에도 슬픔이〉(1965)는 작품성과 함께 흥행성을 인정받은 작품이다. 이 영화는 가출한 어머니와 병든 아버지를 대신해 어린 세 남매를 돌보며 살아가는 초등학교 4년생 이윤복의 일기(각본 신봉승)를 바탕으로 한 것이다. 놀음에 빠져 가정을 돌보지 않는 아버지의 외면 속에 구두닦이와 껌팔이를 하며 벌어오는 푼돈으로 삶을 꾸려 나가면서도 희망을 잃지 않는 소년가장(김천만)의 자립의지가 감상에 빠지지 않고 정제된 화면에 잘 녹아들어 있다. 우리나라의 아동영화

중에 첫손으로 꼽을 만한 가작이다.

〈갯마을〉은 남성 중심의 인습사회에서 살아가는 여성들의 숙명과 인간의 귀소(歸巢)본능을 질퍽한 향토색과 농염한 여인들의 살 냄새로 일궈낸 '문예영화'의 대명사라고 할 수 있다. 원작(오영수)이 단편소설인데도 갯마을- 채석장- 산속- 갯마을 등 모두 네 시퀀스로 구성, 원경과 클로즈업, 인서트를 효과적으로 활용하며 남편을 앗아간 어촌 과부들의 평탄치 않는 삶을 수채화처럼 그려내었다.

영화의 서정성을 높인 김소희의 창과 이민자, 김정옥 등 과부 아낙네들이 해변의 모래밭에 드러누워 신세타령과 질퍽한 음담들을 주고받는 도입부의 장면이 뛰어나다.

이광수 원작 〈유정〉은 김수용의 첫 천연색 시네마스코프일 뿐 아니라 문희, 윤정희와 더불어 1960년대 트로이카 시대를 연 남정임의 데뷔작이기도 하다. 자신이 키운 친구의 딸을 사랑하게 된 고위 교육자가 이역만리에서 병마와 싸우다가 양녀의 보살핌 속에 숨을 거두고 만다는 귀결. 세속적으로 비치기 쉬운 두 사람의 관계를 흠모와 자제의 사랑으로 승화시키고 있다.

〈만선〉(천승세 원작)은 남해의 섬마을(용초도)을 무대로 전개되는 어부들의 삶을 그린 토속적인 리얼리즘 영화이다. 바다 풍경과 함께 고기잡이 나갔다가 태풍으로 죽어간 어부의 장례로 시작되는 서막부터 가난한 어부들의 숙명을 예감케 한다. 두 자식을 바다에 수장시킨 곰치(김승호)는 뭍으로 나가 살자는 아내와 아들의 성화에도 뿌리친다. 그가 출어를 나가 만선의 희열을 안고 돌아오던 배가 난파하고 또 아들을 잃자 실성한 아내(주증녀)는 갓난 아들마저 배에 누여 바다에 띄어 보낸다. 영화는 지긋지긋한 뭍을 떠나 품팔이라도 할 수 있는 뭍

으로 가야겠다는 아내의 외침과 세 아들을 빼앗아 갔으나 삶을 이어
준 거대한 어머니의 바다를 떠나 살 수 없다고 고집하는 곰치의 숙명
적인 심상을 교착시킨다.

〈산불〉(차범석, 조문진 각본)은 6·25 직후 전란의 상황을 이념의 잣
대가 아니라 본능적인 욕정의 관점에서 접근한 역작이다. 젊은 과부
들과 처녀들만이 남은 호남 지방 산간벽지에 공비들에게 속아 입산했
다가 탈출한 전직교사(신영균)가 한 과부(주증녀) 집에 숨어들면서 일
어나는 동족상잔의 후유증을 담았다. 난리통의 불안한 생활 속에서도
본능적인 성 욕망을 누릴 길이 없는 아낙네들은 오랜만에 남자의 체
취를 맡으면서 변화가 일어난다. 이웃 과부(도금봉)의 위협으로 한 사
내를 둘러싼 두 여자의 어색한 분배관계가 이루어지는 가운데 한 여
자의 임신과 경찰 토벌대의 출동으로 파국을 맞게 된다. 불길이 번지
는 타이틀백과 회상 장면을 파트칼라로 만들어 화면의 변화를 노린
점이 눈에 띈다.

〈안개〉(김승옥 원작)는 파격적일 만큼 모던한 작품이다. 한때 폐병
을 앓은 병역 기피자였으나 제약회사 회장 딸(이빈화)과 결혼하여 출세
가도를 달리는 윤상무(신성일)는 잠시나마 삭막한 도시생활에서 도피하
듯이 고향을 찾는다. 4년 만에 찾은 안개의 고장 무진에서 그는 무의미
하게 삶을 탕진하는 친구들을 보고 실망한다. 그들과 어울린 술자리에
서 음악교사인 하인숙(윤정희)과 사귀게 되고 서울로 옮길 것을 권하기
에 이르지만, 아내로부터 회의가 소집됐다는 연락을 받자 서둘러 일상
으로 돌아간다.

이 영화는 주인공의 내면에 깔린 의식의 흐름까지 포착하는 진전을
보여 준다. 서울이라는 삭막한 도시와 나태한 고향 무진, 과거의 무료

신성일, 윤정희 주연의 '안개'(1967, 김수용 감독)

함과 현재의 권태가 교차되면서 내적 갈등을 겪는 주인공(윤기준)이 과거의 자신에게 말을 거는 장면이 그 대표적인 예이다. 뿐만 아니라, 현재와 과거의 경계 없이 수평적으로 배치하고 서울과 무진으로 대칭되는 수직적 공간과 과거와 현재가 교차하는 평행적 시간을 자연스럽게 넘나드는 기법을 사용하여 주목을 받았다. 이는 그가 일찍이 서구 모더니즘영화의 양식에 관심을 가져 왔음을 말해 준다.

### 4. 답보기 (1968~1976)

답보의 조짐은 홍세미 주연의 〈춘향〉(1968) 이후에 나타난 현상이다. 〈순애보〉(1968), 〈추격자〉(1969), 〈남자는 괴로워〉(1970), 〈딸 부잣집〉(1973), 〈내일은 진실〉(1975) 등이 이 범주에 속한다. 이 시기는

〈내 사랑 에레나〉가 공개된 1976년까지 8년간으로 36편이 제작되었다. 이 가운데는 〈봄·봄〉(1969), 〈토지〉(1974) 등 예외적인 작품들도 더러 있었지만, 전성기의 수준에는 이르지 못하고 있다.

〈토지〉(1974)는 1890년대의 경상남도 하동군에 5대를 이어오는 만석지기 지주 최 참판 집과 그 일대 마을 사람들을 주축으로 전개되는 이야기이다. 절에 갔다가 동학군 대장에게 몸을 빼앗긴 이 문중의 마지막 안주인(김지미)과 아들 치수(이순재), 손녀(서희) 세대로 이어지는 파란 많은 가족사로서 동학란, 한일합방, 전염병, 대흉년 등 역사적 격동의 시대와 어우러져 비애감을 높여 주고 있다.

이밖에 〈맨발의 영광〉(1968), 〈극락조〉(1975), 〈가위 바위 보〉(1975) 등이 이 시기의 산물이다. 〈맨발의 영광〉은 사회로부터 냉대받는 아동보호소 고아들이 축구 볼의 의지에 뭉쳐 전국 어린이 축구계를 재패하고 고교에 진학하게 된다는 실화를 뼈대로 한 것이다. 자칫 비뚤어지기 쉬운 고아들의 반항심을 리얼하게 순화시키고 있다. 김동리 원작, 최금동 시나리오인 〈극락조〉(1975)는 어떤 힘에 끌려 겨울의 산정에 오른 남녀가 환생을 체험하는 스토리로 엮어지고 있으며, 〈가위 바위 보〉(1976)는 공산군에 의해 사이공이 함락되자 한국에 온 베트남 여성(황정아) 가족이 사라진 조국에 바치는 애절한 진혼곡이다.

## 5. 변화 추구기 (1977~1999)

지속적인 답보로 침체에서 벗어나지 못한 김수용이 제2의 전성기를 노리는 자세로 내놓은 것이 김승옥 원작, 각본의 〈야행〉(1977)이다.

단조로운 일상이 불만인 여 은행원(윤정희)은 동거중인 대리직 행원(신성일)과 예사로 정사를 즐기면서도 겉도는 남자의 행위에 불만을 갖는다. 휴가를 받고 고향에 갔다가 낯선 남자를 유혹하여 몸을 주거나, 밤늦게 술을 마시고 누가 유혹하지 않을까 뒷골목을 서성대는 따위의 일도 마다 하지 않는다. 그녀의 후렴 같은 생활은 버스에 몸을 싣고 동작동 국군묘지 앞에서 내려 경비병의 시선도 아랑곳없이 스타킹을 고쳐 맨 다음 자신이 사는 아파트촌으로 걸어가는 모습에서 잘 나타나고 있다. 극적 기복 없이 여주인공의 반복되는 일상과 정신적 방황에 초점을 맞춤으로써 의식의 흐름이 개입할 여지와 공간을 넓혀 놓고 있다. 하지만, 경비병이 여자의 스타킹을 올리는 모습을 훔쳐보는 장면 등 53군데가 가당치 않은 이유로 잘려 나갔다.

〈화려한 외출〉(1977)도 〈야행〉과 마찬가지로 실험적인 요소가 강한 이색작이다. 유능하고 박식한 30대 후반의 여류 기업가 공도희 회장(윤정희)은 점쟁이로부터 전생에 대한 얘기를 듣고 지방도시의 해변가에 나섰다가 납치된다. 그녀를 인계받은 낙도의 사나이(이대근)는 자기에게서 떠났던 아내라고 주장한다. 정체성의 혼란을 느낀 그녀는 서울로 탈출하여 회사 건물 옥상에서 투신자살을 꾀하지만 어느 해변가 승용차 운전대에 엎드린 모습으로 나타난다. 혼돈과 상징성이 혼재돼 애매한 부분이 있지만 1970년대 후반 그의 탐구적인 의욕이 넘치는 작품으로 평가할 만하다.

〈도시로 간 처녀〉(1981)는 현실비판적 시각이 강한 화제작이다. 시골 출신의 버스 안내양들이 '삥땅'을 이유로 남자 감시원 앞에서 알몸 수색을 당하고 그때 받은 모욕 때문에 한 안내양(유지인)이 동료들에게 정직하게 살 것을 호소하며 옥상에서 몸을 던진다. 열악한 근로환경과 비인간적인 처우 등 인권의 사각지대를 고발함으로써 회사 측이

동원한 노조의 압력에 직면, 해방 후 처음 상영이 중단되는 사태까지 빚었다. 표현의 자유가 민간의 압력에 의해서도 침해받을 수 있음을 보여준 보기 드문 사례이다.

변화 추구기의 작품들은 이상의 영화 외에도 〈웃음소리〉, 〈망명의 늪〉(1978), 〈만추〉(1981), 〈허튼소리〉(1986) 〈사랑의 묵시록〉(1995) 등을 포함, 22편에 이른다. 이 가운데는 전작의 후광에 기댄 〈산불〉(1978), 〈저 하늘에도 슬픔이〉(1984)와 같은 리메이크도 있다.

## 평가되어야 할 김수용의 리얼리즘

김수용의 영화 40년을 돌아 볼 때 그의 성과들이 1960년대에 집중되어 있음을 알 수 있다. 이 시기는 그의 다작 시대와 더불어 한국영화 전성기의 한복판이라는 점에서 큰 의미가 있다. 빈번한 '겹치기 연출'의 다작 속에서도 산발적이 아니라 거의 연속적으로 가작에 속하는 작품들을 만들어냈다는 사실이다. 심지어 〈까치소리〉 등 열편을 내놓은 1967년의 경우, 그 절반에 가까운 〈만선〉, 〈산불〉, 〈안개〉, 〈사격장의 아이들〉 등 가작들을 쏟아내었다. 이런 예는 영화사상 일찍이 찾아볼 수 없는 일이다.

1백편이 넘는 그의 작품들은 다양한 장르와 내용, 형태, 구조를 갖고 있다. 장르만 해도 멜로, 코미디, 문예, 시대물은 물론, 극소수지만 액션 드라마까지 포진되어 있다. 그런데 그 대상을 작품성으로 극한시킬 때 주목해야 할 것은 사실주의 계열의 영화가 핵심을 이루고 있다는 사실이다. 〈혈맥〉은 물론, 〈저 하늘에도 슬픔이〉, 〈갯마을〉, 〈만선〉, 〈산불〉, 〈사격장의 아이들〉, 〈도시로 간 처녀〉 등이 여기에 해당된다. 거기에는 역사의식과 함께 그 시대를 반영하는 삶의 문제와 정서가 녹아들어 있다. 〈갯마을〉이 운명 순응적 리얼리즘 계열에 속한다면, 〈저 하늘에도 슬픔이〉, 〈산불〉, 〈만선〉, 〈사격장의 아이들〉, 〈도시로 간 처녀〉 등은 비판적 리얼리즘 경향의 작품이라고 할 수 있다.

양적인 면에서는 오히려 〈오발탄〉(1961), 〈잉여인간〉(1964) 등을 무기로 하는 유현목을 압도할 정도이다. 그의 리얼리즘은 〈도시로 간 처녀〉의 경우를 제외하고는 극한상황에서도 유머를 잃지 않는 화합의 여유를 갖고 있다. 사물을 긍정적으로 보려는 그의 낙관주의적 경향은 여러 작품에서 감지된다. 비록 어두운 환경을 모티브로 했더라도 도달하는 지점은 밝고 희망적이다. 두 분의 리얼리즘이 대비되는 것은 유현목이 도시 지향적이라면, 김수용은 토속적 리얼리즘을 선호한다는 점이다. 그럼에도 불구하고 그가 추구한 리얼리즘은 조명을 받지 못했다. 이 점이 아쉽지 않을 수 없다.

- 《영화천국》 2010년 3~4월호

# 사상 최다 출연,
# 최고의 인기 누린 무비스타
### ─ 신성일의 연기와 작품

## 그는 왜 스타인가?

한국영화사상 신성일(申星一) 만큼 장기간 스타의 지위를 누린 배우는 없었다. 그는 영화전성기의 물꼬를 튼 1960년대 후시 녹음시대에서 산업화로 전환한 1970년대까지 20여 년 동안 정상을 지킨 유일한 존재였다. 나이와 활동 시기 면에서 2년 정도의 차이가 나긴 하지만 신성일은 흔히 알랑 들롱과 비교되어 왔다. 우리나라에도 수입돼 화제를 모은 〈아가씨의 손길을 부드럽게〉를 비롯한 〈사랑은 오직 한 길〉(1958년), 〈태양은 가득히〉(1959년) 등으로 여성 팬을 사로잡았던 알랑 들롱이 한때 프랑스영화의 표상이었던 것처럼 신성일 역시 대중의 사랑을 받은 한국의 톱스타였다.

여기서 말하는 스타(star)란 대중들에게 인기가 높은 주연급 연기자를 말한다. 배우(actor)는 육체적·감정적 표현능력을 활용해 자신을 극중 인물로 변화시키는 반면에 스타는 타고난 외모와 개성을 무기로 등장인물을 자기화시킨다는 점에서 차이가 있다. 스타는 여왕벌처럼 초인격적인 로얄제리를 흡수하여 자신과 다른 것이 된다. 스타는 완전히 대중의 것이다. 대중은 스타의 영광스러운 노예상태를 동정하면서도 그것을 요구한다.[74]

스타를 제공하고 요리하고 만들어내는 것은 스타 시스템이다. 영화사들 간의 치열한 경쟁에서 탄생한 스타 시스템은 거대한 자본주의 시장이 낳은 특수한 제도라고 할 수 있다. 그래서 스타의 예술적 가치보다는 상업적 가치에 중점을 두게 된다. 특정 스타를 중심으로 시나리오를 만들거나, 가십을 조작해서 대중의 관심을 끌도록 선전하는 따위의 영업행위가 여기에 해당된다. 스타 시스템은 스타와 산업이 발전한 결과라기보다는 그것들을 발전시킨 특수한 요인이다. 스타는 귀중품인 금과 같은 존재이기 때문에 화폐와 같은 가치가 부여된다. 스타는 분명히 인기배우지만 '인기배우'라고 해서 스타가 되는 것은 아니다.

리처드 다이어의 말을 빌면, 스타는 쇼 비즈니스사업의 일부분으로 미디어 텍스트 속의 이미지들이며, 할리우드의 산물이다.[75] 그래서 감독을 중시하는 작가주의 영화에는 스타와 같은 우상이 필요하지 않다. 현실문제를 제기하는 작가영화에 있어서 스타의 신화는 추구되는 진실과 어울리지 않기 때문이다.

신성일을 논할 때 먼저 떠오르는 것은 스타의 이미지이다. 이런 인식의 배경에는 타고난 외모와 대중적 인기를 무기로 영화에 도전해 성공했다는 공감대가 깔려 있다. 그는 인기 절정기인 1967년 한 해 동안 〈까치소리〉, 〈역마〉, 〈일월〉 등 무려 50편의 영화에 겹치기 출연하였다. 이해 한국영화 총 제작편수 185편 가운데 3,5분의 1에 해당하는 놀라운 소화력이다. 마치 조폐공장에서 화폐를 찍어내듯이, 그는 동분서주하며 매달 4편 꼴로 영화를 찍어내었다.

그는 극동영화사의 〈아낌없이 주련다〉(1962년, 유현목 감독)로 주목을 받으면서 이 여세를 몰아 1963년부터 〈청춘교실〉 등 21편(총 제작편수 148편)의 영화에 주연으로 기용된 것을 비롯하여 매년 출연 편수를 늘려나갔다. 1964년에는 〈맨발의 청춘〉 등 32편(총 제작 137편)에 이어 1965년 〈흑맥〉 등 34편(총 제작 161편)을 소화하였다. 1966년 〈초우〉 등 46편(총 제작 172편)을 전환점으로, 1967년에는 〈안개〉, 〈일월〉 등 50편이 공개되어 최다 출연 기록을 세웠다. 이후 1968년 70밀리 〈춘향전〉 등 45편(총 제작 195편), 1969년 〈시발점〉 등 44편(총 제작 229편), 1970년 〈잃어버린 면사포〉 등 46편(총 제작 231편)으로 안정적인 40편 선을 유지하였다. 그러나 〈잃어버린 계절〉 등 29편(총 제작 202편)을 내놓은 1971년을 고비로 1972년 〈작은 꿈이 꽃필 때〉 등 22편(총 제작 122편), 1973년 〈이별〉 등 20편 (총 제작 125편), 1974년 〈별들의 고향〉 등 18편(총 제작 141편)으로 하향 추세를 보였다.

이처럼 그는 스타의 가능성을 보인 1962년 〈아낌없이 주련다〉 이후 인기의 정점에 선 12년 동안 매해 적게는 18편(1974년), 많을 때는 50편까지 출연하는 초인적인 활동을 하였다. 1975년부터 촬영 빈도수가 줄어들긴 했으나 〈극락조〉 등 6편, 76년 〈왕십리〉 등 6편, 1977년 〈겨울여자〉 등 8편, 1978년 〈세종대왕〉 등 4편, 1979년 〈도시의 사냥꾼〉 등 9편에 출연했으며, 1980년 〈협객 시라소니〉 등 6편, 81년 〈낮은 데로 임하소서〉 등 3편, 1982년 〈백구야 훨훨 날지 마라〉 등 6편, 1983년 〈3일 낮 3일 밤〉, 1편, 1984년 〈장남〉 등 2편, 1985년 〈길소뜸〉 등 3편, 1986년 〈달빛 사냥꾼〉 등 4편, 1987년 〈레테의 연가〉 등 5편, 1988년 〈아메리카

아메리카〉 등 7편, 1989년 〈내 사랑 동키호테〉 등 4편을 선보여 1980년
대에도 건재를 과시하였다.

1990년대에는 〈코리안 커넥션〉(1990년) 등 4편, 1991년 〈누가 용의
발톱을 보았는가〉 등 4편, 1992년 〈눈꽃〉 등 3편, 1995년 〈아빠는 보디
가드〉 등 2편과 1993년 〈망각 속의 정사〉, 1994년 〈증발〉, 1996년 〈축
제〉, 1998년 〈까〉 등 각 1편씩을 남겼다.

그는 데뷔작 〈로맨스 빠빠〉(1960년, 신상옥 감독) 이후 38년에 이
르는 연기생활을 통해 541편에 이르는 많은 작품을 남겼다. 이중 506
편이 주연 작품이었다. 1997년 한 해를 제외하고 거의 쉼 없는 행군이
었다. 이러한 결과는 세계영화사에서도 유래를 찾아볼 수 없는 기록
이 아닐 수 없다.

여기에서 알 수 있듯이, 신성일은 청춘의 아이콘으로 떠오른 1960
년대부터 1970년대 초까지 우리나라의 대표적인 무비스타였다. 그의
황금기이기도 한 이 시기가 한국영화의 전성기였음을 상기할 때 영화
산업의 측면에서 그의 위상과 기여도를 가늠케 하는 척도가 된다.

그가 스타였다는 사실은 이 시기에 연평균 35편, 매달 최다 4편 꼴로
촬영한 겹치기 출연 편수와 국내 영화제의 인기상을 석권한 점이 잘
말해 준다. 신성일은 1963년부터 1973년까지 10여 년 동안 독자 투표
로 이루어진 청룡영화상의 인기 남우상을 한 번도 놓쳐본 적이 없다.
거의 엄앵란 콤비와 이루어낸 공동 수상이었다. 1969년에 제정된 백상
예술대상의 경우도 마찬가지였다. 그는 1974년까지 6년 동안 인기상을
휩쓴 난공불락의 성이었다.

신성일이 이런 위치에 오르는 데는 스타 시스템이 크게 작용하였다.
극동영화사(대표 차태진)는 신성일, 엄앵란 주연의 〈가정교사〉(1963

년)가 히트하자 신-엄 콤비를 맞춤형 주연으로 내세웠다. 이에 힘입어 이해 신성일이 출연한 21편 가운데 엄앵란과 공연한 영화만 90%에 이를 정도였다. 〈맨발의 청춘〉(1964년, 김기덕)의 히트는 청춘영화 붐의 건재를 과시했고, 트위스트를 유행시키는 촉매가 되었다. 잇따라 〈떠날 때는 말없이〉, 〈위를 보고 걷자〉(이상 1964년, 김기덕 감독) 등을 선보여 화제를 모았다. 두 남녀 스타를 내세운 이른바 마케팅 전략이 주효한 것이다. 이러한 현상은 제작자가 나서 두 스타의 결혼까지 관여한 사실에서도 엿볼 수 있다.[76] 스타를 제공하고 요리하고 만들어내는 스타시스템의 일면이 드러나는 대목이다.

당시의 스타로는 신성일 커플 외에 해방 이후 6·25동란을 전후한 시기의 최은희, 김진규, 최무룡, 신영균, 김지미 등과 1960년대 중반에 등장한 문희, 남정임, 윤정희 등 토로이카 스타를 꼽을 수 있다. 이들의 공통점은 대중적인 인기를 바탕으로 고정 팬을 갖고 있다는 점이다.

외국영화의 스타라면, 1920년대 한때 〈혈(血)과 사(砂)〉(1922년), 〈열사(熱砂)의 무(舞)〉(1926년) 등으로 세계의 여성 관객들을 매혹시킨 전설적인 이탈리아 출신의 배우 루돌프 발렌티노나, 〈에덴의 동쪽〉, 〈이유 없는 반항〉(1954년)으로 유명한 청춘의 우상 제임스 딘을 떠올리게 되는 것도 연기 이전에 이국적인 마스크와 정열적인 탱고 춤(루돌프 바렌티노), 기존질서와 맞서 싸우는 외로운 반항의 모습이었다. 더욱이 그들이 한창 활동할 시기인 서른한 살, 스물네 살의 인기 절정기에 젊은 나이로 요절한 것도 명성을 높이는데 기여하였다. 독신으로 살아온 그레타 가르보가 은퇴한 후 대중 앞에 나서지 않은 것도 같은 맥락이라고 할 수 있다.

이처럼 스타에게는 이미지가 중요하다. 그러다보니 일부에서는 스타를 '인기에 영합하는 존재', '연기 경험도 없이 반반한 얼굴 하나 믿고 영화계에 덤벼든 불청객' 쯤으로 여기는 경향이 있었다. 그러나 스타로 불린 사람 가운데는 연기력을 갖춘 정통파 배우가 적지 않았다. 따라서 스타와 정통파 배우를 단순히 인기 유무를 놓고 따지는 이분법식 분류에는 문제가 있다는 얘기이다.

## 신성일이 연기한 인물의 유형과 특징

신성일이 추구한 영화의 인물들은 다양하다. 이를테면, 퇴직한 보험회사 사원의 막내아들(〈로맨스 빠빠〉, 1962년)을 비롯하여, 스포츠카를 몰며 예사로 댄스홀에 드나드는 불량 대학생(〈청춘교실〉, 1963년), 밀수조직에 얹혀 사는 뒷골목의 깡패(〈맨발의 청춘〉, 1964년), 보스의 애첩과 불륜에 빠진 범죄조직의 부하(〈배신〉, 1964년), 사장 딸을 사랑하는 말단 영업사원(〈떠날 때는 말없이〉, 1964년), 불량배로 전락한 부잣집 외아들(〈빗나간 청춘〉, 1964년)이며, 순진한 시골 처녀를 위해 살인까지 저지르는 날치기패의 왕초(〈흑맥〉, 1965년), 정상배를 고발하려다 형장의 이슬로 사라진 기상학 전공 대학생(〈푸른 별 아래 잠들게 하라〉, 1965년), 여죄수와 사랑에 빠진 위조지폐범(〈만추〉, 1966년), 알코올 중독에 빠진 부잣집 상속자(〈오늘은 왕〉, 1966년), 반공 투쟁의 협력자인 아버지와 반목하는 인민군 소좌(〈군번 없는 용사〉, 1966년)가 있다.

그런가 하면 고해놀이를 즐기며 소설가를 꿈꾸는 사진작가(〈장군의 수염〉, 1968), 스스로 박제된 천재작가 (〈이상의 날개〉, 1968년), 보금자리도 없이 방황하는 떠돌이 청년(〈휴일〉, 1968년), 독수공방하는 여인을 흠모하다가 희생된 벌꿀 채집 청년(〈잃어버린 계절〉, 1971년), 호스티스에게 연민의 정을 버리지 못하는 중년 화가(〈별들의 고향〉, 1974년), 열세 살의 소년 포로를 부대의 마스코트로 만들어놓은 격전지의 유격대장(〈13세 소년〉, 1974년), 여자고등학교의 제자를 만나면서 흔들리는 별거중인 대학강사(〈겨울여자〉, 1977년)도 있다.

이밖에 정신병에 걸린 아내와 새로운 인연 사이에서 방황하는 건축설계사(〈도시의 사냥꾼〉, 1979년), 핵가족 시대의 혈육의 소중함을 일깨워 주는 전자회사의 개발실장(〈장남〉, 1984년), 이산의 고통 속에 잃어버린 혈육을 찾아 나선 고달픈 실향민(〈길소뜸〉, 1985년), 재회한 잡지사 여기자에 대한 미련을 접고 가장의 임무로 돌아가는 순수한 화가(〈레테의 연가〉, 1987년), 개방적인 이혼녀와 불륜에 빠진 백혈병 전문의사(〈위기의 여자〉, 1987년) 등 헤아릴 수 없을 정도로 많다.

신성일은 이렇게 40년 가까운 연기 생애를 통해 수많은 작품에서 여러 인생을 두루 섭렵하였다. 그가 만들어낸 인물들의 성격을 분류하면 대개 다음과 같이 크게 네 가지 유형으로 나눌 수 있을 것이다.

### (1) 소외된 청춘의 갈망과 좌절의 이미지

첫째는 소외된 청춘의 갈망과 좌절의 이미지이다. 이런 계열에 속하는 작품으로 〈아낌없이 주련다〉(1962, 유현목 감독), 〈성난 능금〉(1963, 김묵 감독), 〈맨발의 청춘〉(1964, 김기덕 감독), 〈용서받기 싫다〉(1964, 김묵 감독), 〈배신〉(1964, 정진우 감독), 〈빗나간 청춘〉(1964, 노필 감독), 〈학사주점〉(1964, 박종호 감독), 〈흑맥〉(1965, 이만희 감독), 〈초우〉(1966, 정진우 감독), 〈푸른 별 아래 잠들게 하라〉(1665, 유현목 감독), 〈휴일〉(1968, 이만희 감독) 등을 들 수 있다. 주로 60년대의 영화들이다.

유현목 감독의 〈아낌없이 주련다〉에서 신성일은 어린애가 딸린 30대의 전쟁미망인(이민자)에게 빠진 20대의 아르바이트 관리인 하지송으로 분장하여 살 냄새나는 애절한 사랑을 펼친다. 6·25전쟁의 피난지 부산을 무대로 바의 마담과 연하의 청년 사이에서 벌어지는 뜨겁고 애절한 이 러브 스토리는 〈지상에서 영원으로〉(1953년)의 버트 랭커스터와 데보라 카의 러브신을 떠올리게 하는 대담한 바닷가의 키스신을 선보여 관심을 모았다.

악당인 정부(허장강)의 위협과 인습적인 윤리의 벽 앞에서 포기한 청년은 쇼리(안성기)의 작은 손을 쥐고 부둣가를 떠난다. 신성일은 모처럼 적역을 만나 고급스런 멜로드라마의 수준으로 끌어올린 연출과 커팅의 리듬이 살아있는 서정적 화면에 힘입어 스타의 반열에 오르는 계기를 마련하였다.

김묵 감독의 〈성난 능금〉에서는 사회와 가정으로부터 소외된 젊은 이의 모습을 보여준다. 기생의 아들로 자라난 협이라는 이름의 사생아는 생모가 죽자 과수원을 하는 생면부지의 아버지(최남현)를 찾아가 인부로 취직한다. 하지만 사정을 알 리 없는 이복형과 그 어머니의 심한 학대 속에서 얼마 못가 마음을 열기 시작한 아버지가 비명에 죽고 만다. 폭우가 쏟아지는 밤에 이루어진 결투 장면 등 격정적인 화면이 인상적인 이 영화에서 신성일은 〈에덴의 동쪽〉의 아우 칼 역 제임스 딘을 방불케 하는 배역으로 고독한 사생아의 애증과 갈등을 소화하여 눈길을 끌었다.

〈맨발의 청춘〉의 주인공 두수는 비록 폭력과 밀수를 일삼는 악덕배의 하수인이지만, 뒷골목의 똘마니에게 봉변당하는 여학생을 구해주거나, 밀수범을 대신해 복역하는 의리 있고 심성이 모질지 못한 인물로 그려진다. 이런 인연으로 대사의 딸(엄앵란)을 사랑하게 되고, 결국 신분의 차이로 고민하다가 그녀와 함께 죽음의 길을 선택한다.

신성일, 이민자 주연의 〈아낌없이 주련다〉(1962, 유현목 감독)

신성일을 청춘 스타의 아이콘으로 만든 〈맨발의 청춘〉(1964)

신성일은 스포츠형 머리에 털 달린 잠바와 청바지 스타일로 두수라는 소악마적 캐릭터에 도전한다. 그는 다방에조차 가본 적이 없는 순진한 여대생 요안나(엄앵란)를 데리고 프로레슬링 구경을 가는가 하면, 그녀를 따라 음악회장으로 가기도 한다. 이처럼 서로 길들여지는 가운데 두수는 트위스트 춤이 흥겹게 돌아가는 살롱에 들어서자 갑자기 차이코프스키의 '비창'을 틀게 하는 전례 없는 행동으로 학습효과를 나타낸다. 그가 연기하는 불량기는 공격적이기보다는 위악적인 요소가 강하다. 그는 스스로 깡패라고 부르는가 하면, 애인의 사랑 고백에 "우리 아빠 형무소 살이 하다 죽었고, 엄마는 갈보였다."고 부르짖는다.

연기의 필수적인 요건이 등장인물에 어울리는 움직임, 용모, 개성 등 신체적 역동성에 있다면, 이 영화에서 신성일이 그려 보인 두수는 타고난 마스크와 개성미, 후천적인 연기력이 보태져 배합된 긍정적인 결과라고 할 수 있다.

여태까지의 신, 엄 콤비 영화중 가장 '멋있는 연기'였다고 평가한 《조선일보》의 영화평(「정사로 끝맺은 애련 비극」, 1964. 3. 10)이 말해 주듯이 그의 연기는 2년 전 〈아낌없이 주련다〉에서 받은 기대를 저버리지 않았다. 다만 문제는 이 작품이 원전으로 삼은 일본영화 〈진흙 속의 청춘〉(나카히라 고우 감독)에 너무 의존한 나머지 구성이나 사건 전개, 심지어는 주인공 두수와 충성스런 똘마니(트위스트 김) 사이에서 벌어지는 에피소드까지 여과 없이 차용하고 있다는 점이다.

김묵 감독의 또 다른 화제작 〈용서받기 싫다〉에서는 첫사랑의 애인(태현실)을 윤간한 깡패 일당을 찾아내 그들의 세 여자에게 같은 방식으로 복수하는 미술대 조각과 학생 남궁양 역에 도전한다. 신성일은 이 영화에서 복수의 화신이 된 주인공을 통해 인간이 극한에 이르렀을 때 어떤 모습으로 변하는가를 보여 준다.

정진우 감독의 〈배신〉에서는 악덕배(장동휘)의 도움으로 자라났으나 그의 소실(엄앵란)을 사랑하게 되면서 은혜를 저버리고 여자와 함께 목숨을 끊는 불행한 젊은 부하 역을 맡는다. 말하자면 현세에서 맺지 못한 사랑을 내세에서 이루어보자는 〈맨발의 청춘〉과 같은 결말이다.

또한 같은 감독의 〈초우〉에서는 외교관(프랑스 공사)의 외동딸(문희)을 사랑하는 자동차 세차공으로 출연하여 애인과 우산 속에서 나누는 밀어처럼 정적인 톤으로 연기해 나간다. 상대의 신분이 높다보니 자신도 그 눈높이에 맞추느라 명문가의 후예로 행세한다. 그들이 동거에 이를 무렵, 여자가 자기는 외교관의 딸이 아니라 가정부라고 고백한다. 크게 실망한 청년이 분개하여 여자를 사정없이 구타하고 미련 없이 돌아선다. 신성일은 세차공인 철의 역을 정적인 작품의 분위기에 맞춰 해석하려는 흔적을 보인다. 그러나 이러한 흐름의 균형감은 라스트 시퀀스에서 연출된 구타 장면에서 깨어진다.

〈아낌없이 주련다〉의 하지송이 사회윤리 앞에서 자유롭지 못한 사랑을 절감하고 〈성난 능금〉의 사생아가 부친의 사망으로 화해의 기회를 잃게 되었다면, 〈맨발의 청춘〉의 두수와 〈배신〉의 부하는 잘못 꿰인 은혜의 족쇄로 인해 동반자살을 선택하는 비극의 길을 밟게 된다. 〈용서받기 싫다〉의 남궁양은 빗나간 권선징악의 벼랑에서 추락하고, 〈초우〉의 자동차 세차공은 무임승차를 노린 신분상승의 꿈을 꾸다가 파국을 초래한다. 이들에게 공통적인 것은 〈아낌없이 주련다〉, 〈맨발의 청춘〉, 〈배신〉의 경우처럼 고아 출신이거나, 사생아(〈성난 능금〉), 고학생(〈떠날 때는 말없이〉) 등 삶의 중심에서 배재된 소외계층의 인간으로 설정되었다는 점이다.

현실의 벽에 막혀 갈망을 성취하지 못하고 좌절되고 마는 청춘 상을 신성일은 나름의 동작과 특유의 뚜렷한 얼굴선, 적절한 인물해석으로 받쳐 주면서 정제하여 탄생시킨다.

### (2) 승부사적 도전과 집념의 화신

둘째는 승부사적 도전과 집념의 화신으로서의 모습이다. 이런 경향의 작품으로, 〈떠날 때는 말없이〉(1964, 김기덕 감독), 〈오늘은 왕〉(1966, 김기덕 감독), 〈예라이샹〉(1966, 정창화 감독), 〈여〉(1968, 김기영, 정진우, 유현목 공동감독), 〈내시〉(1968, 신상옥 감독), 〈달빛 사냥꾼〉(1986, 신승수 감독), 〈코리언 커넥션〉(1990, 고영남 감독) 등이 있다.

〈떠날 때는 말없이〉는 신분의 차이에도 불구하고 해피엔딩으로 귀결된다. 사장 딸(엄앵란)을 사랑한 죄로 반대에 부딪치자 회사를 나온 영업사원 김영수는 고생하던 아내가 죽자 실의의 나날을 보내던 끝에 외교관 시험에 합격, 아이를 데리고 임지로 떠난다. 신성일은 외가댁에서 키우는 친딸을 만나고도 아빠라고 말하지 못하는 안타까운 부성애를 젖은 눈길로 표출한다.

〈오늘은 왕〉에서는 생사를 알 수 없는 어머니의 실종과 복잡한 여자 관계로 얽힌 아버지에게 의혹을 품은 알코올 중독자 역을 맡는다. 어머니가 불치병에 걸려 수녀원에서 요양 중이라는 사실이 밝혀지기까지 회사 사장인 아버지(정민)에게 집요하게 저항한다. 〈예라이샹〉은 가정교사로 들어간 부호의 딸로부터 구애를 받으면서 이에 아랑곳없이 연상의 나이트클럽 댄서(문정숙)에게 집착하는 고학생 역을, 〈코리언 커넥션〉에서는 내부의 압력과 외부의 회유에도 불구하고 추적 끝에 밀매조직을 소탕하는 노련한 민완 형사 역을 맡아 요리한다.

이밖에 왕의 총애를 받는 궁녀와 내통하다가 희생되는 〈내시〉(1968년, 신상옥 감독)의 불충한 신하, 불치병으로 죽은 산 여인(문희)의 머리칼을 찾아다니는 〈여(女)〉(1968년, 김기영, 정진우, 유현목 공동감독)의 3대 독자, 신문기자의 아내를 범한 침입자를 추적하는 〈달빛 사냥꾼〉(1986년, 신승수 감독)의 전직 형사 역도 끈질긴 도전의식과 승부사적 집념이 만들어낸 배우의 분신이라고 할 수 있다.

### (3) 타협과 가치 모색의 표상

셋째는 타협과 가치 모색의 표상이다. 이는 처음 거론한 소외된 청춘의 갈망과 좌절의 이미지와는 상반된 중년의 모습이라고 할 수 있다. 김수용 감독의 〈안개〉(1967년)와 이성구 감독의 〈일월〉(1967년), 임권택 감독의 〈왕십리〉(1976년), 이두용 감독의 〈장남〉(1984년), 임권택 감독의 〈길소뜸〉(1985년) 등이 이런 부류에 속한다.

장인이 운영하는 제약회사의 상무로 있으면서 고향인 무진으로 내려온 〈안개〉의 기준은 이곳 세무서장이 된 중학 동창을 통해 알게 된 음악교사 하인숙(윤정희)과 눈이 맞아 깊은 관계로 발전하지만, 아내로부터 승진의 언질을 받자 실리를 쫓아 서울로 떠나버린다. 신성일은 이 영화의 주인공 기준 역을 통해 현대 도시인의 이기주의적 속성을 냉소적이면서 때로는 사색적이기도 한 표정으로 무리 없이 묘출하고 있다.

은행장의 딸(남정임)과 연인 관계인 〈일월〉의 김인철은 자신의 조상이 백정이었다는 사실에 당혹해 하지만, 이 사실을 감춰온 아버지로부터 그동안의 고통을 참으며 오늘의 토건회사를 일구어 왔다는 말을 듣고 이해하게 된다. 신성일은 지적인 체취가 묻어나는 침착하면서도 사려 깊은 관찰의 눈으로 주인공의 형상에 접근하고 있다.

과거의 미망에 사로잡혀 옛 애인(김영애)이 있는 고향으로 돌아왔으나 달라진 현실 앞에서 갈등하는 〈왕십리〉의 주인공 준태의 정착 의지, 핵가족 사회의 맏아들의 역할과 노인문제를 생각하게 하는 〈장남〉의 히어로 이 실장의 가치 추구, 그리고 이산의 아픔을 늘어진 어깨에 걸머멘 듯한 지친 표정으로 헤어진 혈육의 상봉을 기대했다가 일상생활로 돌아온 〈길소뜸〉의 가장 김동진의 상실감은 〈안개〉, 〈일월〉, 〈왕십리〉, 〈장남〉 등과 함께 신성일이 스타에서 연기자로 변신했음을 확연하게 보여준 주목할 만한 작품들이다.

더욱이 신성일은 〈장남〉과 〈길소뜸〉에 이르면서 스타라는 후광을 털어내고 연기 자체로 승부하려는 여유와 근성을 보여 준다. 이런 요소는 앞에서 언급한 〈달빛 사냥꾼〉이나, 〈코리언 커넥션〉에서 역할의 비중에 관계없이 이미 드러난 변화이기도 하다. 이는 세월과 연륜이 가져온 현상일 수도 있으나, 성격배우로서의 가능성을 열어 보였다는 점에서 의미가 있다. 개성이 드러나는 세련되고 안정적인 연기가 성격배우의 요건이라면, 이상의 작품에 나타난 그의 연기는 이 점을 충족시키고도 남을 만한 성과였다고 할 수 있다. 그러니까 신성일은 어느새 외적인 조건을 갖고 등장인물을 자기화시키는 스타의 단계를 벗어나 자신을 극중 인물로 만들고 승화시키는 연기자의 위치에 이르게 된 것이다.

⑷ 질주하는 사랑의 곡예사

넷째는 질주하는 사랑의 곡예사로서의 인간형이다. 김기덕 감독의 〈가정교사〉(1963년), 김수용 감독의 〈청춘교실〉(1963년), 정인엽 감독의 〈결혼교실〉(1970년) 등에 나타난 주인공의 행태가 바로 그것이다. 이들의 공통점은 스타 시스템의 산물이라는 데에 있다.

스타 시스템의 관점에서 보면, 옴니버스 형식의 영화 〈여(女)〉(1968년)와 〈결혼교실〉에 관심을 갖지 않을 수 없다. 신성일이라는 톱스타를 중심으로 당대를 대표하는 인기스타 문희, 김지미, 최은희(인물등장 순: 여), 그리고 윤정희, 문희, 남정임(결혼교실)을 상대역으로 기용한 홍보 전략에서 그 의도가 드러나기 때문이다. 그러니까 이런 시스템의 작동은 신, 엄 콤비에 의해 청춘영화 붐이 일기 시작한 1963년부터 문희, 남정임, 윤정희 등 트로이카 스타들의 경쟁시대로 넘어온 1970년대 초까지 신성일의 상업적 가치가 매우 컸음을 입증하는 것이 된다.

〈가정교사〉에서는 부잣집의 이복형제들이 가정교사(엄앵란)를 상대로 구애 경쟁을 벌인 끝에 선택 받게 되는 쾌활하고 정직한 동생 신지 역으로, 〈청춘교실〉에서는 자유스러운 이성 교제를 불륜시하는 기성세대에 반항하며 행동하는 발랄한 대학생 역으로, 〈결혼교실〉에서는 콧대를 꺾을 속셈으로 작당해 접근해 오는 독신녀 클럽의 세 아가씨(문희, 남정임, 윤정희)를 역이용하여 골탕을 먹이고 사라지는 재벌회사의 부사장으로 등장한다. 영화는 그가 약혼녀(엄앵란)의 도움으로 미녀 일당을 따돌리는 장면에 신성일이 애용하는 빨간 무스탕이 한몫을 하게 만든다. 제작사는 촬영 전부터 이 사실을 널리 알려 홍보수단으로 활용하였다.

## 이미 역사가 된 신성일의 탄생 배경

어떤 면에서 신성일은 행운아였다고 할 수 있다. 영화기술상으로 완벽하지 않아 일부 기재와 시스템만이 작동했던 시기에 등장하여 활동함으로써 오히려 단점을 보완할 수 있었다. 후시녹음이 보편화되어 자기음성을 굳이 넣지 않아도 되었기 때문이다.

음성 연기는 육체 연기에 못지않은 비중을 차지한다. 더욱이 영상미를 추구하기보다는 대사에 의존하는 게 추세였던 1960년대의 현상에 비추어 볼 때 그가 음성 연기의 강압감에서 벗어날 수 있었던 것은 스타덤 형성에 결정적으로 작용한 힘이 되었다. 타고난 마스크와 신체적 조건에다 이창환이라는 당대의 정상급 성우의 음성 연기가 보태져 윤활유 구실을 해줌으로써 그의 인기에 날개를 달아준 셈이 되었다.

일 년에 적을 때는 30여 편, 많으면 50여 편의 영화에 강행군해야 하는 상황 아래서 자기 녹음에 등한시할 수밖에 없었던 것은 어쩌면 자연스러운 일이었다. 당시 대리녹음은 양해된 관행이나 다름없었다.

그동안 〈장남〉(1984년, 이두용 감독) 〈길소뜸〉(1985년, 임권택 감독), 〈달빛 사냥꾼〉(1986년, 대종상 남우주연상), 〈레테의 연가〉(1987년, 백상예술대상 연기상), 〈코리언 커넥션〉(1990년, 대종상 남우주연상) 등 자기 녹음으로 이루어진 작품이 없는 것은 아니었지만, 이는 그의 스타 형성기와는 무관한 1980년대 이후의 자기녹음 추세에 따른 결과였다. 이 가운데서 연기상 수상작이 나오게 된 것은 당연한 일이다. 자기녹음이어야만 수상 대상이 되는 국내 각종 영화상의 규정 때문이다.

이런 점에서 평가할 때 신성일에 있어서 스타라는 대명사는 남들이 함부로 넘볼 수 없는 명예이자 스스로 감내하지 않으면 안 되는 명에였다. 오늘날 한류 붐을 타고 있는 몇몇 인기 스타와 비교하더라도 그가 일찍이 1960년대에 누린 명성과 견주어 볼 때 단순 비교할 수 없는 독보적인 것이었다고 말하지 않을 수 없다. 그는 이미 한국영화의 역사 속에 자리한 배우인 것이다.

― 『배우 신성일』(커뮤니케이션북스)에 게재, 충무로국제영화제 회고전, 2009년

# 탁월한 기술력 갖춘 엔터테인먼트

## — 영원한 청년 이형표 감독

이형표(李亨杓) 감독은 해박한 영화이론과 영어 실력, 그리고 다큐멘터리로 다진 촬영기술과 프로 못지않은 그림 솜씨를 갖추고 있으면서도 좀처럼 뽐내는 티를 보이지 않은 사람이었다. 대인 관계에서도 유머를 즐기며, 머뭇거리는 몸짓보다는 간단명료한 의사 표시를 좋아했다. 또한 그는 자유분방한 페미니스트였다. 80줄에 들어선 나이에도 청년처럼 청바지를 입고 다녔으며, 그가 2001년 영상물등급위원회 영화심의위원으로 나갈 때는 손수 끓인 커피를 마호 병에 담고 와서 여성위원들에게 먼저 따라주는 서비스로 심의시간을 즐겁게 하였다. '80 노익장의 청바지' 와 '이형표의 모닝커피'는 그의 자유분방함과 페미니스트로서의 면모를 드러낸 대표적인 예라고 할 수 있다.

그는 평소 옷깃을 여미는 격식보다는 남의 시선을 의식함이 없이 자연스레 소매를 걷어 올리는 그런 유형의 사람이었다. 그만큼 그에게는 남을 편하게 만드는 서민적인 소탈함이 있었다. 스스로 어른 대접을 받으려 하지 않았고, 자리의 중심에서 늘 한발 옆으로 물러서는 겸양을 보였다. 후배들에게는 언제나 미소를 머금고 다정다감하게 보듬어준 큰 형님 같은 존재였다.

## 다큐멘터리로 익힌 테크놀로지

이형표는 1922년 3월 23일 황해도 안악(安岳)에서 태어났다. 전매국에 다니는 지주인 아버지의 보살핌으로 남부럽지 않게 자랐으나, 여섯 살 때 집안 형편이 어려워지면서 가족과 함께 서울로 거처를 옮겼다. 서울의 의동소학교를 나오자 7년 과정의 경성사범학교로 진학, 해방이 되는 해에 졸업하고, 이 학교가 국립 서울사범대학교로 개편되면서 영문과에 입학했다.

그는 중학교 때부터 학비를 마련하기 위해 가정교사가 되었다. 일자리를 구해 들어간 곳이 하필 이구영(李龜永)의 집이었다. 그는 일찍이 〈쌍옥루〉(1925), 〈낙화유수〉(1927) 등을 만든 한국영화 초창기의 감독으로, 단성사 선전부장을 지내기도 한 사람이다. 이런 인연이 그에게 영화의 길로 가게 만든 계기가 된다.

그는 그림과 음악에도 소질이 있었다. 이미 중학 2학년 때에 오늘날의 국전에 해당하는 선전(鮮展:조선미술전람회)에 입선하는가 하면, 경성사범학교 합창단을 이끌던 5년 선배 김순남(월북 작곡가)에게 발성법 등 기초를 배울 정도였다. 그는 이런 전력의 도움으로 한때 홍익대 미술학부 강사 생활을 한 적이 있다.

그는 대학시절에도 아르바이트를 계속하였다. 이때 미8군에서 발간하는 홍보지 《코리아 그래픽》의 편집보좌역을 맡았고, 국제적십자사 도서관의 사서 일을 보았다. 그가 실리적인 생활영어를 익힐 수 있었던 기회였다. 이런 인연들이 힘이 되어 대학을 나오자 반듯한 직장을 얻을 수 있었다. 그가 들어간 미국공보원(USIS)은 한국전쟁 후 수시로 변하는 전황을 세계 언론에 전하고 미군을 홍보하는 창구 역할을 했다. 그는 이곳에서 영화제작 보조관으로 근무하며 미국에서 만든 다큐멘터리나 홍보영화를 우리말로 번역하는 작업을 하였다.

1952년에는 국제연합한국재건단(UNKRA) 홍보고문으로 일했고, 그 이듬해 6·25전쟁의 휴전과 함께 공보처로 옮겨 현상소 시설과 운영을 담당하였다. 이때 대한영화사 사무장으로 새로운 소식을 전하는 〈대한뉴스〉 제작을 주관하였다. 한국의 자연과 생활을 국내외에 알리는 〈낙원 제주〉와 같은 기록영화와 홍보영화를 만든 것도 이 무렵이었다. 이후 미국의 방송사 NBC TV 특파원을 지내고, 파라마운트영화사가 제작한 〈휴전〉의 조감독으로 활동하며 영화 선진국의 새로운 기술과 제작시스템을 익힐 수 있었다. 그는 이와 같은 다큐멘터리 제작 경험을 살려 1953년에 만든 문화영화 〈위기에 처한 아이들〉(흑백)과 〈한국의 예술가들〉(색채)이 에든버러영화제와 마닐라영화제에서 수상하는 성과를 거두었다.

## 신상옥이 알아본 이형표의 재능

미국의 최신 기재로 익힌 이형표의 테크놀로지는 오래 가지 않아 그 가치를 알아본 신상옥 감독에 의해 활용되기 시작한다. 그가 신상옥의 연락을 받고 만나게 된 것은 그의 두 번째 작품 〈코리아〉(1954)가 현상에 들어가는 시점이었다. 차기 기획에 대해 설명하는 가운데 김동인의 소설을 영화화할 생각이라며 뜻밖에 〈젊은 그들〉(1955)의 각색을 부탁했다. 이 일은 〈무영탑〉(1957)의 시나리오 집필로 이어졌다.

이러다보니 아예 회사로 출근하게 되었다. 1958년 서울 태평로 조선일보 뒤쪽에 신필름이 있던 시절이었다. 이를 계기로 〈동심초〉(1959)의 촬영감독을 맡는 한편, 조명, 세트 등 기술 전반에 걸쳐 자문까지 하게 되었다. 나이는 신 감독이 네 살 아래였지만, 그들은 친구처럼 스스럼없이 지냈다. 하지만 남들이 있는 자리에선 신 감독에게 예의를 갖추었다.

이형표의 진면목이 드러난 것은 1961년 〈성춘향〉의 촬영감독을 맡으면서부터였다. 홍성기 감독의 〈춘향전〉과 함께 컬러 시네마스코프 시대를 연 이 영화가 나오기까지는 '대한뉴스'를 전후해 경험한 컬러영화의 촬영이 큰 도움이 되었다.

이런 가운데 그에게 첫 메가폰을 잡게 되는 기회가 왔다. 〈성춘향〉의 롱런으로 신필름이 한창 활기를 띨 무렵이었다. 하루는 신 감독이 "당신도 하나할 때가 되지 않았냐."며 〈서울의 지붕 밑〉의 감독을 권했다. 그것도 김승호(한의사), 김희갑(복덕방 영감), 허장강(관상쟁이) 신영균(한의사의 아들), 최은희(딸), 김진규(산부인과 의사) 등 내로라하는 골든 캐스트. 그가 받은 이 선물은 그동안의 노고에 대한 신 감독의 보답인 셈이었다. 그가 서른아홉 살이 되는 해였다.

조흔파의 소설 「골목안 사람들」을 원작으로 한 〈서울의 지붕 밑〉은 전통과 근대의 대립 속에 살면서도 정겨움을 잃지 않고 화해하는 도시 서민들의 모습을 그린 풍자극이다. 게딱지 같은 지붕들이 맞댄 서울 한복판의 골목 안에서 벌어지는 노인들과 젊은이들의 갖가지 진풍경과 페이소스를 재치 있게 담아내었다. 명실상부한 그의 대표작이다.

이 영화에 이어 〈대심청전〉, 〈아름다운 수의〉(이상 1962)를 비롯한 〈말띠 여대생〉(1963), 〈아름다운 눈동자〉(1965), 〈너의 이름은 여자〉(1969), 〈방의 불을 꺼주오〉(1970)와 마지막 감독 작품인 〈먼 여행 긴 터널〉(1986) 등 모두 87편의 극영화를 내놓았다. 그러나 2010년 4월 26일 88세로 작고할 때까지 그의 '영화 인생 43년'을 마무리한 것은 그를 영화계로 이끈 신상옥 감독의 〈겨울 이야기〉(2004)의 시나리오였다.

〈아름다운 수의(囚衣)〉는 인습적인 가정과 주위 환경에서 오는 거부감으로 시달리던 여대생(태현실)이 친구의 약혼자(이상사)와 육체관계를 맺고 마침내는 유학에서 돌아온 제 약혼자 앞에 죽음으로 사죄한다는 내용이다. 당시 젊은이들의 사랑과 성의 풍조를 반영한 작품으로, 태현실이 매스컴의 주시 속에 데뷔하였다.

〈말띠 여대생〉(1963)은 여자대학 기숙사를 중심으로 의기투합한 엄앵란, 최지희 등 말띠 그룹의 처녀들이 같은 말띠 사감(황정순)과 마찰을 빚으며 남학생들과 놀아나다가 정상으로 돌아오는 경쾌한 청춘찬가이며, 〈아름다운 눈동자〉는 스타 이력 11년, 출연작품 300여 편에 이르는 엄앵란이 처음 제 목소리를 넣어 제3회 청룡상 여우주연상을 받은 홈드라마이다. 순박한 강원도 시골 처녀 금분이가 서울에서 식모살이하며 겪는 애환을 웃음을 곁들여 차분하게 풀어 나갔다.

〈너의 이름은 여자〉는 건축업자인 남편(김진규)이 불의의 사고로 성불구자가 되면서 대학생(백영민)과 욕정을 불태우던 아내(김지미)가 죄책감에 괴로워하다가 차에 치어 죽는 한국판 '채털리 부인의 사랑'이며, 〈방에 불을 꺼주오〉는 화가인 남편(최무룡)에게 불만을 가진 아내(문희)가 외간남자와 하룻밤을 보낸 뒤 비참한 자신의 모습에 환멸을 느끼고 스스로 목숨을 끊는다는 이야기이다. 두 편 모두 당시로서는 경고 수위에 이를 만큼 대담한 애정표현을 시도하였다.

## 승부에 초연한 낙관주의

이형표 영화의 특징은 낙관주의에 있다고 할 수 있다. 이는 매사를 긍정적으로 보려는 그의 낙천적인 인간성과 결부된다. 물론 〈아름다운 수의〉, 〈너의 이름은 여자〉 등 죽음으로 귀착되는 예외적인 경우가 있긴 하지만, 대부분의 영화는 이 범주에서 벗어나 있다. 데뷔작인 〈서울의 지붕 밑〉은 말할 것 없고, 〈말띠 여대생〉, 〈아름다운 눈동자〉나, 〈언니는 좋겠네〉(1963), 〈연애졸업반〉(1964), 〈회전의자〉(1966), 〈산에 가야 범을 잡지〉(1969), 〈염통에 털난 사나이〉(1970), 〈맹물로 가는 자동차〉(1974), 〈남자 가정부〉(1979) 등 대부분의 영화가 이런 흐름을 유지하고 있다. 스스로 "내 작품의 70%는 코미디" 라고 언급(신필름 관련 구술)했듯이, 희극은 그의 영화세계를 형성하는 활력소라고 할 수 있다.

그의 이런 면모는 제작자들과의 관계에서도 엿볼 수 있다. 한마디로 그는 누구보다도 제작자를 편하게 해주는 감독이었다. 요구조건을 까다롭게 내세우거나, 필름을 낭비하지 않았으며, 촬영 기간을 짧게 잡음으로써 제작비를 절감케 하였다. 아울러 임기응변의 센스와 시류에도 민감한 흥행 감각을 보여 주었다. 가령 청춘영화 붐이 일면, 〈말띠 여대생〉, 〈연애졸업반〉(1964)과 같은 젊은이의 취향으로 대응하고, 하이틴영화가 성행할 때는 〈너무너무 좋은 거야〉, 〈푸른 꿈은 가득히〉(이상 1976) 등을 제시하였다.

뿐만 아니라, 성룡의 〈취권(醉拳)〉(1979)이 서울의 극장가를 휩쓸자 그 아류인 〈애권(愛拳)〉(1980)을 내놓아 권격 코믹영화 붐을 선도

하기도 하였다. 그가 만든 이런 부류의 영화만도 〈요사권〉(1980), 〈신애권〉, 〈소애권〉(1982) 등 네 편이나 된다. 무대를 '만주 벌판 비슷한 곳'으로 설정할 만큼 전반적으로 완성도가 떨어졌다.

그의 사람됨의 특징 가운데 하나는 세속적인 명예에 집착하지 않았다는 점이다. 그동안 영화감독위원회 부위원장(1980) 직을 맡은 것 말고는 변변한 상이나 직책을 맡은 적이 없었다는 사실이 이를 반증한다. 이형표에게는 치열한 작가정신이나 승부욕이 아쉬웠다. 이는 영화를 오락의 수단으로 여기는 그의 영화관과 직결되는 한계라고 할 수 있다. 그러나 그는 각본, 촬영, 편집, 미술, 등 거의 손 안 된 분야가 없을 만큼 다재다능한 전천후 영화인이요, 멋을 추구한 영원한 청년이었다.

－《영화천국》 2010년 6~7월호

# '사랑'을 키워드로 한 기교와 포장술
## — 정진우 감독의 1960년대 영화

1963년 〈외아들〉로 데뷔한 정진우 감독은 1995년 〈무궁화 꽃이 피었습니다〉 이후 사실상 연출 활동을 접기까지 1932년 동안 〈초우〉(1966), 〈석화촌〉(1972), 〈백구야 훨훨 날지 마라〉(1982) 등 모두 52편의 영화를 내놓았다. 이를 연대별로 분류하면, 1960년대 27편, 1970년대 17편, 1980년대 6편, 1990년대 2편이다. 그 대부분이 로맨스 멜로물이다. 정진우의 작품세계를 형성하는 키워드는 '사랑'이다. 그는 이런 명제 아래 이성 간에 이루어지는 사랑의 본질과 허상을 추구해 나갔다. 그 과정에서 배신과 불륜, 좌절을 세분화시키며 '정진우표' 사랑의 테마를 완결시켰다. 이런 현상은 데뷔 초기인 1960년대에 특히 두드러졌다. 가난한 어촌의 홀어머니가 자식에게 쏟는 모성애를 그린 〈외아들〉을 제외하고는 거의 이 범주에 속하는 것이었다. 〈배신〉을 비롯한 〈밀회〉, 〈란(蘭)의 비가〉, 〈초우〉, 〈초연〉, 〈밀월〉, 〈사월이 가면〉, 〈파란 이별의 글씨〉, 〈여〉 등이 그 대표적인 예이다.

## 배신과 위장과 죽음을 넘나든 사랑의 엘레지

〈배신〉(1964)은 그가 앞으로 다뤄 나갈 젊은이의 사랑에 대한 예고편과 같은 작품이다. 〈청춘교실〉(1963, 김수용 감독), 〈맨발의 청춘〉(1964, 김기덕 감독)과 함께 청춘영화 붐을 일으키며 신성일, 엄앵란 콤비를 은막의 스타로 끌어올린 이 영화는 악덕배지만 자신을 길러준 아버지의 소실을 사랑함으로써 은혜를 배신하게 된 고아 출신 청년의 이야기이다. 기구한 숙명을 타고난 두 젊은 남녀는 현세에서 사랑을 이루지 못하자 죽음의 길을 선택한다. 추리극적 전개(전반부)와 활극적 처리(후반부)가 병행되는 신파조의 내용임에도 불구하고 그는 감각적인 카메라워크와 화면 구도로 진부하지 않게 엮어 나갔다. 매스컴의 반응도 호의적이었다. 한국서 가장 어린 신진 감독(25) 답지 않게 침착하고 세련되게 만들었다(새영화/「마성적 애정의 승화」, 경향신문, 1964, 2, 3)는 것이다.

'배신'으로 출발한 정진우는 〈밀회〉(1965)에 이르면서 파국으로 끝난 불륜의 사랑을 선보인다. 재벌 가정의 경비원으로 취직한 대학 졸업생 신성일이 그 집 후처(김지미)와 눈이 맞는가 하면, 주인의 전처 딸(태현실)과도 사랑하게 된다. 마침내 그가 전처의 딸과 결혼하게 되자 이에 분개한 후처는 그를 살해한 다음 자신도 자살하고 만다. '동반 자살'을 선택한 〈배신〉과는 달리 '살인과 자살'이라는 극단적인 방법으로 맹목적인 사랑의 비극을 부각시킨다.

그러나 연골종(軟骨腫)이라는 불치병으로 내일을 기약할 수 없는 삶을 살다간 한 여대 농구선수의 엘레지 〈란의 비가(悲歌)〉를 계기로 청순한 감성의 면모를 보이기 시작한다. 농장주인 아버지(김동원)와 함께 대관령 스키장에 갔다가 고학생 철과 알게 된 혜란(고은아)은 그와의 교제를 통해 삶에 애착을 갖게 된다. 그녀는 군에 입대 후 위생병이 된 철을 마음속에 간직하며 행복을 느낀다. 수술을 하게 되면 얼굴의 반 이상을 도려내야 한다는 의사의 말에 절망하기도 하지만 철의 간곡한 권유를 받아들여 수술받기를 결심한다. 그러나 두 번에 걸친 수술에도 혜란은 생명을 건지지 못한다. 세속적인 〈배신〉이나 〈밀회〉의 경우와는 전혀 다른 산소 같은 사랑, 키스신 하나 없는 순애의 모습이 대관령의 눈처럼 싱그럽게 펼쳐진다.

〈란의 비가〉는 그 뒤 〈러브 스토리〉, 〈선샤인〉, 〈에릭의 청춘〉, 〈라스트 콘서트〉 등 '시한부 인생'을 그려 흥행에 성공한 1970년대의 외국 영화를 감안할 때 그 기획이 앞선 것이었다고 할 수 있다.

〈초우(草雨)〉(1966)는 타이틀백에서 암시하듯이 비의 이미지로 충만한 영화이다. 이를 받쳐주는 의상, 여주인공의 레인코트와 함께 이 영화는 당시 대세를 이뤘던 일본 색에서 탈피하여 서구형을 지향했다. 마치 자크 드미의 〈쉘부르의 우산〉을 연상시키는 정감과 율동적인 터치, 부드러운 화면전환으로 위장된 상류사회의 아가씨와 자동차 수리공의 좌절된 사랑을 다루었다. 프랑스 대사 댁의 식모 문희는 우연히 알게 된 서비스공장의 수리공 신성일을 사랑하게 된다. 신성일은 문희를 대사의 딸인 줄 알고, 문희 역시 신성일이 부유한 청년 비즈니스쯤으로 여긴다. 허세로 위장된 이들의 관계는 현실의 벽에 부딪치면서 결국 파탄으로 끝난다. 가시철망이 둘러쳐진 대사의 저택이 의미하듯이, 처녀의 꿈은 높은 담을 넘지 못하고 신분상승의 욕망을 불태웠던 한국판 줄리앙 소렐 신성일의 야망과 함께 물거품처럼 사라진다.

〈초우〉는 '사회극적 테마와 여성 멜로드라마를 병행시켜 의욕과잉의 아쉬움이 있긴 하지만, 현대감각이 풍성한 1966년도 수작이며 문제작'(조선일보, 「서양 연상시키는 수작」 1966, 6,12)이라는 평가를 받았다. 스토리보다 영상적인 묘사에 치중한 '때를 벗은 국산영화'(서울신문, 「무드'와 시정 속의 사랑」 1966, 6,14)라는 것이다.

〈초연(初戀)〉(1966)은 같은 시기에 나온 이만희 감독의 〈만추〉와 더불어 한국영화예술의 '새 물결'로 주목을 받았다. 30대인 이만희가 사랑을 응시적으로 그렸다면, 20대인 정진우는 열광적으로 표출했다는 것이다. 월남 전선에서 돌아온 부잣집 외아들 신성일 엔지니어는 자기 집 가정교사 남정임을 사랑하게 되나 완고한 부모의 반대에 부딪치자 둘만의 결혼식을 올린다. 신성일이 도미한 후 혼자 남게 된 남정임은 공허감을 화가인 이순재와의 사랑으로 메운다. 두 남자 사이에서 방황하던 여자는 그들이 결투로 삶을 끝맺자 공허감에 빠진다. 한 여인이 두 남자를 사랑할 수 있을까 하는 의문을 남기긴 했으나 그 행위가 부도덕하게 보이지 않을 만큼 포장 솜씨를 발휘하였다.

젊음의 감성과 부드러운 톤의 화조에다 산뜻한 구도로 잡은 카메라가 시네포엠을 생각게 할 만큼 세련된 수작으로, 특히 라스트의 갈대밭 나이트신은 윌리엄 와일러의 〈애정(哀情)〉과 겨룰 만하다(조선일보, 「청춘의 열병 뿜는 올해의 수작」 1966, 12, 1)는 말을 들었다.

머리카락이 선풍기에 휘날리는 타이틀백으로 시작되는 〈밀월(蜜月)〉(1966)은 여주인공 문희가 팬터마임으로 전개되다가 전체의 반가량이 되는 중간 단계부터 대사가 나오는 색다른 영화이다. 연출자는 대사나 액션보다도 표정과 영상으로 끌어나가면서 등장인물의 심리와 심적 갈등의 뉘앙스를 조명과 카메라로 설명한다. 따라서 말이나 줄거리에 기대던 여태까지의 일반적인 작품의 성격과는 다르다.

암흑가의 보수 박암은 상해 사건으로 감옥살이 끝에 풀려 나오지만 신경계 질환으로 사내 구실을 하지 못하는 처지다. 그에게는 빚 대신 데려다 놓고 사는 문희라는 여자가 있다. 이들의 추종관계에 변화가 오기 시작한 것은 박암이 어려서부터 데려다 길러 미국 유학까지 보낸 신성일이 의학박사가 돼 돌아오면서부터이다. 양부의 여자를 사랑하게 된 신성일은 박암의 수술 기간을 이용해 보름 동안 시한폭탄과도 같은 밀월을 즐긴다. 그러나 제주도까지 쫓아온 박암에 의해 이들의 사랑은 좌절된다. 사랑에 눈멀어 의리를 저버린 젊은이의 행로는 전작 〈배신〉의 플롯을 연상케 한다. 정진우 감독이 〈초우〉에 이어 두 번째 제작한 영화이다.

〈4월이 가면〉(1967)은 수채화풍의 아름다운 연인들의 이야기이다. 프랑스인의 양녀가 된 전쟁고아 문희는 결혼 1주일을 앞두고 고국에 대한 향수를 달래기 위해 서울을 방문한다. 공항에서 대사관의 통역 성훈과 알게 된 그녀는 그와 사귀는 동안 정이 들어 결혼까지 생각하는 단계에 이른다. 하지만 남자에게 여자가 있음을 알고 결혼식 전날 프랑스로 돌아간다. 감상적인 취향이 엿보이기는 하나 기교를 앞세워 이별이라는 사랑의 잔해(殘骸)를 큰 무리 없이 다져내었다. 청순미가 돋보인 문희의 짝으로 신인 성훈을 발탁, 무게감을 내세웠다.

정진우 감독의 전매특허와 같은 '사랑'의 시리즈는 〈파란 이별의 글씨〉(1968)에 이르면서 현실에 순응하는 사랑의 형태로 나타난다. 앞의 작품들과는 달리 색채화면에 담은 사랑의 모습은 한때의 분별없는 탈선 때문에 애정 없는 결혼을 하게 된 젊은이의 회한이다. 극단 여배우(태현실)와 관계를 맺고 있는 연극 연출가 진우(신성일)는 하숙집 딸 수정(윤정희)에게 쏠린 마음을 거두지 못한다. 두 사람의 사랑은 제주도 여행으로 절정에 오르지만 여배우가 나타나면서 애정에 금이 간다. 진우는 수정을 잊지 못하지만 어쩔 수 없이 여배우와의 결혼을 선택한다. 후반에 이르러 남주인공의 행위가 모호하고 심리 변화의 이유가 불투명하다는 점이 지적되었지만, 대체로 젊은이의 감성을 밀도 있게 부각했다는 공감을 이끌어 내었다.

〈여〉(1968)는 여인의 심상과 생태를 세대별로 헤쳐 본 김기영, 유현목, 정진우 공동 연출의 옴니버스영화이다. 여러 감독이 하나의 주제를 놓고 다룬 첫 케이스로, 정진우는 제1편 「시정(詩情)」을 맡아 선녀처럼 아름다운 여성의 신비를 그렸다. 산속 연못가에서 토끼와 함께 노는 문희, 안개 속에서 이를 발견한 신성일이 그녀를 사랑하는데서 얘기가 시작된다. 꿈결 같은 사랑을 맛본 문희는 죽고 그 머리칼만이 남는다. 머리칼이 가발공장에 넘어가면서 시작되는 게 제2편 「환상」(유현목 감독)이다. 숱한 과거가 있는 김지미가 그 가발을 계기로 신성일과 맺어지고, 제3편 「의식」(김기영 감독)에 이르면 중년과부 최은희의 모정과 애욕을 만나게 된다. 불임의 여자 문희와의 애달픈 사랑을 그린 「시정」은 수묵화 같은 산야를 배경으로 스모크 효과를 살린 몽환적인 분위기가 일품이다.

이밖에 멜로드라마의 계보에 속하는 작품으로 한 눈을 판 약혼자를 포용하는 〈목마른 나무들〉(1964), 참사랑을 갈구한 나머지 틀에 박힌 가정에서 탈출하는 〈가을에 온 여인〉(1965), 사랑을 배신한 옛 애인을 복수하는 〈하숙생〉(1966) 등이 있다.

정진우는 이처럼 1960년대에 다양한 형태의 사랑을 변주(變奏)하며 활력이 넘치는 집념과 나이브한 감성으로 나르시즘적 열정을 분출했다. 초기에는 다소 거칠었지만 정감이 있는 화면 구성과 대담한 몽타주로 진부한 주제도 기교로 승화시키는 역량을 보여 주었다.

## 분단 너머의 폭력 조직과 정치의 함수관계

정진우가 손댄 또 다른 장르가 전쟁, 액션물과 시대극이다. 이 범주에 속하는 작품으로 〈국경선〉(1964), 〈무정의 40계단〉(1965), 〈폭로〉(1967), 〈8240 켈로〉(1966) 등과 〈황진이의 첫사랑〉(1969)을 꼽을 수 있다.

〈국경선〉(1964)은 정 감독(26)의 원안을 유일수가 각본으로 꾸민 전쟁 액션물이다. 국토의 분단으로 인한 사상의 대립을 주제로 삼았다. 사상의 양극단으로 갈라진 항일투사 부부(전창근, 황정순)는 쌍둥이 아들을 품에 안고 남북으로 헤어진다. 그들 부부는 저마다 정보기관의 요직에 앉고 쌍둥이도 자라서 국군과 인민군으로 변신한다. 쌍둥이 형제는 숙명적인 사상전에서 아들이 아버지를 죽이고 어머니가 아들을 죽이는 골육상쟁의 희생자가 된다. 말하자면 이 영화는 사상이냐, 혈육이냐, 사랑이냐를 선택해야 하는 절체절명의 기로에 선 인간의 모습을 통해 민족의 비극을 부각시키려 했다. 1인 2역의 최무룡과 김지미, 황정순, 전창근 등이 출연했다.

〈무정의 40계단〉(1965)은 반대파에 의해 죽은 깡패 두목의 아내 황정순이 남편을 대신해 조직을 이끌게 된 배경과 그 뒤의 사연을 담고 있다. 그녀는 자식의 장래를 위해 자신의 정체를 숨기고 대학까지 졸업시키지만 이 사실을 알게 된 아들 신성일은 어머니의 복수를 다짐하며 깡패가 된다. 그러자 남편의 전철을 밟지 않기를 바라는 어머니는 아들이 노리는 깡패를 가장하여 아들 손에 죽는다. 아들은 결국 어머니의 유지를 받들어 폭력의 세계에서 빠져 나온다. 죽음을 상징하는 40계단을 제목으로 내세운 정진우 감독의 첫 액션영화이다.

〈8240 켈로〉(1966)는 한국전쟁 당시 북한군이 세운 화학무기 공장을 파괴하는 특수부대원들의 희생적인 무용담이다. 영호(남궁원)는 북에 있는 어머니를 만나기 위해 특소부대 '켈로(KLO)'에 지원한다. 부대원들은 비밀리에 북에 침투하여 미리 파견된 여자 정보원과 접선지만 이미 북에 포섭돼 스파이가 된 정보원에 의해 대원들은 북한군에 붙잡히고 만다. 이런 상황 속에서 대원들은 필사적으로 감옥을 탈출하여 유일하게 붙잡히지 않은 영호와 합류하고 지하 화학공장까지 침투하여 임무를 완수한다. 그러나 탈출과정에서 대부분 전사하고 영호만이 국군의 헬기에 의해 구조된다. 남궁원 외에 문희, 박암, 전창근, 전택이 등의 모습이 보인다.

〈폭로〉(1967)는 자유당 정권 때 동대문시장을 중심으로 정치세력의 배후에서 기생하던 폭력 조직의 음모를 파헤친 사회 고발 액션물이다. 정감독이 이 영화를 준비할 때 그 조직과 관련된 폭력배들이 중단을 요구하며 협박하는 바람에 서울시경에 신변 보호를 요청한 일화를 남기기도 했다. 그의 나이 30세 때였다. 〈폭로〉는 정치세력과 손잡은 깡패들이 테러, 살인 등 폭력의 수단을 앞세워 반대파를 제거하는 가운데 여기에 가담한 중간보수가 범행을 뉘우치고 폭력조직의 두목과 맞서 이를 세상에 폭로한다는 내용이다 출연진은 신성일을 비롯한 장동휘, 황해, 남정임 등이다.

〈황진이의 첫사랑〉(1969)은 시와 서예, 음률이 뛰어난 조선조 중종 때의 명기 황진이의 첫사랑에 초점을 맞춘다. 시와 서예, 음률이 뛰어난 진이(김지미)는 황진사(김동원)와 기생(김신재)의 몸에서 태어난 기생 신분임에도 불구하고 선비들과 교유하며 그들을 매혹시킨다. 더벅머리 환쟁이 총각(김대룡)의 짝사랑을 받았다는 이유로 이승지 댁 아들 이필재(김진규)와의 정혼이 파국으로 몰리는 등 잔재미와 풍자도 있다. 이 영화는 정감독이 처음으로 시도한 시대극이라는 데에 의미가 있다.

정진우의 초기 작품(27편)을 보면 신성일(15편)을 중심으로 김지미(9편), 문희(8편), 김진규, 남정임(각 3편), 최무룡, 윤정희(각 2편) 순으로 선호했음을 알 수 있다. 신성일 주연작이 압도적으로 많은 것은 정감독이 청춘영화에 특히 관심을 가졌다는 방증이기도 하다.

이상 정 감독의 1960년대 영화의 자취와 작품경향을 살펴보았다. 되도록 오늘의 시점보다 당대로 돌아가서 타임캡슐을 열어보는 감회로 언급했음을 밝히고자 한다. 그는 이 시기에 천착한 도시풍의 러브 스토리를 발판으로 1970년대 이후 1980년대 초까지 〈석화촌〉(1972), 〈심봤다〉(1979), 〈뻐꾸기도 밤에 우는가〉(1980) 등 향토색이 짙은 문예영화에 강한 특징을 보여 주었다. 예외로 〈백구야 훨훨 날지 마라〉(1982)와 같은 현실고발적인 작품이 있긴 했으나 그는 리얼리즘과 일정한 거리를 유지하며 원초적인 '욕망의 옷고름'을 풀어헤치는 수위에까지 도달하였다. 그 중심에 〈앵무새 몸으로 울었다〉(1981)가 있다.

－『영원한 영화인 정진우』영화인복지재단, 2004

# 긍정적 시각 지닌 다작의 숙련공

― <소나기>의 고영남 감독

만일 고영남 감독에게 <소나기>와 같은 한 편의 영화가 없었다면 어떻게 됐을까. 그가 서른여섯 해에 걸쳐 소나기처럼 쏟아낸 1백편이 넘는 영화는 거의 무의미한 존재가 되었을지도 모른다. 어떤 면에서 한국영화사상 가장 많은 영화를 만들어낸 영화감독이라는 기네스북적 화제와 편수만이 부각되었을 가능성이 높다. 고영남(高榮男) 하면 먼저 떠오르는 것이 '다작 감독'이라는 인식과 <소나기>의 이미지이다. 이 두 요소는 그를 설명하는 데에 필수적인 가치라 할 수 있다.

고영남은 1964년 <잃어버린 태양>으로 데뷔한 이후 2000년 <그림일기>를 끝으로 작고할 때까지 39년 동안 <안개 낀 초원>(1967)을 비롯하여 <설국>(1977), <소나기>(1978), <외인들>(1980), <빙점 81>(1981), <내가 마지막 본 흥남>(1983), <코리언 커넥션>(1990) 등 무려 111편의 영화를 내놓았다. 많을 때는 1년에 10편(1967년, 69년)까지 쏟아내었다. 이런 기세는 9편(1971년) 내지 8편선을 유지한

1970년과 1975년에도 지속되었다. 이는 그의 대중적인 호감과 함께 제작자들을 편하게 만든 감독이었음을 말해 준다.

지금까지 1백편 선을 돌파한 다작 감독으로 김수용(107편), 임권택(100편)이 꼽히지만, 고영남에게 굳이 제작자를 편하게 해준 감독이라고 한 것은 작품성을 기대한 두 감독과는 달리 촬영기간 단축 등 제작비 절감을 기대케 하는 타협적인 측면이 강했기 때문이다. 그는 평소 주변으로부터 '성격이 쾌활하고, 달변으로 설득력을 가진 사람'이라는 평을 들어 왔다. 그래서 일부에서는 "특유의 언변으로 제작자를 구슬리는데 탁월한 재주가 있다."거나, "태도를 자주 바꾸는 처신으로 보다 큰 감투(영화인협회 이사장)도 쓸 수 있었는데 부이사장으로 머물렀다."는 상반된 비판을 듣기도 했다. 그러나 그는 노력하는 영화인이었다. 초등학교 4학년 때 해방을 맞은 세대치고 일본어를 제대로 구사하는 사람이 드물었는데, 그는 스스로의 노력으로 언어의 장벽을 극복하였다.

## 조감독 생활 5년 만에 쥔 메가폰

본명이 진석모(陳錫模)인 고영남은 1935년 2월 22일 충청북도 중원군 상모면 수회리에서 태어났다. 충주고등학교를 졸업하고 홍익대학교 국문과에 입학했으나, 대학 재학 중인 1950년대 중반 극단 신협 소속인 극작가 겸 연출가 이광래의 조수로 들어가면서 일찍이 연출과 인연을 맺었다. 그때 처음 을지로 입구에 있던 원각사(1960년 소실됨) 개관 기념공연작으로 채택된 〈소〉(유치진 작)의 보조 일을 맡았다. 그러나 후속 일이 거의 없다보니 어떤 때는 무대를 장식하는 무용수 역

할까지 감수해야 했다. 그는 생활의 어려움을 견디다 못해 작곡가 박
시춘이 설립한 오향(五響)영화사의 제작부장으로 옮긴 신협의 무대감
독 김상호(金相湖)를 따라나섰다. 마침 조긍하 감독이 김승호, 김지미
를 주연으로 〈육체의 길〉(1959년)을 만들 때여서 밑바닥 일조차 마다
하지 않고 배웠다.

이 일을 계기로 권영순 감독의 눈에 띄어 〈흙〉(1960)의 연출부로 들
어가게 된다. 권 감독은 1미터 76센티나 되는 훤칠한 키에도 느리지 않
고 눈치 빠르게 일을 처리하는 고영남이 마음에 들었는지 계속 곁에 두
고 현장경험을 쌓게 하였다. 〈장미의 곡〉, 〈그리운 얼굴〉, 〈표류도〉(이
상 1960) 등이 그때 세컨드로 참여한 작품이었다. 이런 가운데 극동영
화사(대표 차태진)에서 제작하는 〈5인의 해병〉(1961)으로 데뷔하는 김
기덕의 권유에 따라 퍼스트 조감독으로 기용된다. 전창근 감독을 스승
으로 여기는 김 감독 밑에서 〈천안삼거리〉, 〈맨발의 청춘〉,〈원앙선〉,
〈떠날 때는 말없이〉(이상 1964) 등 4편의 연출을 도우면서 그는 더욱
유익한 현장 경험과 영화감각을 익혔다.

그에게 그토록 기다리던 비상의 기회가 찾아온 것은 조감독 생활 5
년 만이었다. 극동영화사의 프로듀서로 있던 곽정환이 합동영화사를
설립하고 마땅한 감독을 찾던 중에 엄앵란의 추천으로 그를 불러들였
던 것이다. 고영남이 1964년 유한철 각본의 〈잃어버린 태양〉으로 첫
메가폰을 잡게 된 배경이다.

소아마비의 딸과 남편 없는 시어머니를 모시고 카바레에 나가며 어
렵게 살아가는 젊은 여성 엄앵란이 법학도 신성일을 알게 되면서 삶에
의 희망을 얻게 되는 찰라 남자에게 돌연히 죽음이 닥침으로써 좌절되
고 만다는 내용으로, 호의적인 평가를 받았다. 당시 《조선일보》(영화

평, 1964년 9월 6일자)는 "빠른 템포, 리듬 있는 커팅, 남산 벤치 위 두 남녀 사이를 후퇴하는 카메라 등 젊은이다운 화면의 재치로 무난히 합격점을 땄다."며 "안타까운 엇갈림 등 흥행 상품으로서의 필수요건을 푸짐하게 담은 대중취향의 오락영화"라고 평하였다.

그런데 고영남은 정작 '잇뽕(一本)'의 기회를 잡게 되자 김기덕 감독에게 "형님, 퍼스트 자리는 당분간 비워두시죠."라고 말하여 혹시 있을지도 모를 실패에 대비하는 듯한 제스처를 보였다고 한다. 하지만 결과는 뜻밖이었다. 그것도 3주간이라는 조건부 추석 프로로 잡은 〈잃어버린 태양〉이 2주 동안 전회 매진하며 8만3천여 명이 몰려드는 최단시일, 최다 관객을 동원하는 기세를 올린 것이다.

여세를 몰아 내놓은 두 번째 작품 〈명동 44번지〉(1965) 역시 흥행에 성공하였다. 명동 일대를 주름잡던 깡패가 판사인 동생의 도움으로 갱생의 길을 걷게 된다는 이야기인데, 당시 6백만 명이 채 안 된 서울 인구 중 20만 명이 봤을 정도로 히트였다. 이렇게 그의 인기가 높아지자 여러 군데서 많은 개런티를 제시하며 작품을 부탁해 왔다. 이를 눈치 챈 합동영화사가 전속 계약을 제의하는 바람에 다시 주저앉게 되었지만, 한동안 유혹의 미련을 떨쳐버릴 수가 없었다. 결국 이듬해 부하들을 위해 몸을 던져 희생한 월남전의 영웅 〈소령 강재구〉(1966)를 마지막으로 그는 2년간의 전속계약에서 풀려난다.

실은 이 영화에 이어 〈소문난 여자〉라는 멜로물 한 편을 더 하기로 돼있었다. 그런데 이 영화를 찍기 위해 강원도로 촬영답사까지 갔던 그가 반공드라마로 유명한 김동현 작가로부터 〈스타베리 김〉을 홍콩 합작으로 만들어 보잔다는 전화가 걸려왔다는 말을 듣자 일을 접은 채 돌아오고 말았다. 약속을 어긴 셈이었다. 결국 〈소문난 여자〉(1966)는 이형표 감독에게 맡겨졌고, 〈스타베리 김〉(1966)은 연합영화사에서 고영남의 연출로 빛을 보게 되었다.

이런 가운데서도 충무로의 제작자들이 그의 주변에 모여들었다. 그들의 요구로 〈이 세상 끝까지〉(1965), 〈안개 낀 초원〉(1967), 〈사랑은 눈물의 씨앗〉(1969), 〈야녀〉(1974), 〈제2의 성〉(1983) 〈나의 아내를 슬프게 하는 것들〉(1991) 등 60여 편의 멜로드라마와 〈상해 55번지〉(1965) 〈잠바Q〉(1969), 〈결사대작전〉(1969), 〈페리호를 타라〉(1971), 〈지옥의 초대장〉(1975), 〈독수리전선〉(1976), 〈친구여 조용히 가다오〉(1981) 등 36편 정도의 전쟁물을 포함한 액션영화를 만들어 내었다.

이밖에도 피해망상과 불안 심리를 자극하며 팽팽한 긴장감을 조성하는 〈깊은 밤 갑자기〉(1981)와 같은 공포영화, 남진·문희 등이 출연하여 20여곡의 노래를 들려주는 〈사랑은 파도를 타고〉(1967) 식의 뮤지컬영화 등 다른 장르에 속하는 작품도 10여 편이나 선보였다. 고영남은 이렇게 멜로영화와 액션드라마에서 장기를 발휘하면서 사극을 제외한 거의 모든 영역을 섭렵하였다.

## 〈설국〉 이후의 좋은 증후

그러나 그가 손댄 111편이라는 엄청난 편수 가운데는 무리한 내용과 엉성한 구성, 상투적인 전개로 창의력의 고갈을 엿보게 하는 작품도 적지 않았다. 그의 표현처럼 '예술성의 추구보다는 입에 풀칠하는게 문제였던 상황'(《영화》, 「영화감독과의 대담」 1983, 9~10)이었음을 감안하더라도 이 점은 짚고 넘어가지 않을 수 없다. 물론 이런 현상은 비단 그만의 문제라고 볼 수는 없다. 다작 감독들에게서 흔히 발

〈소나기〉의 주인공 주영훈과 조윤숙(오른쪽)

견되는 공통적인 현상이기 때문이다.

그런데 다행히 일본의 노벨상 수상작가 가와바타 야스나리 원작의 〈설국〉(1977)을 계기로 그에게서 탄력과 생기를 찾는 긍정적인 변화의 조짐이 보이기 시작한다. 〈꽃신〉, 〈소나기〉(이상 1978), 〈외인들〉(1980) 등이 그런 증후의 예라고 할 수 있다. 그는 〈설국〉에서 현대영화가 지향하는 리얼리즘의 관점을 지키며 사건에 치우치지 않고 인물의 심리를 살리려는 노력을 엿보이게 했다. 〈꽃신〉은 구두가 보급되면서 생계를 잃게 되는 꽃신 장사의 애환을 통해 세태의 변화를, 〈외인들〉은 아파트라는 현대인의 삶의 축도를 빌려 다양한 인간의 모습을 그려 나갔다. 특히 〈소나기〉(1978)는 속세에 물들지 않는 동심의 시선으로 인간 본연의 순수성을 싱그럽게 표출함으로써 완성도를 높이는 데에 기여하였다.

고영남은 1982년 영화진흥공사 파견하는 감독의 일원으로 해외연수(일본)를 다녀온 후 전례 없이 작품성과 휴머니즘, 그리고 프로듀서의 역할을 중시하였다. 아울러 기교를 앞세우고 의존하는 영상시대는 지나갔다고 주장하였다. 인간의 진실한 단면을 보여주는 사상, 즉 메시지가 없는 영화는 관객을 불러들이지 못한다는 논리였다. 그 뒤 그가 이산가족의 문제를 다룬 〈내가 마지막 본 흥남〉(1983)을 만들게 된 동기도 이와 무관하다고 볼 수 없다.

그러나 한 가지 분명한 것은 고영남은 인간을 긍정적으로 보려 한 영상의 숙련공이었다는 사실이다. 슈팅에 들어가기 전에 올 콘티를 만들어 연기자들에게 미리 전달할 만큼 콘티 작성을 매우 중요하게 여겼다. 그동안 조감독으로 기용한 후배들에게도 신속한 작업 진행과 대중친화적 연출 감각을 익히게 하였다. 그를 통해 액션물에 능한 이혁수 감독과 〈매춘〉(1988)의 유진선, 〈피조개 뭍에 오르다〉(1985)의 양병간 감독 등이 배출되었다.

슬하에 2남 2녀를 두고 2003년 예순 여덟의 나이에 폐암으로 사망할 때까지 고영남은 한국영화인협회 부이사장(1980)을 비롯하여, 아트시네마 대표(1993), 공연윤리위원회 영화심의위원(1995) 등을 역임했다. 그는 폐암으로 거동이 어려운 상황에서도 시나리오 〈향수〉의 작업을 계속하며 재기의 희망을 버리지 않았다. 데뷔 때부터 붙인 고영남이라는 예명은 1960년대까지 가운데 글자를 꽃부리 영(英)으로 정해 사용하였다.

– DVD 해설집, 영상자료원, 2009

# 순교정신과 상반된 자살의 모순

— 최하원 감독의 작품세계

〈독짓는 늙은이〉(1969)는 자타가 공인하는 최하원(崔夏園)의 대표작이다. 이에 대해 이의를 제기할 사람은 없을 것이다. 대개의 경우, 딱히 한 작품을 지목하여 이것이 그의 대표작이라고 말 할 수 있는 경우가 그리 많지 않다. 가령 김수용이나 임권택의 대표작이 뭐냐고 물을 때의 경우를 상상해 보자. 〈갯마을〉, 〈산불〉, 〈안개〉 가운데 어떤 작품이 김수용의 대표작일까. 임 감독의 경우도 마찬가지이다. 〈만다라〉인가, 아니면 〈서편제〉인가. 아니면 그 외의 다른 작품인가.

이런 점에서 최하원은 일찍이 최상품인 〈독짓는 늙은이〉와 이에 버금하는 〈무녀도(巫女圖)〉(1971)를 내놓고 한숨 돌리는 모양새를 갖추었다. 그리고 1970년대 후반기까지 뚜렷한 성과 없이 소강상태에 들어갔다. 그런데 1979년 또 한편의 주목할 만한 영화를 내놓았다. 〈30일간의 야유회〉가 바로 그것이다. 그러니까 그는 평단의 관심을 이끌어낸 처녀작 〈나무들 비탈에 서다〉(1968)를 포함한 네 편의 대표적인

'최하원표' 상품을 내놓은 셈이다.

## 관심 끈 〈독짓는 늙은이〉 전후의 성과

최하원은 1937년 8월 19일 서울 삼청동에서 교사인 최근학과 부인 김옥순의 8남매 중 장남으로 태어났다. 그의 본명은 최승용(崔承容)이다. 재동초등학교와 경복중고등학교를 졸업하고 연희대학교 국문과에 진학하였으니, 당시 영화계로서는 보기 드문 서울 토박이요, 명문학교 출신이라고 할 수 있다. 중류 정도의 생활은 유지했으나 6·25전쟁을 겪으면서 길에 나가 담배를 팔아야 할 만큼 어려움을 겪은 적도 있었다. 고등학교 때는 그 자신이 어느 좌담회 (《영화예술》, 1970년 10월호, 신예좌담− 미지에의 의욕과 도전)에서 표현했듯이, '불량기가 좀 있어서였는지' 음악 콩쿠르에 출전하고 대학교 때는 연극을 하였다. 당시 연희대학교(현 연세대학교)에는 연희극회가 있어서 이 모임에 가입한 적도 있었다. 연출 파트였다. 그가 희곡을 쓰기 시작한 것도 이 무렵이었다.

그러나 그는 무대가 한정되는 연극보다는 영화에 더 관심이 많았다. 그래서 처음 도전한 것이 시나리오 창작이었다. 당시 발행되던 영화전문지 《시나리오 문예》120만환 현상모집에 응모한 시나리오 「철둑」이 다른 경쟁자의 2편과 함께 최종심(1960년 8집)에까지 올라갔으나 잡지 발행인이 바뀌면서 빛을 보지 못했다. 이때 처음 최하원이라는 예명을 사용하였다. 그는 이런 인연으로 군복무가 끝나자 서울 명동 '돌체' 음악감상실 옆 2층에 있던 이 잡지의 기자생활을 잠시 하기도 했다.

뒷날 최하원에게 많은 영향을 준 이성구 감독은 시나리오문예사와 같은 건물에 있던 그의 사촌형이자 영화계 스승인 이병일 감독의 동아영화사 사무실에 자주 드나들었다. 그는 이 무렵 일본에서 귀국한 프로듀서 전홍식(신예프로덕션 대표), 시나리오작가 김지헌과 함께 새로운 영화시대를 제창하며 내놓은 〈젊은 표정〉(1961)으로 한창 기세를 올리고 있었다.

최하원은 짧은 기간이나마 영화잡지 기자생활을 하며 영화계의 생리를 파악하고, 가까이 있는 이병일 감독과 이성구를 통해 영화계 진출의 기회를 엿보고 있었다. 아무튼 이성구는 아홉 살 아래인 그의 영화에 대한 열정과 학구적 자세를 호의로 받아들였다. 이성구의 문하생이 된 최하원은 스승을 통해 영화의 기술과 테크닉을 익히면서 자립기반을 다졌다.

그에게 데뷔의 기회가 온 것은 1968년 〈나무들 비탈에 서다〉였다. 『사상계』에 연재(1960)되어 화제가 된 황순원 작, 이은성 각색인 이 영화는 6·25 전쟁을 겪은 젊은이들의 방황과 소외, 열정과 심리적 갈등을 그린 것이다. 그 자신은 이들을 통해 한국의 사회상과 현실을 표출하려 했다.

재벌의 아들인 현태(이순재)는 한국전쟁 때에 군에 나가 제대한 후로는 하는 일 없이 술과 여자로 세월을 보내면서, 전우인 동호(김동훈)를 자살하게 만들었다는 죄책감으로 시달린다. 더욱이 괴로운 것은 동호의 애인인 숙(문희)이 동호가 자살한 이유를 알고 싶다며 끈질기게 쫓아다닌다는 점이다. 군복무 당시 현태는 동호가 애인(숙)을 의식하여 순결을 고집하자, 술집 작부인 옥주(전영주)를 시켜 동호를 유혹하게 만들었다. 이를 계기로 동호는 옥주를 사랑하게 되고 그녀가 다른 남자와 누워 있는 것을 목격하자 격분하여 그들을 총으로 쏘아 죽이고 자살했던 것이다. 현태는 숙에게 동호의 유서를 건네주고, 친구가 죽은 것은 자기 때문이 아니라, 순수한 그의 성품에 원인이 있다고 말한다. 그녀와 함께 하룻밤을 보낸 현태는 전우인 석구(김성옥)를 폭행한 취객을 죽인 혐의로 구속되고, 현태의 아이를 임신한 숙은 혼자서 낳아 기르기로 결심한다.

최하원은 이 영화에서 평면적인 사건의 나열 보다 인간 내면의 움직임, 심리묘사에 주력하려는 모습을 보여 주었다. 그는 이 영화로 한국연극예술상 신인감독상을 받았다.

그는 뒤이어 자신의 대표작으로 꼽히는 〈독짓는 늙은이〉(1969)를 내놓았다. 1920년대, 살붙이 없이 혼자 움막 속에 살면서 옹기 굽는 일을 낙으로 삼아온 예순 살 노인 송 영감(황해)은 어느 날 눈 속에 쓰러진 젊은 여인 옥수(윤정희)를 발견하고 집으로 데려온다. 그는 간호하는 동안 늦게나마 여체의 신비를 알게 되고, 부모의 혼인 반대로 집을 나와 갈 곳이 없는 그녀 역시 생명의 은인인 송 영감에게서 정을 느낀다.

늘그막에 젊은 여자를 만나 당손(김정훈)이라는 아들까지 얻어 기뻐하지만, 그들 앞에 옥수를 찾아 헤매던 애인 석현(남궁원)이 나타나면서 노인의 행복은 흔들리기 시작한다. 석현은 송 영감의 일을 거들면서 옥수에게 같이 떠나자고 설득한다. 처음엔 거절하던 그녀도 거듭되는 유혹에 흔들려 기력이 약해져 가는 가난한 노인 대신 건장한 옛 애인을 선택한다. '당손 어매'를 잃고부터 비탄의 나날을 보내던 송 영감은 어린 아들을 양자로 보낸 후 삶의 터전인 불가마 속으로 몸을 던진다. 그러나 영화는 여기에서 끝나지 않는다. 장성한 당손(김희라)이 노인의 가마터로 찾아왔을 때 거지꼴이 된 어머니(옥수)의 모습을

〈독짓는 늙은이〉(1969, 최하원 감독)의 윤정희

보게 된다.

〈독짓는 늙은이〉에는 질박하면서도 정겨운 향토색과 회한의 정서가 짙게 묻어난다. 전반적으로 화면을 지배하는 것은 흙과 불의 이미지이다. 그것은 육체와 욕망을 암시한다. 육체는 이성을 매개로 인화되며, 한번 타오른 불길은 욕망을 사르고 허무하게 꺼진다. 아울러 흙은 질료로서의 의미를 갖는다. 송영감이라는 질료는 옥수라는 불을 만났을 때 더욱 열기를 뿜는 생명력으로 나타난다. 인생의 황혼기에 모처럼 얻은 횡재와 같은 행복이 허망하게 무너진 순간, 도공은 존재가치와 함께 삶의 의미를 잃게 된다.

이 영화는 그동안 황해에게 씌어졌던 액션배우라는 고정관념을 깨고 성격배우로서의 잠재력을 보여 주는 데도 기여하였다. 서울 광화

302

문의 국제극장에서 개봉하여 관객동원에도 성공했을 뿐 아니라, 작품성도 인정받았다.

이후 최하원은 16년 동안 〈고백〉(1971)을 비롯한 〈새남터의 북소리〉, 〈무녀도〉(1972), 〈다정다한〉, 〈서울의 연인〉(1973), 〈갈매기의 꿈〉(1974), 〈타인의 숨결〉, 〈마지막 포옹〉, 〈소〉(1975), 〈학도의용군〉, 〈나는 살아야 한다〉, 〈비정지대〉(1976), 〈표적〉(1977), 〈황혼〉, 〈절정〉(1978), 〈비색〉, 〈30일간의 야유회〉(1979), 〈겨울 사랑〉, 〈메아리〉(1980), 〈종군수첩〉, 〈초대 받은 사람들〉(1981), 〈초대 받은 성웅들〉(1984) 등 모두 24편의 극영화를 만들었다.

이상의 필모그래피에서 알 수 있듯이, 그는 시류에 영합한 다작 감독은 아니었다. 많아야 1년에 3편, 적을 때는 1편을 겨우 유지할 정도였다. 손댄 장르도 멜로(17편), 문예, 종교 (각 3편), 반공영화(1편) 순으로 단출한 편이었다.

이 가운데서 특히 주목을 끈 것은 〈무녀도(巫女圖)〉였다. 기독교의 번영과 함께 설 자리를 잃어가는 무속신앙의 비애를 그린 김동리 원작 영화이다. 줄광대의 딸이었던 모화(윤정희)는 영험한 신통력으로 이름난 어촌의 무당이다. 그녀는 아들을 절에 맡기고, 낭(김창숙)이라는 반벙어리 처녀를 자신의 뒤를 이을 수양딸로 맞아들인다. 그런데 아들 욱(신영일)이 돌아오면서 풍파가 일기 시작한다. 미국인 선교사 밑에서 예수교를 공부한 욱이는 '수국 용신님'을 믿는 어머니의 신앙을 수용하지 않으려 한다. 모화는 아들에게 잡귀가 들었다며 굿을 하고, 그래도 노여움이 풀리지 않자 성경책까지 찢어 버린다. 이들의 팽팽한 갈등은 끝내 파국을 가져온다. 모화는 물에 빠져 죽은 부인의 시체를 찾기 위한 굿판에서 영험한 신령의 힘을 보여 주겠다며 물속으로 들어간 후 다시 나타나지 않는다. 이 영화에서는 굿을 통한 접신적(接神的) 희열과 육체적 열락을 병치시키려는 의도를 엿볼 수 있다.

〈30일간의 야유회〉(이근삼 희곡 원작)는 여섯 명의 저명인사와 같은 수의 모범죄수, 그리고 교도소장 등 13명이 바다로 야유회를 떠났다가 폭풍을 만나면서 겪는 30일간의 표류생활을 해학적으로 엮은 이색작이다. 공동운명체적인 극한상황에 몰렸을 때 사람들은 어떤 모습을 보이며, 위기감이 해소됐을 때 어떻게 변신하는지, 인간의 이기주의적 본능과 위선에 초점을 맞추고 있다.

## 선호한 죽음으로의 귀결

종교영화는 소재의 특성과 흥행의 불확실성으로 제작자들이 기피해온 장르였다. 이장호의 〈낮은 데로 임하소서〉, 임원식의 〈저 높은 곳을 향하여〉(1977), 임권택의 〈만다라〉(1981), 최인현의 〈소명〉(1984)등이 꼽히기는 하나 양적으로는 그리 많지 않았다. 그나마 기독교와불교를 테마로 한 것이 대부분이었다. 그런데 최하원의 경우는 드물게 〈새남터의 북소리〉(1972), 〈초대받은 사람들〉(1981), 〈초대받은 영웅들〉(1984) 등 주로 천주교의 순교를 소재로 삼고 있다. 이처럼 그의작품세계를 형성하는 중요한 축의 하나는 가톨릭 신앙이라고 할 수 있다. 이는 희생을 전제로 한 순교정신과 직결된다.

〈새남터의 북소리〉는 장안의 소문난 한량인 이지연 대감의 서자(남궁원)가 짝사랑하는 낭자(윤정희)의 뒤를 쫓던 중 그녀가 천주교도임을 알게 되면서 겪게 되는 운명적인 비극이다. 그는 포도청에 끌려가온갖 고문과 고초를 겪는 다련을 구해내 도망치지만, 끝내 잡혀 형장의 이슬로 사라진다.

대종상 최우수작품상 수상작인 〈초대받은 사람들〉은 유교를 숭상하는 지배계층에 의해 천주교가 이단시되던 1800년대를 배경으로 형리의 감시를 피해 선교활동을 하던 애인(원미경)과 함께 순교자의 행렬에 동참한 우의정의 서자(이영하)에 관한 이야기이며, 〈초대받은 성웅들〉은 1849년 토마스 최양업의 시점으로, 마카오에서 신학공부를 하고 돌아와 질시와 박해에도 아랑곳없이 전도 사업에 열중하다가 관헌에게 붙잡혀 희생당한 김대건과 병사한 최방제의 수난을 그린 것이다.

이처럼 최하원의 작품은 거의가 죽음으로 귀결되는 특징이 있다. 그의 작품 가운데 〈고백〉, 〈서울이 연인〉, 〈마지막 포옹〉, 〈표적〉, 〈비색〉, 〈종군수첩〉 등 해피엔드로 마무리 되는 6편을 제외하고는 나머지 19편이 모두 죽음을 다루고 있기 때문이다. 흥미로운 것은 그 절반이 자살로 귀착된다는 점이다. 〈독짓는 늙은이〉를 비롯한 〈다정다한〉, 〈갈매기의 꿈〉, 〈소〉, 〈절정〉, 〈겨울 사랑〉, 〈메아리〉 등이 이 범주에 속한다. 그가 쓴 〈비정지대〉, 〈배우수업〉(1978), 〈초대 받은 사람들〉 등 5편의 시나리오 가운데서도 자살을 다룬 경우가 〈다정다한〉, 〈겨울 사랑〉 등 두 편이나 된다.

〈다정다한〉은 중국인에게 욕을 당하고 중이 된 아내와 딸의 한을 간직한 채 가마의 불길 속에 몸을 던짐으로써 고려청자의 비색을 낳는 도공 양명이, 〈갈매기의 꿈〉은 갑자기 몰아닥친 폭풍우가 새로 쌓은 방파제를 허물어버린 액운이 자신에게서 연유했다고 믿는 섬의 비바리가, 〈소〉는 서울로 팔려갔던 꽃순이가 미쳐서 돌아온 후에, 〈겨울 사랑〉은 여고 시절 불량배에게 성폭력을 당한 사실을 극복하지 못한 신부가 결혼 초야에, 〈메아리〉는 어촌 여성이 애인이 오징어잡이

나간 사이 다른 사내에게 순결을 빼앗기자, 각기 스스로 목숨을 버리는 극단적인 길을 선택한다.

뒤이어 일반적인 죽음을 다룬 작품이 〈무녀도〉, 〈타인의 숨결〉, 〈나는 살아야 한다〉, 〈비정지대〉, 〈황혼〉 등 5편, 종교적 신념에 따른 순교가 〈새남터의 북소리〉, 〈초대받은 사람들〉, 〈초대받은 성웅들〉 등 3편, 타살에 의한 죽음이 〈나무들 비탈에 서다〉 1편으로 분류된다.

여기서 주목되는 것은 가톨릭 교리에 어긋나는 자살이 죽음의 수단으로 활용되고 있다는 사실이다. 이율배반적인 이러한 취향은 그의 내면에 잠재하고 있는 의식의 일면일 수 있으나, 영화의 극적효과를 노린 선택적 수용이라고 할 수 있을 것이다. 국내 영화감독으로서는 특이한 현상이 아닐 수 없다. 어떤 면에서 최하원의 영화세계를 형성하는 이와 같은 요소는 부분적으로나마 1930년대 후반 프랑스에 성행했던 줄리앙 뒤비비에의 페시미즘을 연상케 한다.

– DVD 해설집, 영상자료원, 2010

# 〈고교 얄개〉의 석래명 감독론

— 청소년영화의 3인방

## 청소년영화 붐의 배경

석래명(石來明)은 1970년대 중반, 선배 감독인 김응천, 문여송 등과 더불어 청소년영화 붐을 일으킨 삼인방 가운데 한 사람이다. 정작 먼저 나선 것은 〈여고 졸업반〉(1975년)의 김응천 감독이었으나, 주목을 끌지 못했다. 그런데 다음해 문여송 감독의 〈진짜진짜 잊지마〉가 십대 관객들로부터 큰 호응을 받은데 이어, 석래명 감독의 〈고교 얄개〉가 25만 8천여 명을 동원하는 히트를 기록함으로써 청소년영화가 일약 극장가의 흥행요소로 떠올랐다. 1976년부터 1978년까지 3년 남짓한 기간에 이루어진 이 청소년영화 선풍은 30년이 지난 오늘의 시점에서 보드라도 한국영화사상 일찍이 찾아볼 수 없는 특이한 현상이었다.

더욱이 1970년대 벽두부터 '팔도' 물이며, '용팔이', '명동' 시리즈와 같이 지역색을 드러낸 액션영화가 성행하고, 뒤이어 흥행과 별도로 외화 수입쿼터를 겨냥한 실적 위주의 '우수영화'와 관주도의 국책영화가 양산돼 관객들이 제대로 된 볼거리를 갈구하던 시기였다. 물론 〈별들의 고향〉(1974, 이장호 감독)이나, 〈영자의 전성시대〉(1975, 김호선 감독), 〈바보들의 행진〉(1975, 하길종 감독) 등과 같이 젊은 관객들의 사랑을 받은 화제작이 없는 것은 아니었으나, 큰 흐름으로 자리를 잡지는 못했다. 그런 점에서 성인물이 아닌 청소년영화의 유행은 매우 이례적인 일이었다.

석래명은 〈고교 얄개〉 이후 청소년영화에 손대면서 일관되게 교정 중심의 이야기를 소재로 삼았다. 〈고교 꺼꾸리군, 장다리군〉, 〈얄개 행진곡〉(이상 1977), 〈우리들의 고교시대〉(합작, 1978) 등이 바로 여기에 해당된다. 이는 학창생활 위주로 다루면서도 교정에 국한시키지 않고 무대를 넓게 활용한 문여송의 경우와는 다르다. 김응천의 경우는 〈고교 우량아〉(1977) 등의 예에서 엿볼 수 있듯이, 문여송보다는 석래명에 가까운 쪽이었다.

석래명은 〈꿈은 사라지고〉(1959)로 널리 알려진 노필 감독과 〈아빠 안녕〉(1963)의 최훈 감독 밑에서 연출 기초를 쌓고 1971년 〈미워도 안녕〉으로 영화계에 데뷔했다. 남편이 죽자 생활을 꾸려 나가기 위해 유흥가에 뛰어든 한 여성(문희)의 죄와 벌을 그린 멜로드라마였다. 오랜 현장경험에도 불구하고 후속작까지 거의 5년이 걸렸을 정도로 그의 출발은 기대에 못 미쳤다. 이런 지경에 이른 그가 재기작으로 선택한 장르가 청소년영화였다. 남들이 보기에는 무모하게 비칠 수밖에 없는 모험이었다. 당시에도 하이틴을 소재로 한 영화는 흥행이 안 된다는 것이 영화계의 통설이었다.

그런데 1976년 12월 검열을 마치고 이듬해 1월 29일 개봉된 이 영화는 당초 예상과는 달리 많은 관객들을 극장으로 끌어들였다. 〈고교 얄개〉의 기획이 이처럼 적중한 데는 역발상적인 도전에 있었다고 할 수 있다. 이는 잡다한 장르 영화가 혼재된 1970년대의 상황과도 무관하지 않을 것이다.

## 〈고교 얄개〉와 석래명 감독

〈고교 얄개〉의 원조는 1965년 정승문 감독이 만든 〈얄개전〉이었다. 그러니까 〈고교 얄개〉는 〈얄개전〉의 리메이크인 셈이다. 이 영화의 원작은 1954년 창간된 학생잡지 『학원』에 연재하여 인기를 모은 조흔파의 명랑소설이다. 오늘날 60대 중반 이상의 독자라면 김내성의 탐정소설 「검은 별」, 김용환의 만화 「코주부 삼국지」 등과 함께 모르는 이가 없을 만큼 유명한 연재물이었다.

〈고교 얄개〉는 일찍이 「얄개전」을 읽었거나, 그런 시대의 감성을 공유했던 사람들, 그런 세대들에 의해 교육을 받았거나 들은 바 있는 청소년들의 마음을 움직이게 할 만한 소재였다. 게다가 이미 〈미워도 다시 한 번〉(1968)으로 눈물샘을 자극했던 김정훈의 등장과 이에 대비되는 이승현의 익살스런 연기 등이 상승작용을 했을 것이다. 이 영화의 히트를 계기로 하이틴 배우들이 스타로 떠올랐다. 이들은 문여송 감독의 '진짜' 시리즈를 통해 도약의 발판을 마련한 이덕화, 임예진 등과 함께 1970년대 청소년영화 붐을 증폭시키는 데에 크게 기여하였다.

영화는 기독교계 고등학교 2년생인 한 개구쟁이의 익살과 짓궂은 행동이 빚어낸 피해와 화해를 에피소드 중심으로 엮고 있다. 공부엔 관심이 없고 허구한 날 장난치며 놀기 좋아하는 문제의 학생 두수(이승현)는 낙제를 하고도 정신을 차리지 못한다. 자신의 장난을 고자질한 모범생 철호(김정훈)를 골려주기 위해 졸고 있는 사이 그의 안경에 빨간 색칠을 해 가짜 화재소동을 일으킨다. 이로 인해 안경이 깨진 철호는 두수에게 변상을 요구하지만 거절한다.

다음날 결석한 철호(김정훈)의 집으로 찾아간 두수는 그가 공장에 나가는 누나와 함께 산동네 단칸방에서 살며, 안경 없이 우유배달을 하다가 발을 헛디뎌 다리가 부러졌다는 사실을 알게 된다. 잘못을 깨달은 두수는 철호를 대신해 우유 배달에 나서고 필기한 노트를 전해준다. 두수도 우유 대금을 받으러 나섰다가 가벼운 교통사고를 당한다. 이런 가운데 그들은 어느새 서로 이해하게 되고 배려하는 우정으로 거듭난다.

기독교적 경건함과 이탈적인 학창생활의 부조화 속에서 화합으로 도달하는 이 영화는 깊이가 없는 대신 잔재미가 있다. 두수가 자신의 낙제를 '2년 재탕'이라고 표현하거나, 첫 수업에 들어온 교사(하명중)의 기울어진 고개를 보고 '여섯시 5분 전'이라는 별명을 붙이는가 하면, 낙제를 염려하는 할머니(한은진)에게는 "낙지국은커녕 오징어국도 못 먹었는데요."라고 태연히 대꾸하는 재치와 순발력을 보인다.

프롤로그(교실)와 에필로그(누나의 결혼) 신에서 보인 코믹한 스톱 모션이며, 1970년대 서울 변두리의 일면을 엿보게 하는 어지러운 산동네의 풍경, 어눌한 한국말로 설교하는 미국인 허드슨 교장의 채플 시간도 인상적이다.

하지만 〈고교 얄개〉는 산업화시대로 진입한 1970년대의 시점에서 재해석되기보다는 소설이 쓰인 1950년대의 감성과 정서로 학창생활에 접근하고 있다. 비록 자전거여행, 미팅 주선, 근대화 연쇄점, "하면 된다." 의 구호 등 당대의 사회 분위기가 화면에 깔려 있긴 하지만, 학교 내부의 묘사는 복고적인 분위기에서 벗어나지 못한 한계가 있다. 비딱하게 쓴 모자와 맨 위 단추 하나쯤은 풀어헤치는 따위의 검정 교복은 이 시대의 불량기를 나타내는 고등학생 특유의 모습이었다. 1950년대 중고등학교 시절을 보낸 연출자가 체험한 정서의 눈높이와 40대에 이른 제작 시점의 상황이 혼재하는 양상을 엿볼 수 있었다.

1936년 5월 10일에 태어나 지병인 간암으로 예순네 살의 나이에 세상을 떠날 때까지 석래명 감독은 영화평론가인 정영일 등과 가까이 지내며 가난한 극작가의 불행한 삶을 그린 마지막 작품 〈홀로서는 그날에〉(1990) 등 모두 13편을 남겼다. 〈고교 얄개〉 이후 하이틴영화 붐에 편승하여 1977년 한 해 동안 이와 유사한 〈얄개행진곡〉을 비롯하여 〈여고 얄개〉, 〈고교 꺼꾸리군 장다리군〉 등 세편을 내놓고, 옴니버스 영화 〈우리들의 고교시대〉(1978)를 끝으로 사실상 청소년영화시대를 마무리하였다. 김응천, 문여송 감독과의 합작으로 이루어진 이 영화는 우연인지 청소년영화 붐을 일으킨 당사자들이 스스로의 미래를 예언한 폐막선언이나 다름없었다.

석래명은 이후 특별한 화제작 없이 영화의 영역을 〈에너지 선생〉, 〈12인의 하숙생〉(이상 1978), 〈가을비 우산 속에〉(1979), 〈해 뜨는 집〉(1980), 〈아스팔트 위의 동키호테〉(1988), 〈내 사랑 동키호테〉(1989)로 차츰 확대해 나갔다. 비교적 낙관적인 구조로 나타난 하이틴영화와는 달리 그의 일반 드라마는 비관적인 성향을 보여 주었다.

– DVD 해설집, 영상자료원, 2009

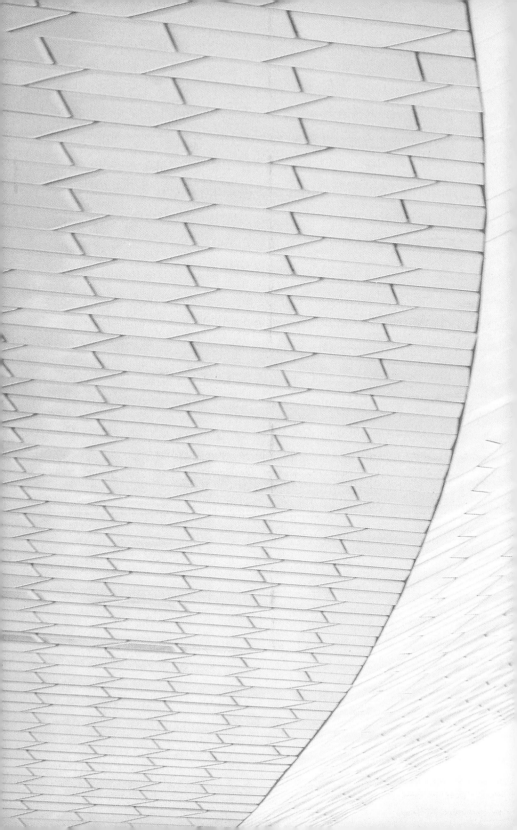

III

영화 일반론

# 시대정신과 정체성의 모색

## — 고전이 될 만한 10편의 영화

1세기의 시점에서 시대를 뛰어넘어 가치를 인정받고 후대에 전범으로 남을만한 20세기의 한국영화를 고른다는 것은 결코 쉬운 일이 아니다. 보는 이의 취향과 관점에 따라 얼마든지 결과가 달라질 수 있기 때문이다. 이런 한계를 전제로, 첫째 당대의 대중의식과 시대정신이 잘 반영된 작품, 둘째 장르적 예술적 완성도가 높은 작품, 셋째 소재나 형식면에서 새로운 경향을 보여준 작품, 이상 세 가지 기준 아래 미래의 고전이 될 수 있는 작품을 고르기로 하였다.

그런데 문제는 일찍이 신문, 잡지와 증언 등 기록을 통해 '명화'로 꼽혀왔으나 보존되지 않아 검증할 기회를 갖지 못한 경우 어떻게 할 것인가 하는 점이었다. 필름이 없다는 이유로 대상에서 제외시킬 것인가, 고심 끝에 영화사적 맥락에서 그 가치를 인정하고 이런 작품들도 선정대상에 포함하기로 하였다.

그 결과 〈아리랑〉(1926), 〈임자 없는 나룻배〉(1932) 등 무성영화시대 작품 2편을 포함하여 〈마음의 고향〉(1949), 〈피아골〉(1955) 등 해방 후 6·25전쟁 시기의 작품 2편, 〈하녀〉(1960), 〈오발탄〉(1961), 〈장군의 수염〉(1968) 등 60년대의 작품 3편, 〈바보들의 행진〉(1975), 〈깊고 푸른 밤〉(1984), 〈서편제〉(1993) 등 1970년대부터 1990년대 사이의 작품 각 1편씩 3편이 선정되었다.

이 결과는 1923년 조선총독부 체신국이 만든 저축계몽영화 〈월하의 맹세〉 이후 1990년대 말까지 76년 동안 제작된 영화가 총 4천8백50여 편인 점을 감안할 때 아주 적은 편수라 할 수 있다. 1960년대의 영화가 3편이나 들어가게 된 데는 한국영화사상 질적 양적으로 가장 융성했던 시점과 관계가 있다. 1960년(87편)과 61년(79편)을 제외하면 최하 112편에서 최고 229편까지 제작돼 모두 1천505편이 나온 시기였다.

## 무성영화시대의 〈아리랑〉과 〈임자 없는 나룻배〉

나운규 각본, 감독, 주연의 〈아리랑〉과 이규환 감독의 〈임자 없는 나룻배〉는 일제 강점기 아래서 만든 159편 가운데 빼어놓을 수 없는 정수라 하지 않을 수 없다. 두 작품이 뛰어남은 상영 후의 평가뿐만 아니라 1938년 조선일보사가 부민관에서 처음 영화제를 개최(11월 26일~28일)하며 독자들을 대상으로 뽑은 무성영화 베스트 텐 가운데 〈아리랑〉(4,974표)과 〈임자 없는 나룻배〉(3,783)가 각기 1, 2위를 차지한 사실에서도 확인할 수 있다.

개봉당시 포빙(抱氷 : 본명 고한승)은 〈아리랑〉에 대해 '대체로 보아 이 일편은 별로 흠잡을 곳이 없는 가작'(매일신보, 1926년 10월 10

일)이라 했고, 김을한(金乙漢)은 '〈아리랑〉의 사막 장면은 전 조선 영화를 통하여 가장 우수한 것'(동아일보, 1926년 10월 7일)이라고 평가했다.

나운규와 같은 시대에 활동했던 이경손은 "구극조(舊劇調)를 탈피한 흑백 무성영화시대의 획기적인 작품으로 마치 어느 의열단원이 서울 한 구석에 폭탄을 던진 듯한 설렘을 느끼게 했다." (「무성영화시대의 자전」, 《신동아》, 1964년 12월호)고 했으며, 김유영(「명배우 명감독이 모여 조선영화를 말함」, 《삼천리》, 1936년 11월호)과 심훈(「조선 영화인 언퍼레이드」, 《동광》, 1931년 7월호) 역시 '관중의 가슴에 폭풍우와 같은 고동(鼓動)과 감명을 준 명작' '〈아리랑〉은 명편(名篇)'이라고 과찬했다. 〈임자 없는 나룻배〉를 만든 이규환 또한 〈아리랑〉은 "민족의 저항을 담은 그 내용과 함께 당시로선 생각하기 어려운 영화적 기법을 구사하여 관객들을 사로잡았다." (「영화 60년 / 태동기」 중앙일보, 1979, 12, 22)고 회고했다.

서울에서 공부하다가 분명치 않은 이유로 실성하여 농촌에 돌아온 후 마을 사람들의 놀림감이 된 영진(나운규)은 누이동생(신일선)을 괴롭히는 지주의 앞잡이(주인규)를 보다 못해 죽이게 된다는 게 영화의 내용이지만, 단순히 줄거리를 화면에 옮기는 역할로 만족했던 당시의 한국 영화 수준으로 볼 때 〈아리랑〉은 파격적인 작품이었다. 조선인 고유의 감정과 사상, 생활의 진솔한 면을 정확히 파악했다는 것이다. 이 영화에는 다른 데서는 찾아볼 수 없는 특유의 기법이 있었다. 곧 비유와 암시, 상징의 몽타주가 그것이다.

첫째, 비유의 예로 '개와 고양이'를 내세운 자막을 들 수 있다. 서로 앙숙인 영진과 지주의 앞잡이 오기호를 대립 관계로 만듦으로써, 지배자인 일본 제국주의와 피지배자인 한민족을 상기시키고 있다. 둘째는 미친 영진으로 하여금 물을 요구하는 독백의 암시이다. 주인공은 누구에게인지 물을 달라고 호소하는가 하면, "진시황도 죽었다지." 하고 중얼거린다. 여기에는 갈증을 호소하는 주인공을 통해 빼앗긴 나라의 비애와 독립에 대한 열망을 시사하고 일제의 패망을 암시하는 뜻이 담겨있다. 셋째는 두 남녀 영희와 현구를 대치시킨 상징적인 사막 장면의 몽타주라고 할 수 있다. 그가 험상궂은 아라비아 상인을 등장시킨 사막과 물은 1920년대 우리나라 현실의 함축적인 반영으로 해석되었다. 〈아리랑〉을 미래의 고전으로 내세울 수밖에 없는 이유이다.

이에 버금하는 작품이 이규환 감독의 〈임자 없는 나룻배〉(1932)이다. 1930년대 최대 수확인 이 영화는 가뭄과 수해로 흉년을 만나 살길이 막연해지자 임신한 아내(김연실 분)와 함께 서울로 올라와 겪는 젊은 농부(춘삼/ 나운규)의 수난기이다. 이 영화는 정상적인 검열절차를 받았음에도 불구하고 상영 당시 곤욕을 치렀다. 상영 직전 조선총독부 경무국 활동사진검열계로 불려간 이규환은 〈임자 없는 나룻배〉라는 제목이 조선민족을 암시하고 주인공이 철로를 때려 부수는 후반부 장면이 항일적 표현이라는 이유였다. 결국 마지막 부분 1백50여자가 다시 잘려 나간 뒤에야 빛을 볼 수 있었다.

사실주의적 기법에 따른 향토적 서정미로 주목을 받은 이 영화에 대해 허심은 "조선 영화계에서 일찍 보지 못했던 새로운 감독과 명쾌한 촬영으로 이때까지 나온 조선 영화의 패권을 잡을 만하다."고 하였다. 아울러 "나운규가 주연하는 춘삼이란 한 개 농부 노동자의 슬픈 이야기를 우리는 한 개인의 이야기로 보지 말고 조선 민족의 이야기로 봐야 한다."(「유신 키네마 2회작 '임자 없는 나룻배' 시사평」1932년 9월 14일)고 강조하였다. 〈유랑〉(1928)과 〈화륜〉(1931) 등을 연출한 김유영(金幽影)도 '과거에 나온 작품 중에서 제일 뛰어난 좋은 작품'이라며 "이규환 군의 감독술은 재래의 나운규씨의 모선을 어느 정도까지 없애버렸으며 촬영(손용진, 이명우)에 있어서도 특출한 재주를 발휘했다."(조선영화평 '임자 없는 나룻 배' 조선일보, 1932년 10월 6일)고 언급했다.

"'임자 없는 나룻배'! 여러 가지 조선 영화중에 가장 시적(詩的) 표현인 제목이다. 이 작품을 가리켜 조선의 현실을 잘 표현한 온건한 작품이라고 하고 싶다. 그래도 이만큼 현실의 일면을 잘 표현해준 것은 감독자 이규환 군의 공이다. 그리고 전편을 통하여 감독술에 있어서 청신(淸新)하면서도 무게가 있다."

이것은 《매일신보》('임자 없는 나룻배'-시사를 보고-1932년 12월 14일~15일)에 실린 송악산인(松岳山人)의 평이다. 이 같은 공통적인 호평에 비추어 〈임자 없는 나룻배〉 또한 고전의 여건을 갖춘 작품이라 하지 않을 수 없다.

## 해방 후 6·25전쟁 시기의 〈마음의 고향〉과 〈피아골〉

윤용규 감독의 〈마음의 고향〉은 절에 버려진 열세 살 소년의 애절한 시모곡이다. 주지스님(변기종)의 보살핌 아래 성장한 '까까중' 도성(유민 분)은 어린 자식을 잃고 공양을 드리러 온 젊은 미망인(최은희)의 눈에 들었으나 친어머니(김선영)가 뒤늦게 찾아왔었다는 사실을 알고 절을 떠난다는 내용이다. 이 영화의 원작은 함세덕 희곡 「동승(童

僧)」이다.

새벽안개 속에서 범종을 치는 어린 스님의 일상생활로 시작되어 안개가 걷히는 절에서 나온 도성이 범종 소리를 들으며 산을 내려가는 부감의 시퀀스로 마무리되는 〈마음의 고향〉은 '침체부진하던 조선영화계를 찬란히 장식해 준 해방 후 최고봉에 오른 수작'이라는 평가를 받았다.

이 영화는 모두 10개의 시퀀스로 구성되어 있다. 어린 스님의 어머니에 대한 그리움은 새털 부채와 살생, 염주라는 피사체에 의해 주요 모티브로 투영된다. 전반적으로 차분한 극의 운영과 캐릭터의 표출에도 무리가 없었다. 미망인이 나타나면서 세속의 유혹을 받게 된 철부지 도념과 주지 스님의 관계는 이로 인해 경직된다. 이런 가운데 도념은 어머니를 찾는 길을 선택한다. 극의 전개 있어 도성 모의 부자연스런 등장 등 결함이 없지 않지만, 〈마음의 고향〉은 서정적 리얼리즘으로 승화된 해방 후 최초의 문예영화로서 오래 기억될 만한 가치가 있다.

이강천 감독의 〈피아골〉(1955)은 반공이 최대 가치였던 냉전시대의 부산물이다. 미국영화의 특징이 서부극에 있다면, 반공영화는 한국에만 존재한 특수 장르라고 할 수 있다. 반공영화는 1949년 홍개명 감독의 〈전우〉와 한형모 감독이 〈성벽을 뚫고〉 이후 정부의 영화정책에 힘입어 1980년대 초까지 기형적으로 양산되었다. 문제는 대부분의 내용이 일당백(一當百) 정신을 강조하다보니 국군과 인민군을 선악 이분법에 맞추게 돼 리얼리티를 상실했다는 데에 있다.

그런 가운데 〈피아골〉은 균형감을 유지하려는 감독의 고심이 엿보이는 주목할 만한 작품이다. 이 영화는 지리산에서 활동하는 인민군 유격대 대장 '아가리'(이예춘)와 그 지휘 하의 게릴라인 철수(김진규), 그리고 당성이 높은 냉철한 여자대원 애란(노경희)을 중심으로 전개된다. 당성이 높은 여자대원 애란과는 달리 철수(김진규)는 흘러가는 구름에도 반응하는 인텔리이다. 토벌대에 밀리는 극한상황 속에서 전의를 잃은 대원들이 죽어가는 가운데 철수는 애란과 함께 산을 내려간다.

이 영화는 제작 당시 용공영화라는 비판을 감수하지 않으면 안 되었다. "빨치산들의 산 생활을 통해서 인간본연의 존엄성을 역설적으로 표현하고 있으나 공산주의라는 이즘에 대해서는 아무런 적극적 비판이 없고, 빨치산 전원이 죽어가는 순간까지도 끝끝내 공산주의를 부정하지 않는 등 '적색 빨치산을 영웅화하는 맹점'을 내포했다."(김종문, 「국산 반공영화의 맹점」, 한국일보, 1955년 7월 24일)는 이유였다. 결국 이 영화는 일반 사회인에 미치는 영향이 우려된다는 관계당국의 견해에 따라 6개 장면이 삭제되고, 마지막 사막 장면에 펄럭이는 태극기를 추가한 후에야 개봉할 수 있었다.

이 영화가 평가되어야 할 이유는 당초 의도와는 달리 결말이 변질될 만큼 표현의 자유가 보장되지 않았던 전후 분단시대의 산물이라는 점에 있다.

## 영화 전성기의 수작 〈하녀〉와 〈오발탄〉, 〈장군의 수염〉

〈하녀〉(1960)는 그동안 김기영 감독이 〈초설〉(1958), 〈십대의 반항〉(1959), 〈슬픈 목가〉(1960) 등에서 추구해 온 사실주의를 지양하고 표현주의 계열의 그로데스크한 사디즘 영화로 전환한 출발점이다. 이 영화를 계기로 그의 시선은 사회 밑바닥에서 가정으로 옮아가고, 인간의 심성을 선악적으로 파악하는 경향을 보인다. 그 연장선상에 〈현해탄은 알고 있다〉(1961)와 〈고려장〉(1963), 〈화녀〉(1971), 〈충녀〉〈1972) 등이 있다.

그중에도 〈하녀〉는 특히 인간의 내면에 잠재하는 마성을 여과 없이 드러낸다. 방직공장 여직공들에게 음악을 가르치는 동식(김진규)은 새 집을 짓기 위해 무리하게 재봉 일을 하다가 몸이 쇠약해진 아내(주증녀)를 위해 하녀(이은심)를 들인다. 그는 아내가 친정에 간 사이 하녀의 유혹에 빠져 몸을 섞게 되고, 이 사실을 알게 된 아내는 하녀를 설득하여 계단에서 굴러 낙태하게 만든다. 앙심을 품은 하녀는 그들의 어린 아들(안성기)을 계단에서 떨어져 죽게 만들고도 모든 사실을 외부에 알리겠다고 협박한다. 이에 굴복하여 아내는 남편과의 관계를 묵인한다. 이런 상황에 괴로워하며 하녀와 동반자살을 기도한 남편은 하녀를 뿌리치고 아내의 곁으로 돌아와 숨을 거둔다.

실화를 모티브로, 신문 기사를 읽는 남주인공의 모습을 영화의 시작과 끝에 설정하여 액자 형식을 취한 〈하녀〉는 소녀가 마비된 다리를 끌며 불안하게 낡은 2층 계단을 오르내리게 하거나, 쥐를 잡아 꼬리를 흔들던 하녀가 주인집 아들에게 쥐약을 먹여 살해하는 등 특유의 기괴한 장면을 선보인다.


〈오발탄〉(1961)은 한국영화의 리얼리즘을 상징하는 유현목의 대표작이다. 북한 실향민의 고통과 시련을 통해 분단의 비애를 그린 이 영화는 일제 지배 아래서 미치광이 청년과 나룻배 사공을 통해 핍박받는 한민족의 울분을 우회적으로 표출한 〈아리랑〉, 〈임자 없는 나룻배〉의 시대정신과 맥이 닿아있다.

피난민들이 모인 해방촌에 사는 계리사사무소 직원 송철호(김진규)

에게는 돌봐야 할 여섯 식구가 있다. 정신이상인 어머니(노재신)와 만삭인 아내(문정숙), 상이군인인 동생 영호(최무룡), 양공주가 된 여동생(서애자), 학업을 포기한 채 신문팔이에 나선 막내 동생, 그리고 어린 딸 혜옥이 바로 그들이다. 박봉과 치통으로 시달리던 가장의 아내는 해산하다가 죽고, 일확천금을 노린 동생은 은행 강도짓을 하다가 붙잡히는 국면에 처한다. 철호는 썩은 이를 뽑고 아내 대신 새로운 생명체를 얻게 되지만 방황과 좌절의 국면에서 벗어나지 못한다. 이처럼 유현목의 현실인식은 매우 비관적이다.

〈오발탄〉에는 여러 기호가 등장한다. 고막을 찌르는 전투기 편대의 소음, 통금시간을 알리는 사이렌 소리, 퇴직금 보장을 요구하는 데모대의 외침, 미군병사와 양공주가 나타날 때 들리는 재즈와 판소리의 대비 등 불안한 전후의 사회상을 표출한 음향이 바로 그런 예이다. 〈오발탄〉은 이처럼 분단이 낳은 이산의 고통과 후유증을 강렬한 주제의식으로 빚어내고 있다.

이성구 감독의 〈장군의 수염〉(1968)은 한국모더니즘영화의 첫 페이지를 장식한 이색 작품이다. 플래시백을 이용한 다층적인 서사구조, 영화 속의 소설을 애니메이션(신동헌 작화)으로 재현한 액자 구조, 고질적인 스토리텔링에서 벗어난 치밀한 구성과 조형적인 세트 등이 그러하다. 한국영화 가운데 모노크롬을 효과적으로 사용한 첫 사례이기도 하다.

영화는 산동네 허름한 하숙집에 묵고 있던 김철훈(신성일)이라는 사진기자가 의문의 죽음을 당하면서 비롯된다. 노련한 박형사(김승호)와 젊은 형사(김성옥)는 그의 죽음에 대해 의문을 갖고 탐문수사를 벌인다. 주변 사람을 만나도 진전이 없자 철훈에게 편지를 보낸 소설

이강천 감독의 〈피아골〉(1955)의 김진규와 노경희

하길종 감독의 〈바보들의 행진〉(1975)

가 한정우(김동원)로부터 철훈이 쓰려고 했던 소설 '장군의 수염'의 내용에 대해 듣게 된다. 개선행진에 나온 독립군 장군처럼 수염을 기르는 것이 유행이었던 시대에 이를 거부했다가 곤욕을 치르게 된 한 사내의 이야기이다. 형사들은 한때 철훈과 동거했던 전직 댄서 신혜(윤정희)를 통해 그가 현실에 적응하지 못하는 사람이었다는 사실을 알게 된다. 그녀는 자신에게서 마음의 상처를 치유 받으려는 철훈에게 싫증을 느낀 나머지 그의 곁에서 떠나고 만다. 경찰은 철훈의 죽음을 자살로 결론 내린다.

이어령 원작, 김승옥 각색으로 이루어진 이 영화는 현재와 과거를 수시로 교차하며 필요에 따라 생략하거나 선택하는 영화적 시간과 확대·축소되는 영화적 공간을 효과적으로 만들어낸다.

## 1970년대 이후의 결실 〈바보들의 행진〉과 〈깊고 푸른 밤〉, 〈서편제〉

하길종 감독의 〈바보들의 행진〉(1975)은 대학가를 중심으로 1970년대 군부가 통치했던 암울한 시대의 단면을 잘 드러낸 작품이다. 젊은이들의 울분과 불만이 푸념으로 변하던 시절, Y대학 철학과에 다니는 병태(윤문섭)와 영철(하재영)은 그룹 미팅에서 같은 또래인 불문과 여학생 영자(이영옥)와 순자(김영숙)를 알게 된다. 병태의 짝이 된 영자는 데이트를 하면서도 선본 남자와 결혼할 것이라며 거리를 두려 한다. 술만 마시면 버릇처럼 예쁜 고래를 잡으러 가겠다던 영철은 입대가 좌절되자 동해로 떠난 후 바닷가 벼랑에서 몸을 던진다. 학교는 무기한 휴교에 들어가고 친구의 죽음에 괴로워하던 병태는 영자가 배웅하는 가운데 입영열차에 오른다. 이 영화는 신체검사를 받으러 간

대학생이 일등병을 놀리는 장면, 대학생들이 구호가 적힌 현수막을 들고 행진하는 모습, 영철이 벼랑으로 떨어져 죽는 대목 등 여덟 군데, 15분 분량이 삭제되었다.

막걸리 마시기 대회, 함성이 쏟아지는 야구 경기장, 미팅이 대세인 대학가의 연애풍속도 등 역동적이고 낭만적인 화면과 병치시킨 폐쇄된 대학 정문 앞의 무장 군인들의 모습은 청바지와 생맥주, 통기타로 대변되던 1970년대의 아이콘으로 떠오른 청년문화와 대비되면서 역설적인 억압의 흔적으로 남는다. 〈바보들의 행진〉은 신인 배우들의 대거 기용으로 생소한 면이 없지 않으나 검열이 극심했던 유신시대의 고뇌를 엿볼 수 있는 하길종의 야심작이다.

배창호 감독의 〈깊고 푸른 밤〉(1984)은 작품의 수준과 흥행이 일치된 흔치 않은 경우에 속한다. 60여만 관객을 동원했을 뿐 아니라, 대종상, 한국연극영화예술상, 영평상 등 국내외 작품상을 거의 휩쓸며 '스타감독'의 위상을 굳히게 된다. 이 영화는 미국사회에 정착하려 불법 입국한 한국청년의 카멜레온적 행각, 목적을 위해서는 수단을 가리지 않는 현대사회의 병리적 에고이즘에 초점을 맞춘다.

한국에 애인을 두고 온 백호빈(안성기)은 어떤 수단을 써서라도 미국사회에 뿌리를 내리려는 야망의 청년이다. 그는 영주권을 얻기 위해 그레고리 백이라는 미국식 이름을 앞세워 유부녀를 유혹하고 갈취한 돈으로 제인(장미희)이라는 교포 여인과 계약결혼을 한다. 뒤늦게 사랑을 깨우치게 된 여자와 그 굴레에서 빠져나와 야망을 실현 시키려는 사내, 이런 가운데 백은 기다리던 영주권을 얻게 된다. 그러나 미국 사회의 일원으로서 새로운 삶을 누리려던 사내는 초청장을 기다리던 한국의 애인이 다른 남자와 결혼했다는 소식을 듣자 제인과 함께 찾아간 사막에서 죽음을 맞는다.

〈깊고 푸른 밤〉은 안성기—장미희 콤비의 완숙한 연기와 간결한 커팅 처리를 앞세워 미국을 낙원으로 여기는 아메리칸드림의 허상과 비정한 현실을 날카롭게 부각한다.

〈서편제〉(1993)는 임권택 감독의 93번째 작품으로, 정일성의 카메라에 힘입어 한국적인 특색과 정감을 살린 역작이다. 그가 남도 특유의 정취와 한(恨), 체념의 정서가 어우러져 한 폭의 절묘한 '듣는 그림'을 만들어낼 수 있었던 데는 굽이진 황톳길과 바람에 휘는 은빛 억새의 들판, 눈 쌓인 산야, 정겨운 논두렁 등 자연풍광과 잘 어우러진 '진도 아리랑' 및 '서편제', 그리고 '심청가' '춘향가' 등 김소희의 판소리가 있다.

떠돌이 소리꾼의 인생 여정답게 로드무비 특유의 변화를 꾀한 이 영화는 1960년대 초 전라도 보성 소릿재의 주막에서 하룻밤을 묵은 길손(동호)이 여주인의 판소리를 들으며 과거를 회상하는 형식으로 진행된다. 소리 품을 팔기 위해 큰집 잔치에 불려온 소리꾼 유봉(김명곤)은 그곳에서 동호(김규택)의 어미 금산댁을 만나 자신의 수양딸 송화(오정해)와 함께 새로운 생활을 시작한다. 오누이처럼 돌보며 송화에게는 소리를, 동호에게는 북을 가르쳐 소리꾼과 고수(鼓手)로 한 쌍을 이루게 하지만, 소리를 들어주는 사람들이 줄어들면서 화목이 깨진다. 유봉은 송화도 가난을 견디다 못해 떠난 동호처럼 될지 모른다는 두려움과 완벽한 소리에 집착한 나머지 부자(附子)를 먹여 송화의 눈을 멀게 한다. 유봉은 서서히 시력을 잃어가는 송화를 정성을 다해 돌보지만 죄책감 때문에 괴로워 하다가 숨을 거두고 만다. 그로부터 몇 년 후 그리움과 죄책감으로 송화와 유봉을 찾아 나선 동호는 어느 이름 없는 주막에서 나그네를 상대로 의미 없이 살아가는 송화와 만나지만 다시 발길을 돌린다.

득음의 경지에 오르기 위해서는 한마저 넘어서야 한다는 이유로 딸을 장님으로 만든 소리꾼(유봉)의 이기주의는 그동안 임권택이 추구해온 인본주의와는 상반된 예술지상주의적 면모라고 할 수 있다. 이 영화의 하이라이트는 세 명의 소리꾼이 '진도 아리랑'을 부르며 롱 샷의 고갯길을 내려와 큰 길에서 덩실덩실 춤추는 미디엄 샷까지 이어진 5분 40초 가량의 롱테이크이다.

이상 한국영화의 고전으로 남기를 바라거나 남을 만한 열편의 작품에 대해 언급했다. 여기에 뽑힌 영화 외에도 평자의 기준과 관점에 따라 제외되거나 추가될 작품이 있을 것이다. 발표자 자신도 최종 순간까지 여러 차례 명단에 올렸다가 빼거나 추가하는 과정을 겪었다. 선택을 놓고 끝까지 고심하게 만든 작품은 1950년대의 〈자유부인〉(한형모)과 1960년대의 〈사랑방 손님과 어머니〉(신상옥), 〈안개〉(김수용), 〈만추〉(이만희), 그리고 1980년대의 〈만다라〉(임권택)와 〈바보선언〉(이장호) 등이었다.

– 한예종 2016 추계학술대회 '20세기 한국예술'

# 한국전쟁과 남북 분단의 영화

— <전우>에서 <포화 속으로>까지

    여름방학에다 마침 일요일이라 마음 놓고 게을러도 누가 뭐라 할 사람이 없는 날이었다. 교인들은 성당이나 교회에 나가고, 모처럼 틈을 낸 새댁들은 오랜만에 친정 나들이 갈 차비를 하느라 경황이 없을 날이었다. 그런 날에 6·25 전쟁이 일어났다. 한참 깊은 잠에 빠진 사람에게 날벼락이 떨어진 것처럼 전혀 뜻밖에 찾아온 재앙이었다.

    북한군이 탱크를 앞세워 서울에 진입하자 그들은 남한의 학생들에게 「적기가(赤旗歌)」며 「김일성 장군의 노래」를 배우게 하고, 소련영화 〈석화(石花)〉를 보게 하였다. 이런 시간에는 으레 공산주의 홍보는 물론, 인민해방군을 도와 의용군에 지원하라는 선동을 하게 마련이었다. 1950년, 내가 중학교 1학년이던 시절이다.

### 초등학교 때 본 〈성벽을 뚫고〉

    해방과 더불어 그어진 분단은 필연적으로 남과 북에 '반공영화'와 '반제국주의 영화'를 만들게 하는 요인이 되었다. 우리나라에 처음 분단을 소재로 한 반공영화가 등장한 것은 1949년 미공보원이 제작한 홍개명 감독의 〈전우〉였다. 35밀리 2권 분량으로 짧은 이 영화는, 공산학정에 시달리다 못해 월남한 형제가 각기 국군과 경찰에 투신하여 멸공전선에 앞장선다는 내용을 담고 있다. 이런 이유로 홍개명 감독과 편집을 맡은 이명우(1935년 첫 발성영화 〈춘향전〉 감독)는 6·25 때 납북되는 고초를 겪어야 했다.

같은 해 〈성벽을 뚫고〉가 나왔다. 한형모의 감독 데뷔작이자, 황해의 첫 출연작이기도 하다. 나는 이 영화를 초등학교 4학년 때 단체 관람으로 봤다. 이집길과 권영팔은 대학 동기동창이자 처남 매부간이다. 그런데 서로 이념이 달라 갈등이 벌어진다. 매부 영팔은 공산주의자인 반면, 처남인 집길은 육군 소위이다. 매부는 처남을 매수하려 하고, 처남은 매부를 설득하려 한다. 마침 이런 시기에 여수순천사건이 일어나면서 이들은 숙명적으로 맞서게 된다. 여기에 가세하려는 매부를 말리는 처남에게 그의 총이 겨눠진다. 처남도 하는 수 없이 방아쇠를 당긴다. 정부가 수립된 지 1년이 미처 안 되는 시기였다. 1949년 한 해 동안 모두 20편의 영화가 제작되었는데, 이 가운데 다섯 편이 공산주의를 비판한 영화였다.

1950년에 일어난 6·25전쟁은 분단의 상처를 더욱 깊게 하면서 반공영화라는 부산물을 낳았다. 이는 미국의 서부극처럼 한국만이 갖는 특유의 장르라고 할 수 있다. 서부극이나 반공영화는 전쟁이 전제된다는 점에서 닮은꼴이지만, 전자는 종족이 다른 인디언과의 싸움인데 비해, 후자는 동족과의 대결이라는 점에서 차이가 있다.

6·25 이후 처음 등장한 반공영화는 손전 각본, 감독, 주연의 〈내가

넘은 삼팔선〉(1951)이다. 공산당에게 재산을 몰수당하고 월남한 대지주(송태호)와 그를 반동으로 모는데 앞장섰던 사내(손전)가 공산당의 기만정책에 환멸을 느끼고 국군에 귀순하여 북진 대열에 합류, 그들과 싸우다가 전사한다는 구성이다.

그 뒤 〈정의의 진격〉(1951)과 같은 종군 기록영화들이 선보이는 한편, 동족상잔의 비극과 이념의 대립, 전쟁을 다룬 적지 않은 극영화들이 제작되었다.

연대순으로 그 대표적인 작품을 꼽으면, 조국을 위해 적진에 폭탄을 터뜨리고 산화하는 공군 대위(이집길)의 투혼을 그린 〈출격명령〉(1954, 홍성기 감독)을 비롯하여, 〈피아골〉(1955, 이강천 감독), 〈5인의 해병〉(1961, 김기덕 감독), 〈돌아오지 않는 해병〉(1963, 이만희 감독), 〈빨간 마후라〉(1964, 신상옥 감독), 〈7인의 여포로〉(1965, 이만희 감독), 〈군번 없는 용사〉(1966, 이만희 감독), 〈싸리골의 신화〉(1977, 이만희 감독), 〈지하실의 7인〉(1969, 이성구 감독), 〈13세 소년〉(1974, 신상옥 감독), 〈증언〉(1974, 임권택 감독), 〈들국화는 피었는데〉(1974, 이만희 감독), 〈원산공작〉(1976, 설태호 감독), 〈전우가 남긴 한마디〉(1979, 이원세 감독), 〈장마〉(1978, 유현목 감독), 〈지옥의 49일〉(1979, 이두용 감독), 〈내가 마지막 본 흥남〉(1983, 고영남 감독), 〈남부군〉(1990, 정지영 감독), 〈태백산맥〉(1994, 임권택 감독), 〈쉬리〉(1999, 강제규 감독), 〈공동경비구역 JSA〉(2000, 박찬욱 감독), 〈태극기를 휘날리며〉(2004, 강제규 감독), 〈웰컴 투 동막골〉(2005, 박광현 감독), 〈포화속으로〉(2010, 이재한 감독) 등을 들 수 있다.

이상 거론한 영화의 성격들은 매우 다양하다. 〈피아골〉, 〈남부군〉, 〈태백산맥〉과 같은 빨치산 활동, 〈돌아오지 않는 해병〉, 〈태극기를 휘날리며〉 유의 스펙터클, 〈원산공작〉, 〈아벵고공수군단〉과 같은 침투 파괴 작전, 〈출격명령〉, 〈빨간 마후라〉로 특징되는 파일럿의 조국애, 〈5인의 해병〉, 〈돌아오지 않는 해병〉으로 대표되는 해병대의 용맹상, 〈7인의 여포로〉, 〈남부군〉, 〈웰컴 투 동막골〉이 추구한 휴머니즘과 민족 동질성 회복, 〈사리골의 신화〉, 〈지하실의 7인〉이 묘사한 남북 낙오병들의 상반된 모습, 〈13세 소년〉, 〈들국화는 피었는데〉가 보인 동심의 시각, 〈군번 없는 용사〉, 〈장마〉의 이념이 갈라놓은 가족의 갈등과 화해, 〈쉬리〉식 특수요원들의 첩보전, 〈공동경비구역 JSA〉가 보인 냉전의 실상, 〈포화 속으로〉가 제시한 학도병의 이야기 등이 이 점을 잘 말해 준다.

이 가운데서도 특히 〈피아골〉(1955), 〈돌아오지 않는 해병〉(1963), 〈장마〉(1978), 〈남부군〉(1990), 〈태백산맥〉(1994), 〈웰컴 투 동막골〉(2005)은 분단소재 영화의 수작이라고 할 수 있다.

## 역사적 유물로서의 반공과 화해의 영화들

이강천 감독의 〈피아골〉은 지리산 속에 은신하며 남한의 군인과 경찰을 상대로 싸우는 빨치산들의 포악성과 여대원을 둘러싸고 벌어지는 노가리 대장(이예춘)을 비롯한 대원들 간의 갈등과 최후의 선택을 그리고 있다. 이 영화는 표현을 둘러싸고 해방 후 처음 논란을 빚은 문제작이기도 하다. "빨치산들의 산 생활을 통해서 인간 본연의 존엄성을 역설적으로 표현하고는 있으나, 공산주의라는 이즘에 대해서는 아무런 비평이 없고, 여 간부 애란(노경희)이 철수(김진규)를 부축해 산에서 내려온 것도 사랑 때문이지 자유를 위한 행위는 아니었다."

는 비판(「국산 반공영화의 맹점」, 김종문, 한국일보, 1955. 7. 24)을 받았다. 아울러 '반공사상을 고취하기는커녕 일반인에게 현혹감을 주기 쉬운 영화' 또는 '빨치산의 묘사에 용공성이 있다'는 이유로 6개 장면이 삭제되는 홍역을 치러야 했다.

이만희 감독의 〈돌아오지 않는 해병〉은 역사적인 인천상륙작전에 참가하고 서울을 거쳐 북진에 나선 해병 일개 분대원들이 중공군의 인해전술에 막혀 고전하면서도 마지막 고지 탈환을 위해 목숨 바치는 해병대의 정신을 구사일생으로 살아남은 분대장(장동휘)과 대원(최무룡)을 통해 환기시킨다. 전쟁의 참혹성과 죽음에 직면한 인간의 본능을 묘사한 가운데 전쟁에 부모를 잃은 소녀를 부대의 마스코트로 삼는 등 가족적 병영 분위기와 유머를 자아내게 한다.

유현목 감독의 〈장마〉는 소년과 두 할머니를 통해 동족상잔의 비극을 형상화한 작품이다. 동만이라는 소년의 집에는 빨치산과 국군을 아들로 둔 친할머니(김신재)와 외할머니(황정순)가 함께 산다. 두 노인의 스스럼없는 동거는 상반된 자식들의 처지로 인해 앙숙처럼 등을 돌리게 된다. 좌우익의 대립과 갈등 속에 자식을 빼앗기고 모성애 하나만으로 삶을 지탱하던 두 노인은 절망 속에서 어렵게 화해에 이른다.

이만희 감독의 다른 작품 〈들국화는 피었는데〉는 한 어린이의 증언을 토대로 한국동란의 비극을 그렸다. 그가 보고 겪은 일, 느낀 것은 많지만, 아무것도 말하지 못한다. 열한 살 돌이(김정훈)는 전방에 살 때부터 신성일 등 군인 아저씨들의 마스코트로 귀여움을 독차지한다. 언덕 너머에는 북한군이 주둔해 있으나, 천진한 돌이는 그것이 무엇을 의미하는지 알 리 없다. 그런데 전쟁의 비극이 돌이에게 닥친다. 이 영화는 민족 분단의 비극이 어떤 재앙을 초래했는가를 묻고 있다.

정지영 감독, 안성기 주연의 〈남부군〉(1990)

　임권택 감독의 〈증언〉은 1950년 6월 25일 애인(김창숙)과 함께 주
말을 즐기고 있던 장교(신일룡)가 북한군의 남침으로 전방에 복귀, 부
대원들과 함께 용맹무쌍하게 싸웠으나 보람도 없이 후퇴한 후 반격에
나서서 서울로 수복하기까지의 과정을 북한군의 잔학상을 곁들여 생생
하게 묘사하고 있다.

　정지영 감독의 〈남부군〉은 종군기자로 전주에 파견되어 '조선노동
당 유격대'에 들어간 이태(안성기)가 빨치산에 합류하면서 겪는 전란
의 참상을 담았다. 그는 북으로부터 버림받고 남쪽 토벌대에게 쫓기
면서 부상을 당하는 가운데 대열에서 낙오하고 눈 속을 헤매다가 토벌
군의 포로가 된다. 이 영화는 주인공 이태가 겪는 공산주의 이념과 투
쟁을 선악 이분법이 아니라, 민족 동질성의 시각으로 접근하고 있다.

　박광현 감독의 〈웰컴 투 동막골〉은 한국전쟁이 한창일 때, 동막골에

느닷없이 연합군 병사(스미스)가 추락하고, 낙오한 인민군 중대장(정재영) 일당과 탈영한 국군 표현철(신하균 분) 일행이 공교롭게도 마주치면서 벌어지는 우화 같은 이야기이다. 이로 인해 평화롭던 동막골엔 팽팽한 긴장이 감돌지만, 순박한 마을사람들에게 동화되어 군인들도 서로 마음을 열기 시작한다. 그러나 평화와 즐거움도 잠시, 전쟁의 긴장은 동막골까지 덮치고, 위기에 빠진 이 지역을 위한 사상 초유의 연합작전이 벌어진다.

## 도식의 악순환에서 벗어나다

지금까지 반공성이 강한 분단 소재의 영화들은 상반된 이념과 적대감에 매몰돼 리얼리티를 상실하고 소통이 단절되는 악순환을 가져왔다. 국군은 무조건 강자로, 인민군은 총 몇 발에도 쓰러지는 약자로 묘사되어 현실감이 떨어지는 영화들이 양산되었다. 한때는 〈7인의 여포로〉(1965, 이만희 감독)의 경우처럼 중공군에 희롱당하는 한국군 간호병들을 인민군이 도와주는 장면이 미화되었다는 이유로 반공법을 적용, 감독이 구속되는 사태에 이를 만큼 표현이 선악 이분법으로 도식화된 적도 있었다. 그러나 지금은 〈웰컴 투 동막골〉과 같은 작품이 예사로 나오는 세상이다. 격세지감이 아닐 수 없다.

－《영등위 웹진》 2010년 11~12월

# 영화에 나타난 재일 한국인의 유형

— &lt;작은 오빠&gt;에서 &lt;피와 뼈&gt;까지

 1960년대 초까지만 해도 한국영화에 등장하는 일본인은 '조선사람'을 얕보고 괴롭히는 지배자의 유형에서 벗어나지 못했다. 거의가 일제말기의 군국주의와 연결된 인물, 항일 독립운동을 탄압하거나, 조선 학도병을 괴롭히는 잔혹한 일본인 상사의 모습이었다. 이런 유의 작품으로 해방 이후에 나온 〈자유만세〉(1946년, 최인규 감독), 〈유관순〉(1948년, 윤봉춘 감독), 〈현해탄은 알고 있다〉(1961년, 김기영 감독) 등을 꼽을 수 있다.

 그런데 이와 같은 양상은 1963년 재일 한국인 공미도리(孔美都里)를 주연으로 내세운 〈현해탄의 구름다리〉(장일호 감독)와 일본작가 이시하라 신타로(石坂 愼太郎)의 「그 녀석과 나」(아이쯔또 와다시)를 번안 각색한 김수용 감독의 〈청춘교실〉과 같은 청춘멜로물이 성행하면서 변화하기 시작한다. 위압적인 지배자의 모습에서 보호해야 할 소녀, 또는 자유분방한 전후 일본청년의 이미지로 전환한 것이다.

이마무라 쇼헤이 감독의 〈작은 오빠〉(1959)

그렇다면, 그동안 일본영화에서 재일 한국인은 어떤 모습으로 그려졌을까. 이를 유형별로 분류하면, 첫째, 〈끝장 판〉(1957년), 〈작은오빠〉(1959년)의 경우와 같이 우호적인 시각, 둘째, 〈가야코 (伽倻子)를 위하여〉(1984년), 〈박치기〉(2005년) 등에 나타나고 있듯이 무시와 차별의 대상, 셋째, 〈피와 뼈〉(2005년)의 예처럼 부정적인 극복의 대상으로 조명되었다.

### 우호적 시각으로 접근한 〈끝장 판〉과 〈작은 오빠〉

먼저 우치다 도무(內田吐夢) 감독의 〈끝장 판(どたんば)〉(1957년)은 탄광의 낙반사고로 영세기업이 안고 있는 여러 문제가 노출되면서 노동자들의 구조가 지지부진해지자 구조 활동에 나서는 재일 한국인 탄광부들의 용감한 모습을 보여 준다. 이런 가운데 '조센징'에 대한 차

별문제가 부각된다. 일본의 영화평론가 사토 다다오(佐藤忠男)는 이 영화가 한국인 문제가 금기시되던 시기에 예외적으로 만들어졌음을 상기시키고, 재일 한국인에 대한 편견을 뛰어넘어 일본인을 구하는 훌륭한 사람으로 그려냈다(『일본영화 이야기』, 유현목 옮김, 다보출판, 1993)고 평가하였다.

〈나라야마 부시코〉(1983년)와 〈우나기〉(1997년)로 칸영화제 그랑프리를 두 번이나 받은 이마무라 쇼헤이(今村 昌平) 감독의 〈작은 오빠〉(1959년)는 1950년대 초 큐슈의 작은 탄광촌에 사는 재일동포 소녀 야스모토 스에코(安本末子)의 일기를 바탕으로, 아버지의 죽음과 가업을 이어야 하는 형의 실직 속에서도 절망하지 않고 어려움을 극복해 나가는 재일 한국인 소년의 삶을 담고 있다. 특히 이 영화에서 주목되는 것은 믿고 의지하던 큰형(喜一)과 누나(良子)마저 돈벌이를 위해 외지로 떠나고, 초등학생인 어린 여동생(末子)을 돌봐야 하는 어려운 처지에 놓여 있으면서도 배가 고파 수돗물로 허기를 달래며 굳세게 살아가는 주인공 다카이치(高一)의 모습이다.

이마무라 쇼헤이 감독은 요시코를 좋아하는 이웃 청년 가네야마의 입을 빌려 "우리 같은 조센징은 제일 먼저 감원이야."라는 식의 간접화법으로 한국인에 대한 차별 양상을 보이긴 하지만 전반적으로 정제(淨濟)되어 있고 표현이 리얼하다. 등장인물 가운데서 가장 눈을 끌게 한 것은 키타바야시 타니에가 연기한 옆집 할머니의 설정이다. 그는 도입부의 부의금 접수대에서 죽은 스에코의 아버지가 빌려간 돈이라며 현금만 골라 챙기는 냉정한 고리대금업자의 모습을 능청스럽게 보여 준다. 더욱이 이 영화에서 들을 수 있는 유일한 한국어 대사가 이 노인의 입에서 나온 "아이고!" 소리와 경상도 억양의 "뭐락카노?" 라는 두 단어였다는 사실도 흥미롭다. 그는 부의금을 챙기고 나서 스에코의 아버지를 보내는 장례행렬 속에서 누구보다도 서럽게 곡소리(아이고!)를 내었다.

한국에서도 〈작은 오빠〉와 거의 같은 시기에 야스모토 스에코(安本末子)의 일기를 토대로 한 〈구름은 흘러도〉(1959년)가 유현목 감독에 의해 만들어졌으나, 무대와 인물이 모두 강원도 탄광지대에 사는 한국인으로 설정되었다.

## 무시와 차별의 대상 〈가야코를 위하여〉와 〈박치기〉

아쿠다가와상 수상작가인 재일 한국인 이회성의 소설을 원작으로 한 〈가야코(伽倻子)를 위하여〉(1984년)는 재일 한국인에게 키워진 일본인 소녀와 한국인 2세의 사랑과 좌절을 그린 영화이다. 그러나 오구리 고헤이(高栗康平) 감독은 일본인의 차별의식을 지탄하기보다는 가난한 연인들의 아름답고 순수한 사랑에 초점을 맞추려 했다. 이 영화는 1950년대로 설정된 그의 전작 〈진흙강〉(1981년)의 시대배경과 맞닿아 있다.

동경에서 아르바이트를 하며 대학교에 다니는 임상준(오승일)은 일본의 패전을 러시아 사할린에서 맞은 후 일본에 정착한 상태다. 상준은 방학을 맞아 북해도 산골 마을에 있는 재일 한국인 1세 마츠모토의 집을 방문했다가 고교생인 마츠모토의 양녀 가야코(미나미 가호)를 만나게 된다. 가야코는 전쟁이 끝난 혼란기에 친아버지로부터 버림받은 일본인이다. 이를 계기로 두 사람은 동경에 있는 상준의 하숙방에서 동거생활을 하게 된다. 그런데 상준은 가야코의 일본인 계모로부터 "재일 한국인과의 결혼은 절대 안 된다."는 반대에 부딪친다. 상준은 어쩔 수 없이 가야코를 돌려보낸다. 그러나 몇 년 뒤 북해도의 마츠모토의 집을 찾아간 상준이 듣게 된 것은 가야코가 다른 남자와 결혼하고 아이까지 낳았다는 소식이었다. 일본에서 차별받는 재일 한국인의 숙명을 실감케 하는 대표적인 사례라고 할 수 있다.

제목부터 한국적인 특성을 드러낸 이즈츠 가즈유키(井筒 和幸) 감독의 〈박치기〉(2005년)는 앞의 두 작품과는 달리 1960년대의 교토시를 무대로 조총련계 고등학교 학생과 일본고등학교 학생들 간에 빚어지는 대립과 갈등의 드라마이다. 히가시고등학교(東高校) 2학년생인 마츠야마 고스케(松山 康介:시오야 슌)는 감독의 지시로 평소에도 싸움이 끊이지 않은 조선계 고등학교를 찾아가 친선 축구시합을 제의하게 된다. 고스케는 마지못해 이 학교를 방문했지만 음악실에서 흘러나오는 리경자(사와지리 에리카) 학생의 플롯 연주를 듣고 한눈에 반한다. 경자에게 다가가기 위해 악기를 사서 금지곡인 「임진강」을 배우고 조선어까지 공부하게 된다. 이 영화가 추구한 것은 재일 한국인의 차별과 애환, 그리고 분단의 아픔이다. 그러나 대다수 일본인 학생들은 아직도 조선인에 대한 고정관념에서 벗어나지 못한다. 이런 한계 속에서 코스케는 이산과 분단의 슬픔이 담긴 「임진강」 노래를 매개로 리경자에게 다가간다.

임진강 맑은 물은 도도히 흐르고
물새들 자유롭게 무리지어 넘나드네.
내 조국 남쪽 땅 추억은 머나먼데
임진강 맑은 물은 도도히 흐르네.

이즈츠 가즈유키 감독의 〈박치기〉(2004)

　이밖에 김명준 감독의 〈우리학교〉(2006년)는 일본에서 조선말과
글을 배울 수 있는 조총련 계의 '조선학교'에서 3년 5개월 동안 촬영한
한국의 장편 다큐멘터리이다. 눈이 많은 일본의 최북단 홋카이도의
유일한 조선초중고급학교는 비록 정식 교육기관으로 인정받진 못했
으나 일본에서 태어나고 자란 세대에게는 멀리할 수 없는 존재이다.
때로는 일본 우익단체의 협박에 치마저고리가 찢기는 상처를 입고 학
생 숫자가 줄어드는 운영난 속에서도 교사들은 조선인으로서의 정체
성과 자존감을 지키려는 강한 의지를 보인다. 〈우리학교〉도 앞의 〈박
치기〉의 경우와 마찬가지로 음악에 대한 비중이 높다. 정서적 공감대
를 노린 「분계선 코스모스」 역시 「임진강」과 비슷한 분단의 비애를 노
래하고 있다.

재일동포 최양일 감독의 〈피와 뼈〉에 나온 기타노 다케시

곱다고 보아주는 사람도 없는데

어이하여 너는 여기에 피었느냐

임진강 기슭에 새하얀 코스모스 살랑

남북을 오고가는 그 바람에

설레고 싶어서 피었느냐.

## 물신주의와 잔혹성의 표상 〈피와 뼈〉의 김준평

양석일(梁石日)의 자전적 소설을 각색한 최양일 감독의 〈피와 뼈〉(2005년)는 1923년 제주도에서 오사카로 건너온 재일 한국인 1세대 김준평(기타노 다케시 역)의 번영과 몰락의 일대기이다. 새로운 생활에 대

한 기대로 충만한 김준평 소년은 공장의 연기로 가득한 이곳을 기회의 땅으로 여긴다. 몇십 년 후, 그는 태평양전쟁의 소용돌이 속에서 이영희(스즈키 교카)에게 반해 강제로 결혼하고 강인한 체력과 폭력마저 불사하는 타고난 승부 근성으로 어묵 공장을 성공시킨다.

그가 다른 사람들과 의사소통하는 방법은 병적인 섹스와 잔혹성이다. 아내가 결혼 전에 낳은 사생아 하나코를 계단으로 넘어뜨려 자살을 기도하게 만드는가 하면, 내레이터로 등장하는 자신의 친아들 마사오에게도 살갑게 굴지 않는다. 그러면서도 여자에게 또 다른 아들을 얻기를 바라고 돈에 대한 집착을 버리지 못한다. 여자를 성행위나 애를 낳는 수단으로 여긴다. 이러한 면모는 첩에게 돼지고기 젓갈을 먹이며 "이거 먹고 아들 낳아라."고 채근하는 데서도 잘 드러난다.

결국 전 재산을 처분하고 북송선에 몸을 실은 김준평은 막내아들이 지켜보는 가운데 북한의 어느 허름한 주택에서 쓸쓸히 임종을 맞이한다. 제주에서 오사카를 거쳐 평양에까지 이르는 그의 색다른 인생행로는 조총련계 제주인이 밟고 간 불행한 사상적 경로를 암시한다. 이처럼 최양일 감독은 괴물로 변해간 김준평이라는 인물을 통해 재일교포 사회의 분열상과 물신주의에 빠진 피폐한 인간의 내면을 마치 외과의사가 집도하듯이 날카롭게 파헤친다.

특히 이 영화에 관심을 갖게 한 것은 앞의 다른 작품들과는 달리 재일 한국인 가운데는 김준평과 같은 부정적인 인간도 존재한다는 점을 환기시켜 주었다는 사실이다. 이런 결과는 국적을 떠나 어느 사회에도 선악이 존재한다는 보편적인 진리에 부합될 뿐 아니라, 원작자와 감독이 모두 재일 한국인이라는 점에서 오히려 설득력이 있기 때문이다.

– 동북아역사재단 주최 역사영상 심포지엄, 2012년 8월 10일

# 전주(錢主)의 횡포와 극장의 큰 목소리
— 1950년대 이후 1990년대까지 영화제작 배급의 형태

## 기획 뒤에 가려진 대명의 존재

1954년 정부의 국산영화 관람에 따르는 입장세의 전면적인 면세조치와 이듬해 〈춘향전〉(1955, 이규환 감독)의 대성공, 그리고 〈자유부인〉(1956, 한형모 감독)의 히트 등에 힘입어 중흥의 물꼬를 튼 한국영화는 1960년대 초에 이르면서 또 한 차례 전환의 계기를 맞게 된다. 신년 벽두에 개봉한 신상옥 감독의 컬러 시네마스코프 〈성춘향〉(1961)이 74일 동안 38만 명이라는 기록적인 최다 관객을 끌어들임으로써 영화산업의 가능성은 물론, 대형 화면 시대를 예고했기 때문이다. 이는 당시 서울 인구 2백44만 5천4백2명(1960년 기준) 가운데 무려 10분의 2 가량이 이 영화를 봤다는 얘기가 된다. 이처럼 1960년대는 50년대와 구분되는 관객들의 관심과 기술의 진전을 보여 주었다.

그러나 여전히 변하지 않은 것은 제작 관행과 배급 체계였다. 거의

예외 없이 회사의 대표가 기획에서 제작까지 손대는 1인체제로 운영되었다. 기획실장이라는 직책이 있었으나, 재량권을 주지 않았다. 책(원작, 또는 시나리오)을 고르는 일부터 감독을 선정하는 일까지 제작자가 모두 관여했다. 먼저 의견을 묻는 게 아니라 이미 정해 놓고 의견을 요구하는 식이었다. 그러다보니 좀처럼 능력을 발휘할 기회가 없었다. 기획실장이란 직책은 잘 해야 영화의 자막이나 포스터에 '기획'의 자리를 매우는 장식품에 불과했다. 그마저도 역량을 인정받은 경우에 한해서이다. 대개는 회사의 상무급 임원이 그 자리를 차지했다.

그런데 여기에서 유의해야 할 점은 '기획'이라는 명칭 뒤에 가려진 당시 영화계의 현실이다. 영화사를 갖지 못한 사람이 남의 회사 이름을 빌려 영화를 만들었을 때, 제작자의 명의를 갖지 못하고 기획자로 만족할 수밖에 없는 영화행정의 모순이 그대로 드러나고 있다는 사실이다. 상호를 빌리는 제작자는 그 대가로 세금 선납조의 대금수수료에 해당하는 일정 금액을 등록 제작사에 지불해야 했다. 흔히 영화자막이나 포스터에 나오는 영화 기획자의 존재는 이와 같은 배경 아래서 나오게 된 것이다. 〈갯마을〉(1965), 〈만추〉(1966) 등 좋은 영화를 만들고도 기획의 이름 아래 가려진 호현찬이 그 대표적인 예이다.

이러다보니 뒤에 판권을 둘러싸고 대명한 실제 제작자와 서류상의 제작자 사이에 분쟁이 일어나는 일도 적지 않았다. 이와 같은 대명(貸名) 제작 형태는 제1차 영화법 개정 이후 연간 의무 제작 편수가 15편으로 늘어나면서 힘이 부친 영화사들에 의해 주로 이루어졌다. 등록 영화사와 군소 프로덕션과의 공생관계는 1970년대까지 묵인된 제작 관행으로 이어진다.

## 독회와 전주의 콧김

영화제작에 들어가기 전에 반드시 거치게 되는 것이 독회(讀會)라는 과정이다. 일단 시나리오가 완성되면 사장(제작자)과 기획 책임자(고위 임원 또는 기획실장), 감독이 한자리에 모여 시나리오 검토회의를 갖는다. 이런 일은 작가가 묵는 호텔이나 여관에서 이루어진다. 작가의 읽는 솜씨에 따라 반응에도 온도 차이가 있다. 어떤 작가는 감정뿐만 아니라 손짓과 억양의 높낮이까지 조절해 가며 마치 연기하듯이 시나리오를 낭독하기도 한다. 독회가 끝나면 의견과 수정 요구가 나오게 마련인데, 이럴 때 가장 많이 나오는 주문은 "기복이 약하지 않소?" 라거나, "눈물을 더 짜게 만들어요.", "좀 더 벗기는 게 좋겠는데"…… 이와 같은 것들이다. 대부분의 제작자들은 뒤에서 돈을 대주는 전주의 눈치를 살필 수밖에 없다. 이는 1960년대 초에도 볼 수 있었던 특이한 독회 풍경이다.

그렇다고 독회만 있는 것은 아니다. 2, 3차에 걸친 관계자들의 검토와 작가의 수정 작업이 끝나면 원고는 예외 없이 영문사(映文社)라는 충무로의 프린트가게로 넘겨진다. 이 무렵만 해도 원고는 이른바 '가리방' 글씨인 철필(鐵筆)에 의존했다. 이것이 타자로 바뀐 것은 1960년대 말경이다.

개성과 취향에 따라 다소 차이가 있으나, 제작자의 기획은 대개 주먹구구식이었다. 당대의 인기 방송극이나, 연재소설, 왕년의 히트 연극에서 소재를 빌린 것이거나 아니면 뒤에서 제작비를 대주는 전주(錢主)들의 콧김이 작용한 내용들을 우선 제작 대상으로 삼았다. 어떤 제작자는 전혀 실현성이 없는 국제영화 수준의 호화 라인업을 내놓고 거의 대명으로 일관하다시피 하다가 문을 닫고만 일도 있었다. 촬영소까지 갖춘 이 영화사는 안익태 원작, 전창근 감독, 럭 허드슨, 필립 안 출연의 〈한국 환상곡〉, 알랑 로브그리에 원작, 알랑 레네–유현목 공동감독, 장폴 베르몽도 주연의 〈파리에 간 한국여대생〉 등 6편을 만든다고 과대광고(『한국연예대감』, 1962, 성영문화사)까지 했다.

## 독선적인 제작자, 그리고 극장주

예전에는 흥행사로 불린 전주(錢主)라는 것이 존재했다. 영화계의 기형적인 구조 아래서는 떼어놓을 수 없는 중간 실력자라고 해도 과언이 아니다. 일부 무모한 군소 제작자들은 진행비만 마련되어도 당장 영화부터 찍고 봤다. 오죽하면 마누라가 계를 타도 영화를 만든다는 말이 나왔을까. 그들은 우선 일을 벌여놓고 돈대줄 사람을 찾아 나선다. 대충 만든 시나리오에 주연도 없이 한두 번 찍는 시늉만 하다가 전주가 나오면 어떻게든 그들의 요구대로 인기 배우를 섭외하고 장사가 되게 시나리오를 고쳐야 한다. 뿐만 아니라, 영화가 완성돼도 고리대금, 입도선매, 가차압 등 횡포에서 자유로울 수가 없다. 그러다보니 보따리장사, 전주의 손에 따라 춤추는 꼭두각시와 같은 취급을 받았다.

산업으로서의 비중이 너무 낮아 은행의 융자도 받지 못한 영화산업은 미국이나 일본의 경우와는 달리 제작자가 극장주에게 매달리는 양상을 드러낸다. 영화사가 극장에 영화를 공급하는 방법에는 부율(賦率)과 단매 두 가지가 있다. 부율은 영화를 상영한 수입에 대해 몇 퍼센트를 배급요금으로 받는 방법이고, 단매는 상영도 하기 전에 일정액으로 흥행권을 양도하는 것을 말한다. 특히 단매의 경우는 제 값을 못 받는 입도선매와 같은 것으로, 돈이 급해서 팔다보니 제작자에게는 자연히 불리할 수밖에 없다. 억울한 단매를 피해 부율로 극장에 영화를 붙이려는 과정에서 생긴 것이 바로 사례금조의 뒷돈 거래이다.

그러나 어렵게 영화를 극장에 상영됐다고 해도 안심이 되는 건 아니다. 극장에는 커트라인이라는 게 있어서 하루라도 더 상영 날짜를 끌어보려는 영화사 측과 이 규정을 엄격히 적용하려는 비정한 극장 간에 예민한 신경전이 벌어진다. 커트라인이란 서울 개봉관의 경우, 하루 관객이 2천명 이하일 때 새 프로로 바뀌는 한계선을 말한다. 어쩌다 주말을 앞둔 평일에 커트라인 이하로 관객이 떨어질 기세가 보이면 재빠르게 대비해야 한다. 그래서 영화사의 직원들이 수시로 매표상황을 파악하고 한계선을 채우기 위해 예상되는 모자란 매수만큼 입장권을 사놓아야 한다. 그래야 평일보다 관객이 많은 주말을 보장받을 수 있기 때문이다. 사들인 입장권은 직원들의 가족이나 친구들의 몫이 된다. 급한 동원이다 보니 생색은커녕 핀잔을 듣기 일쑤이고 절반은 썩힐 각오를 해야 한다.

흥행 수입에서 잡비를 공제한 금액을 나누는 부율은 극장 측이 3,5고 제작사가 6,6으로 되어 있다. 서울 개봉관의 경우는 4대 6으로 제작회사 측이 불리하다. 극장은 심지어 자기네 경상비까지 잡비 명목으로 포함시킨다. 극장의 횡포는 여기에서 그치지 않는다. 영화의 상영을 마쳤으면 의당 그날로 청산되어야할 부금이 서너 달 이상 밀리기 일쑤이다. 심지어 현금 장사를 해놓고 몇 달 짜리 어음을 끊어줄 때도 있다. 이렇게 극장주가 흥행의 주도권을 쥐게 된 까닭은 공급은 넘치고 제작자가 극장으로부터 자금을 공급받는 일이 많기 때문이다.

그렇다고 영화사가 극장의 기세를 꺾은 일이 전혀 없었던 것은 아니다. 한때 M극장에 영향력을 행사한 신필름이 바로 그런 예에 속한다. 〈성춘향〉으로 큰 수익을 올린 이 회사는 딴 영화사들이 영화를 만들어 놓고도 극장의 날짜를 못 잡아 야단인 가운데 이 극장을 방계 영화관처럼 활용하여 부러움을 샀다.

그러나 전반적으로 1960년대 전후의 영화제작자는 시스템이 아니라, 자신의 역량에 의존하는 독선적인 1인 체제를 고수했다. 아울러 요행이 작용하는 주먹구구식 발상과 대명, 뒷거래 등 구태의 제작, 배급의 관행에서 벗어나지 못한 한계가 있었다.

## 외화 수입쿼터제에서 직배 영화까지

1970년대까지만 해도 영화계에 외화수입쿼터 두 개만 따도 1년 장사는 끝났다는 말이 나돌았다. 무슨 말이냐 하면, 상, 하반기에 우수영화가 선정되고 운이 좋아 대종상에서 최우수작품상이나 반공영화상을 수상하게 되면 보상으로 주는 외화수입쿼터 두 개를 확보할 수 있게 돼 이것만으로도 한 해의 수익이 보장된다는 뜻이다. 외국영화수입쿼터는 1966년 8월 제2차 영화법 개정에 따라 국산영화 시장을 보호하고, 한국영화제작업과 외국영화수입업을 일원화시킴으로써 외국영화의 수익을 한국영화 제작에 활용할 수 있는 환경조성과 지원책의 일환으로 시작되었다.

그런데 방화의 육성을 위한 외국영화의 수입규제는 당초 취지와는 달리 외화를 잡음 많은 이권화의 길로 이끌었다. 흥행의 보증수표나 다름없는 외화쿼터를 배정받게 된 일부 등록 영화제작사들은 직접 수입하기보다는 일정 금액을 받고 이 이권을 수입업자들에게 넘겼다. 1970년대 초만 해도 1,500만원 대였던 외화쿼터 1편의 가치가 1960

년대 후반에 이르자 5천만원 이상을 호가하는 황금알로 변했다. 이는 한국영화 보호정책의 영향으로 외국영화의 희소가치가 높아지면서 일어난 현상이다. 1960년대 전반에 평균 50, 60편대를 유지하던 외국영화는 한국영화 제작편수가 229편으로 급증한 1969년에도 79편을 넘지 못했고, 제작 편수가 125편으로 줄어든 1973년에도 외국영화는 방화의 절반(61편)에 못 미쳤다.

제4차 개정 영화법이 공포된 것은 박정희 정권의 유신체제가 시작된 지 1년째 되는 1973년 2월 16일이었다. 주요 내용은 국산영화진흥기구로서 영화진흥공사(제3차 개정 때는 영화진흥조합)의 설립을 명문화하고 국책영화 제작, 제작비 융자, 배급구조 개선을 위한 배급협회의 운영과 제작사 등록제를 허가제로 전환한다는 것이었다. 개정 영화법의 특징은 규율과 통제 위주의 영화정책을 예고한 것이나 다름없었다. 더욱이 우수영화는 1976년부터 의무제작으로 바뀌어 이를 이행하지 않으면 앞으로 외화 수입권 배정 대상에서 제외하도록 이 제도를 한층 강화하였다.

1970년대까지만 해도 영화를 직접 배급하는 전문 배급회사가 거의 없었다. 대부분이 지방흥행사라고 하는 중간배급업자가 영화를 배급하는 가교 역할을 했다. 지방흥행사는 서울, 경기·강원, 부산·경남, 경북, 충청, 호남·제주 등 6개 권역으로 나뉜 지역을 근거지로 활동했다. 지방흥행사가 영화에 대해 일정 금액을 지불하고 제작사로부터 해당 지역의 지역판권을 사들여 극장에 영화를 공급하는 방식이 관행이었다. 흥행수익의 분배는 합의에 따라 단매와 부율(賦率) 두 가지 중 하나를 선택했다.

1987년 7월 1일부터 시행된 제6차 개정 영화법은 외국인 및 외국법인의 영화제작 및 수입을 허용한다. 이에 따라 1988년 2월 10일 미국 직배사로선 처음 UIP가 영화수입업자로 등록을 마치고 잇따라 20세기폭스, 워너브러더스, 콜롬비아, 월트디즈니사 등 할리우드의 메이저급 6개사가 한국시장에 진출한다. 이를 계기로 외국 직배사의 외화 비중이 커질 수밖에 없게 된다. 개방 첫해인 1988년 〈위험한 정사〉 1편, 1989년 〈피고인〉 등 15편에 머물렀으나, 1990년에는 〈사랑과 영혼〉 등 47편, 1993년에는 63편으로 증가하였다. 직배영화의 시장 점유율이 29%였다.

흥행성이 있는 영화를 보유한 미국의 직배사는 기존의 지방 6개 상권을 장악해 온 간접 배급망을 무시하고 전국의 극장과 직거래를 함으로써 국내의 배급구조를 허무는 결과를 가져온다. 그들이 한국영화 시장 진출 3년 만에 직배영화 상영관을 전국의 789 극장 중에서 200여 개 극장으로 늘리는 기세를 올린다.

하지만 이처럼 우려했던 위기는 뜻밖에도 기회로 나타난다. 미국 직배영화의 폭풍은 1990년 〈장군의 아들〉이 UIP 직배영화 〈사랑과 영혼〉의 56만 3천5백 33명을 무색케 하는 67만 9백46명의 관객을 동원하면서 희망을 불어넣는다. 이후 1993년엔 〈서편제〉(103만 5천7백41명)가 예상 밖의 1백만 고지를 돌파하고, 그로부터 5년 만인 1998년엔 〈쉬리〉가 일약 620만 9천8백93명을 동원하는 기염을 토함으로써 한국영화의 저력을 과시한다. 무력감과 위기감 속에서 자생력을 키우고 한국영화가 40%를 넘는 시장 점유율을 가져 오리라곤 아무도 예측하지 못했을 것이다. 1990년대는 대기업의 영화 참여와 충무로 토착 세력의 퇴조, 그리고 신진 제작자들이 등장하는 가운데 복합극장 시대를 열고, 서구적인 배급 체계가 갖춰지는 역동적인 전환기였다고 할 수 있다.

– DVD 해설집, 영상자료원, 2011

# 빈약한 해방기의 공백 메운 〈해연〉

## — 이규환 감독의 두 번째 보유작

기록이라는 측면에서 사진을 능가할 매체가 없다. 그 자체로 설명이 되기 때문이다. 그러나 외형상의 느낌만 전달될 뿐 그 사진에 담긴 배경이나 사연은 알 수 없다. 비록 로버트 파카와 같은 유명 사진작가의 사진이라 해도 마찬가지이다. 예를 들어 그가 찍은 「어느 인민 병사의 죽음」을 봤더라도 제목의 범위에서 직감적으로 받아들일 수밖에 없다. 1936년 스페인 내전 당시 머리에 총격을 받은 공화파 병사의 마지막 모습이라는 부연 설명이 없다면 큰 관심을 끌지 못했을 것이다. 연극과 무용은 현장감이 생명이다. 아무리 뛰어난 배우, 최승희와 같은 무용수라 해도 공연 무대를 떠나는 순간 그 연기와 춤은 사라진다. 관객에게 좋은 추억으로 간직되게 하거나 팸플릿, 또는 관련 기사로 남을 뿐이다. 설령 공연 장면을 카메라에 담았다 하더라도 그것은 어디까지나 찍은 자가 선택한 주관적인 시각에 불과하다.

그런데 필름을 매개로 한 영화는 이와 다르다. 화면이나 연기가 편

조미령을 배우로
만든 〈해연〉
(갈매기, 1948)

집 과정을 통해 가공되는 특성을 지닌 데다 시대나 국가와는 상관없
이 다중에게 보여주기 때문이다. 하지만 필름이 없다면 어찌 될까. 지
금은 디지털시대라 보존 시스템이 개선돼 그럴 염려는 없지만 아날로
그시대인 1980년대까지만 하더라도 보존에 대한 인식이 박약했다. 밀
짚모자의 장식용 띠 감으로 팔려 나가고, 심지어 원본 필름 자체를 배
급업자에게 넘기는 일까지 벌어졌다. 해방 전 영화는 물론 6·25전쟁
이후 제작된 김기영 감독의 〈십대의 반항〉(1959)이나 이만희 감독의
〈만추〉(1966)와 같은 가작들이 사라졌다.

　그런데 최근 영상자료원이 그동안 국내에 없던 희귀 필름을 찾아내 관
심을 끌었다. 지난 6월 일본 고베영화자료관에서 찾아낸 이 영화는 이규
환 감독의 〈해연(海燕)〉(1948, 일명 갈매기)으로 조미령의 데뷔작이기도
하다. 이규환이라면 무성영화시대에 나운규의 〈아리랑〉(1926)에 이어
주목을 받은 〈임자 없는 나룻배〉(1932)를 연출한 사람이다. 〈해연〉(35밀

리)은 그의 열두 번째 작품이다. 지난 7월7일 영상자료원에서 가진 기자회견에서 필자는 문학의 경우 북에 김소월과 남에 박목월이라는 서정 시인이 있듯이, 영화계에는 북한 회령 출신의 나운규와 남한 대구 출신의 이규환이 있다고 비유적으로 소개한 바 있다. 이규환은 1955년 조미령을 기용한 〈춘향전〉을 히트시키며 한국영화의 중흥기를 이끌었다.

현재 국내에 보유하고 있는 그의 작품은 22편 가운데 〈배따라기〉(1973)와 유작인 〈남사당〉(1974) 단 두 편뿐이다. 그래서 〈해연〉의 발굴은 그만큼 중요한 의미를 갖는다. 해방 후 1949년까지 제작된 영화는 모두 89편, 이 가운데 영상자료원이 보유하고 있는 필름은 〈자유만세〉(1946)를 비롯한 〈독립전야〉, 〈검사와 여선생〉(1948), 〈마음의 고향〉(1949) 등 불과 16편에 지나지 않는다. 보존율이 18%에 불과하다. 그러니까 〈해연〉의 발굴로 1940년대의 일부 공백을 메우게 됐을 뿐만 아니라 기록만 남아 있는 이규환 감독의 필모그래피를 세 번째로 추가하는 성과를 거두게 되었다. 아울러 기록만 남아있고 실체를 확인할 수 없었던 그의 영화스타일의 진면모를 파악할 수 있게 되었다. 그만큼 사료적 가치가 높다.

〈해연〉은 부랑소년들을 계도하는 바닷가의 한 소년 감화원을 배경으로 전개된다. 어느 날 정숙(조미령)이 계모와 살기 힘들어 언니 정애(남미림)가 근무하는 감화원을 찾아오고 문제아인 수길(최병호)은 정숙을 보고 헤어진 누나로 착각한다. 정숙은 수길을 친동생처럼 여기지만 정애는 감화원 소년들에게 서울로 돌아가라고 말한다. 등졌던 언니의 약혼자(박학)가 찾아왔다가 떠나는 배에 정숙도 동승하고 눈물을 흘리는 수길에게 큰 누나가 있지 않느냐며 위로한다. 〈해연〉은 해방 당시 성행했던 애국심 고취, 밀수 근절 등과 함께 계몽주의적 성격이 강한 영화이다.

－《문학신문》 2015년 7월 8일

# 사찰 풍경 속에 녹아드는 동심의 사모곡

## — 최초의 해외 교환 상영작 <마음의 고향>

### <마음의 고향>의 특징

윤용규 감독의 <마음의 고향>(1949, 동서영화기업사 제작)은 다른 영화에서는 찾아볼 수 없는 몇 가지 특징이 있다. 첫째는 최초의 해외 교환 상영작이라는 점, 둘째는 해방 후 계몽, 항일영화가 성행하는 가운데 모처럼 나온 문예영화이며, 셋째는 처음 만들어진 불교영화라는 사실이다.

이는 1950년 4월초 프랑스 파리에 있는 프란시날프영화사의 제의로 그들이 만든 <꿈속의 노래>(1949)와 교환 상영하게 돼 이해 6월 1일부터 5일간 서울 수도극장(스카라극장 전신)에서 도불 환송 특별 상영회까지 개최한 데서 확인할 수 있다.

또한 이 영화는 당시 즐겨 다룬 <자유만세>(최인규 감독), <똘똘이의 모험>(이상 1946, 이규환 감독), <윤봉길 의사>(1947, 윤봉춘 감독), 〈여명〉(1948, 안진상 감독), 〈조국의 어머니〉(1949, 윤대룡 감독) 등 일제 식민지 아래서의 독립투쟁이나, 해방을 맞은 백성들이 나라의 건설에 나선 이른바 항일 '광복영화'와 국민 계도용 소재와는 달리 인간의 혈육문제, 부모의 업보를 지니고 살아야 하는 어린 운명에 초점을 맞춘 이색작이었다. 그뿐만 아니라, 뒷날 〈성불사〉(1952, 윤봉춘 감독), 〈꿈〉(1955, 신상옥 감독), 〈에밀레종〉(1961, 홍성기 감독), 〈파계〉(1974, 김기영 감독), 〈만다라〉(1981, 임권택 감독), 〈달마가 동쪽으로 간 까닭은〉(1989, 배용균 감독) 등으로 이어진 불교영화의 모체이기도 했다.

그런데 문제는 이 영화가 프랑스로 출고되면서 국내에는 필름이 존재하지 않은 상황이 되었다. 그러나 다행히 1993년 4월 27일 프랑스에 거주하는 제작자 이강수(75세, 일식당업) 씨가 소장하고 있던 16mm 필름을 영상자료원에 기증하면서 그나마 명맥을 잇게 되었다. 이 영화가 수도극장에서 개봉된 지 44년만의 일이다. 아울러 2005년 일본국립필름센터(NFC)에서 35mm 오리지널 네거티브 필름이 발견돼 마스터 프린트를 제공함으로써 정상적인 필름을 보존할 수 있게 되었다.

〈마음의 고향〉은 함세덕의 희곡 〈동승(童僧)〉을 원작으로 한 것이다. 1939년 동아일보 주최 제2회 전국연극경연대회 때는 주인공의 이름을 딴 「도념(道念)」(영화에서는 주인공 이름이 도성으로 개칭)이란 제목으로 상연된 바 있다. 함세덕은 유치진과 더불어 해방 전후의 한국연극계에 쌍벽을 이룬 극작가로서, 1948년 월북하여 35세의 나이로 작고하기까지 10여 년간 활약하였다.

그의 희곡을 영화화한 윤용규 감독 역시 〈마음의 고향〉을 내놓고 가족들을 남한에 남겨둔 채 월북하였다. 사상, 이념과는 거리가 먼 서정적인 문예물을 내놓은 그가 무슨 까닭으로 서울을 떠났는지는 알 수가 없다. 그는 북한에서 〈춘향전〉(1980)을 내놓은 것으로 알려져 있다.

1913년 경북 대구 출신인 윤 감독은 도쿄배우학교를 나와 조선에서 국책영화 〈젊은 모습〉(1943)을 만든 일본의 중견 감독 토요타 시로(豊田四郞) 밑에서 하루야마 준(春山潤)이란 이름으로 시나리오와 연출을 공부하였다. 이 시기에 제작주임을 맡아 〈작은 섬의 봄〉(小島の春) 등 몇 편을 내놓기도 했다. 그는 〈마음의 고향〉에 앞서 1948년 3월 〈꿈이 그리워〉(서울영화사 제작)라는 신문기자의 생활과 활동을 그린 영화의 연출을 맡아 촬영(김학성)에 들어갔으나(경향신문, '문화소식' 1948. 3. 20) 빛을 보지 못했다.

〈마음의 고향〉을 촬영한 한형모 감독은 생전에 자신이 연출한 〈성벽을 뚫고〉를 언급하는 가운데 필자에게 이런 말을 들려준 적이 있다. "〈성벽을 뚫고〉는 당초 윤용규 감독에게 연출을 맡길 예정이었다. 일본의 명문 동보영화사에서 촬영 수업을 받던 시절, 윤용규는 같은 영화사의 연출부 소속으로 일본 영화계의 대가 도요다 시로의 제1조감독이었는데, 그는 제2 조감독인 안진상(安鎭相)과 함께 귀국하면 셋이 힘을 모아 영화를 만들자고 다짐했다."

이런 약속에 따라 해방 후 자신이 〈성벽을 뚫고〉의 촬영을 맡게 되자 그 연출을 윤용규에게 부탁했다고 한다. 그러나 기대와는 달리 윤 감독이 사양하는 바람에 하는 수 없이 자신이 연출까지 맡게 되었다는 것이다.

## 10개의 시퀀스로 이루어진 동승의 이야기

어려서 절에 버려진 천애 고아 도성(유념 분)은 주지스님(변기종)의 보살핌으로 열세 살 나이에 이른다. 불도에는 관심이 없고 놀기에 한눈 팔기 일쑤지만, 마음 한 구석에는 늘 어머니에 대한 그리움으로 가득 차 있다. 어느 날 절에 불공드리러 온 서울의 젊은 미망인(최은희분)을 보고난 뒤부터는 어머니를 만나고 싶은 일념으로 일이 손에 잡히지 않는다. 그런 도성을 미망인도 자식처럼 귀여워한다. 그 미망인에게는 홍역을 앓다가 죽은 도성 또래의 아이가 있었다. 젊은 미망인에게 모성애를 느낀 도성은 그녀를 통해 어릴 때 자신을 버린 어머니의 모습을 그린다. 그 절실함이 미망인에게도 전달됐는지 수양아들이되어줄 것을 부탁한다. 그리고 주지 스님에게도 이런 자신의 뜻을 말하고 허락해 줄 것을 간청한다. 주지 스님은 어린애가 겪어야 할 부모의 업보를 어찌 감당하겠느냐며 단호히 거절한다. 하지만 끈질긴 미망인의 설득에 반승낙을 하기에 이른다.

그런데 공교롭게도 미망인이 도성을 데리고 하산하게 된 날, 산사(山寺)의 숲속에 놓아둔 덫이 문제가 되어 모처럼 부풀었던 양자의 꿈이 깨어지고 만다. 동네 아이 진수(차근수 분)의 고자질로 새를 죽게만든 혐의를 뒤집어쓰게 된 것이다. 주지 스님은 진노 끝에 어렵게 한약속을 파기한다. 도성은 뒷날을 기약하고 돌아간 미망인을 잊지 못한다. 하지만 도성이 뒤늦게 친어머니(김선영)가 찾아왔었다는 사실을 알고 미련 없이 절을 떠난다.

이 영화는 원작과 다른 두 가지 설정이 있다. 하나는 원작에 없는어머니(김선영 분)를 등장시켜 미망인과 대면시킨 점이며, 다른 하나는 미망인에게 선물할 털목도리를 만들기 위해 토끼를 살생하는 대신, 미망인이 좋아하는 하얀 새털 부채를 만들기 위한 방편으로 새를사냥했다(시퀀스 7)는 사실이다. 앞의 대목이, 연극과 다른 변화와 대

358

〈마음의 고향〉의 최은희와 석금성, 변기종

〈마음의 고향〉의 연꽃이 그려진 염주

중성을 의식한 멜로드라마적 구성이라면, 뒤의 경우는 영상효과를 노린 표현의 전환이라고 할 수 있다.

이 영화는 그 단락을 페이드인(F·I)으로 열고 페이드아웃(F·I)으로 닫히는 10개의 시퀀스로 구성되어 있다. 첫 시퀀스는 새벽안개 속에서 범종을 치는 주인공 도성의 일상적인 생활과 동네 아이들로부터 '까까중'이라고 놀림 받는 장면에서 시작되어 안개가 걷히는 절에서 나온 도성이 범종소리를 들으며 산을 내려가는 부감의 시퀀스(10)로 마무리된다.

도성의 어머니를 향한 그리움은 서울 미망인의 새털 부채(시퀀스 2)와 빨간 연꽃이 그려진 염주, 꿈 장면에 의해 주요 모티브(시퀀스 3-3)로 투영된다. 소년의 출생 비밀은 공양주 스님(남승민 분)과 진수 아버지 황선달(최운봉 분)이 나누는 야외의 대화(시퀀스 3-1), 그리고 주지 스님의 얘기(시퀀스 5)로 풀려나간다. 이를 통해 주지스님이 조실부모한 도성의 어머니를 친딸같이 보살펴 왔으나 사냥꾼과 눈이 맞아 절을 나간 과정과 그 뒤 세 살 된 도성을 스님에게 맡기고 간 그녀가 5년 전 아들이 보고 싶어 절에 찾아왔다가 만나지 못한 채 돌아간 사실이 밝혀진다.

야외촬영 중심으로 이루어진 한형모의 카메라는 시점과 구도로 볼 때 매우 안정되어 있다. 종치는 도성의 얼굴(아침, 시퀀스 2)에서 독경(밤)으로 넘어가거나, 새털 부채를 흔드는 미망인의 얼굴에서 도성의 잠자리로 전환하는 등의 디졸브 기법을 활용하여 일과의 연속성과 두 사람의 유기적인 관계를 효과적으로 보여주고 있다.

〈국가의 탄생〉(1915, 데이비드 워크 그리피스 감독), 〈시티 라이트〉(1931, 찰리 채플린 감독)와 같은 고전영화에서 흔히 사용되는 조리개에 의한 아이리스 인, 아웃 등 장면 전환 방식도 눈에 띈다. 특히 도성이 미망인의 방에서 보게 된 새털 부채를 호기심으로 흔들어보는 커트(클로즈업)에서 미망인이 그 새털 부채를 흔드는 밤의 공간으로 연결되는 편집의 효과 역시 두드러졌다. 도성이 어머니에게 새털 부채를 만들어주고 싶은 마음을 자극하는 의미 있는 설정이었다.

이상의 성과는 당시 영화계 사정을 반영하듯이, 렌즈 등 제대로 맞지 않는 부속품과 헌 '바르모'를 사용하여 자동(모터)이 아닌 수동(핸들)으로 촬영해야 하는 악조건 속에서 이루어냈다는 점에서 주목할 만하다.

## 〈마음의 고향〉에 대한 호의적인 평가

개봉 당시 이 영화에 대한 평가는 "구각(舊殼)을 탈피하고 조선연극과 영화의 새로운 악수로 이 땅의 영화예술성에 청풍(淸風)을 가져왔다."(이태우, 「영화시론/ 조선영화와 문학」 경향신문, 1949. 12.7)는 찬사에서 엿볼 수 있듯이 대체로 호의적이었다. 다음은 그 대표적인 예이다.

동서영화기업사 제1회 작품 「마음의 고향」은 침체 부진하던 조선영화계를 찬란히 장식해 주는 동시에 해방 후 조선영화의 최고봉의 신기록을 지은 수작이다. 이 「마음의 고향」에서 조선영화의 발전을 본 필자는 무한히 기쁘다. (중략) 전편을 통하여 청순한 극적 구성과 섬세한 영화적 처리에 의하여 좋은 감명을 준다. 더욱 새로 나온 무명의 소년 배우를 써서 자연스럽고 소박한 가운데에 새로운 감각을 보여준 것을 높이 평가하고 싶다. (중략) 격동하는 현실에 있어서는 약간 시대지(時代

遲)한 내용이면서도 역시 인간정신에 통하는 것을 가지고 있다. 이 영화에 있어서 주목을 끄는 것은 세트 장면이 극소수이고 거개가 로케로 충당된 점인데, 이것은 빈곤한 조선영화계의 특징을 대표하는 사실일 것이다.

     - 이태우, 「조선영화의 발전/ '마음의 고향'을 보고」 경향신문, 1949, 11, 6(2)-

    영화 작품의 기질적 수준의 저하를 보이고 있는 오늘날 이강수씨 제작에 의한 영화 〈마음의 고향〉의 완성은 개성 상업주의영화에 대한 일대 경종이었다. 종래에 있어서 고도의 진실성을 갖고 리얼리즘에 성공한 영화 작품이 거의 성공하지 못했음은 첫째로 자본의 부재와 둘째로 자본의 압박을 벗어난 지적으로 훌륭한 예술적 재능의 소유자가 영화작가로서 없었다는 것이다. 이 재적(財的) 난관을 조직적으로 돌파하고 신인 윤용규 감독을 등용한 이강수씨의 직감성을 먼저 칭하고 싶다. (중략) 영화의 표현 능력에 대해서 직감을 갖고 영화는 문학만치 넓고 깊은 리얼리티를 갖지 못한다고 단정하던 사람들에게 새로운 긍정을 가능케 하였다. 윤씨의 소박하고 확실한 데생을 증명해준 이 작품은 거듭 명일의 진실한 역작이 기대되며 더구나 신인인 그가 종래의 신인들처럼 말초의 기교에만 급급하지 않고 전체의 해석의 깊이를 가진 것은 기쁜 바이다.

     - 자유신문, 신영화평 / 「마음의 고향」을 보고서」 1949, 11, 5

  물론 이 가운데는 작품 자체는 긍정적으로 평가하면서도 고언을 곁들인 비판적인 시각도 없지 않았다.

주지는 냉엄하면서도 내심 소년을 사랑하는 인물인데 그 인간미가 부족하고 돌연히 나타났다가 사라지는 소년의 모는 사회적 배경과 고민이 부족하다. 모가 소년을 미망인에게 부탁하고 절을 나와 소나무에 기대어 꺼질듯이 우는 장면은 인상적이었으나 이 여인을 좀 더 강조하였으면 빈곤 까닭에 자기의 아들도 데려가지 못하는 비애가 좀 더 표현되었을 것이다. 법당에 비둘기가 발견되어 주지에게 고자질할 때 비둘기는 황선달이 덫을 놓아두어 그 죄는 황선달이 마땅히 져야할 것인데 소년은 별로 항의도 없이 자기가 책임을 진다. 극도의 환희에서 결정적인 비애로 떨어지는 이 장면에 있어서 소년은 필사의 노력을 다 하여 변명도 하고 애걸도 할 것이며 이 장면이 좀 더 강조되어야 할 것이다.

– 유시훈, 영화평 / 「마음의 고향」, 조선중앙일보, 1949. 10. 4

그러나 이러한 결함에도 불구하고 이 평자는 우수한 영화감각의 표현 등 이 영화의 장점에 대해 언급하는 것을 잊지 않았다. 이를테면, 소년의 어머니가 울면서 절을 나와 시내에 놓인 다리를 건너갈 때, 그 후 소년이 그 여인이 어머니인 것을 알고 어머니가 지나간 다리와 시내를 울며 외치며 바라보는 장면, 절간의 생활이 성실하게 표현된 것과 클로즈업의 남용 없이 감정을 억제하며 담담하게 이끌고 간 점 등이 그가 높이 산 부분이다.

아역부터 노역까지 고루 포진한 출연진도 특기할 만하다. 무엇보다 오래가지 않아 톱스타가 된 최은희의 초기 모습도 볼 수 있다. 그녀에게는 2년 전 신경균 감독의 〈새로운 맹세〉(1947)로 데뷔한 이후 〈밤의 태양〉(1948, 박기채 감독)에 이어 이 영화의 젊은 미망인 역으로 세 번째 출연작이 된다. 주지 스님 역을 맡은 변기종은 1920년대 초 활동사진연쇄극에 출연한 이래 30여 년의 연기 경륜을 갖게 된 초창기 배우이며, 미망인 어머니 역의 석금성 역시 이에 버금하는 연기 경력을 쌓은 연극 출신이다. 그녀는 토월회의 무대에 섰다가 김서정 감독의 〈약혼〉(1929)으로 은막의 길에 들어섰고, 도성의 생모 역을 맡은 김선영(1914년생)은 〈마음의 고향〉을 끝으로 6·25동란 뒤 월북하여 인민배우가 된다. 어린 도성을 돕는 황선달 역의 최운봉은 일찍이 〈한강〉(1938, 방한준 감독)을 비롯한 〈국경〉(1939, 최인규 감독), 〈지원병〉(1941,안석영 감독) 등에 주연급으로 출연한 바 있다. 주인공 도성 역을 맡은 유민은 이 영화에서 얻은 인기를 발판으로 같은 해 이규환 감독의 〈돌아온 어머니〉에서 고아 역으로 출연하게 된다.

아무튼 신파성을 배제하면서 모정에 대한 소년의 그리움을 담담하게 표출한 〈마음의 고향〉은 앞에 거론된 몇 가지 결함에도 불구하고 1940년대의 수작일 뿐 아니라, 해방 후 〈피아골〉(1955), 〈하녀〉(1960), 〈사랑방손님과 어머니〉, 〈오발탄〉(이상 1961), 〈만추〉(1966), 〈안개〉(1967), 〈장군의 수염〉(1968) 등과 더불어 상위 순위로 꼽을 수 있는 수작임에 분명하다. 이는 근대문화재로 등재된 배경이기도 하다.

– DVD 해설집, 영상자료원, 2011

# 〈주검의 상자〉 발굴의 의미와 평가

최근에 발굴된 김기영 감독의 〈주검의 상자〉(1955)는 유감스럽게 도 사운드판이 없는 아쉬움이 있지만 그 나름대로 외면할 수 없는 몇 가지 특징과 의미가 있다. 첫째는 미첼촬영기에 의한 최초의 동시녹 음 영화라는 점, 둘째 충무로 도제 시스템과 조감독 생활을 거치지 않 는 기록영화 출신의 작품이라는 점, 셋째 반공영화의 문제점을 처음 쟁점화했으며, 넷째는 1950년대 등장한 주요 감독 가운데 유일한 데 뷔작이라는 사실이다.

### 평가돼야 할 네 가지 이유

첫째의 경우는 소리가 빠져 '절반의 성공'에 그치긴 했으나, 필름의 발견으로 그 형태나마 갖추게 됨으로써 김기영 필모그래피의 중요한 한 부분을 채울 수 있게 되었다. 미첼 촬영기는 1950년대만 해도 국내

〈죽엄의 상자〉의 노능걸(왼쪽)과 강효실

에서는 희귀한 첨단 장비로, 할리우드의 일류 촬영기술자들이 의견을 모아 결점을 보완해서 만든 스튜디오용 기재였다. 촬영화면을 볼 수 있는 앵글 파인더 장치와 화면의 구도, 초점심도 등을 명확하게 볼 수 있는 것이 장점이다. 촬영은 뉴스도 찍고 현상도 하는 김형근이 맡았다. 그때 사용한 카메라가 USIS(미국공보원)에서 빌려온 동시 녹음용 미첼 카메라였다. 400피트 매거진이 달린 미국제였다. 한국영화 대부분이 수동이 아닌 모터가 달린 뉴스용 카메라 아이모를 사용하던 시절이었다. (『24년간의 대화』 김기영 감독 인터뷰집, 유지형, 2006, 도서출판 서, 35쪽 참조)

둘째는 6·25전쟁 이후 주요 뉴스 공급원으로서 오늘날 텔레비전의 보도기능과 같은 역할을 수행한 '대한뉴스'(1회~5회, 대한공보원)와 '리버티 뉴스'(미국공보원) 제작 출신의 비주류 영화인이 만든 극영화 데뷔작이라는 점이다. 그는 이에 앞서 한국의 풍물과 사회상을 담은 문화영화도 만들었다. 이때 그는 뉴스를 찍다만 필름으로 트럭을 의인화한 〈나는 트럭이다〉와 진해의 해군 생활을 담은 〈수병일기〉라는 다큐멘터리, 그리고 30분 분량의 단편 〈사랑의 병실〉을 만들기도 했다. 이런 배경 아래서 탄생한 것이 〈주검의 상자〉이다.

셋째는 한형모 감독의 〈성벽을 뚫고〉(1949) 이후 처음 쟁점이 된 반공영화라는 이유이다. 이강천 감독의 〈피아골〉(1955)은 〈주검의 상자〉에 앞서 제작되기는 했으나, '상영 후 일반사회인에 미치는 영향이 우려된다.'는 이유로 개봉이 유보(8월 24일)되는 바람에 한발 늦게 9월말경에야 빛을 보게 되었다. 먼저 논쟁을 불러일으킨 내용의 이해를 돕기 위해 〈주검의 상자〉의 내용부터 살펴보기로 한다.

적색 공작대원 박치삼(노능걸 분)은 자신을 제대군인으로 위장하여 안심하게 눌러 있으면서 공작활동을 할 수 있는 장소로 시골의 전몰국군 가정을 선택한다. 그는 참전용사의 둘도 없는 전우였다는 거짓말로 유가족의 호감을 사고, 실은 아들이 전사한 것이 아니라 현재 북한에서 공산주의자가 되었다고 속여 인간의 약점을 이용한다. 이 말을 곧이듣는 어머니(김명순 분)와 누이동생 (김정희:강효실 분)은 그를 가족처럼 대접한다.

하지만 치삼은 산속의 공비 아지트와 접선하는가 하면, 강탈한 돈을 생활비로 내놓아 호감을 사고 정희에게는 화장품(콜드크림)을 선물하여 환심을 산다. 그런 한편, 특정 후보의 선거사무소에 들이닥쳐 테러를 감행하는 모습을 보인다. 이런 가운데 한 귀향군인(강명 분)이 유골상자를 들고 나타난다. 거기에는 이 영화의 제목과 연결되는 폭

김기영 감독의 〈주검의 상자〉(1955) 왼쪽 강효실

탄이 감추어져 있다. 이 같은 긴장감 속에서 경찰정보원인 정희의 애인 조순택(최무룡 분)이 중요한 역할을 한다. 좌익 공작대원 치삼이 경찰의 집합장소에 설치하려던 시한폭탄을 임기응변으로 막고, 그에게 권총의 위협을 받으며 끌려가는 위태로운 상황 아래서 도리어 유격대장(최남현)이 지휘하는 공비 아지트를 폭파하는데 성공한다.

## 반공영화로서 문제가 된 쟁점

〈주검의 상자〉에 나타난 반공영화로서의 문제점을 먼저 제기한 것은 고위 군인이자 시인인 김종문(「국산 반공영화의 맹점/ '피아골'과 '주검의 상자'에 대해서」(한국일보, 1955, 7, 24)이었다. 그는 이 영화에 대해 '휴전선을 사이에 두고 공산군과 대치하는 특수한 입지 조건아래서 우리의 문화 활동은 강력한 반공기반 위에 세워져야 한다는 것은 당연한 일'라고 전제하고, '그들과 피비린내나는 싸움을 전개하고 있는 우리 대한민국에서 제작한 영화라고는 도저히 생각할 수 없는 오류'를 범하고 있다고 비판했다. "한마디로 농단하자면 〈주검의 상자〉와 〈피아골〉 두 작품은 '적색 빨치산을 영웅화'하는 맹점을 (갖고 있다고) 규정할 수밖에 없다."는 지적이었다. 그 요지는 다음과 같은 것이었다.

(1) 〈주검의 상자〉는 상표만이 한미 합동 반공영화일 따름이요 정확한 의미에서 볼 때 관중의 심정 취미에 영합하려는 상업적인 기도를 주목적으로 해서 제작된 엽기물이다.

(2) 이 영화는 적의 공작원 내지는 빨치산을 영웅화하는 반면에

(3) 우리의 군경에 대한 불신을 가져오게 하고

(4) 군인 가족 및 후방 국민들을 고의적으로 무지몽매하게 조작했으며

(5) 민족적인 반공 투쟁의 대열 밖에서 제삼자적인 방관행위로 우리 국가와 겨레의 운명을 흥행화하고 있다.

아울러 묵과할 수 없는 것은, '반공 전열에서 피를 흘리며 싸우고 있는 한민족의 운명을 상품시한 것으로 어느 무리들이 우리의 전열 밖에서 방관적인 야유와 모독을 자행한 것'이라고 했다.

(1) 출전군인의 가족이 처음부터 마지막까지 속아 넘어가고 이용당했을 뿐이며 그들에게 있어야 할 자각 내지는 반성에 관해서는 아무런 배려도 나타나 있지 않다. 이것은 우리의 군인 가족이나 가족들에 대한 모독이며 야유이다.

(2) 일선 군인과 후방 가족들과의 사이에 소식이 끊어졌을 경우, 그 가족은 마땅히 전 소속 부대에 문의하고 소재를 찾아볼 성의를 가져야 하며, 또 실상 갖고 있을 것이다. 그런데 누이동생(강효실 분)은 애정유희만 시종하고 그의 애인인 경관 또한 이에 대해서 단 한번의 관심도 보이지 않고 있다는 것은 지나친 조작이 아닐 수 없다. 이와 같은 조작은 군의 행정 처리를 불신케 하는 것이며 군인의 가족과 경관까지를 포함하는 군경민 전체를 무지하고

무성의한 도배처럼 선전하는 것이 되었다.

(3) 경관(애인)의 취급에 있어서 주관적인 신념인 반공이념이 결여되어 있다. 그는 항상 정체불명의 청년(공비=주연)의 하위에 서서 행동에 주관이 없고 작품의 스토리는 어디까지나 공비를 중심으로 해서 엽기적으로 전개되어 가기 때문에 그는 오히려 적에게 추종하는 듯한 인상을 주고 있다. 과연 우리 대한민국의 경관은 이러한 존재인가?

또한 최후의 사건 당야 그는 술을 마심으로써 임무를 완성치 못했고 욕을 당했을 뿐 아니라 끝내 공비에게 농락당하고 말았다. 폭탄을 안고 '아지트'까지 끌려갔는데 그는 적을 죽이기 위해서 간 것이 아니라 권총의 위협이 두려워서 따라간 것이었다. 그는 마지막에 폭탄을 내버렸으며 끌려가는 동안 공포로 말미암아 진땀을 흘리고 있지 않았는가.

이러한 작품이 제작된 동기를 살펴 볼 때 첫째 사회에 그다지 알려지지 않은 적색 '빨치산'을 영화화함으로써 관중들의 호기심을 자극하려는 것, 둘째 그들의 '에로' 취미에 영합하려는 것, 셋째 공비들의 모습, 복장, 생활면 등을 '그로데스크'하게 그려냄으로써 관중의 '센세이셔널리즘'에 구미를 맞추려는 의도가 숨어있다고 해석했다.

이에 대해 시나리오작가 오영진은 김종문과는 다소 다른 긍정적인 견해를 보였다. "흥행(상업)으로서의 위험을 무릅써 가며, 또는 군사영화 이외에는 정부와 관계 당국의 1전 한 푼의 원조도 없이 총제작수의 과반인 5,6본의 반공영화를 제작하였다는 사실은, 그 작품의 예술 또는 상품으로서의 가치 여하는 차치하고라도 그 어떤 누구라도 부인 못할 우리 영화인들의 치열한 반공의식의 소산이라고 하지 않을 수 없다."고 평가했다. 잇따라 수효에 있어서 압도적일 뿐 아니라 일찍이 외국에서 보지 못한 반공영화의 또 하나의 타입을 개척하고자 시도했으니, 그 구체적인 나타남이 공산주의자를 주인공으로 한 두 작품 〈주검의 상자〉와 〈피아골〉이라고 했다(「반공영화의 몇 가지 형/ 〈주검의 상자〉를 평하기 위한 하나의 서론」(상) 한국일보, 1955. 8. 3).

그리고 그는 "군사행동이 휴식상태에 들어간 휴전 이후 북한공산당의 전술은 전쟁중과는 달리 문화, 사상, 경제 방면에 집중하고 가급적 눈에 띠우는 대중선동과 파괴행동을 피하고 관헌의 눈에 띠이지 않도록 개인 접촉방법과 자연스러운 장소를 공작 대상으로 선택하고 있다."면서 "〈주검의 상자〉는 이러한 침투와 공적에 대비하여 선량하고 순박한 국민의 주의를 환기시키려는 의도에서 제작된 작품"이라고 진단했다. 그러기 때문에 적색 공작원의 위장을 폭로하기 위하여 위험한 인물인 공작대원(박치삼=노능걸)을 일부러 영화의 주인공의 하나로 설정했다고 덧붙였다.

구체적인 예로, "주인공인 적색 공작대원은 그의 대사가 관객에게 일러주듯이 일반에게 아무런 의심을 받을 염려가 없을 뿐 아니라 대한민국의 모든 사람들의 존경을 받고 있는 명예로운 제대군인으로 자신을 위장했고, 그가 안심하고 눌러 있으면서 공작할 수 있는 장소로서 전몰국군의 가정을 선택한 것"이라는 점을 들었다. "전몰용사의 둘도 없는 전우였다는 거짓말로 그는 유가족의 인정을 이용하고 또한 전사한 줄 알았던 아들이 현재 북한에서 공산주의자가 되었다는 거짓말로 인간의 약점을 중복 이용하여 드디어 안심할 수 있고 안전한 '공작활동을 위한 장소'를 얻었다는 것"이다. 동시에 자신에게 불리한 일(아들이 공산당이 됐다는)에 대하여서는 비겁하게도 부당한 희생을 감수하면서까지 음폐하려 드는 것이 인간의 약점이며 동시에 심리의 상정인데, 적은 이러한 자연스런 인간의 상정과 심리의 공백을 노린 다고 하였다. 〈주검의 상자〉는 이에 대한 국민의 주의 환기를 기점으로 시작되었다고 강조하였다.

그는 또한 적은(주인공) 가장 '합법적'인 방법으로 목적을 완수하여야 하기 때문에 무력행사에 호소하려는 아지트의 '동무'들을 마지막까지 제지하고 권총 대신에 그 지방의 풍습, 민심, 종교, 끝내는 미신까지 이용하여 지방선거를 파괴하고, 기피 사상을 퍼뜨리고 쌀값을 올리는 등등 온갖 공작을 꾀하고 있는 것이라고도 하였다. 그리고 다음과 같은 결론을 내렸다.

"이 영화가 의도한 이상과 같은 계몽성은 선명히 작품에 표현되어 있다. 이러한 계몽적 가치와 목적을 가진 작품은 그 계몽성이 크면 클수록 교과서와 같은 무미건조한 교훈을 피하고 관객이 더욱 재미있게 볼 수 있도록 풍부한 오락적 요소를 가미하여야 함은 물론이다. 그러기 때문에 〈주검의 상자〉를 '탐정 취미에 영합하려는 상업적인 기도를 주목적으로 해서 제작된 엽기물'이라는 혹평을 들을 때 웃어야 할지, 울어야 할지 모를 야릇한 심정이다(오영진 「반공영화의 몇 가지 형/ 〈주검의 상자〉를 중심으로」(하) 한국일보, 1955, 8,4).

이상은 개봉 당시 쟁점이 된 〈주검의 상자〉의 반공 문제와 관련하여 김종문과 오영진 사이에 공방이 벌어진 쟁점을 정리한 것이다.

### 발굴된 1950년대의 유일한 데뷔작

다시 본론으로 들어가서 네 번째의 경우, 김기영 감독의 〈주검의 상자〉의 발굴은 신상옥(〈악야〉, 1952), 이강천(〈아리랑〉, 1954), 유현목(〈교차로〉, 1956), 박상호(〈해정〉, 1956), 조긍하(〈황진이〉, 1957), 김수용(〈공처가〉, 1958) 김묵(〈흐르는 별〉, 1958), 이봉래(〈행복의 조건〉, 1959) 등 1950년대와 1960년대 초의 대표적인 이성구(〈젊은 표정〉, 1960), 이만희(〈주마등〉, 1961) 등 주요감독의 데뷔작이 한 편도 남아 있지 않는 상황에서 나온 유일한 성과라는 사실을 빼어놓을 수 없다. 그나마 이 한 편이라도 건질 수 있었다는 것은 행운이다.

이렇게 볼 때 1955년 7월말 3개 도시에서 개봉돼 적잖은 반향을 일으킨 〈주검의 상자〉는 비록 사운드판을 갖추지 못한 불완전품이라 해도 존재 가치가 충분한 성과라 하지 않을 수 없다. 이를 계기로 그의 대표작 〈하녀〉(1960)에 못지않은 리얼리즘의 수작 〈십대의 반항〉(1959)이 발굴되기를 기대한다.

이밖에 이 영화는 스크린에서는 찾아보기 어려운 연극배우 강효실의 데뷔 초기의 연기와 〈유전의 애수〉(1956) 〈잃어버린 청춘〉(1957, 이상 유현목 감독)의 기획자이기도 한 강명(姜鳴 : 그는 뒤에 강신학이라는 예명으로 시인이 됐으나 2000년경 경기도 군포에서 작고했다)의 모습도 볼 수 있어 감회롭다.

－영상자료원, 2015년 7월 26일

# 분단현실과 시대정신이 제시한 풍향계
— 왜 <오발탄>인가?

## 한국영화의 담론 끌어낸 유현목

왜 <오발탄>인가? 이 영화가 나온 지 반세기가 넘도록 이 영화의 숨결이 잦아지지 않는 힘은 어디서 비롯되는가. <오발탄>이 오늘날 한국영화가 넘어야 할 큰 산이 된 이유는 무엇인가. 어째서 <오발탄>인가? 그것은 주어진 현실 상황에 안주하지 않는 도전정신에 있다. 이 영화가 만들어진 1960년대는 6·25전쟁이 휩쓸고 간 전란의 자취가 채 아물지 않는 궁핍한 시대였다. 부패한 자유당 정권이 분노한 학생들에 의해 무너지고, 무능한 민주당 정권마저 5·16 군사쿠데타로 사라졌다. 경제력도 1인당 국민소득이 68불이 밑도는 후진국 수준이었다. 그래서 먹고 사는 문제가 시급했다. 영화계는 현실과는 동떨어진 눈물 짜기 감상 멜로드라마의 굴레에서 벗어나지 못했다.

이런 시기에 <오발탄>이 나왔다. 한국영화의 방향에 대한 담론이 형성되지 못하고 있을 때 유현목은 실향민 송철호 일가의 이야기를 빌려 6·25전쟁 이후 1960년대 초의 한국 사회상을 보여주었다. 일찍이 신상옥과 김기영이 〈악야〉(1952), 〈지옥화〉(1958)와 〈초설〉(1958), 〈십대의 반항〉(1959)에서 추구하다가 포기한 리얼리즘 세계로 파고들었다. 이는 그동안 한국영화가 소홀히 다뤄온 현실 문제에 다가서는 풍향계의 의미를 갖는다.

## 실향민들의 빈곤과 영화적 기호들

북에서 온 피난민들로 이루어진 해방촌 판잣집에 사는 계리사 사무소 직원 송철호(김진규)에게는 돌봐야 할 여섯 식솔이 있다. 정신 나간 늙은 어머니와 만삭인 아내, 학업을 포기하고 신문팔이로 나선 막냇동생, 새 신발을 신어보는 게 소망인 어린 딸과 양공주가 된 여동생, 상이군인인 남동생이 그들이다. 그는 치통에 시달리면서도 병원에 갈 엄두를 내지 못하고 보리차 한 잔으로 점심을 때우기 일쑤이다. 늘 누워 지내는 정신이상인 늙은 어머니(노재신)는 시도 때도 없이 "가자!"고 외치고, 실업자인 동생 영호(최무룡)는 은행을 털다가 붙잡힌다. 이런 상황 아래서 해산하던 아내(문정숙)마저 영양실조로 죽자 철호는 절망에 빠진다. 박봉으로 치과에 갈 엄두를 내지 못했던 이 중년가장은 이를 뽑은 뒤 택시를 불러 타지만, 아내가 있는 병원과 동생이 갇힌 경찰서 사이에서 어디로 먼저 가야 할지 갈피를 잡지 못한다. 그의 카메라 앵글은 이처럼 구차한 현실, '변두리 실향민들의 삶'에 맞추어져 있다.

〈오발탄〉에는 분단 이후 사회현상을 나타내는 여러 기호가 등장한다. 고막을 찌르는 전투기 편대의 소음, 통금시간을 알리는 사이렌 소

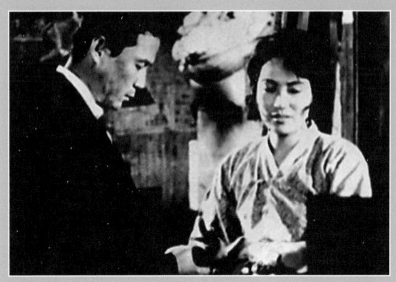
〈오발탄〉(1961)의 김진규와 문정숙

리, 퇴직금 보장을 요구하는 데모대의 외침 등 불안한 음향과 소년 신
도들의 십자가 행렬, 누추한 천막촌 위에 떠오르는 교회 지붕 등 구원
의 암시, 재즈와 판소리로 대비되는 미군병사와 양공주의 등장 등이
바로 그런 예이다.

특히 화면 중앙에서 수직으로 떨어지는 전투기 편대의 소음과 잇따
라 터지는 노모의 절규, 월급을 받은 주인공 철호가 어린 딸의 신발을
고르다 포기하고 돌아오는 길에 들리는 교회당의 찬송가, 어린 딸 혜
옥이 줄넘기하며 부르는 '고향의 봄', 은행을 터는 위기상황에 터지는
어린애의 풍선과 잇따른 총소리의 몽타주 등은 구원의 신호이자 떠나
온 고향에 대한 갈망의 표현으로서 깊은 인상을 심어 준다(〈오발탄〉
김종원,『한국영화100선』 65쪽, 2013, 영상자료원).

이 영화에는 원작에 없는 인물이 등장한다. 영호가 은행을 터는 자리에 불러낸 여배우 미란(김혜정)과 문학청년이 짝사랑하는 양공주 설희(문혜란), 그리고 철호의 여동생 명숙(서애자)의 애인인 상이군인 경식(윤일봉)이 바로 그런 캐릭터이다.

〈오발탄〉에는 다른 영화에서 쉬이 찾아보기 어려운 작가정신과 황폐한 현실의 이면을 파고드는 예리한 눈이 있다. 그의 앵글은 송철호 일가를 통해 분단이 어떤 결과를 가져 왔는지 보여준다. 퀭한 눈으로 버릇처럼 되풀이 하는 늙은 어머니의 외침과 무력한 피붙이의 존재는 장차 돌아가야 할 고향에 대한 그리움의 표출이며, 전쟁 속에서도 유지되는 전통적인 가족제도를 의미한다. 아울러 분단과 빈곤의 극복이 시대정신임을 말해 주고 있다. 유현목은 이런 요소들을 현실 고발적 리얼리즘의 얼개로 감아 한국영화라는 창공에 휘날리게 했다.

## 군사정부 아래서 겪은 시련의 문제작

자유당정권 말기에 기획돼 4·19 학생혁명의 격동 속에서 제작된 이 영화는 이듬해 5월 13일 서울 광화문 국제극장에서 개봉됐으나 5·16 군사쿠데타로 집권한 군사정부에 의해 상영이 중단되었다. 어두운 내용이 밝은 사회를 지향하는 '혁명공약'에 위배된다는 이유였다. 월남한 노모가 6·25 전쟁 때 받은 충격으로 실성한 나머지 "가자!"고 부르짖는 대목, 해방촌 산동네의 빈민굴과 여인이 애를 업은 채 청계천 다리 아래서 목매달아 죽은 모습, 한국은행 앞에서 방뇨하는 장면 등이 논란의 대상이었다. 결국 이 영화는 "이승만 정권 하의 빈곤한 사회상을 그렸다."는 자막을 넣은 뒤에야 2년 만인 1963년에야 겨우 빛을 볼 수 있었다.

1956년 〈교차로〉로 데뷔한 유현목은 〈유전의 애수〉(1956)에 이은 제3작 〈잃어버린 청춘〉(1957)에서 처음 리얼리즘을 선보이고, 그로부터 3년 만에 〈오발탄〉으로 방점을 찍게 된다. 이 시기에 그는 신상옥, 김기영 감독과 더불어 트로이카를 형성하며 한국영화를 전성기로 이끌었다. 그가 추구한 어둡고 비관적인 리얼리즘은 1964년 〈잉여인간〉으로 이어져 전작 〈오발탄〉에서 치통으로 고생한 계리사 김진규(송철호)가 환자가 아닌 치과의사 서만기로 등장하여 관심을 끌었다. 그 뒤 유현목은 흥행적으로 성공한 멜로드라마 〈아낌없이 주련다〉(1962)를 비롯한 〈김약국의 딸들〉(1963), 〈순교자〉(1965), 〈한(恨)〉(1967), 〈막차로 온 손님〉(1967), 〈분례기〉(1975), 〈장마〉(1979) 등 다양한 성격의 가작들을 포함하여 모두 41편을 내놓았다.

– 영상자료원, 2013년 9월 24일

# 진흙 속에 핀 사랑과 회한

― 이만희 감독의 〈흑맥〉

이만희 감독은 1965년 한 해 동안 〈흑룡강〉, 〈7인의 여포로〉, 〈흑맥〉, 〈시장〉 등 네 편의 영화를 만들었다. 이 가운데 〈흑맥(黑麥)〉은 이 감독이 〈7인의 여포로〉로 반공법 위반 혐의를 받고 재판중인 과정에서 읽은 이문희(李文熙)의 장편소설이 그 원작이다. 이 작품은 그가 처음 손댄 문예물이라는 사실과 당시 갓 여고를 나온 열여덟 살 대학 신입생의 데뷔작이라는 점에서 관심을 끌었다. 그 신인배우가 1천여 명의 공모자 가운데서 뽑힌 이순임(李順任). 바로 뒷날 윤정희, 남정임과 함께 트로이카 스타의 한 축을 이루며 한국영화에 기여한 문희(文姬)이다. 이만희 감독은 그녀에게 본명 대신 원작자의 이름(발음)을 딴 '문희'라는 예명을 붙여 주었다.

전쟁의 후유증과 사회악에 대한 비판의식이 짙게 깔린 이 영화는 이만희 특유의 과감한 용인술과 캐릭터의 설정, 영상 감각이 돋보인다. 여기에는 서정민(촬영)의 짜임새 있는 화면구도도 한몫을 하였다.

이만희 감독의 문희 데뷔작 〈흑맥〉

찾아야 할 필름 이만희 감독의 〈흑맥〉

6·25동란 후 서울역 주변에는 전쟁고아, 가출한 양아치들과 깡패들에 의한 절도와 폭력, 매음이 만연했다. 이들 가운데 왕초격인 독수리(신성일) 앞에 어느 날 낯선 처녀가 나타난다. 하나뿐인 어머니를 여의고 서울로 일자리를 얻으러 왔다가 날치기패들에게 걸려든 미순(문희)이라는 시골처녀다. 목사인 아버지를 잃고 단신 월남하여 거리를 헤매다가 용산 패를 거느리게 된 독수리와 독실한 크리스천인 미순의 관계는 물과 기름처럼 겉돈다. 미순은 비록 원치 않은 그들의 소굴에서 지내지만 두려움을 거두고 더러운 빨래와 끼니를 도와주며 잘 적응해 나간다. 독수리는 이런 미순에게 끌리기 시작하고 그녀 역시 빗나간 왕초의 마음을 녹인다. 하지만 누구 한 사람 그의 진심을 믿으려 하지 않는다. 미순을 사랑하면서부터 독수리는 두목으로서 박력을 잃기 시작한다.

이런 가운데 미순이 집을 나가자 독수리는 그녀가 몰래 나가는 명동의 스탠드 바로 찾아간다. 그곳에서 미순을 희롱하는 명동파 왕초를 보고 참다못한 독수리가 격투 끝에 그만 그를 살해하고 만다. 미순을 뒤에 남기고 수사관에게 끌려가는 독수리. 그는 수갑 찬 손을 미순이 보지 못하도록 성경책으로 얼굴을 가리라고 부탁한다.

"인생이란 결코 뜻대로 운행되지 않는다. 본래는 허약했던 목사 아들이 도둑놈 우두머리로 출세했다는 사실이 그걸 말해 주고 있어. 기차를 탄다고 반드시 가고 싶은 델 갈 수 있는 건 아냐. 도중에 기차가 뒤집히는 수도 있거든. 맘대로 할 수 있는 건 이 장난감 기차뿐이야!"

피를 토하듯이 내뱉는 독수리의 독백이 화면을 덮는다.

〈흑맥〉은 전쟁으로 인해 깜부기병에 걸린 보리처럼 사회에서 버림받은 부초(浮草) 같은 인생의 이야기이다. 이만희 감독은 세속의 늪에 빠져든 여주인공 미순을 진흙 속에 핀 연꽃처럼 청순한 이미지로 승화시키려 한다. 그녀는 독수리에게 구원이나 다름없는 존재이기 때문이다.

이 영화에는 '쪼아온다', '토껐다' 등의 은어가 많이 나온다. 이런 대사에서 현실에 안착하지 못하고 방황하는 전후 젊은이들의 비행과 일탈적 삶의 모습을 발견하게 된다.

이 작품의 특징은 등장인물을 거의 신인으로 충당했다는 점이다. 그들 중에는 배우지망생이 아닌 촬영 조수나 조명기사, 연출보 등 뒤에서 돕는 스태프들도 끼어 있다.

연기 면에서 독수리 역의 신성일은 〈성난 능금〉(1963, 김묵 감독) 이후 모처럼 분출하는 힘을 안으로 삭이려는 노력을 보여 주었고, 문희 역시 눈의 매력을 활용한 연기로 기대를 모으게 하였다. 아무튼 〈흑맥〉은 〈돌아오지 않는 해병〉(1963), 〈만추〉(66), 〈삼포 가는 길〉(1975)과 함께 꼽히는 가작으로서, "김기영에게 〈십대의 반항〉이 있다면, 나에게는 〈흑맥〉이 있다"고 선언한 것과 같은 영화라고 할 수 있다. 더욱이 필름이 보존되어 있지 않아 기록상으로나마 반드시 남겨야 할 이유이기도 하다.

– 찾아야할 필름/영상자료원, 2013. 9

# 조작된 전쟁영웅의 십자가

― 클린트 이스트우드 감독의 <아버지의 깃발>

   클린트 이스트우드 감독의 <아버지의 깃발>을 보면서 두 가지 생각이 교차되었다. 스티븐 스필버그의 <라이언 일병 구하기>를 방불케 하는 전쟁의 참혹상과 6·25전쟁 때 인민군 탱크와 맞서 싸우다가 산화한 '육탄 12용사'에 대한 무용담이다. 이에 겹쳐 수류탄 투척 훈련 중 사병의 실수로 잘못 터뜨린 수류탄을 몸을 던져 막아 많은 부하들을 살려낸 박정희 정권 시절의 강재구 소령 이야기가 떠올랐다. 두 경우는 '만들어진 전쟁영웅' 이라는 측면에서 <아버지의 깃발>과 비교되었다.

   전쟁터의 영웅은 누가 만드는가? 용맹을 떨친 당사자인가, 이를 목격한 제삼자인가. 아니면 이런 존재를 필요로 하는 시대인가. 일찍이 열악한 노동환경에 견디다 못해 우리는 기계가 아니라며 스스로 몸을 사르어 항변한 전태일이나, 군사독재와 맞서 싸우다가 희생된 박종철과 같은 사람들은 시대상황이 만들어낸 영웅이라고 할 수 있다. 그러나 〈아버지의 깃발〉은 평범한 병사에 지나지 않았던 미군들이 우스운 동기로 일약 국민적인 추앙을 받는 '이오지마의 영웅'으로 바뀌는 모습을 보여주었다. 이는 연출된 한 장의 보도 사진이 진실을 은폐하고 뜻밖의 결과로 조작되는 과정이기도 했다.

　제2차 세계대전이 막바지에 이른 1945년 2월 19일 오전 아홉시, 미국 해병대 4, 5사단은 비행기와 전함을 동원한 사흘 간의 폭격 끝에 2만2천명의 일본군이 지키고 있는 황량한 섬 이오지마(硫黃島)에 상륙한다. 하지만 옥쇄를 각오한 일본군의 저항으로 닷새면 가능하리라는 예상을 깨고 한달이 넘은 3월 26일에야 완전 함락이 이뤄진다. 일본군은 1천 83명만 살아남았고, 미군도 6천 8백21명의 희생자를 냈다. 이 전투에는 스물 무렵의 해병대 일등병 아이라 헤이즈(아담 비치)와 레니 개그넌(제시 브레포드) 일등병, 존 닥 브래들리(라이언 필립) 해군 의무병, 그리고 마이크 (배리 페퍼) 병장과 같은 젊은이들이 참전했다. 바로 뒷날 AP통신의 조 로젠탈 기자로 하여금 퓰리처상을 타게 만든 그 유명한 성조기 게양 사진의 주역들이다. 이 영화는 이오지마의 수리비치산 정상에 성조기를 꽂은 여섯 명의 미군 병사 중 살아남은 세 명이 그 이후에 겪는 일과 전투 당시의 상황을 브래들리 위생병의 아들이자 「아버지의 깃발」의 원작자인 제임스 브래들리의 시점에서 그린 것이다. 그는 이오지마의 영광에 대해 입을 열지 않은 채 죽어간 아버지의 일을 궁금히 여기고 혼돈과 죄의식 속에서 살다간 40여 년 전의 진상을 파헤치게 된다.

　따라서 이야기의 중심축은 이오지마의 상륙작전이나 승전보가 아니다. 엉뚱하게 선택된 한 장의 사진이 어떻게 미디어와 정부에 의해 영웅으로 포장되고, 전쟁을 수행하기 위한 국채 모금의 전령자로 만

클린트 이스트우드 감독의 〈아버지의 깃발〉

들게 됐는지, 여기에 초점이 맞추어져 있다.

먼저 오프닝 신부터 살펴보자. 앞을 향해 달려오는 병사. 화면 밖에서 다급하게 위생병을 찾는 소리. 숨차게 달려오는 의무병의 군화가 멎으면 카메라가 황량한 고지를 등지고 서있는 병사의 모습을 360도 회전으로 잡는다. 드러나는 라이언 해군 의무병의 얼굴. 이에 놀란 듯이 한 노인이 황급히 잠자리에서 깨어난다. 얼마 후 돌아가는 윤전기. 신문에 찍혀 나오는 이오지마 정상의 성조기 사진. 이 화면에 청년(제임스 브래들리)의 목소리가 깔린다. "어쩌면 영웅들은 없고 단지 아버지 같은 사람들만이 있을 뿐이다. 나는 마침내 이해를 하게 되었다. 왜 그들이 영웅이란 칭호에 그토록 거북해 했는지 말이다. 영웅들이란 우리가 필요해서 만들어낸 그 무엇들이다."

클린트 이스트우드 감독은 이상의 장면과 대사에서 무엇을 말하려고 했는지 분명히 보여준다. 전쟁은 애국이라는 사슬 아래 복종과 희생을 요구하고 영웅을 필요로 하지만 반드시 최선이 영웅으로 선택되는 것은 아니라는 사실이다. 브래들리 의무병이나 원칙에 충실하려는 인디언 출신 아이라, 현실주의자인 레니 일병은 그야말로 운 좋게 영웅의 반열에 오른 '짝퉁 영웅들'인 셈이다. 그들은 시찰차 왔다가 산정상에 처음 꽂은 성조기를 기념품으로 받기를 바라는 고위층에게 진짜를 내주기 싫어 상관이 즉흥적으로 동원한 모델에 지나지 않았다. 이 장면은 종군기자의 카메라에 잡혀 많은 신문의 1면을 장식하게 되었고 1945년의 상징으로 남게 되었다. 이 일을 계기로 그들은 영웅이 되었다. 그러나 이는 명예가 아니라 오히려 숨기고 싶은 멍에로 작용하였다. 특히 멸시받는 피마족 인디언인 아이라에게는 견디기 어려운 고통이었다. 그는 이런 괴로움을 술의 힘을 빌려 거칠게 노출시키곤 했다. 그는 깃발 게양 장면을 종이 반죽으로 만든 모형 위에 성조기를 걸면서 자신은 총을 맞지 않으려고 한 게 전부라고 말한다. 오히려 각광은 받지 못했지만 전사한 마이크 중사야말로 만나본 사람들 중 최고의 영웅이었다고 토로한다. 미남으로 가장 먼저 애인을 갖게 된 레니 일병 역시 우리들은 깃발을 걸 때 기둥이 무거워 거들어 주었을 뿐이고 진정한 영웅들은 그 섬에서 전사했다고 역설한다.

화면 중간 중간에 끼어드는 플래시백에도 이와 유사한 대목들이 나타난다. 총알이 불꽃처럼 날아다니는 어둠의 참호 속에서 부상병을 찾아 나섰던 브래들리는 곁에 있다가 사라진 동료 병사(이기)에 대해 죄책감을 갖게 된다. 그는 동굴로 이어진 다른 참호 바닥에서 그의 죽음에 직면하고 보살펴 주지 못했음을 절감한다. 전쟁에 무력한 병사의 한계를 보여줌으로써 영웅이 될 수 없는 존재라는 것을 보여주려한 의도라고 할 수 있다. 하지만 카메라는 그의 시선에 잡힌 피사체를 보여주지 않는다. 이 장면은 노인이 된 브래들리가 정신이 혼미한 상태에서 의무병을 찾는 환청을 듣고 이기의 이름을 반복해 부르는 발단 부분과 플롯이 연결되어 있다. 수리비치산 정상에 첫번째 승리의 깃발을 꽂은 용사(행크)의 부모가 해병 전몰 위령 동상 제막식에조차 초대 받지 못한 결말의 처리도 이 영화의 중요한 시사점이라고 할 수 있다. 전쟁에 임하는 정부 조직의 비정과 이해에 편승한 상업적인 언론 매체의 대중조종술이 엮어낸 결과라 할 수 있다.

이처럼 〈아버지의 깃발〉은 영웅이 될 수 없는 평범한 병사들이 영웅으로 조작되면서 겪게 되는 가치관의 혼란뿐만 아니라 영웅적 역할을 수행했음에도 불구하고 인정받지 못하는 사회의 모순을 대비적으로 보여준 역작이다.

이 영화는 델바트 만 감독의 〈이오지마의 영웅〉(1961)을 리메이크한 것이다. 우리나라에는 제작된 지 2년 만에 상영된 〈이오지마의 영웅〉에는 토니 커티스가 주연인 아이라 헤이즈 일등병 역할을 맡았다. 노인이 된 해군 의무병 브래들리와 그 아들의 시점에서 과거를 추적해가는 형식으로 펼쳐나간 〈아버지의 깃발〉과는 달리 이 작품은 아이라라는 인디언 부족을 전면에 내세워 현재 진행형으로 이끌어 나간다. 〈이오지마의 영웅〉은 형의 제대를 맞이한 아이라가 해병대에 입대하는 장면으로 시작된다. 해병대원들이 막 바로 전선으로 투입되는 〈아버지의 깃발〉과는 달리 훈련 과정이 길게 묘사되어 있다. 이는 〈이오지마의 영웅〉에 비해 주제의 집약도가 한결 높다는 것을 의미한다. 토니 커티스가 이끌어 간 원래의 영화는 그가 귀향한 후 기대했던 부족회의 위원선거에서 떨어지자 좌절한 나머지 죽는 것으로 마무리된다. 그러나 〈아버지의 깃발〉의 브래들리는 장의사로 일하다가 죽고, 레니는 결혼 후 청소부로 일했으며, 농부가 된 아이라는 말년까지도 영웅의 후유증에 시달리다가 일사병으로 자학적인 일생을 마친다.

이 영화에는 양심의 가책과 혼란에 빠진 병사의 모습들이 여러 곳에서 투영된다. 전쟁 수행을 위한 국채 모집의 행사장이나, 이동하는 열차 안에서 또는 같은 조건임에도 불구하고 성조기 깃발의 영광을 나눠 갖지 못한 전사자의 가족 앞에서 그들은 떳떳치 못한 속죄양일 수밖에 없었다. 정작 영웅들은 따로 존재하는데 본의 아니게 영웅의 가면을 써야만 했던 업보의 십자가였다. 그동안 〈용서받지 못한 자〉(1992), 〈밀리언 달러 베이비〉(2005) 등 연출자로서도 인정을 받아온 클린트 이스트우드는 스타일리스트나 형식주의자는 아니지만 〈아버지의 깃발〉을 통해 긴 호흡을 가진 이야기꾼으로서의 풍모와 역량을 유감없이 발휘하였다. 거기에는 비정한 전쟁논리와 전략으로 인간성을 마비시키는 국가에 대한 비판과 삶을 향한 깊은 성찰이 있었다.

— 계간 《님》 2007년 봄, 창간호

# 빛의 알레고리, 소외된 피해자의 용서

― 이창동 감독의 <밀양>

    이창동 감독은 한국영화계에서 아주 이례적인 존재이다. 데뷔 이후 10여 년 동안 이루어낸 일련의 작품들이 이를 말해 준다. 첫 영화인 <초록 물고기>(1996년) 이후 <박하사탕>(1999년), <오아시스>(2002년), 최근의 <밀양>(2007년)에 이르기까지 그가 보인 시나리오의 역량과 고른 연출 솜씨 등 국내외의 평가는 한국영화사상 찾아보기 어려운 특별한 예에 속한다. 그의 영화에는 한 시대를 반영하는 사회현상과 현실에 적응하지 못하는 사람들이 즐겨 등장한다. <초록 물고기>에는 도시개발에 밀려 변두리로 밀려난 제대 군인 막동(한석규) 일가의 해체된 가족의 모습이, <박하사탕>에는 5·18 광주민주화운동 시위진압에 참가했던 군인(영호=설경구)이 형사가 되어 노동운동가를 고문하게 되는 삶의 악순환이, <오아시스>에는 교통사고를 내고 뺑소니 친 형을 대신하여 벌을 받은 청년(설경구)이 뇌성마비 장애인인 피해자의 딸을 찾아가 마음을 열게 하는 양상으로 나타난다.

이창동 영화의 특징적인 경향은 인간을 가해자와 피해자로 병치시키고 기독교 신앙이 그 사이에서 접점 역할을 하게 한다는 사실이다.

그동안 그가 보여 준 피해자와 가해자의 형태는 〈초록물고기〉의 조직폭력배 보스 배태곤(문성근)과 그의 하수인이었으나 제물이 된 막동의 관계나, 광주 시민들의 시위 현장에 투입되는 과정에서 가해자가 되어버린 〈박하사탕〉의 군인(영호)과 죽은 여학생, 그리고 동생(종두)에게 자신의 죄과를 뒤집어쓰게 한 〈오아시스〉의 형과 피해자 가족 등의 예에서 잘 나타나고 있다.

기독교로 일관되는 신앙문제 또한 그의 영화에서 빼어놓을 수 없는 중요한 부분이다. 진실을 외면한 인간의 인과율에 무게를 둔 〈박하사탕〉의 경우, 홍자(김여진)가 사귀는 주인공인 영호(설경구)와 처음 육체관계를 가진 후 하나님에게 용서를 비는가 하면, 집들이 모임 때는 외도한 남편(영호)을 겨냥하여 회개의 기도를 주도한다. 〈오아시스〉에는 목사를 모시고 온 어머니와 형수가 강간 미수 전력을 가진 골칫거리 아들(종두)을 위해 기도하는 모습이 나온다. 〈밀양〉은 보다 본격적으로 신앙 문제에 다가서고 있다.

이 점은 일찍이 임권택 감독이 〈만다라〉, 〈아제아제 바라아제〉 등에서 추구했던 불교적인 해탈이나 구원의 세계와는 다른 선택이라고 할 수 있다.

이창동의 네 번째 영화 〈밀양〉은 신애(전도연)가 아들 준(선정엽)과 함께 밀양(密陽)이라는 지방도시를 찾아가는데서 시작된다. '비밀스러운 햇빛'이라는 매혹적인 이름으로 풀이되는 밀양은 죽은 남편의 고향이다. 그녀는 이미 적지 않은 것을 잃었다. 피아니스트의 희망도 남편에 대한 기대도. 그녀가 굳이 이곳을 찾은 이유는 자신의 아픈 과거와 무관하기 때문이다. 그녀는 짐을 풀자 피아노학원을 열고 굳이 싫다는 아들을 달래 웅변학원에 보낸다. 차츰 낯선 이웃들과 생활환경에도 친숙해진다. 이런 가운데 고장 난 차를 고쳐준 인연으로 알게 된 토박이 노총각 카센터 사장 김종찬(송강호)이 그녀를 끈질기게 따라다니고, 틈만 나면 장로인 동네 약사 부부로부터 하나님을 믿으라는 전도의 말을 듣게 된다. 신애는 느닷없이 서울에서 내려온 남동생으로부터 교통사고를 당해 죽은 남편의 외도 사실을 듣게 되지만 가슴에 묻고 여기저기 땅을 보러 다니며 큰돈을 가진 것처럼 행세한다. 이렇게 생활의 평정을 찾아가던 그녀에게 뜻밖의 불행이 닥친다. 어린 아들이 유괴되고 변사체로 발견되는 사건이 일어난다. 충격으로 방황하던 신애는 그동안 외면해온 신앙에 의지하게 되고 어려운 결심 끝에 유괴범을 면회하러 간다. 하지만 정작 그가 교도소에서 신도가 돼 하나님에게 회개했다며 편한 얼굴로 나타나자 절망하고 만다. 스스로 원수를 용서하려던 기회마저 관대한 신에 의해 빼앗겼다는 상실감으로 정신적인 공황상태에 빠진다. 종교는 더 이상 그녀에게 안식처가 되지 못한다. 이런 극심한 회의는 반발심으로 분출된다. 독실한 신도들이 모여 기도하는 자리에 돌을 던져 거실의 창문을 깨트리거나, 김추자의 노래 '거짓말이야'를 틀어 부흥회를 방해하는가 하면, 약국의 강장로(이윤희)에게 추파를 던져 야외로 유혹하는 자학적인 행위로 나타난다. 결국 정신병원에 입원하게 되고 퇴원 후 미장원에 들렀다가 미용사가 아들을 살해한 웅변학원 선생 박도섭(조영진)의 딸이라는 사실을 알게 된다. 그녀는 미용사의 손길을 거부하고 자르던 머리칼을 들고 집으로 돌아온다. 그러나 영화는 감정의 극단에서 방황하던 그녀가 희망의 빛을 찾는 암시로 끝난다.

〈밀양〉(2007)의 전도연과 송강호

〈밀양〉은 아이의 유괴와 살인이라는 사회적인 소재를 빌어 인간의
존엄성과 용서에 대해 묻고 있다. 용서를 구해야 할 가해자와 구원을
받아야 할 피해자로 대립되는 구조이다. 용서를 받아들이는 것은 구
원을 받아야할 피해자의 몫이지만 그것을 어떻게 얻어내느냐의 여부
는 가해자의 태도에 달려 있다. 여주인공이 면회 갔을 때 보인 범인의
반응은 속죄자의 표정이 아니었다. 신에게 용서를 받았으니 꺼릴 게
없다는 태도였다. 무심결에 흘린 허세와 과시욕이 부른 결과이다. 따
지고 보면 절실한 범죄 동기가 없는 이 유괴사건의 원인은 바로 여기
에 있다. 지갑이 비어 있는데도 이웃들에게 "좋은 땅을 소개해 달라"
며 재고 다닌 허욕의 업보이다. 이는 주변 환경이 만들었다기보다 스
스로 초래한 측면이 강하다. 인간의 세속적 욕망이 가져온 불행이다.

이 영화에 이르면 가해자와 피해자의 관계가 더욱 뚜렷해진다. 치열한 생존경쟁 속에서 낙오자가 되지 않기 위해 사회악과도 타협하는 〈초록물고기〉의 막동과 조직폭력배 보스와 모호한 수직관계나, 광주의 민중시위 현장에 투입됐다가 가해자가 된 〈박하사탕〉의 부대원(영호)과 그의 희생자(여학생), 어울릴 수 없는 평행 관계에서 화해로 이르는 〈오아시스〉의 전과자(종두)와 육체 장애자인 공주(문소리)의 경우에 비해 〈밀양〉은 선악의 대비가 분명하고 충격의 파장이 매우 크다. 어린이 유괴살인이 모티브가 되었기 때문이다.

이 영화에는 유괴가 어떻게 일어났는지에 대해서는 전혀 보여주지 않는다. 범인의 목소리도 거의 들을 수 없다. 아이의 시체도 보이지 않는다. 아들이 유괴되고 나서 돌아가는 긴박한 상황과 과정이 모두 생략되어 있다. 신애가 유괴범의 전화를 받는 클로즈업 숏 장면과 그 주검을 확인하는 모습이 롱 샷으로 처리됐을 뿐이다. 그 대신 큰 슬픔에 빠진 엄마의 고통스런 표정에 포커스를 맞추고 있다. 전도연의 연기에 한층 깊이와 무게가 요구되는 대목이다. 표현 대상이 어린이라는 점도 고려했을 것이다. 그런데 만일 카메라가 유기된 시체의 현장으로 접근하는 방식을 썼다면 어떻게 되었을까. 오히려 역효과를 냈을 것이다. 연출자는 참혹한 비극의 현장을 피한 대신 피해자인 엄마의 고통을 최대한 부각시키려 했다. 이로 인해 유괴라는 전형적인 사건, 진부하기 쉬운 플롯의 장애를 무리 없이 뛰어넘을 수 있었던 이유이기도 하다.

신애에게 있어 신앙은 '보이지 않는 허상'이었다. 그러나 아들을 잃게 되면서 구원의 대상으로 다가왔다. 처음엔 햇살처럼 보이는 것만 믿으려 했던 그녀의 종교 인식은 절망을 겪으며 구원의 동아줄을 잡는 맹목적인 양상으로 나타나고 느끼는 것도 존재라는 소중한 깨달음으로 변한다. 그러나 그녀의 하나님에 대한 믿음은 자신보다 먼저 범인에게 사면의 기회를 주었다고 여기게 된 순간부터 흔들리기 시작한다. 이런 현상은 야외에서 교회 장로와 정교를 가질 때 하늘을 향해 "보이니? 보고 있니?" 라고 시비 걸듯이 냉소적으로 묻는 대목에서 역설적으로 드러난다. 이제부터는 보이는 것만 믿겠다는 거부의 반응이다. 이 신호는 결국 풍자적인 가요 「거짓말이야」를 틀어 목사의 설교를 방해하는 행동으로 촉발된다.

이처럼 이창동에 있어서 기독교는 장치적인 이상의 의미를 갖는다. 〈박하사탕〉과 〈오아시스〉가 각기 기성 신도를 내세워 스케치 형태로 세속적인 처신의 단면을 그렸다면, 〈밀양〉은 무신론자가 극한 상황에 놓였을 때 어떤 모습으로 변하는가를 뚜렷이 보여준다. 이는 남편의 외도를 회개로 이끈 아내(홍자)가 욕망의 늪에 빠질 때 드러난 〈박하사탕〉의 이중적 신도의 모습이나, 어머니와 함께 기도해준 형수가 시동생이 감옥에 들어가자 기다렸다는 듯이 집을 옮기는데 일조하는 〈오아시스〉의 위선적인 행태와는 상반된 것이다.

영화에서 활용된 노래도 흥미롭다. 〈박하사탕〉의 「나 어떡해」의 경우처럼 〈밀양〉의 「거짓말이야」도 영화의 의도를 효과적으로 반영시키고 있다. 애절한 가락을 담은 앞의 노랫말이 과거의 굴레에서 벗어나지 못하는 가해자의 회한을 표출했다면, 빠른 템포로 이루어진 뒤의 경우는 신앙에 의존하려 했던 미망인의 상실감과 회의적인 감정을 잘 풀어내고 있다.

이청준의 소설 「벌레 이야기」를 원작으로 한 〈밀양〉은 여자가 겪는 고통과 구원, 용서의 굴곡을 정면에 내세워 내면에 담긴 문제를 제기하고 있다. 그러나 영화는 이 점은 같지만 몇 가지 다른 점이 있다. 우선 주인공 이름이 박도섭에서 김도섭으로 바뀌었다. 소설은 남편(화자)이 있는 상태에서 아이가 유괴되며 주인공은 자살하나 영화에서는 이미 남편이 교통사고로 죽은 것으로 설정되고 여자는 계속 살아간다.

이창동 감독의 작품에서 주목되는 것은 인공적인 것을 배제하고 리얼리티를 추구한다는 점이다. 연출 티가 나지 않게 자연스러움을 지향한다. 약국의 강장로(이윤희)를 비롯한 부동산 사장, 미장원 주인, 교도관 등에 잘 알려지지 않는 연극배우를 발탁하거나 현지인을 기용하여 배역을 구성한 것도 같은 맥락이다. 그의 카메라는 때로 인물의 내면에 다가가기보다 의도적으로 한발 물러서는 모습을 보인다. 이 점은 〈밀양〉에서 더욱 두드러진다. 보통 인물에 밀착하기 위해 사용되는 들고 찍기(핸드헬드) 방식을 취하면서도 한발 거리두기 촬영을 선호하는 것부터가 그러하다. 유괴범의 딸과 만나게 되는 미용실 장면이 그 대표적인 예라고 할 수 있다. 극단의 감정이 교차되는 중요한 순간인데도 거울을 통해 짧은 눈길이 잠시 교환될 뿐 카메라는 신애의 시선을 잡지 않는다. 클로즈업 숏을 최대한 절제하고 있다. 도입부에서 마주친 불량소녀가 얼마 뒤 다른 여학생을 괴롭히는 골목 안 상황도 이와 비슷하다. 소녀가 단순한 동네 사람이 아니라 범인(웅변학원 선생)과 관련되는 존재임을 암시하게 되는 이 복선적인 장면을 신애가 차를 타고 스쳐가는 예사로운 시선으로 잡고 있다. 나중에 유괴범이 된 웅변학원 선생의 경우도 마찬가지다. 종찬 일행에 끼어 노닥거리는 동네 사람의 하나로 소개하여 별다른 관심을 갖지 않게 된다.

배역을 약국의 강장로(이윤희)를 비롯한 부동산 사장, 미장원 주인, 교도관 등 잘 알려지지 않은 연극배우를 기용하거나 현지인을 발탁하여 구성한 것도 이런 연장선상에 있다. 아울러 이 연출자는 보이는 쪽 못지않게 이미 사라졌거나 보이지 않은 것에도 의미를 부여하려 한다. 〈박하사탕〉의 경우(순임＝문소리와의 사랑)처럼 사라지는 것은 순수하고 아름답게, 보이지 않는 것에는 〈밀양〉(유괴 상황)의 예처럼 상상의 확대를 통해 여운을 남기려 한다.

밀양은 경상남도 동북부 지방에 있는 인구 11만 명의 작은 도시이다. 부산과 대구 사이에 있는 교통의 요지며 예전에는 곡창지대로 널리 알려진 지역이다. 영화에서는 카센터 사장인 종찬(송강호)의 입을 빌어 밀양을 '비밀스러운 햇빛'의 고장으로 설명하고 있다. 하지만 '햇빛 가득 넘치는 고을'이라는 해석이 더 정확하다. 그럼에도 굳이 '비밀스러운 햇빛'이라고 한 것은 다른 의도가 있었을 것이다. '햇빛'은 이 영화의 주제를 함축하는 중요한 매개 역할을 한다. 이 영화에는 이 햇빛을 인상적으로 담은 화면들이 몇 군데 나온다. 아지랑이가 아련히 피어오르는 따가운 햇볕 속에 서 있는 전반부의 신애의 모습이나, 정신병원에서 나온 신애가 손수 자른 머리칼을 버릴 때 햇살이 그 머리칼에 모이는 후반부 장면이 이런 예에 속한다. 영화에는 이 고장의 지역적 특성을 나타내는 색다른 상징물은 별로 눈에 띄지 않는다. 고작 밀양역이나 영남루가 나오는 정도이다. 사내들이 친구의 사무실에 모여 고스톱을 하거나 차를 시켜놓고 배달 온 다방 종업원과 노닥거리며 야한 농담을 주고받는, 이 지방이 아니더라도 흔히 볼 수 있는 낯익은 정경들이 적잖이 나온다.

그런데 왜 밀양인가? 남편의 고향이라서? 물론 그럴 수 있다. 그러나 아직 서른세 살밖에 안된 젊은 미망인(신애)이 하필 남편의 고향에 정착하여 다를 남자와 새 출발할 수 있는 기회를 스스로 묶는 길을 선택할 필요가 있었을까. 그럼에도 불구하고 밀양을 무대로 삼은 것은 이 지역에 대한 애착과 이름이 갖는 상징성에 때문이라는 해석이 가능하다. 이창동은 일찍이 서울과 일산 신도시(초록물고기)와 광주(박하사탕)를 배경으로 영화를 만들었다. 그가 고향인 대구와 가까운 이 지역을 작품의 무대로 설정한 것도 이런 까닭이라고 할 수 있다. 그는 햇빛과 관련된 도시 광주(光州)를 배경으로 〈박하사탕〉을 만든 것처럼 이번에는 경상도를 무대로 한 〈밀양〉을 내놓았다. 호남의 '빛고을'과 영남(밀양)의 '햇빛 가득 넘치는 고을'이 갖는 의미는 매우 크다. 광주의 빛(박하사탕)이 인간의 의지와 상관없이 한 시대가 만들어 낸 상처와 회한의 뙤약볕이라면, 〈밀양〉의 빛은 거듭된 인간의 허욕과 응보의 그늘을 헤집고 스며드는 따스한 구원의 봄볕이라고 할 수 있다. 또한 그 햇빛은 하늘과 지상을 잇는 중요한 고리이자 통로의 의미를 갖는다.

'밀양'은 하나의 알레고리이다. 코골이 흉내를 내며 아빠를 그리워하는 아이에게 코를 고는 모습을 연기해 보인 신애가 죽은 아들의 온기를 지우지 못하듯이, 〈밀양〉이 비추는 햇빛은 부시지 않고 안온하다. 하지만 신애가 눈길 한번 주지 않아도 주위를 맴돌며 등을 따뜻하게 해주는 종찬의 배려처럼 밀양은 그 스스로 말했듯이 '비밀스러운 햇빛'의 감도는 땅이다. 누구보다도 자연스러움을 중시하는 이창동이 도입부에서 밀양을 원뜻에 가깝게 '햇빛이 빽빽이 비추는 곳'으로 풀이하지 않고 굳이 '비밀스런 햇빛'의 고을로 설명하게 한 이유도 바로 여기에 있을 것이다. 그래서 잠시나마 밀양이라는 소도시가 특정 지역을 나타내는 물리적 공간이 아니라 가공적 제3의 세계로 여기게 되는 느낌을 갖게 한다. 그런데 〈밀양〉은 전반적으로 그가 다루어온 가부장적 요소가 거의 약화되어 있다. 그나마 유일하게 의존하려 했던 신마저 원망의 대상이 되면서 멀어졌다. 가부장적 가치 대신 여성성이 강조된 새로운 접근이라고 할 수 있다.

인간과 믿음에 대한 절망과 고통의 감정을 정확한 해석과 형상력으로 이끌어낸 전도연의 치열한 혼신의 연기가 돋보였고, 심한 냉대 속에 신애의 주변을 맴돌면서 타고난 순진성과 몸에 밴 속물적 체취로 남다른 친화력을 보인 송강호의 저력도 높이 평가할만 했다.

그러나 신애가 기독교 신앙으로 귀의하는 과정이 너무 갑작스러웠다. 아들의 유괴되는 상황이 동기를 받쳐주고 있긴 하나 종교에 대해 비판적이었던 그녀가 어떻게 심경의 변화를 일으켰는지 몇 커트나마 보여주었어야 했다. 그 과정이 생략됨으로써 유괴된 아들이 살해되자 마치 기다렸다는 듯이 종교에 귀의한 것으로 비쳐졌다. 이는 사족을 달지 않는 것과는 다른 문제이다. 특유의 보이지 않는 것에 대한 묵시적 표출의 배려가 여기에 이르지 못했음을 말해주는 대목이다.

# 리메이크 영화 - 약인가, 독인가?

## ― 한국과 외국의 사례

　최근 영화계에 나타난 한 가지 흥미로운 현상은 리메이크영화에 대한 관심이다. 이는 2010년 임상수 감독의 〈하녀〉(임상수 감독)가 칸영화제 본선에 진출한데 이어 김태용 감독의 〈만추〉가 2011년 제61회 베를린국제영화제 포럼부문에 초청되면서 비롯되었다고 할 수 있다. 우연히도 이 두 편의 영화는 1960년대 한국영화전성기를 대표하는 김기영 감독의 〈하녀〉(1960)와 이만희 감독의 〈만추〉(1966)를 각기 리메이크한 공통점이 있다. 〈하녀〉는 처음이나, 〈만추〉의 경우는 제목을 바꿔 컬러로 찍은 김기영 감독의 〈육체의 약속〉(1975), 김수용 감독의 〈만추〉(1981)에 이은 세 번째 리메이크에 해당된다.

　그런데 김태용의 〈만추〉는 이만희의 〈만추〉(시나리오 김지헌)를 뼈대로 하면서도 무대를 한국이 아닌 미국 시애틀로 옮기고, 〈색계〉를 통해 잘 알려진 중국배우 탕 웨이(애나 역)를 남주인공인 현빈(훈

역)의 상대로 내세운 점이 앞의 작품들과는 다르다. 남편 살해 혐의로 감옥생활을 하다가 7년 만에 특별 휴가를 받고 나온 여죄수와 쫓기는 청년의 짧지만 강렬한 사랑의 이야기인 이 영화의 흑백 버전은 문정숙과 신성일이 주연이다.

## 열여섯 차례의 〈춘향전〉, 넘지 못하는 〈아리랑〉의 벽

리메이크(remake)는 검증된 원작의 대중성, 홍보효과, 소재의 특이성을 이용하기 위해 만들어지는 경우가 대부분이다. 원래의 작품을 텍스트로 삼아 그 작품에 경의를 표하기 위해 제작되기도 한다. 말하자면 과거 영화의 새로운 버전인 셈인데, 김기영과 김수용이 소재의 특이성에 기대어 〈만추〉를 다시 만들었다면, 김태용은 이만희에 대한 경의의 마음을 담아 새롭게 접근했다고 볼 수 있다.

그러나 여러 차례 화면에 옮겨진 고대소설 「춘향전」의 경우는 대중들이 갖는 친밀감과 잠재된 홍보효과를 기대한 케이스에 속한다. 1923년 일본인 하야가와 고슈(早川孤舟)에 의해 처음 영화화된 이후 〈춘향전〉은 최근의 〈방자전〉(2010, 김대우 감독)까지 무려 열여섯 차례나 영화화되는 기록을 세웠다.

흥미로운 것은 〈춘향전〉이 고비마다 역사적으로 중요한 전환점을 이루어 왔다는 사실이다. 비록 처음에는 우리나라에 와서 극장업을 하던 일본인에 의해 제작되었지만, 한국영화 여명기에 선보인 최초의 상업영화라는 이유로, 이명우 감독의 〈춘향전〉(1935)은 무성영화 12년 만에 처음 발성영화를 시도했다는 점에서, 이규환 감독의 〈춘향전〉(1955)은 해방 후 6·25 전란을 겪은 어려운 시대에 관객들의 발길을 극장으로 돌

한국영화에 중흥의 물꼬 튼 이규환 감독의 〈춘향전〉과 최초의 70밀리 영화 〈춘향전〉

리게 함으로써 한국영화에 중흥의 물결을 일으키게 만든 업적이, 그리고 1961년 벽두를 장식한 신상옥, 홍성기 감독의 〈성춘향〉과 〈춘향전〉은 컬러시네마스코프로 대형 색채영화시대를 연 공로와 이성구 감독의 〈춘향전〉(1972)은 70밀리 영화를 탄생시켜 기술의 향상을 가져온 점이 각기 인정되었기 때문이다. 임권택 감독의 판소리 〈춘향뎐〉(2000)도 빼어놓을 수 없는 성과라고 할 수 있다.

〈춘향전〉의 주역들은 기생이었던 최초의 춘향(한명옥, 1923)을 제외하고는 거의 당대를 대표하는 스타들이 맡았다. 1930년대의 문예봉, 1950년대의 조미령, 1960년대의 최은희(성춘향), 김지미(춘향전), 1970년대의 문희가 바로 그들이다.

이 가운데는 〈탈선 춘향전〉(1960, 이경춘 감독)과 같이 희극이 되

두번째로 영화화된 김소동 감독의 〈아리랑〉(1957)

거나. 이도령이 금의환향한 마무리 시점부터 이야기를 전개시킨 〈그 후의 이도령〉(1936, 이규환), 〈한양에 온 성춘향〉(1963, 이동훈 감독) 처럼 변질된 경우, 아예 주인공의 역할을 바꿔버린 역발상의 〈방자와 향단이〉(1972, 이형표 감독). 〈방자전〉(2010, 김대우 감독)과 같은 경우도 있다.

　〈춘향전〉에 이어 제작자들이 많은 관심을 보인 것은 나운규 각본, 감독, 주연의 〈아리랑〉(1926)이다. 일제강점기 아래서 핍박받은 조선 민족의 애환을 미치광이 청년 영진을 통해 우회적으로 표출한 이 영화가 개봉된 이후 1954년 이강천, 1957년 김소동, 1968년 유현목, 1974년 임원식, 2002년 이두용 감독 등에 의해 다섯 차례나 재현되었다. 그러나 원조 〈아리랑〉의 명성을 뛰어넘지 못했다. 이밖에 알렉산더 뒤마의 「춘희(椿姬)」를 원작으로 한 이경손 감독의 〈춘희〉(1928)와 이를 리메이크한 신상옥(1959, 1975), 정진우(1967), 김재형(1982) 감독 등 네 편도 빼어놓을 수 없다.

1937년 그레타 가르보 주연으로 주목을 받은 이후 외국에서 여러 번 리메이크된 〈춘희〉는 이렇게 한국에서도 인기를 끌었다. 일본 영화를 미국에서 리메이크한 예도 있다. 1954년 베니스영화제 은사자상을 받은 구로사와 아키라의 〈7인의 사무라이〉(1954)가 〈황야의 7인〉(1960, 율 부린너 주연)이란 제목으로 부활된 것은 널리 알려진 이야기이다. 이처럼 리메이크는 국경을 초월한다.

## 〈레 미제라블〉 등 외국의 리메이크 사례

외국의 경우는 리메이크의 역사가 꽤 길다. 빅톨 위고의 「레 미제라블」만 해도 〈희무정(噫無情)〉(1912, 알벨 카페라니 감독), 또는 〈장발장〉이라는 제목으로 여러 차례 영화화되었다. 쟝 가방이 주연한 1957년 작과 빌 어거스트 감독, 리암 니슨 주연(1998)의 〈레미제라블〉이 그 대표적인 예이다. 무성영화인 〈희무정〉은 일찍이 우리나라에도 들어와 변사의 해설로 소개한 적이 있다. 대작으로는 라몬 나브야로 감독(1923)의 흑백 무성영화판 〈십계〉와 이를 리메이크한 세실 B 드밀 감독의 컬러 비스타비전 〈십계〉(1957), 그리고 1926년 시드니 프랭클린 감독의 뒤를 이어 많은 인력과 물량을 투입해 만든 윌리엄 와일러 감독, 찰튼 헤스톤 주연의 시네마스코프 컬러판 〈십계〉(1959)가 있다.

에밀리 브론테의 「폭풍의 언덕」도 많은 제작자들이 관심을 갖고 도

「마농 레스코」를 리메이크한 프랑스영화 〈정부마농〉(1948)

전한 작품이다. 우리나라에는 1950년대 〈애정(哀情)〉(1939, 윌리엄 와일러 감독)이라는 제목으로 처음 상영된바 있고, 그 뒤 티모시 달튼(1971), 줄리엣 비노쉬 주연(1992)의 〈폭풍의 언덕〉 등이 소개되었다.

20회 이상 리메이크 된 영화로는 〈햄릿〉과 〈크리스마스 캐럴〉 등을 꼽을 수 있다. 〈햄릿〉 가운데서도 특히 1948년 로렌스 올리비에, 1990년 프랑코 제필레리 감독, 1996년 로빈 윌리암스 주연의 〈햄릿〉이 유명하다. 찰스 디킨스 원작인 〈크리스마스 캐럴〉은 1914년 무성판 이후 자주 리메이크 돼온 단골 소재 가운데 하나이다. 최근에는 로버트 제매키스 감독에 의해 3D 판타지 애니메이션(2009)으로 만들어지기도 했다.

## 자칫 독이 될 수 있는 후광의 의존

그런데 리메이크는 성공 확률이 그리 높지 않다는 데에 문제가 있다. 〈마농 레스코〉(1927, 존 바리모어, 트로레스 고스데로 주연)는 그 뒤 〈마농〉(1968, 카트리느 드뇌브 주연)까지 10여 차례의 후속타를 낳았지만, 앙리 조르즈 클루조 감독의 〈정부 마농〉(1948, 세실 오브리 주연)의 벽을 깨지 못하고 있다. 같은 〈레미제라블〉이라도 쟝 가방이 연기한 장발장의 연기와 작품이 단연 빛나고, 여러 편의 〈폭풍의 언덕〉이 있으나 윌리엄 와일러의 흑백 스탠다드 버전의 수준을 벗어나지 못하고 있다. 이는 연출자의 역량과 제작자의 태도, 그 시대상황이나 관객의 취향과도 관계가 있다. 안소니 퀸이 나오는 컬러 영화 〈노인과 바다〉가 이에 앞서 만든 스펜서 트레이시의 흑백 영화(1958)의 수준에 닿지 못하는 것도 바로 그런 이유라고 할 수 있다.

기존의 명성을 뛰어넘지 못하는 엉성한 시도, 유명 작품의 후광에 기대는 안일한 제작 태도로는 흥행이나 작품 면에서 좋은 성과를 거둘 수 없다는 얘기이다. 그래서 리메이크는 때로 약이 될 수 있지만 동시에 독이 된다는 사실을 깨닫게 만든다. 나운규의 〈아리랑〉, 김기영의 〈하녀〉, 이만희의 〈만추〉와 같은 작품이 리메이크로 도전받는 가운데서도 그 명성이 건재한 것은 함부로 넘볼 수 없는 무게감과 완성도가 높기 때문이다. 〈바람과 함께 사라지다〉(1939)와 같은 영화는 왜 리메이크가 없는지 생각해 볼 일이다.

－《영등위 웹진》 2010년 11~12월호

# 창고극장에서 스마트폰 서비스까지
## — 영화관람 환경의 변화

## 〈시네마천국〉에 나타난 관람 풍경

이탈리아의 주세페 토르나토레 감독의 〈시네마 천국〉(1989년)에는 젊은날의 꿈과 낭만뿐만 아니라, 영화관람 환경의 변천을 엿볼 수 있는 인상적인 장면들이 적잖이 나온다. 영화가 지닌 숙명적 한계인 검열의 모습은 물론, 당대의 극장 시설과 느슨한 관람 분위기, 필름 형태의 변화와 유통구조의 일면이 흥미롭게 소개된다.

상영될 영화를 미리 보며 키스 장면이 나오면 신경질적으로 종을 흔들어 잘라내게 하는 신부의 근엄한 표정이며, 달려 나오는 인디언들의 소리를 흉내 내어 괴성을 지르는 꼬마들, 영사기사의 눈을 멀게 한 인화성 셀룰로이드 필름이 사라지고 불연성 안전 필름으로 대체되는 과정, 자막을 읽지 못해 옆에 앉은 관객에게 그 뜻을 물어보는 사람, 장면 따라 대사를 줄줄 외우다가도 슬픈 대목에선 눈물을 흘리는 중년 신사들과도 만나볼 수 있다.

그런가 하면, 자전거에 필름을 싣고 다른 극장으로 가던 청년이 여자를 만나 한눈을 파는 사이 뒤를 잇지 못해 영화가 중단되는 황당한 일이 벌어지기도 한다. 필름 한 벌로 두 극장에서 상영하다 보니 생긴 특이한 현상이다. 이처럼 〈시네마 천국〉에는 영화에 관한 모든 것들이 담겨 있다.

## 달려 나오는 화차에 몸을 움츠리고

활동사진으로 불리던 영화가 본격적으로 흥행에 들어간 것은 1909년 전후해서였다. 이 무렵의 극장은 무성에다 자막도 없는 두 세 권짜리의 단편 실사나, 희극을 상영하는 정도였다. 그것만으로는 모자랐는지 소녀 광대가 무대로 나와서 줄을 타거나, 몇 가지의 춤을 보여준 다음에야 영화를 틀었다.

초창기 영화인 안종화(『한국영화측면비사』, 1962, 춘추각)는 동대문 전기회사의 창고를 빌려 흥행하던 광무대의 예를 들어, 이 시절의 영화 관람 풍경을 이렇게 회고하고 있다.

스크린에서 화차가 달려 나온다. 그러면 관중석은 그대로 수라장이 된다. 혹시나 화차와 충돌할까봐 관객들이 이리 피하고 저리 피하느라 아우성을 치기 때문이다. 그도 그럴 것이, 화차가 곧장 그대로 달려오다 보면 관중들은 영락없이 광무대의 귀신이 될 테니까.

영화가 끝난 다음은 더욱 가관이었다. 상영이 끝나고 불이 켜지면, 으레 관중들이 무대로 몰려들어 일대 혼잡을 이루었다. 스크린을 들쳐보려는 궁금증에서였다. 하지만, 옥양목으로 된 스크린을 아무리

들쳐본들 그 안에 무엇이 있으랴. 그들은 흡사 도깨비에 홀린 사람들이었다.

영화 해설자인 변사가 본격적으로 등장한 것은 1910년대 초부터였다. 변사는 영사가 시작되기 전에 잠깐 나와서 영화의 줄거리를 설명하는 이른바 전설(前說)이라는 순서를 끝내고 본격적인 해설로 들어갔다. 관람 시간은 저녁 7시 전후로 되어 있었으나 제대로 지켜지지 않았다. 연속 상영이 없다보니 여름에는 여덟시가 되어서야 시작할 때도 있었다. 그러다보니 먼저 들어온 손님들이 기다리다 못해 야유를 하기 마련이었다.

서울에서 가장 오래된 단성사(1907년 7월 17일 개관)는 목조 2층 건물에 관람석 350석 규모로 남녀가 각기 아래 위층으로 분리해 앉도록 꾸몄고, 종로 관철동에 벽돌 2층 건물로 출발(1915년)한 우미관은 긴 나무 의자를 배치하여 사람들이 빽빽이 앉게 만들었다. 1922년 인사동에 들어선 조선극장은 1천석 규모로, 3층 건물에 승강기와 가족 관람석, 식당까지 갖춰 화제를 모았다.

일제 강점 말기에는 〈조선해협〉(1943), 〈사랑과 맹서〉(1945) 등 친일영화에 나타났듯이 조선어가 스크린에서 완전히 사라졌다. 그러나 해방이 되자 〈자유만세〉(1946)와 같은 항일영화가 주류를 이루었다. 1955년 이규환 감독의 〈춘향전〉의 히트를 계기로 영화가 떠오르면서 극장은 어느새 영화 전문관으로 바뀌게 된다. 연극전용관의 대명사였던 서대문의 동양극장(현 문화일보 자리)마저 영화관으로 전환할 만큼 기세가 높았다.

1960년대는 라디오 연속극이 인기를 끌고, 영화 관람이 유일한 소일거리였던 시절이다. 광화문의 국제, 태평로의 코리아시네마(뒤에 아카데미극장), 을지극장 등 얼마 후 없어진 개봉관과 함께 계림극장 (을지로6가), 문화극장(천도교본관 부근), 경남극장(조선호텔 맞은편) 등 재상영관에서 두 편 동시 상영이 성행하고 입석도 허용되었다. 이 때는 영화 상영에 앞서 반드시 새마을운동 등 계몽, 뉴스영화가 상영되고, 애국가가 연주되었다.

이 무렵은 알랑 들롱(〈태양은 가득히〉, 1960 개봉), 나탈리 우드(〈초원의 빛〉, 1961), 클라우디아 카르디날레(〈부베의 연인〉, 1965), 카트리느 드뇌브 (〈쉘부르의 우산〉, 1965) 등 해외 스타들이 선망의 대상이 되었다.

1960년대 말로 접어들면서 한국영화는 연간 200편을 상회하는 제작기록을 세우게 된다. 이 시기부터 1990년대 초까지는 단성사, 대한, 국도, 명보극장의 전성기였다. 대한극장은 70밀리 대형영화 〈남태평양〉 (1961 개봉)으로, 단성사는 〈서편제〉(1993)로, 국도는 컬러 시네마스코프 붐을 낳은 〈성춘향〉(1961)으로, 국도는 '손수건이 필요'한 〈미워도 다시 한 번〉(1968)으로, 명보는 〈바람 불어 좋은 날〉(1980) 등 화제작으로 각기 명성을 이어갔다.

국영방송인 KBS와 TBC(동양방송), MBC(문화방송) 등 두개의 민영방송이 경쟁하면서 안방극장시대를 연 1970년대는 텔레비전(1971년 기준: 수상기 61만 6,392대, 증가율 62.4%)의 영향을 받아 영화인구가 감소하였다. 이 시기에는 얄개 시리즈 등 하이틴 영화와 〈러브 스토리〉, 〈라스트 콘서트〉와 같은 불치병을 앓은 '시한부 인생'의 이야기가 유행하였다.

## 3D영화에서 인터넷, 모바일 제공까지

1980년대 초 전두환 정권 아래서 등장한 서울극장은 처음으로 심야프로를 도입하고 복합극장시대를 예고하였다. 우리나라에 영화가 들어온 지 100여 년 만에 창고극장에서 단일 대형극장시대를 마감하고, 2010년에 이르러 복합극장시대로 정착하였다. 극장이 소형화되는 대신 주변에 식당과 커피숍 등 편의시설을 갖추고, 객석을 넓혔을 뿐 아니라, 인터넷 예매를 정착시키는 등 관람 환경을 개선하였다.

뤼미에르 식 단편 실사필름에서 변사가 나오는 무성영화, 유성 시네마스코프 시대를 거치는 동안 비디오, DVD의 출시로 재개봉관이 사라졌고, 정해진 계약기간에 몇 벌이 안 되는 프린트가 들어오다 보니, '마지막 기회'로 이용되던 '앙코르 로드쇼'의 관행도 없어졌다.

이제 〈아바타〉가 촉진한 3D 디지털 영화시대를 바라보게 되면서 영상물 제공 환경도 급변하였다. 인터넷이나 VOD 서비스, PMP 등 이동 IT 기기로 영화를 내려 받는 단계에서 벗어나 스마트폰 서비스로 영상물을 쉽게 볼 수 있는 세상이 되었다. 이렇게 극장이라는 공간과 스크린이라는 수단을 뛰어넘어 직접 소비자 앞에 다가서게 만든 전자기술, 정보통신의 발달은 영화계에 부가가치(판권시장)를 확보할 수 있는 모처럼의 기회가 될 것이다. 하지만 이와 함께 영화인들은 변화를 추구하는 차세대형 모바일 기능에 합당한 소재개발이라는 새로운 과제를 안게 되었다.

- 《영등위 웹진》 2010년 6~7월호

# 문학과 영화 사이

## ― 상상력의 확대와 시각 체험

문학이 인간의 생각이나 이미지를 문자를 매개로 제삼자에게 '읽히
게 하는 것'이라면 영화는 영상이라는 수단을 빌어 '보여주는 것'이다.
언어가 이루어낸 문학은 무한한 상상력을 자극하는 대신 필름이 만들
어낸 영상의 투시경은 허구도 실제처럼 나타낸다. 이와같이 문학과
영화는 표현수단이 다름에도 불구하고 모두 이야기에 의존한다는 공
통점이 있다. 시작이 있으면 끝이 있다는 기승전결(起承轉結)의 기복
은 서술학에 있어서 근본적인 흥미의 요체가 된다.

그러나 문학이 일정한 공간이나 장치없이 자유롭게 독자들에게 다
가가는데 비해 영화는 그렇지 못한 한계가 있다. 문학은 책을 펴든 순
간 바로 화자나 주인공의 활동이 시작된다. 영화는 영사기·극장이나
전파 수상기 따위의 시설과 공간이 필수 요건이다. 그래야만 내용의
파악은 물론 감정이입(感情移入)이 가능하다. 따라서 공통점보다는
차이점이 더 많다고 할 수 있다. 문학이 순수 혈통의 '개인창작 행위'

인 것과는 달리 영화는 출발부터 시네마토그라프(cinematographe)라는 기계장치와 더불어 성장한 협동체적 메카니즘의 소산이었다. 100년이 겨우 넘은 '기술적 영적 기초에서 진화'[77]한 종합예술이다. 어찌 보면 이런 현상은 박동하는 인체(예술)에 카메라, 필름, 영사기라는 인공심장을 단 특수체질의 경이로움을 방불케 한다. 단순한 기술이 아니라 '영적 기초에서 진화된 기술'이라는 표현의 의미를 새삼 반추하게 되는 대목이다. 이를 달리 표현하면 영화는 이중 한 가지만 갖춰지지 않아도 성립되지 않는다는 말이 된다. 여기에서 문학이 지니는 무한한 표현의 잠재력을 생각할 수 있다. 소설가나 시인이 자아내는 상상력의 결집은 그 자체가 독자성을 지닌 예술행위지만 영화작가의 소재 선택은 이에 비해 제약적일 수밖에 없다. 제작비나 영상화의 실현성이 걸림돌로 작용할 수 있는 태생적 한계가 있기 때문이다.

## 문학과 공존하는 영화

아놀드 하우저는 『예술과 사회사』에서 현대를 '영화의 시대'라고 하였다. 문학에 비해 대중친화적인 영화가 오늘날 부가가치가 높은 문화상품으로 경쟁력을 갖게 되면서 이와 같은 견해는 사실로 입증되고 있다. 또한 이러한 현상은 우리나라 대학에 넘쳐나는 영화영상 관련 학과의 증가와 근년에 이르러 관심을 갖게 된 문예창작과의 '문학과 영상'에 대한 강좌의 신설 추세 등의 예에서도 찾아 볼 수 있다. 그만큼 영화는 현대인들에게 막강한 힘을 발휘하고 있다는 얘기가 된다. 뿐만 아니라 예술의 다른 장르에까지 적지 않은 영향을 미치고 있음을 시사하는 것이 된다. 특히 문학의 경우가 그러하다. 일찍이 서술형

412

식을 가진 문화 가운데서도 고대의 신화, 근대의 소설에 이어 가장 뒤떨어진 영화가 현대에 이르러 가장 기세를 올리는 저변에는 마술적인 영상의 위력이 결정적으로 작용하고 있다.

그렇다면 그런 영상이란 어떤 것인가? 뛰어난 영화 이론가 앙드레 바쟁의 말을 빌면 '시체마저도 향료로 방부시키는 힘'을 가진 것이 영상이다. 카메라에 의해 창출된 영상은 악취마저 여과시키는 저력을 발휘한다. 그리고 향기는 더욱 강렬하게, 비극은 보다 극적으로 끌어 올린다. 소피아 로렌의 〈엘시드〉(1961)나 루드밀라 사벨리에바의 〈전쟁과 평화〉(1968)의 이슬 같은 눈물처럼 슬픔조차도 아름답게 승화시킨다.

문학과 영화를 연관시키려는 의도는 새삼스러운 것이 아니다. 〈폼페이 최후의 날〉(1908, 가제리니 감독, 이탈리아) 등 고전소설을 영화로 만들었던 초기 영화시대로부터 오늘날까지 영화제작자들은 여러 가지 면에서 문학에 빚을 져왔다. 영화는 겉으로 보기에 전례가 없는 예술처럼 보이지만 사실 문학은 영화에 너무 많은 것을 기여했다.[78] 몽타주 이론을 체계화시킨 〈전함 포춈킨〉(1915)의 에이젠슈테인은 일찍이 영화가 자립적이고 자족적이며 완전히 독립적이라는 일부의 견해에 대해 냉소적인 반응을 보였다. 하지만 영화는 문학과 마찬가지로 표현수단을 동원하여 주제나 이미지를 전달한다는 점에서는 일치한다. 다만 그 표현방법이 문자와 영상으로 달리할 뿐이다. 결국 서사예술로 귀착되는 영화도 명백히 문학성을 띨 수밖에 없다.

1895년 루이 뤼미에르 형제에 의해 프랑스에서 영화가 처음 공개된 이래 스크린이 일정한 줄거리를 갖기 시작한 것은 마술사 출신 조르즈 멜리에스가 1902년 〈달나라 여행〉이라는 최초의 공상과학 영화를 선보이면서부터였다. 사실성의 재현에 충실했던 뤼미에르 형제와는 달리 그는 본격적으로 허구의 방식을 도입, 30여 개의 신으로 나눠 여섯 명의 천문학회 소속 학자들이 로켓을 연상시키는 커다란 총알에 몸을 싣고 달나라 여행을 마치고 지구로 무사히 돌아오는 내용을 담았다. 서사성의 가미로 내용이 풍성해진 영화는 그 소재를 문학에서 찾기 시작했다. 문학이 영화의 동반자가 된 것이다. 그 결과 〈폼페이 최후의 날〉을 비롯하여 헨리크 시엔키에비치의 〈쿠오바디스〉(1911), 도스토예프스키의 〈죄와 벌〉(1923), 빅톨 위고의 〈레미제라블〉(1935), 앙드레 지드의 〈전원 교향악〉(1949) 등 명작들이 영화화되었다. 이중 〈레미제라블〉은 1912년 프랑스 파테 영화사에 의해 처음 제작된 이후 전 세계적으로 확인할 수 있는 것만 10여 편에 이를 정도였다.

우리나라의 경우는 춘원 이광수 원작 〈개척자〉(1925, 이경손 감독)가 그 출발점이다. 잇따라 감옥에서 나온 전과자가 은혜를 입은 여자를 위해 살인을 한 나머지 다시 감옥으로 가는 심훈의 〈먼동이 틀 때〉(1927, 심훈 감독)가 나오고 봉건적인 지주의 며느리를 사모하는 벙어리 머슴의 애달픈 사랑을 그린 나도향의 〈벙어리 삼룡〉(1929, 나운규 감독), 두메 산골 숯 굽는 부부의 행복과 비애를 담은 정비석의 〈성황당〉(1939, 방한준 감독) 등이 그 뒤를 장식했다. 특히 문예영화로 우대받은 소설 원작 작품인 〈오발탄〉(1961, 유현목 감독), 〈사랑방 손님과 어머니〉(1961, 신상옥 감독), 〈갯마을〉(1965, 김수용 감독), 〈싸리골의 신화〉(1966, 이만희 감독) 등은 1960년대 한국영화 전성기를 누비면서 해방 후 손꼽히는 수확으로 평가 받았다. 일반 영화에서는 좀처럼 느낄 수 없는 다사로운 문학적 감성과 정서, 품격의 완성도를 어느 정도 충족시켜 주었기 때문이다. 이러한 시각 체험은 원작 소설이 제공한 상상력의 확대로 가능하였다.

그러나 아무리 문학의 도움으로 상상의 공간이 넓어졌다고 하더라도 영화 고유의 문법이 없이는 이루지 못할 성과였다. 영화에는 문학이 따르기 어려운 특이한 시점이 있다. 플래시 백이 빚어내는 섬광과 같은 상념, 클로즈업 앵글이 갖는 긴장감과 표현의 깊이, 페이드(faid) 기법처럼 자유로운 시간의 압축과 경과, 이중노출이 만들어 내는 현실과 환상의 동시성 등이 마술처럼 엮어질 때 관객들은 매료된다. 이런 요소들은 물과 불의 이미지로 현란하게 뿜어내는 편집광적인 광기의 러브 스토리 〈퐁네프의 연인들〉(1991, 레오 까락스 감독)이나 알랭 레네의 〈히로시마 내사랑〉, 클르두 룰르슈의 〈남과 여〉, 칠레의 망명시인 파블로 네루다(필립 누아레)와 집배원 마리오(마시모 트로이치) 사이에서 교감되는 우정의 이중주 〈일 포스티노〉(마이클 래드포드 감독) 등에서 단연히 빛난다. 그래서 바닷가의 조약돌이나 집배원이 모는 자전거, 그 패달이 스치고 가는 길가의 풀꽃에까지도 영화작가의 정겨운 시선이 느껴진다. 〈시네마 천국〉의 영사기사로 출연한 필립 누아레는 〈일 포스티노〉에서 '시란 바로 은유'라고 말한다. 그는 집배원인 마리오를 향해 "정말 시를 쓰고 싶다면 바닷가를 혼자 걸어 보라."고 전제한 후 "그대의 느낌을 글로 옮기는 거야."라고 훈수한다.

## 시적 영화, 그 정감의 영상

문학에 있어서 특히 시와 영화는 각기 이미지와 영상을 모체로 하는 특징이 있다. '마음속에 그려지는 사물의 감각적 영상'(시)과 '머릿속에 떠오르는 사물의 모습'(영화)은 '마음'과 '머리'로 대상(사물)을 받

시적 영감을 안겨준 〈시네마천국〉(1988)의 한 장면

비비언 리, 로버트 테일러 주연 〈애수〉(1940)

아들이는 감도(感度)의 차이가 있을 뿐 크게 다를 바가 없다. 그래서 시가 '읽는 그림'이라면 영화는 '보는 시'가 된다.[79]

　지금까지 내가 본 영화 가운데 가장 시적 영감을 안겨준 대표적인 영화를 꼽는다면 1930년대의 프랑스 염세주의의 거장 줄리앙 뒤비비에의 〈망향〉(1936)과 〈나의 청춘 마리안느〉(1955)를 비롯하여, 멜로드라마의 고전 마빈 르로이의 〈애수〉(1940), 죽음으로 사른 춤의 화신 마이클 포웰의 〈분홍신〉(1948), 탁월한 인생파 페데리코 펠리니의 〈길〉(1954), 뉴 저먼 시네마의 기수 폴커 슐뢴도르프의 〈양철북〉(1979), 환상의 마술사 스티븐 스필버그의 〈E·T〉(1981), 희생과 구원의 영상 안드레이 타르코프스키의 〈향수〉(1983), 영화의 전도사 주세페 토르나토레의 〈시네마천국〉(1988), 누벨 이마쥬의 상징 레오스 카락스의 〈퐁네프의 연인들〉(1991) 등을 들 수 있다.

이들의 작품은 한두 편을 제외하고는 비극이라는 공통점이 있다. 그
것은 이별과 죽음으로 요약되는 슬픔이다. 거기에는 가슴을 저리게 하
는 아픔이 배어 있다. 이처럼 나는 비애의 영상에서 강렬한 시를 느낀
다. 이 가운데 〈향수〉를 뺀 대부분의 영화를 시로 녹여 내었다. 어떤 것
은 전편이 아니라 부분적인 이미지로 살려내기도 했다. 〈길〉, 〈망향〉
등의 경우가 그것이다.

〈애수〉는 「백조의 노래」(1999)로, 〈양철북〉은 「북치는 소년」(1988)
으로 〈E·T〉는 「E·T가 머물다 간 마을」(1985)로, 〈퐁네프의 연인들〉은
「미셸을 위한 사랑의 변주곡」(2001)이라는 제목을 붙여 발표하였다.
그 밖의 작품은 영화 제목 그대로 사용하였다.

앞의 영화가 시적 영감을 자아내게 하는 대표적인 예라면, 정지용
의 「별똥」, 김광균의 「은수저」, 서정주의 「부활」, 박목월의 「가정」, 백석
의 「여우난곬족」 등은 현대시 가운데서도 가장 영화적 구조를 갖춘 경
우라고 할 수 있을 것이다. 이들 시의 공통점은 서사적 이미지가 강하
다는 점이다. 이는 정감의 이미지로 시를 쓰도록 자극한 영화들과는
사뭇 다른 모습이다. 그러니까 정서적인 분위기의 영화에 시적 모티
브가 잠재하고 있는 반면 이야기가 들어간 시에는 극적 상상력을 이
끌어내 영화가 갖는 영상체험의 효과를 기대할 수 있다는 말이 된다.

화면에 깔리는 정감의 이미지에 자극 받아 시를 쓰도록 만든 영화
가운데 하나가 〈퐁네프의 연인들〉이다. 이 영화의 특징은 불과 물로
대비되는 상징적인 이미지이다. 영화에서 불은 물로 인해 수식되고
물은 불을 만나면서 모성(母性)의 대상으로 승화되는 모티브가 된다.
물이 수평적인 포용의 성격을 지닌다면 불은 수직적 공세를 암시한
다. 그래서 여주인공인 미셸은 사나이에게 눈이 멀기 전에 바다가 보

고 싶다고 말하고 그 사나이인 남주인공 알렉스는 거리로 나가 뽐내
듯 불을 뿜는 묘기를 자랑한다.

　그러나 상충되는 불과 물의 이미지는 서로 이반되는 것이 아니라
어우러져 보완하면서 절묘한 판타지를 만들어 낸다. 그 결과 이 영화
의 서사구조, 이를테면 가진 것이라곤 고작 불을 뿜는 재주밖에 없는
거리의 부랑자 알렉스(데니 라방)와 멀어져 가는 눈을 한탄하며 거리
로 나온 무명화가 미셸(줄리엣 비노쉬)이 도달하게 되는 사랑의 과정
은 상대적으로 가라앉아 있다. 일반적인 영화가 내세우는 네러티브가
살지 못한 대신 장면 하나 하나가 연출해내는 마법 상자와 같은 현란
한 영상언어들이 영화를 지배한다. 물론 이 영화에는 미셸로 표상되
는 부르주아와 미셸이 암시하는 프롤레타리아의 사랑에 계급적 알레
고리가 내재하고 자유와 평등, 박애 등 프랑스대혁명의 이상이 오래
전에 증발해버린 애정 없는 현대 프랑스 사회의 불모성을 비판하는
메시지가 깔려 있기는 하다.

　레오 까락스 감독의 비판적인 사회의식은 영화의 전반부에 나타난
다. 영화가 시작되면 어두운 지하도를 질주하는 트럭의 시점 샷으로
거리를 절뚝거리며 지나가는 알렉스가 차에 치어 쓰러지는 모습을 포
착한다. 곧 이어 경찰차가 달려와 부랑자 수용소로 실어 간다. 여기서
감독은 개인의 행복과 사회복지를 추구하는 나라의 병든 이면을 날카
롭게 파헤친다. 여기까지는 시가 비집고 들어갈 여지가 없다. 하지만
그는 세상에서 버림받은 사람들에게 사랑과 의지라는 볕을 쪼이게 함
으로써 시의 고리를 만들어 준다. 폐쇄된 세느강변의 다리에서 알렉
스는 미셸이라는 구원의 존재를 만나면서 빛을 찾는다. 실제로 이 사
나이는 영화 도입부에 거리로 나가 생활의 한 방편이기도 한 불을 뿜

줄리엣 비노쉬 주연 〈퐁네프의 연인들〉(1991)의 불꽃 축제

는 묘기를 보여준다. 불을 뿜는 연기가 절정에 이르렀을 때 그 치솟는 불길과 절묘하게 연결되는 곡예비행의 삼색 연기는 앞으로 전개될 영화의 분위기가 범상치 않음을 예고한다. 이는 또한 이 작품의 서두에 보였던 사실주의적 묘사에서 탈피하여 표현주의 방식으로 선회함을 의미하는 것이기도 하다. 이를 계기로 〈퐁네프의 연인들〉은 생동하는 이미지 중심의 정적 분위기로 전환된다.

잇따라 파리의 밤하늘을 가르며 터지는 축제의 폭죽, 두 연인들이 모터보트를 타고 세느 강을 미끄러져 갈 때 강변에서 솟아오르던 불의 물보라, 동료인 한스 노인의 도움으로 무등을 타고 미셸이 렘브란트의 그림을 볼 때 주변을 밝혀준 적막의 촛불 등 불과 물의 영상은 시적 상상력을 유발하기에 충분했다. 나는 이런 순간의 감흥을 다음과 같이 한 편의 시로 형상하였다.

> 당신이 사랑하는 그대
> 내가 열망하는 당신을 위해서만
> 혼절하리.
> 우리들 서로를 위해서만
> 심연의 춤을 추리.
> 지금은 나락도 두렵지 않은
> 축배의 시간
> 지상의 어떤 것과도 바꿀 수 없는
> 그대의 한쪽 눈 되어
> 불꽃으로 터지리
> 당신의 하늘에만 머무는
> 여명이 되리.

　　　　　　　　　－「불꽃놀이－ 미셸을 위한 사랑의 변주곡 2」 전문

　이 작품은 연작시 형식으로 쓴 「미셸을 위한 사랑의 변주곡」 중 두 번째 편에 해당하는 「불꽃놀이」의 전문이다. 가난하지만 숙명처럼 유지돼 왔던 이들의 관계는 여자에게 눈을 치료할 길이 열리면서 일단 깨어진다. 미리 이 사실을 알게 된 사나이는 미셸을 찾는 포스터를 불태워 정보를 차단한다. 그는 이 과정에서 사람을 죽이게 된다. 몇 년 후 알렉스가 형기를 마치고 감옥에서 풀려 나오자 그들은 모래를 운반하는 증기선을 타고 세상의 끝에 있다는 아틀란티스로 떠난다. 여기에서 레오 까락스는 밀착된 두 연인이 파도를 가르는 뱃머리에 서서 날아갈 듯이 팔을 벌려 환호하는 라스트 신을 연출하여 뒷날 〈타이타닉〉이 패러디로 활용하게 만드는 계기를 마련하였다.

과작인 나에게조차 다섯 편의 연작을 낳게 한 〈퐁네프의 연인들〉의 매력은 무엇일까. 그것은 두말할 필요 없이 일반적인 영화에서는 찾아보기 어려운 시정(詩情), 남루하고 상투적인 사랑마저 새롭게 일구어낸 연소의 이미지가 있기 때문이다. 이런 힘들이 레오 까락스를 랭보에 비유될 만한 시정신의 소유자로 평가받게 만든 이유가 되었을 것이다.

## 영화적인 시, 서사적인 이미지

김광균의 「은수저」는 우리나라의 현대시 가운데서도 영화적 친화력이 가장 뛰어난 작품이다. 그 자체가 시나리오의 지문이 될 수 있을 만큼 영상 전환이 쉽게 되어 있다. 시의 한 구절 한 구절마다 그림이 선명하고 카메라의 위치까지도 지정해 놓은 영화감독의 콘티뉴이티(각본을 바탕으로 한 촬영 대본)를 방불케 한다. 연(聯)과 연의 구분 또한 장면 구성으로 바꿔 놓아도 무리가 없을 정도이다.

먼저 이 시의 내용부터 살펴보자.

산이 저문다
노을이 잠긴다
저녁 밥상에 애기가 없다
애기 앉던 방석에 한 쌍의 은수저
은수저 끝에 눈물이 고인다

한밤중에 바람이 분다
바람 속에서 애기가 웃는다
애기는 방 속을 들여다 본다
들창을 열었다 다시 닫는다

먼- 들길을 애기가 간다
맨발 벗은 애기가 울면서 간다
불러도 대답이 없다
그림자마저 아른거린다

-김광균, 「은수저」 전문

이 작품을 읽은 사람이라면 하나의 상념에 잠기게 될 것이다. 한때
는 단란했을 가정에 드리워진 우수의 그림자, 그 당사자인 젊은 부부
는 어떤 연고로 애지중지하던 어린 자식을 잃게 되고 그로 인해 슬픔
을 깨물어야 하는 고통을 겪는다. 처음 얼마 동안은 평소처럼 자식이
사용하던 은수저를 밥상에 챙겨 놓기도 했으리라. 아이가 생일 때 받
았을지도 모를 은수저를 바라보는 부모의 심정은 어쩔 것인가. 그들
이 환상 속에서나마 죽은 아이를 만나게 되는 것은 너무나 당연하다.

김광균은 화자의 모습이나 아기의 죽음에 대해 구체적으로 설명하
지 않는다. 다만 "맨발 벗은 애기"라는 표현으로 아기의 죽음을 암시
하고 은수저를 매개 삼아 세상에 없는 자식과 교감한다. 그는 아이라
고 지칭함으로써 성별(性別)을 초월하는 대상의 확대를 노린다.

그러나 영화에서는 이런 방법이 통하지 않는다. 화면을 통해 보여
주어야 하는 영화의 경우는 등장 인물이 사내인지 계집애인지 분명히

해주어야 한다. 투명인간으로 만들어 상상으로 해석하게 놓아둘 수는 없기 때문이다. 이 점이 시와 영화가 다른 근본적인 이유 가운데 하나이다.

「은수저」를 영화의 구성방식으로 분류하면 모두 2시퀀스, 5신으로 나눌 수 있다. 연극의 경우 2막 5장에 해당된다. 막(幕)과 동일한 시퀀스는 1행인 "산이 저문다"부터 "은수저 끝에 눈물이 고인다"까지 5행 1연의 현실장면과 "먼—들길을 애기가 간다"로 시작되는 3연의 환상장면으로 이루어진다. 시퀀스보다 하위 개념인 신은 장소의 이동에 따라 달라지므로 ①산이 저문다/ 노을이 잠긴다(야외) ②저녁 밥상에 애기가 없다→은수저 끝에 눈물이 고인다(실내) ③한밤중에 바람이 분다/ 바람 속에서 애기가 웃는다(야외) ④애기는 방 속을 들여다본다/ 들창을 열었다 다시 닫는다(실내) ⑤먼— 들길을 애기가 간다→그림자마저 아른거린다(야외) 등 이렇게 다섯 가지가 된다.

그런데 연의 구분이 내용의 한 단락을 뜻한다는 점에서는 3연으로 짜여진 「은수저」도 당연히 3시퀀스가 돼야 하겠지만 2연은 현실과 환상이 어우러지는 형식을 취하고 있어 영화적 단락으로 보기는 어렵다. 그래서 2연의 경우는 현실(1연)과 환상(3연)을 매개시키는 고리로 보는 것이 타당하다. 2연은 영화기법상으로 볼 때 교차편집이 요구되는 대목이다.

이에 비해 정지용의 「별똥」은 불과 다섯 행밖에 안된 짧은 글로 인생 그 자체를 담아내고 있다. 다양한 해석과 광의한 드라마로서 가능한 잠재력을 갖고 있다. 최소한으로 필요한 주성분만으로 압축해 놓은 느낌이다.

별똥 떨어진 곳,

마음에 두었다

다음날 가보러,

벼르다 벼르다

이젠 다 자랐소.

– 정지용, 「별똥」 전문


「은수저」가 한 소시민의 슬픈 가족사라면, 「별똥」은 유년 시절 누구나 한번쯤은 체험했을 인생에 관한 이야기이다. 밤하늘에 떨어지는 별을 보며 날이 새면 눈여겨본 그 지점으로 찾아가 보려던 그 시절의 소년들은 지금 어떤 모습으로 자라나 있을까. 「은수저」가 자연스럽게 스토리가 엮어지는 시라면, 「별똥」은 너무 범위가 넓어 주제를 살려 내용을 꾸밀 수밖에 없는 장단점이 있다. 이처럼 나는 서사적 이미지가 강한 시에서 영화가 필요한 의미의 함축성과 여운의 향기를 발견한다. 반면에 정감의 영상에서는 시적 이미지의 투명성과 창작의 욕구를 느껴왔다. 시와 영화는 영상과 이미지라는 공통점을 지니면서 고유의 독자성을 갖는다. 시는 이미지 중심인 대신 영화는 서사성을 떠나 존재할 수 없기 때문이다.

–《시와시학》 2002년 봄호

# 김종원의 한국 극영화 100선 (제작순)

1. 〈아리랑〉(1926년) 나운규 감독, 나운규, 신일선 주연. 조선키네마프로덕션 제작
2. 〈임자 없는 나룻배〉(1932년) 이규환 감독, 나운규, 문예봉 주연. 유신키네마 제작
3. 〈청춘의 십자로〉(1934년) 안종화 감독, 이원용, 신일선 주연. 금강키네마 제작
4. 〈미몽〉(1936년) 양주남 감독, 문예봉, 이금룡 주연. 경성촬영소 제작
5. 〈나그네〉(1937년) 이규환 감독, 왕평, 문예봉 주연. 성봉영화사 제작
6. 〈자유만세〉(1946년) 최인규 감독, 전창근, 황려희 주연. 고려영화사 제작
7. 〈마음의 고향〉(1948년) 윤용규 감독, 유민, 최은희 주연. 동서영화사 제작
8. 〈피아골〉(1955년) 이강천 감독, 김진규, 노경희 주연. 백호프로덕션 제작
9. 〈자유부인〉(1956년) 한형모 감독, 김정림, 박암 주연. 삼성영화사 제작
10. 〈시집가는 날〉(1956년) 이병일 감독, 김승호, 조미령 주연. 동아영화사 제작
11. 〈지옥화〉(1958년) 신상옥 감독, 최은희, 김학 주연. 서울영화사 제작
12. 〈십대의 반항〉(1959년) 김기영 감독, 황해남, 엄앵란 주연. 범아영화사 제작
13. 〈젊은 표정〉(1960년) 이성구 감독, 남양일, 엄앵란 주연. 신예프로덕션 제작
14. 〈로맨스 빠빠〉(1960년) 신상옥 감독, 김승호, 최은희 주연. 신필름 제작
15. 〈박서방〉(1960년) 강대진 감독, 김승호, 김진규 주연. 화성영화사 제작
16. 〈하녀〉(1960년) 김기영 감독, 김진규, 이은심 주연. 한국문예영화사 제작
17. 〈성춘향〉(1961년) 신상옥 감독, 최은희, 김진규 주연. 신필름 제작
18. 〈마부〉(1961년) 강대진 감독, 김승호, 신영균 주연. 화성영화사 제작
19. 〈오발탄〉(1961년) 유현목 감독, 김진규, 문정숙 주연. 대한영화사 제작
20. 〈사랑방 손님과 어머니〉(1961년) 신상옥 감독, 최은희, 김진규 주연. 신필름 제작
21. 〈현해탄은 알고 있다〉(1961년) 김기영 감독, 김운하 공미도리 주연. 한국예술영화 제작
22. 〈돌아오지 않는 해병〉(1963년) 이만희 감독, 장동휘, 최무룡 주연. 대원영화사 제작
23. 〈김약국의 딸들〉(1963년) 유현목 감독, 김동원, 엄앵란 주연. 극동흥업 제작
24. 〈혈맥〉(1963년) 김수용 감독, 김승호, 황정순 주연. 한양영화사 제작
25. 〈성난 능금〉(1963년) 김묵 감독, 신성일, 최지희 주연. 한양영화사 제작
26. 〈맨발의 청춘〉(1963년) 김기덕 감독, 신성일, 엄앵란 주연. 극동흥업 제작
27. 〈잉여인간〉(1964년) 유현목 감독, 김진규, 신영균 주연. 한양영화사 제작
28. 〈벙어리 삼룡〉(1964년) 신상옥 감독, 김진규, 최은희 주연. 신필름 제작
29. 〈갯마을〉(1965년) 김수용 감독, 고은아, 신영균 주연. 대양영화사 제작
30. 〈비무장지대〉(1965년) 박상호 감독, 수민아, 이영관 주연. 제일영화사 제작
31. 〈초우〉(1966년) 정진우 감독, 신성일, 문희 주연. 극동흥업 제작
32. 〈만추〉(1966년) 이만희 감독, 문정숙, 신성일 주연. 대양영화사 제작
33. 〈산불〉(1967년) 김수용 감독, 신영균, 도금봉 주연. 태창흥업 제작
34. 〈안개〉(1967년) 김수용 감독, 신성일, 윤정희 주연. 태창흥업 제작

35. 〈미워도 다시 한 번〉(1968년) 정소영 감독, 문희, 신영균 주연. 대양영화사 제작
36. 〈장군의 수염〉(1968년) 이성구 감독, 신성일, 윤정희 주연. 태창흥업 제작
37. 〈휴일〉(1968년) 이만희 감독, 신성일, 전지연 주연. 연합영화사 제작
38. 〈독짓는 늙은이〉(1969년) 최하원 제작, 황해, 윤정희 주연. 동양영화사 제작
39. 〈별들의 고향〉(1974년) 이장호 감독, 안인숙, 신성일 주연. 화천공사 제작
40. 〈삼포 가는 길〉(1975년) 이만희 감독, 김진규, 문숙 주연. 연방영화사 제작
41. 〈바보들의 행진〉(1975년) 하길종 감독, 윤문섭, 이영옥 주연. 화천공사 제작
42. 〈영자의 전성시대〉(1976년) 김호선 감독, 염복순, 송재호 주연. 태창흥업 제작
43. 〈겨울여자〉(1977년) 김호선 감독, 장미희, 김추련 주연. 화천공사 제작
44. 〈장마〉(1979년) 유현목 감독, 황정순, 이대근 주연. 남아진흥 제작
45. 〈바람 불어 좋은 날〉(1980년) 이장호 감독, 안성기, 유지인 주연. 동아수출공사 제작
46. 〈짝코〉(1980년) 임권택 감독, 김희라, 최윤석 주연. 삼영필름 제작
47. 〈최후의 증인〉(1980년) 이두용 감독, 하명중, 정윤희 주연. 세경영화사 제작
48. 〈뻐꾸기도 밤에 우는가〉(1980년) 정진우 감독, 이대근, 정윤희 주연. 우진필름 제작
49. 〈피막〉(1980년) 이두용 감독, 남궁원, 유지인 주연. 세경영화사 제작
50. 〈난장이가 쏘아올린 작은 공〉(1981년) 이원세 감독, 안성기, 전양자 주연. 한진영화사
51. 〈꼬방 동네 사람들〉(1981년) 배창호 감독, 안성기, 김보연 주연. 한진영화사 제작
52. 〈만다라〉(1981년) 임권택 감독, 안성기, 전무송 주연. 화천공사 제작
53. 〈여인잔혹사 물레야〉(1983년) 이두용 감독, 원미경, 신일룡 주연. 한림영화사 제작
54. 〈바보선언〉(1984년) 이장호 감독, 김명곤, 이보희 주연. 화천공사 제작
55. 〈고래 사냥〉(1984년) 배창호 감독, 안성기, 이미숙 주연. 삼영필름 제작
56. 〈깊고 푸른 밤〉(1985년) 배창호 감독, 안성기, 장미희 주연. 동아수출공사 제작
57. 〈씨받이〉(1986) 임권택 감독, 강수연, 이구순 주연. 신한영화사 제작
58. 〈겨울 나그네〉(1986) 곽지균 감독, 안성기, 이미숙 주연. 동아수출공사 제작
59. 〈티켓〉(1986년) 임권택 감독, 김지미, 안소영 주연. 지미필름 제작
60. 〈나그네는 길에서도 쉬지 않는다〉(1987년) 이장호 감독, 김명곤, 이보희 주연. 판영화사 제작
61. 〈칠수와 만수〉(1988년) 박광수 감독, 안성기, 배종옥 주연. 동아수출공사 제작
62. 〈개그맨〉(1988년) 이명세 감독, 안성기, 황신혜 주연. 태흥영화사 제작
63. 〈달마가 동쪽으로 간 까닭은〉(1989년) 배용균 감독, 신원섭 주연. 배용균프로덕션 제작
64. 〈우묵배미의 사랑〉(1990년) 장선우 감독, 박중훈, 최명길 주연. 남아진흥 제작
65. 〈그들도 우리처럼〉(1990년) 박광수 감독, 문성근, 심혜진 주연. 동아수출공사 제작
66. 〈남부군〉(1990년) 정지영 감독, 안성기, 이혜영 주연. 남프로덕션 제작
67. 〈경마장 가는 길〉(1991년) 장선우 감독, 문성근, 강수연 주연. 태흥영화사 제작
68. 〈은마는 오지 않는다〉(1991년) 장길수 감독, 이혜숙, 김보연 주연. 한진영화사 제작
69. 〈하얀 전쟁〉(1992년) 정지영 감독, 안성기, 심혜진 주연. 대일필름 제작
70. 〈결혼이야기〉(1992년) 김의석 주연, 최민수, 심혜진 주연. 익영필름 제작
71. 〈우리들의 일그러진 영웅〉(1992년) 박종원 감독, 홍정인, 고정일 주연, 대동흥업 제작

426

72. 〈서편제〉(1993년) 임권택 감독, 김명곤, 오정해 주연. 태흥영화사 제작
73. 〈할리우드 키드의 생애〉(1994년) 정지영 감독, 최민수, 독고영재 주연. 영화세상 제작
74. 〈아름다운 청년 전태일〉((1995년) 박광수 감독, 문성근, 홍경인 주연. 기획시대 제작
75. 〈8월의 크리스마스〉(1996년) 허진호 감독, 한석규, 심은하 주연. 우노필름 제작
76. 〈돼지가 우물에 빠진 날〉(1996년) 홍상수 감독, 김의성, 이응경 주연. 동아수출공사 제작
77. 〈학생부군신위〉(1996년) 박철수 감독, 문정숙, 박철수 주연. 박철수필름 제작
78. 〈초록물고기〉(1997년) 이창동 감독, 한석규, 심혜진 주연. 이스트필름 제작
79. 〈아름다운 시절〉(1998년) 이광모 감독, 김정우, 안성기 주연. 백두대간 제작
80. 〈인정사정 볼 것 없다〉(1999년) 이명세 감독, 박중훈, 안성기 주연. 태원엔터테인먼트 제작
81. 〈쉬리〉(1999년) 강제규 감독, 한석규, 최민식 주연. 강제규필름 제작
82. 〈박하사탕〉(1999년) 이창동 감독, 설경구, 문소리 주연. 이스트필름 제작
83. 〈공동경비구역JSA〉(2000년) 박찬욱 감독, 이병헌, 이영애 주연. 명필름 제작
84. 〈봄날은 간다〉(2001년) 허진호 감독, 유지태, 이영애 주연. 싸이더스 제작
85. 〈복수는 나의 것〉(2002년) 박찬욱 감독, 송강호, 배두나 주연. 스튜디오 박스 제작
86. 〈집으로〉(2002년) 이정향 감독, 김을분, 유승호 주연. 팝엔터테인먼트 제작
87. 〈오아시스〉(2002년) 이창동 제작, 설경구, 문소리 주연. 이스트필름 제작
88. 〈올드보이〉(2003년) 박찬욱 감독, 최민식, 강혜정 주연. 에그필름 제작
89. 〈살인의 추억〉(2003년) 봉준호 감독, 송강호, 김상경 주연. 싸이더스HNH 제작
90. 〈지구를 지켜라〉(2003년) 장준환 감독, 신하균, 황정민 주연. 싸이더스HNH 제작
91. 〈빈집〉(2004) 김기덕 감독, 이승현, 재희 주연. 김기덕필름 제작
92. 〈웰컴 투 동막골〉(2005년) 박광현 감독, 신하균, 강혜정 주연. 필름있수다 제작
93. 〈왕의 남자〉(2005년) 이준익 감독, 정진영, 이준기 주연. 씨네월드, 이글픽처스 제작
94. 〈괴물〉(2006년) 봉준호 감독, 송강호, 배두나 주연, 청어람 제작
95. 〈가족의 탄생〉(2006년) 김태용 감독, 엄태웅, 문소리 주연. 블루스톰 제작
96. 〈밀양〉(2007) 이창동 감독, 송강호, 전도연 주연. 파인하우스필름 제작
97. 〈시〉(2010년) 이창동 감독, 윤정희 김희라 주연. 파인하우스필름 제작
98. 〈피에타〉(2012년) 김기덕 감독, 조민수, 이정진 주연. 김기덕필름 제작
99. 〈동주〉(2015년) 이준익 감독, 김하늘, 박정민 주연. 루스 이 소니도스 제작
100. 〈기생충〉(2019년) 봉준호 감독, 송강호, 조여정 주연. 바른손 제작

1) 안종화, 「朝鮮映畵 發達의 小考 —二十年 苦鬪의 荊棘路—」, 조선일보, 1938, 11,20〜11,27

2) 안종화, 『한국영화측면비사』 주요 연쇄극 작품의 내용, 46쪽, 춘추각, 1962.

3) 金正革, 『조선영화사』. 2. 조선영화의 탄생, 《인민평론》,1946, 3월 창간호, 95쪽.

4) 나카자(なかざ/ 中座), 극장의 출입구를 지키는 문지기, 흔히 '극장의 기도'로 불린다.

5) 안종화, 같은 책, '기녀들과의 염문 속에' 42쪽

6) 안종화, 같은 책. '최초의 활동사진 촬영된 필름은', 39쪽.

7) 조풍연, 『서울잡학사전』 '연쇄극', 222쪽, 정동출판사, 1989. 김종원, 정중헌 공저 『우리영화100년』
(2001, 현암사) '기점으로서의 〈의리적 구토〉와 김도산' 48쪽에 처음 인용.

8) 박진, 『한국연극사-1기(1902〜1930) 예술원, 1972, 160〜162쪽.

9) 매일신보, '단성사의 초일 관객이 물미듯이 드러와, 1919, 10,28.

10) 매일신보, 연야 만원어례(連夜滿員御禮), '의리적 구토' 신파활동수진은 예뎡과 갓치 금삼십일
ᄭᅡ지 후고십일월일일부터 계속 후야 신파활동수진 '형수의 고심'을 후얏더니 련야의 대만원으로
인후야 잇흘동안 더 연긔후야 십일월삼일부터 대대뎍 상장후옵기 근고 홈니다. 당셩샤 흥힝부

11) 매일신보, 신파연쇄극 고별 대흥행 단성사에서, 십오일부터. 1919, 11,15.

12) 〈명금〉(1915, 프란시스 포드 감독), 1916년 우미관에서 첫 공개된 이후 인기를 모은 대표적인 연
속 모험극. 여주인공 기치구레(Kitty Gray)를 도와 숨겨진 황금을 찾아 모험에 나서는 주인공 로
로(Roleau) 역을 맡은 에디 폴로(Eddie Polo)는 곡마단 출신 배우로 이 영화 이후 '로로'로 불렸
다. 총22부 (상영시간 440분). 《녹성》(1919)지 17쪽, 「활극의 인기남 로로의 니야기」 참조.

13) 윤백남, 「연극과 사회 並하야, 조선현대극단을 논함」, 동아일보, 1920,5,4〜16.

14) 임 화, 「조선영화발달소사」, 《삼천리》, 1941, 6월호, 197쪽.

15) 조희문, 「연쇄극 연구」, "연극의 변형된 양식일 수는 있지만 영화라고 할 수는 없는 것", 《영화연
구》, 15호, 255쪽, 한국영화학회, 1999.

16) 김수남, 「연쇄극의 영화사적 정리와 미학적 고찰」, '영화가 아닌 확대된 연극' 58쪽, 《영화연구》,
20호, 한국영화학회, 2002.

17) 『한국영화자료편람』, 영화진흥공사, 1977. '한국영화사연표'(1903〜1976)에는 1963년 '영화의 날'
제정위원회가 1919년 한국인에 의해 최초로 제작된 연쇄극 〈의리적 구토〉가 상영된 10월27일
을 영화의 날'로 정했다고 기록. 이영일의 『한국영화전사』(1969, 영화인협회 간행)에는 1966년 1
월25일 영협 회장 윤봉춘은 원로영화인들의 의견을 모아 한국영화의 기점을 '영화의 날'로 결정
하는 것이 옳겠다는 회한(回翰)을 공보부에 보냈다고 언급하고 있다.(59쪽) 그러나 '영화의 날'
기념행사는 이미 1963년부터 시행되었다.

18) 매일신보, 「京城新劇座의 刷新」, 1919, 6,23 광고.

19) 김종원, 『우리영화 100년』 기점으로서의 '의리적 구토'와 김도산, 55쪽, 현암사. 2001.

20) 임화, 「조선영화론」, 《춘추》, 1941, 4월호, 88쪽.

21) 매일신보, '조선활극촬영 단성사에서 영사흔다' 1919, 10,26

22) 매일신보, '동트는 조선 영화계'(3), 명우의 월수입이 '겨오' 백원 내외!, 1927, 10,21.

23) 매일신보, 「동트는 영화계」(4) '서로 쌔는 촬영기, 경성에 단 두 대' 1927, 10,23.

24) 이청기, 「개척기 정리상의 문제점」의 (2)항목 '한국영화 창생에 대한 문제'에서 〈경성 전시의

경)을 〈의리적 구토〉와 함께 묶어 국산영화 흥행의 효시가 되었다고 언급했다. 격월간 《영화》, 1979, 9~10월호, 21쪽.

25) 동아일보, 「조선영화계 과거와 현재」 (1) 영화효시는 연쇄극, 동아일보, 1925, 11,18.

26) 『일본영화의 이해』, 요모타이누히코 지음, 박전열 옮김. 최초의 영화촬영, 52쪽, 현암사, 2001.

27) 『중국영화사』, 슈테판 크라머 지음, 황진자 옮김. 청조말기의 민국시기의 영화, 30쪽, 이산, 2000.

28) 매일신보, '團成社의 初日 관직이 물미듯이 드러와.' …영사된 것이 시작ᄒ눈디 위선 실사(實寫)로 남대문서 경성 전시(京城全市)의 모양을 빗치이미 관직은 노상 갈치에 박수가 야단이엿고 그뒤는 정말 신파 사진과 비우의 실연 등이 잇셔셔 처음 보는 됴션 활동샤진임으로 모다 취한 듯이 흥미잇게 보아 전에 업는 성황을 일우엇더라." 1919, 10, 28

29) 『世界の映畵作家(31)/日本映畵史』, 1976년 キネマ旬 발행 연표에 따르면 천연색 활동회사는 1914년 자본금 55만 엔으로 설립되었다고 한다.

30) 매일신보, '활동연쇄극 영사(影寫) 오는 칠일브터' 1919, 10, 8.

31) 『한국영화총서』(1971, 전범성 편저, 영화진흥조합 발행)에는 미야카와 소우노스케가 〈경성 전시의 경(景)〉(1919년 10월27일, 단성사) 외에 〈경성 교외의 전경〉(1919년), 〈고종인산실경(高宗因山實景)〉(1919), 〈의적〉(1920, 김도산), 〈경운중보〉(1920, 김도산), 〈명천〉(1920, 김도산) 〈춘향전〉(1923), 〈비련의 곡〉(1924) 등을 촬영한 것으로 되어 있다.

32) 『朝鮮總督府 キネマ키네마』, '추천영화명', 27~28쪽, 조선총독관방문서과, 1938.

33) 김정혁, 「조선영화사」, 조선영화의 탄생, 95쪽 1946년 4월호, 95쪽.

34) 『스페인영화사』 장클로드 스갱, 정동섭 옮김, '무성영화시대 개척자들'(1896~1930) 10쪽, 동문선, 2002.

35) 서울신문, 「백밀러」 요즘 영화제작의 한 경향으로 전 시대에 악극단에서 유행했던 신파통속극이 영화화 되고 있는 것이 관심이 된다. 국도극장에서 상영 중인 〈두 남매〉도 '홍도야 우지마라 남매는 단둘이다…' 이야기식의 「장화홍련전」의 현대판. 물론 C급 관객들의 눈물을 짜내는 것을 노렸으니 그런대로 흥행에는 실속이 있는 모양이나 이러한 '실속이 구미를 끌어' 유행될까 걱정이다. 서울신문, 1958, 3.10

36) 황문평, 『삶의 발자국』(인물로 본 연예사 1.), 도서출판 선, 1998. 64쪽.

37) 황문평, 같은 책, 64쪽. 고향선(본명 성경자)은 원맨쇼의 1인자 윤부길의 아내이자 가수 윤복희의 모친이다.

38) 황문평, 같은 책, 53쪽.

39) 매일신보, 1912, 2.15, '신파연극 원조 혁신단 임성구 일행 구력 정월 1일부터 중부 사동 연흥사에서 대대적으로 개연'

40) 황문평, 『한국대중연예사』 도서출판 부루칸모로, 1989, 252쪽.

41) 이두현, 『한국연극사』 학연사, 1991, 226쪽

42) 서연호, 「한국신파극시대연구」, 고려대 석사논문, 1970, 4 참조. 『한국연극사』(근대편), 연극과 인간, 2003, 84쪽 재인용.

43) 황문평, 앞의 책, 257~258쪽.

44) 황문평, 「가요 50년사」(한국연예대감), 성영문화사, 1962, 105쪽.

45) 황문평, 「삶의 발자국」(인물로 본 연예사 2), 69~70쪽, '마당발 악극작가 김석민'
김석민 (1922~1994) 충북 괴산 출생. 1945년 연극 〈반역자〉(동양극장)로 데뷔한 뒤, 1950년대

의 대표적인 악극 작가의 한 사람으로 자리 잡으면서 〈서울의 밤〉(1955) 등 90여 편의 무대극과 〈천지유정〉, (1957), 〈눈물〉(1958) 등 10여 편의 시나리오를 내놓았다. 1954년 주간신문 《예술시보》 창간 주도, 1981년 전국공연단체협회장 역임.

46) 이경희, 『한국영화를 말한다』(한국영화구술총서 2), 2005, 영상자료원 엮음, 242, 255~256쪽.

47) 서울신문, 「올해는 70편 못 넘을 듯─ 과세로 위축된 영화제작」, 촬영중인 영화. 1960, 2,12,

48) 한국일보, 「4월혁명 영화화한다고 팔아」, 1961, 3,7.
    이 날짜에는 전국4월혁명불구학생동지회 회원을 가장한 이 아무개(28세)가 공범과 함께 4·19 혁명을 주제로 한 「꽃과 피」(박노홍 작)라는 시나리오를 들고 정부기관 및 기업체를 돌아다니며 영화제작을 위한 찬조금이라는 명목으로 금품(1만환~5천환)을 갈취하다가 종로서에 구속되었다는 기사가 실려 있다.

49) 『영화목록』, 1992, 영상자료원 발행. 〈풍운의 궁전〉은 네가, 포시 필름이 보존되어 있다.

50) 경향신문, 「신영화 / 10년 전의 가정비극」, 1958, 3, 11.
    케케묵은 가정극을 영화화했다는 데는 아무런 의미를 발견할 수 없고 다만 흥행가치만을 노린 것이다. 아무리 이채롭고 매력을 느낄 소재라 하더라도 검정 안경에 권총을 들고 어쩌니 저쩌니 하는 값싼 것으론 10여년 전 3류 무대를 벗어날 수 없을 것이고, 연기자들의 수고가 아까울 정도! 계모의 흉계로 말미암아 기구한 운명 속에 살게 된 두 남매를 중심한 그는 마침내 만나게 되나, 이야긴데 모처럼 아주머니, 할머니, 식모들에게나 구경시켜줄만한 영화다.

51) 박노홍, 「각색의 변」 시나리오 〈밤마다 꿈마다〉 첨부 1956, 2,19 탈고.
    그는 여기에서 각색이라 했으나 이는 엄격한 규정이다. 자신의 원작을 각색한 것은 일반적으로 오리지널 시나리오로 간주한다. 영화평론가들이 시상하는 '영평상'의 경우도 이렇게 받아들이고 있다.

52) 조선일보, 「수도극장 지배인에 구속영장 발부」, 기사. 1959, 7, 28.
    서울지방법원에서는 수도극장 지배인 함 아무개 (31)씨에 대해서 횡령혐의로 구속영장을 발부했다. 그런데 전기 함씨는 지난 6월부터 16일까지 12일간 동 극장에서 상영했던 영화 〈어머니〉의 제작자 박노홍 씨에게 지출해야 할 금액 2백70여 만환을 횡령한 혐의를 받고 있다.

53) 서울신문, 「신인감독의 기지」 1959, 5,1, (4)

54) 한국일보, 「신영화/ 비교적 정돈된 야담영화, 봉이 김선달」, 1957, 10,25, (4)

55) 정비석, 「매력 / 김지미, 초산모유 같은 요부형」 조선일보, 1966, 1, 8, 5면.

56) 「배우축도」, 『시나리오문예』, 1960년, 6집. 우경식은 1950년대부터 1960년대 초까지 활약한 영화평론가였다.

57) 인터뷰, 「'황혼열차' 올라탄 영원한 '은막의 여왕' 김지미 씨」 경향신문, 2003, 5,19, 15면.

58) 일설에는 1957년 1월 20일경, 오빠와 함께 미국 유학 여권 수속을 밟고 나오는 길에 픽업되었다는 기록이 있다. 「아세아의 미녀 김지미」 인터뷰, 고원 《여원》, 1963, 11월호, 224쪽.

59) 「한국영화 주름잡은 30년 톱스타 김지미」, 한국일보, 1991, 1, 19, 15면.

60) [신영화] 「밀도 높은 멜로드라마 / 박암 호연의 〈황혼열차〉」, 한국일보, 1957, 11, 6. 4면.

61) 김기영, 「반역정신으로 〈초설〉을 만들 때」, 《영화예술》, 1992, 5월호. 96쪽.

62) [금주의 영화] 「피난민 생활을 박력 있게 묘사 / 김기영 감독의 〈초설〉」 한국일보, 1958, 6,1. 8면.

63) [신영화] 「〈초설〉 / 서투른 녹음」, 서울신문, 1958, 6, 4. 6면.

64) 유한철, 「57년 문화계 총평 / 활기를 회복한 영화계」, 조선일보, 1957, 12, 26. 석간 4면.

65) [신영화] 「〈별아 내 가슴에〉 / 무난한 인정비화」, 1958, 6, 8, 4면.

66) 「관객동원의 톱 히트 / 〈별아 내 가슴에〉」 1958, 7, 6, 4면.

67) 「1959년의 영화계 / 사상 최초의 황금시대」 관객 동원수로 본 올해 베스트 10. 동아일보, 1959, 12,23.

68) [신영화] 「애국자의 전형을 부각 / 〈재생〉」, 서울신문, 1960, 11, 3, 4면.

69) [신영화] 「빈약한 평면성의 노출 / 홍성기 감독의 〈춘향전〉 동아일보, 1961,1, 22. 석간 2면.

70) 김종원, 정중헌 공저, 『우리영화 100년』, 1970년대 한국영화, 현암사, 2001, 308쪽.

71) 김종원, 「환경의 이질감 확인한 이산가족의 비극 〈길소뜸〉」 일간스포츠, 1985, 4,5.

72) 김종원, 「병리적 사회현상 투영시킨 성풍속도 / 〈티켓〉」 영화평론집 『한국영화사와 비평의 접점』II, 현대미학사, 174쪽.

73) 유한철, 「현대의 신데렐라들이 걷는 길」, 『여원』, 1967년 7월호)

74) 『스타』. 에드가 모랭, 이상률 옮김, 문예출판사, 1992. 83~84쪽.

75) 『스타- 이미지와 기호』. 리처드 다이어, 주은우 옮김, 한나래, 1995, 33쪽.

76) 「나의 이력서- 신성일의 영화 30년」 28회, 스포츠서울, 1987, 2,7~5,24.

77) 아놀드 하우저, 『The Social History of Art』, New York, Knopf, 1951

78) 로버트 리처드슨, 『영화와 문학』, 동문선, 2000

79) 김종원, 「시와 영화」, 《시와시학》, 2001년 봄호